Teología para Discípulos

Consideraciones Sistemáticas acerca
de la Vida de la Fe Cristiana

por

Gilbert W. Stafford

Traducio por Vicente Victorica

Warner Press

Anderson, Indiana

Título del original: *Theology for Disciples*, © 2012, 1996 por Warner Press, Inc.
Edición en español: *Teología para Discípulos*, © 2012 por Warner Press, Inc.

Todos los derechos reservados, incluido el derecho de reproducir cualquier forma o por cualquier medio. Para mayor información, favor dirijase a:

Church of God Ministries, Inc.
PO Box 2420
Anderson, IN 46018-2420
800-848-2464
www.chog.org

Para comprar copias adicionales de este libro, favor dirijase a

Warner Press, Inc.
PO Box 2499
Anderson, IN 46018-2499
800-741-7721
www.warnerpress.org

A menos que se indique expresamente, todos los versículos bíblicos han sido tomadas de La Santa Biblia, Reina-Valera ©1960 Sociedades Bíblicas en América Latina; © renovado 1988 Sociedades Bíblicas Unidas. Utilizado con permiso.

ISBN-13: 978-1-59317-647-1

Impreso en los Estados Unidos de América.
LSI

Dedicado a: Darlene
Mi Compañera en el Discipulado Cristiano y a
Matt, Heather, Anne, y Josh
Viajeros Junto con Nosotros en el Camino

Contenido

Prólogo xi

Prefacio xiii

Sección I. Teología para Discípulos

1. Discípulos Haciendo Discípulos 1

    Los Doce
    Discípulos y Discipuladores
    El Paradigma del Discipulado
    Cargos del Ministerio
    Ministerios en la Vida de la Iglesia
    La Perspectiva del Discipulado en la Historia de la Iglesia

2. Los Discípulos Reflexionando acerca de Su Fe 13

    La Teología y los Diferentes Usos de la Palabra
    Teología Sistemática
    Teología y Doctrina
    La Iglesia como una Red de "Lenguajes"
    Conversación acerca de la Verdad

Sección II. Revelación de la Palabra

3. El Libro de la Fe de la Iglesia 22

    Autobiografía del Pueblo Pionero de Dios
    Transportador Constante de la Revelación de Dios
    Canon Literario para Establecer las Normas de Fe
    Material Fundamental para Tratados de Fe

4. El Dios Bíblico 33

    Preguntas y Respuestas
    El Dios de la Escritura
    Tres Maneras para Hablar del Dios Bíblico
    Algunas Implicaciones de Este Punto de Vista Acerca de Dios

5. Cristo Jesús, el Reino, y la Escatología 42

    Cristo Jesús el Principio y el Fin
    La Creación como la Arena del Reino

La Historia como el Drama del Reino
Cristo y la Esencia del Reino
La Iglesia como la Comunidad del Reino
Creyentes Individuales como Agentes del Reino
El Regreso de Cristo como la Entrada Triunfal en la Consumación del Reino

6. La Persona y la Obra de Cristo Jesús 60

La Obra Universal de Cristo
Tres Temas Espirituales Acerca de la Obra Expiatoria de Cristo
La Conversación Continua de la Iglesia acerca de Jesús
Profeta, Sacerdote y Rey

7. La Obra Universal del Espíritu Santo 73

La Universalidad de la Relevancia de Dios a Toda Carne
La Obra Cristo-Céntrica de la Presencia de Dios en Todo Lugar
La Obra Supra-encarnacional del Espíritu
Fe Anticipatoria
Fe responsiva como la Culminación de la Fe Anticipatoria
La Misión de la Iglesia
La Predisposición de Aquellos que Escuchan el Evangelio

8. El Dios Trinitario 81

El "Dios en Tres Personas"
¿Qué Hacemos con la Revelación de Tres Personas?
La Trinidad Económica y la Trinidad Inmanente
Un Paradigma Contemporáneo
El Asunto de la Demarcación Espiritual
Un Enunciado Teológico Acerca del Dios Trinitario
La Importancia de Pensar Trinitariamente

Sección III. El Pueblo para Dios

9. El Círculo de Discípulos como Iglesia 92

Altos Ideales para la Iglesia
Las Imágenes Bíblicas de la Iglesia
Realismo en la Iglesia
El Mensaje del Nuevo testamento Acerca de la Iglesia

10. La Predicación de la Iglesia de las Buenas Nuevas 101

Predicar: Un Ministerio de la Iglesia
Las Palabras del Nuevo Testamento para Predicar
El Papel de la Predicación
El Predicador como Intérprete de la Narración de la Biblia
El Predicador como Exageta Textual
El Predicador como Heraldo del Evangelio
El Predicador como Exhortador Profético

El Predicador como Narrador de Historias en Parábola
El Predicador como un Sabio Reflector de la Condición Humana
La Naturaleza Multidimensional de la Predicación Cristiana
La Predicación Cristiana como una Manifestación Carismática
La Predicación Cristiana como una Función Eclesiológica
La Predicación Cristiana como un Sacramento Cristológico

11. El Ministerio en la Iglesia 111

Cuatro Formas Básicas del Ministerio de la Iglesia
El Ministerio de los Doce
El Ministerio de Todos los Cristianos
El Ministerio de los Cargos en la Iglesia
El Ministerio de las Vocaciones Carismáticas de Largo Plazo
Dos Dimensiones Necesarias en la Vida de la Iglesia
La Necesidad de la Iglesia por las Cuatro Formas de los Ministerios Nuevo Testamento

12. La Iglesia como el Movimiento de Jesús 124

Formas Tradicionales
La Sociología de los Movimientos
Un Reto que Enfrenta la Iglesia Contemporánea
Un Tipo del Nuevo Testamento de la Iglesia de un Movimiento
La Estructura de un Movimiento

13. Unidad Cristiana 133

¿Demasiado Ambiciosa? ¿Demasiado Idealista?
Unidad en el Nuevo Testamento
Falta de Unidad en la Iglesia del Nuevo Testamento
La Cristología como el Centro
Adorando el Uno con el Otro
Orando Unos Con/Por Otros
Trabajando Uno con el Otro
Compartiendo Recursos
La Autoridad de la Escritura
Escuchando lo que el Espíritu Dice a las Iglesias
Estudios y Conversaciones Inter-Tradiciones
Convergencia del Entendimiento
El Objetivo Final en este Lado del Cielo
Finalmente en el Trono Celestial

14. Los Discípulos en un Mundo Pluralístico 151

Pablo en Atenas
La Iglesia como "Eco Temporal" de la Trinidad
Relacionándose con Aquellos Que Hacen Otras Declaraciones de la Verdad
Enunciado Resumido acerca del Encuentro Dialógico
El Fundamento Teológico para Escoger el Encuentro Dialógico

Sección IV. Salvación para los Pecadores

15. La Voluntad de Dios de Frente a la Maldad y el Sufrimiento 160

Dos Tipos de Preguntas "Por qué"
Comenzando la Discusión en el Lugar Correcto: el Dios Santo
Las Raíces de la Maldad
¿Qué Debe Hacer el Dios Santo?
¿Porqué la Desarticulación?
Reflección Teológica de la Desarticulación
Cristo Jesús
Algunas Ramificaciones Teológicas
Resumen

16. El Pecado 178

Puntos de Vista Fundamentales en las Iglesias Orientales y Occidentales
Puntos de Vista Medievales
Puntos de Vista de la Reforma
Conclusión

17. Fe del Discipulado 194

Cuatro Maneras de Ver la Fe
El Llamado de Jesús a la Fe del Discipulado
Antídotos y Desarrollo en el Mismo Nuevo Testamento
La Necesidad de una Orbe Completa de Fe

18. El Regalo de una Nueva Identidad.................205

La Salvación: Una Perspectiva Bíblica
La Gracia: La Fuente de Nuestra Nueva Identidad
La Fe: El Medio para Recibir la Nueva Identidad
El Arrepentimiento: La Actitud para Experimentar la Nueva Identidad
El Bautismo en Agua: La Declaración de la Nueva Identidad
Santificación Fundamental

19. La Experiencia de un Nuevo Espíritu 217

La Salvación como la Obra del Espíritu Santo (Santificación Fundacional)
La Habitación de una Nueva Presencia (Santificación Edificante)
Provisión para un Nuevo Pueblo (Santificación Efusiva)
Realineación para un Nuevo Propósito (Santificación de Desarrollo)
Asunto 1: El Bautismo del Espíritu Santo y la Habitación del Espíritu.
Asunto 2: Es o No Opcional el Bautismo del Espíritu
Asunto 3: La Ubicación del Espíritu
Asunto 4: El Uso de Diferentes Palabras Acerca de la Venida del Espíritu
Asunto 5: El Momento en que se da la Obra del Espíritu
Asunto 6: Evidencia de la Obra del Espíritu
Enunciado Resumido

20. La Culminación de una Nueva Realidad 229

    Glorificación de una Nueva Criatura (Santificación Anticipatoria)
    Unificación con una Nueva Causa (Santificación Completa)
    Santificación Completa para Existencia Histórica
    Esteban como un Ejemplo
    Presentándonos a Nosotros Mismos como Sacrificio Vivo
    ¿Por Todos o por Unos Cuantos?
    Implicaciones para el Cuidado de las Almas

Sección V. La Vida Humana para Propósitos Divinos

21. Pueblo que Adora..239

    Adoración en el Antiguo Testamento
    El Adorador Perfecto y Nosotros
    Vidas de Adoración y Servicios de Adoración
    Los Servicios de Adoración como Momentos de Comunión con Nuestro Señor
    Preguntas que Emergen del Servicio del Aposento Alto
    Servicios de Adoración en Épocas en que el Espíritu Concede Poder
    Preguntas que Emergen del Servicio del Espíritu Derramado
    Unas Palabras acerca de Cantar
    Unas Palabras acerca de Leer la Escritura
    Unas Palabras acerca de la Proclamación
    Unas Palabras acerca de las Oraciones
    Unas Palabras acerca de Ofrendar
    Unas Palabras acerca de Saludarse Deseándose la Paz
    Unas Palabras acerca del Buen Orden

22. El Pueblo que Ora 255

    Ocho Definiciones de Oración
    Conclusión

23. El Pueblo que Lava los Pies...268

    Condenación Promulgada
    Lección Dramática
    Observancia Litúrgica
    Conclusión

24. El Pueblo en Relevancia Total con su Entorno..284

    Nuestra Relación Salvadora con Dios
    Las Relaciones Sanadoras con Nosotros Mismos
    Relaciones Familiares
    Relaciones con la Gente en General
    La Manera Cristiana de Relacionarse con Todo el Orden Creado
    La Relación de Mayordomía
    Relaciones Liberadoras que Llevan al Júbilo Divino

Prólogo

En el último libro de su pluma, el finado Hans Frei ofreció una clasificación de teólogos y sus obras, explicando que lo que algunos teólogos producen es visto de mejor forma desde el punto de vista de disciplinas filosóficas dentro de la academia, mientras que las obras de algunos otros son entendidos de mejor forma como una actividad dentro y para la comunidad cristiana. Aunque es altamente respetado por aquellos quienes trabajan dentro de su disciplina doctoral, Gilbert Stafford ha escrito su *Teología para Discípulos* como una actividad desde dentro y para la comunidad cristiana. Las "consideraciones sistemáticas" que él ha ofrecido aquí acerca de la vida de la fe cristiana no sólo ayudan a hacer que la teología sea entendible sino a hacer que el discipulado cristiano en particular sea entendible, persuasivo y produzca una vida que comparta.

Este es un libro por el cual su autor puede ser orgullosamente responsable. No hay lugares en los cuales parezca que él exprese su propio sentir, sino que reporta con una compostura responsable lo que ha destilado de su profundo estudio de las Escrituras cristianas, la relevante literatura dentro del campo de erudición escogido en el que es experto, su propio largo y fructífero ministerio, y su observación prolongada acerca de las necesidades perennes de la iglesia y del mundo. Algunas de las formulaciones que se hacen escuchar aquí, han ido tomando forma a través de los años, corregidas o confirmadas por interacción con otras mentes y vidas, pero el acento que coloca en que sea imperativo que los discípulos sean informados por su fe proviene de una convicción inmovible, ciertamente una sabiduría generada por su propia fe seria y su aprendizaje dedicado como creyente, y profesor erudito.

Este libro es multidimensional en su alcance, pero singular en su enfoque. Explica el discipulado cristiano, un discipulado que involucra toda una vida aprendiendo "a los pies de Jesús" y un involucramiento de toda una vida en la iglesia, con cada creyente recibiendo de ella y apoyando la "forma de ser y la manera de hacer" de la iglesia, siempre con un ojo hacia ser fiel al Señor de la iglesia. De la forma que buscó identificar los mayores temas de la vida reflexiva de la iglesia (ej. el mensaje de la iglesia, las doctrinas, las creencias), Gilbert Stafford también ha pretendido mostrar cómo la reflexión sobre estos debe llevar no solo a una fe informada y sostenida, sino a una acción responsable.

Es importante que el lector entienda que este escritor busca permanecer en constante diálogo con él o ella, y con un respeto que es absolutamente abierto y genuino. Este no es un estudio concebido estrechamente, motivado egoístamente, u orientado denominacionalmente. Conociendo al autor como yo lo conozco, como una persona franca, honesta y abierta, tomo a valor nominal su preocupación de que este libro sea visto a la luz de su intención para el mismo, a saber "la contribución de un discípulo a la conversación constante de la iglesia acerca de su fe". Los lectores pueden esperar aquí no sólo una inmensa erudición de la mente bien informada de Stafford, sino una guía para sus serias investigaciones y sólida sustancia para sus espíritus en busca de respuestas. Aquí hay un enunciado sólidamente bíblico pero contemporáneo que pone al discipulado no solo en contexto sino en estricto enfoque. Este estudio está bien concebido y fue cuidadosamente escrito. Uno mira desde sus páginas que apasionan a la reflexión comprendiendo que la cristiandad no necesita ser re-inventada—como algunos post-modernos lo sostienen—sino a ser reflexionada con la debida seriedad y vivida en completa confianza.

Gilbert Stafford es un teólogo practicante cuyas clases en la escuela de graduados de Teología de la Anderson University han sido vívidas y estimulantes. También es un predicador que ha viajado mucho cuya voz y visión son conocidas a través del mundo angloparlante a través de su ministerio de largo plazo como locutor de radio en el programa *"La Hora de la Hermandad Cristiana."* Antes de su cargo como profesor del seminario, tuvo a su cargo pastorados en Massachusetts y Michigan. A través de varios años nuestras oficinas de cada quien en el edificio del seminario estaban adyacentes, y compartimos el uno con el otro tiempo de calidad. Durante ese mismo periodo tuve el privilegio de servir como su decano y fui bendecido por la sabiduría, calidez y cooperatividad que lo caracterizó como miembro de la facultad.

En este libro, "teología" y "discipulado" están relacionadas inseparablemente, como también lo están de la vida de su escritor. Este libro es un llamada a explorar las raíces de nuestra fe y de experimentar el alcance de nuestras posibilidades como creyentes. Todos aquellos que tomen seriamente lo que ha sido establecido aquí encontrarán adecuada ayuda para entender y tratar con las peculiares y perniciosas alteraciones en la vida de la iglesia que han ocasionado las circunstancias modernas. Gilbert Stafford nos apunta más allá de lo que es periférico hacia lo que es central, lo que honra al Dios de la iglesia y hace que su propósito sea cumplido.

James Earl Massey
Decano Emérito, y
Distinguido Catedrático Vocal
Anderson University School of Theology

Prefacio

Teología para Discípulos brota de la convicción de que la esencia de la vida de la iglesia es el discipulado. Los discípulos son aprendices. La iglesia es una comunidad de aprendices a los pies de Cristo Jesús. Sin importar por cuánto tiempo hayamos estado en la iglesia y sin importar qué oficio podamos realizar, debemos continuar pensando de nosotros mismos como aprendices.

Como un cristiano que fue educado en la casa pastoral, he respirado el aire del discipulado cristiano desde mi infancia. Este libro, por lo tanto es, antes que nada, un discípulo conversando con otros discípulos. Escribo también como un ministro ordenado, cuyo propósito de mi llamado entiendo que es el de ayudar a la iglesia a ser una mejor comunidad de discípulos.

Aunque más específicamente, escribo como un teólogo sistemático, esto es, aquel que identifica los temas más importantes de la vida reflexiva de la iglesia, y los teje de modo que puedan ser vistos como un todo, y realza cada tema de modo que pueda iluminar a los demás. En todo el proceso un teólogo sistemático analiza críticamente el pensamiento de la iglesia en lo que se refiere a si esta es fiel o no a su Señor.

En este libro, entonces, consideramos de una manera sistemática, los temas clásicos en la teología. Dios es entendido como Aquel que nos llama a ambos a un peregrinaje en la fe bajo la santa guía y a la divina misión en el mundo. Cristo Jesús se entiende como el cumplimiento de las esperanzas y promesas del Antiguo Testamento acerca del establecimiento del Reino. Él es nuestro Salvador y Señor. La iglesia se entiende principalmente como el círculo de Discípulos llamados a ser una banda de emisarios del evangelio que han recibido el poder del Espíritu. La obra universal del Espíritu Santo se entiende como brindar la conexión divina entre Dios y toda carne, y entre la iglesia y todas las personas. El Dios trinitario es entendido como que es el Dios del misterio, la revelación y la misión. El modo de existencia para el pueblo de Dios es entendido a la luz de la vida trinitaria de Dios.

Debido a que este libro está escrito desde la perspectiva del discipulado cristiano, se pone un fuerte énfasis en asuntos tales como la formación espiritual, la oración, la santidad y el servicio. Lo que nosotros creemos como discípulos influencia cómo actuamos como discípulos. La vida de reflexión de la iglesia da forma a su vida práctica—su culto y testimonio, su cuidado y servicio, su organización y procedimientos, sus esperanzas y sueños, su relevancia interna y su capacidad de conectarse externamente, es una forma de ser y una forma de hacer. Lo que piensa la iglesia no es simplemente lo que dice que piensa sino lo que vive hacia el exterior—lo que dice la historia verdadera acerca de lo que realmente cree.

Concuerdo con el comentario de Frederick Herzog:

> Las tareas de toda reflexión y escritura en la comunidad cristiana es [quizá el debió decir "debe ser"] orientada a hacer discípulos otra vez. "Por tanto, vayan y hagan discípulos de todas las naciones" (Mateo 28:19) está en el centro de lo que Kierkegaard quiso decir en: "Cada generación tiene que ser otra vez convertida a Cristo".[1]

Teología para Discípulos no pretende ser un libro con una respuesta oficial para todas las preguntas. En vez de eso se ofrece como la contribución de un discípulo a la conversación continua de la iglesia acerca de su fe. Espero que inspire a otros compañeros discípulos a pensar conmigo acerca de lo que significa ser una iglesia de discipulado en este punto de la historia. Debido a que la Biblia es nuestra fuente principal acerca de Cristo Jesús, lo que decimos como sus discípulos debe tener raíces en el pensamiento bíblico. Debido a que, como el Señor que resucitó y que reina, él nunca ha abandonado a su iglesia, lo que digamos deberá estar informado también en la historia de la iglesia. Este libro es una invitación a mi salón de clase donde juntos podemos tomar otro vistazo a lo que los Cristianos creemos acerca de Dios, los humanos, la escritura, el Reino, la iglesia, el mundo, el pecado y la maldad y la salvación.

Soy un miembro de toda la vida de una tradición de la iglesia que tuvo su inicio a finales del siglo IXX bajo el liderazgo de Daniel Sidney Warner, y se le refiere en estos días como la Iglesia de Dios (Anderson, Indiana). Habiendo emergido del movimiento de santidad, está impregnada en conceptos de santificación. Como un movimiento preocupado con las ramificaciones relacionales de la santidad para la vida de la iglesia, está impregnado también en conceptos de unidad. Como alguien que ha sido formado espiritualmente por esta tradición, puse en este proyecto un fuerte interés en la unidad del pueblo de Dios y la santidad de la vida. Creo que los dos no son mutuamente excluyentes.

Este punto de vista de "ambos/y" también es visto en lo siguiente. Estoy comprometido profundamente en la devoción personal de la tradición americana de la santidad y con la teología trinitaria clásica de la Cristiandad histórica. Reitero, creo que los dos no son mutuamente excluyentes. Estoy convencido de la importancia de una búsqueda vigorosa de ambos en la empresa misionera y en las relaciones generosas con otras importantes tradiciones religiosas. Tampoco estas son mutuamente excluyentes. Estoy entregado a ser un predicador del evangelio, que estoy convencido es el poder de Dios para salvación, y también a ser un teólogo críticamente reflexivo acerca de la vida de reflexión de la iglesia. Y tampoco estas son mutuamente excluyentes.

Escribo a los discípulos, en mi propia tradición y en la iglesia más amplia, que tomen con seriedad la reflexión cristiana. Han terminado los días de las teologías sistemáticas concebidas de manera estrecha, orientadas denominacionalmente. Mientras que mis raíces están profundas en la Iglesia de Dios (Anderson), no están limitadas a crecer; se extienden hacia la rica herencia de toda la iglesia en su conjunto. Solía suceder que cuando yo apreciaba algo acerca de otra tradición de la fe Cristiana, deseaba que fuera

---

[1] Frederick Herzog, *God-Walk: Liberation Shaping Dogmatics* (Maryknoll: Orbis, 1988), p. 20.

mía también. Ya no es este el caso. Ahora la adopto como mía. Por ejemplo, cuando estuve en un servicio Anglicano, mi alma fue bendecida por el canto de salmos, y reclamé esta práctica como que también me pertenecía a mí. Siempre que recito el Credo Niceno concerniente al Dios trinitario, afirmo este antiguo testimonio de fe como si me perteneciera a mí también. Cuando participo en el fervor de los evangélicos para la salvación del mundo, me alegra saber que tal es mi herencia también. ¡Estas tradiciones y otras más son mías! Mi corazón se regocija con todos los que, como discípulos de Cristo Jesús, alabamos con nuestras vidas diarias el trino y uno Dios revelado en la Escritura. El antiguo y siempre creciente círculo de discípulos cristianos es vigorizante, enriquecedor, instructivo y desafiante para todos los miembros del mismo quienes afirmen no solo una sección del círculo sino el círculo completo.

I
Teología para Discípulos

1. Discípulos Haciendo Discípulos

Ni Jesús ni ninguno de los doce fueron miembros del "clero" oficial de sus días. Jesús, de hecho, tenía diferencias con el "clero", y los doce eran "personas comunes" de entre el pueblo. La iglesia cristiana comenzó como un movimiento de creyentes "laicos" y no como un movimiento del "clero" profesional. Hoy los discípulos, ya sean laicos o clérigos, comparten un llamado común del Señor. Los doce nos dan información importante acerca del llamado.

Los Doce

Teológicamente es significativo que Jesús escogió a doce discípulos, el mismo número que las tribus de Israel. En efecto, al escoger doce, anunció que la nueva sociedad que se estaba reuniendo alrededor de él era el cumplimiento de las esperanzas y los sueños del Antiguo Testamento del pueblo de Dios. Jesús, la persona fundamental entre el Antiguo Testamento y el Nuevo, a su tiempo, escogió a los doce como una sociedad fundamental entre el pasado, el presente y el futuro. Fueron llamados divinamente benefactores de la antigua herencia a la generación presente. Fueron ordenados divinamente como portadores de este nuevo legado interpretado para futuras generaciones. Como herederos de las promesas, benefactores de la herencia y portadores del legado, ellos tenían un ministerio con la nueva comunidad de la fe.

Los doce también *representaban* la nueva comunidad de la fe. Aunque en continuidad con la antigua comunidad de la fe, este cuerpo representativo ha sido introducido a la novedad de vida traida por Cristo y fueron comisionados para moverse más allá de su propio mundo con las buenas nuevas de salvación. Ellos representaban el carácter de la totalmente nueva comunidad de fe—una comunidad en continuidad con Israel, una comunidad con nueva vida en Cristo, y una comunidad en una misión con las buenas nuevas de la salvación de Cristo.

El número doce también fue tan significativo que cuando Judas desertó, la iglesia que comenzaba con afán buscó la voluntad de su Señor resucitado y ascendido para encontrar un reemplazo (consulte Hechos 2:12–26). La identidad del número fue entendida tan rápidamente que los escritores de los evangelios se refieren a ellos a menudo simplemente como "los doce" (ej., Mt. 26:14, 20, 47; Mr. 6:7; 9:35; 10:32; 11:11; 14:20; Lc. 8:1; 9:1, 12; 18:31; Jn. 6:67; 20:24; Hch. 6:2). El número era de tan gran significado teológico que cuando Apocalipsis 21:10–14 describe la "gran ciudad santa de Jerusalén, que descendía del cielo, de Dios," es utilizado en más de seis ocasiones. Tres de estas están en el verso 14 en referencia a los "los doce nombres de los doce apóstoles del Cordero" que están en los "doce cimientos" del muro de la ciudad.

Sin embargo, para mantener el papel indispensable de los doce en la perspectiva apropiada, es importante recordar que los Evangelios y los Hechos les llaman "los discípulos". La palabra griega *mathētēs*, "discípulo", está formada de la palabra *mathanō*, que significa "aprender". Un discípulo es un aprendiz, un pupilo, un seguidor de alguien con autoridad. Los discípulos aceptaron las enseñanzas de su líder y buscaron alinear sus vidas con la voluntad y ejemplo del líder.

Mateo es particularmente explícito acerca de la conexión entre el grupo de los doce y el discipulado en que sólo se refiere específicamente a los doce como los "doce discípulos" (10:1; 11:1; 20:17). También, en otras 20 instancias en los evangelios al menos a algunos de los doce se les refiere como discípulos. (ej., Marcos 4:34; 6:45; 8:10; 9:28; 10:10; Lucas 9:54; Juan 6:8; 12:4). Su peculiaridad como una asociación escogida especialmente—a veces se refieren a ella como un colegio (del Latín collēgium, que significa una asociación o una sociedad)—no era, sin embargo, simplemente su estatus como discípulos, ya que había otros discípulos además de los doce (consulte Lucas 19:37, Juan 4:1, 6:60–67, 8:31, 19:38); en ves de esto, su peculiaridad era que fueron escogidos como un *colegio* de discípulos para ser representativos de todo el pueblo de Dios. Ellos nos representan.

Sin embargo, como lo indica Apocalipsis 21:14, al cual se hace referencia anteriormente, los doce fueron también un colegio de *apóstoles*. Mateo 10:2 se refiere a ellos como "los nombres de los doce apóstoles". (Consulte también Lucas 6:13, 22:14; Hechos 1:26). Los apóstoles (del griego *apostolos*, que es derivada de *apo*, "desde", y de *stellō*, "enviar") son aquellos enviados en una misión. Aunque ser enviados en una misión no era lo que los hacía únicos, ya que Lucas 10:1–17 nos habla acerca de los setenta que fueron enviados en una misión, y de acuerdo a Hechos 2, en el día de Pentecostés, toda la iglesia fue facultada para una misión divina.

Como lo hemos expresado, los doce fueron especiales no estrictamente porque fueron discípulos y apóstoles, sino porque en la economía de Dios ellos fueron seleccionados para ser el prototipo de toda la comunidad de la fe. Ellos son el patrón para toda la compañía de discípulos, la cual también es llamada al apostolado. Ellos son el entero básico (12) que da como resultado eventualmente el entero total de los simbólicos 144,000 de los que se habla en Apocalipsis 7:4.

Los doce nos representan a nosotros, pero históricamente, también hicieron que el movimiento de Jesús fuera inmediatamente tangible a la gente de aquellos días, y ministraron a todo el movimiento de maneras únicas a su nombramiento colegial.

En resumen, entonces, los doce, como los primeros frutos del evangelio, fueron el pueblo de Dios en un cumplimiento embrionario de la historia de Israel. Ellos representan el movimiento de Jesús en continuo avance y expansión, el cual en el mejor de los casos un círculo de aprendices (discípulos) y una banda de misioneros (apóstoles). No solo lo representaron, sino que fueron divinamente escogidos para edificarlo. Ellos significan:

1. que en la economía de Dios, toda la compañía de los discípulos de Jesús—pasada, presente y futura—cumple las esperanzas y sueños del pueblo de Dios antes de la encarnación de Dios en Cristo Jesús;

2. que todo el pueblo de Dios tiene el privilegio de estar en una relación directa, personal y transformadora con Dios revelado en Cristo incluso como los doce estaban; y

3. que es no menos que todo el pueblo de Dios quienes debemos estar en una misión a todo el mundo con las buenas nuevas de la salvación del Señor.

Discípulos y Discipuladores

Esto nos trae a una consideración de Mateo 28:16–20:

> Pero los once discípulos se fueron a Galilea, al monte donde Jesús les había ordenado. Y cuando le vieron, le adoraron; pero algunos dudaban. Y Jesús se acercó y les habló diciendo: Toda potestad me es dada en el cielo y en la tierra. Por tanto, id, y haced discípulos a todas las naciones, bautizándolos en el nombre del Padre, y del Hijo, y del Espíritu Santo; enseñándoles que guarden todas las cosas que os he mandado; y he aquí yo estoy con vosotros todos los días, hasta el fin del mundo. Amén.

Los discípulos fueron comisionados para convertirse en discipuladores, pero no se da indicación de que dejaran de ser discípulos del Señor cuando comenzaran a ser discipuladores. Los componentes básicos de hacer discípulos incluyen los aspectos de decisión-litúrgica y el desarrollo-didáctico. Examinemos estos conceptos básicos.

"Bautizándolos en el nombre del Padre, y del Hijo, y del Espíritu Santo" Implica el componente del aspecto decisión-litúrgico. El bautismo es el signo de que el bautizado ha declarado su lealtad con el Señor. Esto ilustra su reconocimiento con arrepentimiento de que necesitan al Salvador, su aceptación agradecida de su salvación, y su compromiso gozoso para caminar de ahora en adelante en la novedad de vida que él trae. Por lo tanto, es decisional. Más aún, en la economía de la salvación de Dios, el componente decisional está unido inseparablemente al litúrgico, es decir, al bautismo. El bautismo es un acto externo que por su misma naturaleza es un evento público debido a que uno no puede bautizarse a sí mismo. Los actos litúrgicos socializan las decisiones individuales, y las decisiones individuales personalizan lo litúrgico. Discipular a otras personas, entonces, involucra introducirlos a Cristo en una forma que puedan hacer una respuesta decisional de fe y que sean llevados a la socialización litúrgica de esa decisión a través del bautismo en agua.

Otro componente igualmente importante de hacer discípulos es el aspecto desarrollo-didáctico, dado que Jesús en el versículo 20 instruye a sus discípulos, ellos deben hacer su trabajo "enseñándoles que guarden todas las cosas que os he mandado". En Mateo, el componente didáctico tiene que ver con lo que significa vivir la nueva vida en el Reino. El aspecto central de la didáctica (o enseñanza) del Señor es acerca de la vida en el Reino que se establece en Mateo 5–7, así como en 13:1–52 donde aparecen varias parábolas didácticas acerca de la naturaleza del Reino. Los capítulos del 18 al 25 de aún otra sección didáctica importante en el centro de la cual se encuentran las enseñanzas acerca del fin de los tiempos.

Jesús, sin embargo, enseñó no sólo por lo que dijo sino por lo que hizo. Todo acerca de su vida, ya sea de palabra o de hecho, fue una enseñanza acerca de lo que significa ser su discípulo.

Debido a que este pasaje cardinal (Mat. 28:16–20) acerca del discipulado se encuentra en Mateo, es apropiado, por lo tanto, mencionar unos cuantos énfasis ilustrativos en los pasajes didácticos—énfasis tales como lo siguiente:

1. La bendición de estar al final de nuestros recursos. Esta actitud fundamental para la venida del Reino en el corazón humano va mucho más allá de un sentido de humildad personal. Gene Davenport sostiene:

> El pobre en espíritu son todas las personas, en todo momento, en todos los lugares, que son víctimas de la esclavitud de la Oscuridad en la Edad antigua. Son aquellos quienes no ven una salida, aquellos para los que la vida se ha convertido en un callejón sin salida, aquellos quienes han pasado por encima del borde de la desesperación y ya no tienen suficiente energía remanente inclusive para estar desesperados.[1]

Las bienaventuranzas comienzan en el 5:3 con lo que es impensable para las personas orientadas a resultados. "Bienaventurados los pobres en espíritu, porque de ellos es el Reino de los cielos."

2. Fidelidad. Las enseñanzas de Jesús acerca del adulterio, la lujuria y el divorcio en 5:27–32 tienen que ver con la importancia de ser fiel en palabra, pensamientos y hechos a la persona con la quien uno está en pacto de matrimonio.

---

1 Gene L. Davenport, *Into the Darkness: Discipleship in the Sermon on the Mount* (Nashville: Abingdon, 1988), p. 52.

3. Honestidad abierta. En el versículo 5:37, Jesús dice "Pero sea vuestro hablar: Sí, sí; no, no; porque lo que es más de esto, de mal procede."

4. Amor redentor. El mandamiento de Cristo es este: "Pero yo os digo: Amad a vuestros enemigos, bendecid a los que os maldicen, haced bien a los que os aborrecen, y orad por los que os ultrajan y os persiguen;" (5:44).

5. Religión sin pretenciones. La primera mitad del capítulo 6 trata con lo no aceptable que es cualquier piedad, ofrenda, oración y ayuno que tenga el ganar aprobación pública como objetivo. En lugar de esto, nuestra vida religiosa debe ser caracterizada por simplicidad, autenticidad, y el deseo de complacer a Dios en vez de buscar aclamación pública para nosotros.

6. Confianza diaria en Dios. En 6:34, Jesús dice, "Así que, no os afanéis por el día de mañana, porque el día de mañana traerá su afán."

7. Llevar fruto. En las parábolas del sembrador (13:3–23), el trigo y las semillas (24–30), el grano de mostaza (31–32), y la levadura (33), el tema común es que el Señor quiere que la gente lleve fruto y sea una buena influencia en el mundo.

8. Ser misericordioso. Dos de de las parábolas de Jesús en Mateo 18 nos enseñan que los seguidores del Señor deben mostrar misericordia a los demás. Esta enseñanza aparece aquella acerca de una sola oveja perdida de otras noventa y nueve (10–14) y aquella acerca del servidor que fue perdonado de una gran deuda pero que se rehusó a perdonar a su consiervo una deuda menor (21–35).

9. Compasión por los vulnerables. A los discípulos que trataron de mantener a los niños alejados de Él, Jesús les dijo "Dejad a los niños venir a mí…" (19:14).

10. Una rendición total al señorío de Cristo. Al hombre joven rico, Jesús le dice en 19:21, "Si quieres ser perfecto, anda, vende lo que tienes, y dalo a los pobres, y tendrás tesoro en el cielo; y ven y sígueme."

11. Estar preparados para el regreso del Señor. Al final de la parábola acerca de las diez vírgenes (25:13) Jesús dice,"Velad, pues, porque no sabéis el día ni la hora en que el Hijo del Hombre ha de venir." Cinco de las vírgenes tenían aceite en sus lámparas. Las otras cinco no lo tenían y por consecuencia no estaban preparadas para unirse a las festividades de la boda cuando el novio llegara a la media noche.

12. Sirviendo a los demás como una manera de servir al Señor. En la escena del juicio final, el rey anuncia, "De cierto os digo que en cuanto lo hicisteis a uno de estos mis hermanos más pequeños, a mí lo hicisteis." (25:40).

Estoy publicando estos ejemplos de las enseñanzas de Jesús para indicar su importancia al hacer discípulos. Jesús enseña que lo que uno piensa es parte esencial de ser su discípulo. Para ser su seguidor requiere una decisión y el compromiso que se va desarrollando. Involucra a la forma en que nos sentimos acerca de Dios y la forma en que pensamos acerca de Dios. Esto incluye el involucramiento litúrgico y didáctico en la comunidad de la fé. Es cuestión tanto del corazón como de la cabeza. Es tanto un nacimiento espiritual nuevo como una formación espiritual nueva. Es una nueva manera de ser y una nueva manera de funcionar. Es una nueva manera de sentirse y también una nueva manera de pensar. Es una nueva manera de estar en contacto con uno mismo bajo el reinado de Dios y una nueva manera de estar en contacto con toda la realidad como dominio de Dios.

El Paradigma del Discipulado

Un paradigma básico para la iglesia que crece fuera de su énfasis en el discipulado es el de Jesús, el discipulador, en el centro de un círculo, y cuya circunferencia consiste de sus discípulos. Dos clases de discípulos se entremezclan en este círculo—algunos que también son discipuladores y otros que no lo son. Los últimos son identificados de modo decisivo-litúrgico con Jesucristo y están aprendiendo la didáctica de la vida del Reino pero no han asumido aún una responsabilidad personal para la tarea de hacer discípulos. Son receptores, pero no dadores. Son destinatarios pero no remitentes. Piensan de sí mismos como miembros de la iglesia que están siendo discipulados pero no como apóstoles del Señor enviados para hacer discípulos.

Así que, mientras algunos discípulos están haciendo su parte devotamente en el trabajo de hacer discípulos (ya sea con un papel de soporte o uno de líder tales como el proclamador o instructor), otros están en proceso de descubrir lo que significa para ellos participar en este trabajo. Justo como los Doce fueron tanto discípulos como apóstoles, de modo que toda la iglesia es llamada a ser una iglesia de discípulos y una iglesia de apóstoles.

Cargos del Ministerio

Ernest Best concluye su estudio de discipulado en el Libro de Marcos, contrastando a los discípulos de Jesús con los discípulos de los Rabíes y los discípulos de los filósofos. Él escribe:

> El discípulo del rabí, si todo va bien, se convierte en un rabí; el aprendiz del filósofo puede igualmente convertirse en un filósofo y tener sus propios aprendices; los discípulos de Cristo, sin embargo, nunca se convierten en "Cristos" ni tienen sus propios discípulos.[2]

El libro de Marcos, usualmente fechado en la octava década de la era cristiana, fue escrito para una iglesia con treinta o cuarenta años de desarrollo desde la ascensión de su Señor. ¿Quiénes eran los lectores del evangelio de Marcos? ¿Cuál era la condición de la Iglesia? ¿Cuáles eran sus necesidades? ¿Eran aquellos en las funciones del ministerio olvidadizos de su propia condición de discípulos? Como alguien ha dicho "A menudo ello [la iglesia a la que Marcos escribía] son ambiciosos de posiciones de poder y honor

---
2 Ernest Best, *Following Jesus: Discipleship in the Gospel of Mark* (Sheffield: JSOT, 1981), p. 249.

como los hijos de Zebedeo, y frecuentemente están involucradas las consideraciones a la familia. A menudo a ellos les falta tanta vigilia como a los discípulos en Getsemaní."[3] El mensaje a los lectores originales de Marcos era que así como los doce eran ante todo discípulos, así mismo lo deberían ser los ocupantes de algún cargo en la iglesia que emergía. Aunque Marcos restringe el discipulado a los doce,[4] el punto es que ocupar ese cargo asumía que eran básicamente discípulos de Jesús.[5] Aún así, los que ocupaban cargos en la iglesia en progreso deberían pensar de sí mismos antes que nada como discípulos. Si la actitud adoptada en Marcos es aplicada a los ocupantes de cargos en general, significa que cualquiera sea el cargo del ministerio, siempre será visto como una expresión de discipulado cristiano y como una responsabilidad asignada para hacer discípulos.

Ministerios en la Vida de la Iglesia

Si tomamos el discipulado y apostolado como esenciales a la naturaleza de la iglesia, esto sigue que lo que aplica a los cargos también aplicará a todos los ministerios en la iglesia, sin importar si están conectados con cargos en particular.

Un ejemplo de la actitud de discipulado puede ser vista en la instrucción de Pablo a la iglesia de los Corintios acerca de las lenguas. En 1ª Corintios 14.16, él lanza la pregunta de si la práctica de hablar en lenguas en la iglesia considera suficientemente a las "personas de afuera". En el versículo 19, él dice "pero en la iglesia prefiero hablar cinco palabras con mi entendimiento, para enseñar también a otros, que diez mil palabras en lengua desconocida." El asunto, entonces, no es el gozo espiritual propio sino la instrucción de los demás.

Lo que dice Pablo en relación a las lenguas representa la perspectiva que él tiene en cada punto, a saber, que no hay prioridad mayor que la de ministrar a otros "para edificación, exhortación y consolación."—palabras utilizadas en 14:3 cuando discute la prioridad de la profecía sobre el hablar en lenguas. En el versículo 5 vemos otra vez la prioridad dada a la actitud de "discipulador" cuando él dice, "porque mayor es el que profetiza que el que habla en lenguas, a no ser que las interprete para que la iglesia reciba edificación." Y nuevamente, en el verso 6, pregunta "si yo voy a vosotros hablando en lenguas, ¿qué os aprovechará, si no os hablare con revelación, o con ciencia, o con profecía, o con doctrina?" El versículo 9 dice "si por la lengua no diereis palabra bien comprensible, ¿cómo se entenderá lo que decís?" En cada una de las referencias anteriores, su preocupación es por aquellos que necesitan ya sea ser introducidos al evangelio o ser instruidos en él. Mantener el llamamiento básico al discipulado, como de vital importancia en la vida de la iglesia es un pre-requisito para una espiritualidad que esté de conformidad con la espiritualidad de los doce.

---

3 Augustine Stock, *Call to Discipleship: a Literary Study of Mark's Gospel* (Wilmington: Michael Glazier, 1982), p. 206.

4 Consulte Robert P. Meye, *Jesus and the Twelve: Discipleship and the Revelation in Mark's Gospel* (Grand Rapids: Eerdmans, 1968), pp. 137–172.

5 Además de las obras ya citadas, consulte también Ernest Best, *Disciples and Discipleship: Studies in the Gospel According to Mark* (Edinburgh: T. and T. Clark, 1986).

La Perspectiva del Discipulado en la Historia de la Iglesia

Al menos tres perspectivas básicas en la naturaleza de la vida de la iglesia son identificables en la historia Cristiana. La primera es la iglesia como una burocracia con un énfasis predominante en la jerarquía, y la vida institucional y ritual. El estado imperial de la iglesia después del Emperador Constantino viene en mente rápidamente, alcanzando el punto bajo de las dificultades de la burocracia a fines del siglo XIV y principios del siglo XV. Desde 1409 a 1415 no hubo menos de tres papas simultáneamente contendiendo ser el "sucesor verdadero de Pedro". Numerosas iglesias, muchas de las cuales difícilmente tienen su lugar en las enciclopedias religiosas, son burocráticas en concepto y práctica. ¡Incluso los congregacionalistas pueden ser burocráticos!

La segunda perspectiva es la iglesia como una arena de emocionalismo con un énfasis principal en los sentimientos, pasiones y sensaciones.[6] Todo lo que uno necesita hacer es encender el televisor para ver asesinatos en el espíritu y otros testimonios acerca de hormigueos en la columna vertebral, interpretaciones privadas de la Escritura, y nuevas revelaciones. Los ministerios independientes, sin embargo, no son los únicos ejemplos de emocionalismo. ¡Incluso las iglesias Anglicanas pueden ser emocionalistas!

La tercer perspectiva es la iglesia como un círculo de discípulos con un énfasis predominante en aprender, en las misiones, y en la edificación mutua. En 29 distintos pasajes de Hechos, encontramos referencias ya sea a la iglesia como un todo, siendo una comunidad de discípulos (ej. 6:1–2)[7] o como creyentes individuales como discípulos (ej. 9:10).[8]

Hechos 11:26 indica que mientras que "cristianos" fue una designación posterior para los creyentes, la designación original fue la de "discípulos". "y a los discípulos se les llamó cristianos por primera vez en Antioquía." nos narra Lucas.

Las reformas del discipulado han tomado lugar a través de la historia de la iglesia notablemente en los movimientos monásticos tales como los Benedictinos en el siglo VI y los Franciscanos en el siglo XIII, entre los Anabaptistas del siglo XVI, y el re-avivamiento de Wesley del siglo XVIII (consulte "Tradiciones del discipulado" en la sección Para Consideración Adicional). Mientras que los grupos de iglesias con nombres asociados con las tradiciones del discipulado pueden continuar funcionando en modalidad de discipulado, no hay garantía de que, de hecho, este sea siempre el caso. Una iglesia Metodista de Wesley puede haberse descarriado lejos de su tradición de discipulado

---

6 Consulte Ronald A. Knox, *Enthusiasm: A Chapter in the History of Religion* (New York: Oxford University Press, 1961). Mientras que Knox identifica como entusiastas a aquellos a los que yo llamaría emocionalistas (ej. Corintios en el primer siglo, Montnismo a finales del siglo segundo, y el Shakerismo, el cual emergió en el siglo dieciocho), también incluye en la misma categoría a aquellos quienes confío—más exacto, yo creo—en una tercera categoría, aquella de loas iglesias de discípulos.

7 "En aquellos días, como creciera el número de los discípulos, hubo murmuración de los griegos contra los hebreos, de que las viudas de aquéllos eran desatendidas en la distribución diaria. Entonces los doce convocaron a la multitud de los discípulos, y dijeron: No es justo que nosotros dejemos la palabra de Dios, para servir a las mesas."

8 "Había entonces en Damasco un discípulo llamado Ananías,"

mientras que la iglesia Romana, incluso con su burocracia, o la iglesia Pentecostal con su expresión emocional en la alabanza, pueden estar muy en su modalidad de discipulado. El asunto crucial es si una iglesia funciona antes que nada como un círculo de los discípulos del Señor sin importar su identificación tradicional, o antes que otra cosa como una burocracia o como una arena de emocionalismo.

El lavado de pies es una práctica litúrgica encontrada en algunos grupos de discipulado (ej. Anabaptistas y órdenes monásticas). La Iglesia de Dios (Anderson, Indiana) con raíces en el movimiento de santidad del siglo XIX ve el "lavamiento de los pies de los santos" como una de las ordenanzas encomendadas divinamente. Charles Ewing Brown, editor del diario principal del grupo desde 1930 hasta 1953, escribió en 1947: "El lavamiento de los pies es una ordenanza para iglesias jóvenes y vigorosas, para iglesias misioneras, para iglesias de re-avivamiento, y para iglesias mártires. No tiene lugar en una congregación fría, muerta, mundana o que ha vuelto a los malos hábitos."[9] Está entendido por muchos como la acción litúrgica autorizada dominicalmente de una iglesia de discipulado.

Un fuerte interés en el paradigma del discipulado para entender la iglesia ha sido reavivado en nuestros días especialmente por parte de Søren Kierkegaard (1813–1855) y de Dietrich Bonhoeffer (1906–1945). Kierkegaard, el filósofo y teólogo Danés quien no estaba satisfecho con la religión de estado, enfatizó la dimensión personal de la espiritualidad auténtica. Vernard Eller, en su análisis del tema del discipulado en palabras de Kierkegaard, escribe:

> Nunca vivió un Protestante más ferviente que Søren Kierkegaard; aunque, precisamente debido a su fervor, porque fue el protestante del protestantismo, nunca pudo estar feliz con el mismo; de hecho, se sintió impulsado, en el nombre del cristianismo, a montar un ataque contra la cristiandad. Pero, de manera similar, como un secretario nacido después de la era del sectarianismo, y como un genio de la melancolía, uno de los "patitos feos" de la humanidad, ¿donde estaba él para encontrar la comunidad a la cual él describió pero nunca conoció [una iglesia de discipulado radical para Jesús]? ¿Dónde—en el siglo XIX—estaba el tipo de iglesia que él postuló? Una iglesia está de pie a la distancia, pero no tiene puerta para Soren Kierkegaard.[10]

Bonhoeffer, un ministro cristiano que tenazmente se opuso al Nazismo, fue puesto en prisión en un campo de concentración y finalmente ejecutado. Su libro *El Costo del discipulado*, publicado ofiginalmente en Alemán[11] en 1937 y traducido al Inglés en 1948, ha pasado por varias ediciones e impresiones. "La cristiandad sin el Cristo vivo," sostiene

---

9 Charles Ewing Brown, *The Apostolic Church: A Study in Historical Theology* (Anderson: Warner Press, 1947), Pág. 212. For Brown's "interpretation of radical Christianity" consulte su obra *When Souls Awaken* (Anderson, Gospel Trumpet Company, 1954). También consulte chapter XI in the same work, on "The Ordinance of Foot Washing."

10 Vernard Eller, *Kierkegaard and Radical Discipleship: A New Perspective* (Princeton: University Press, 1968), p. 428f.

Bonhoeffer, "es inevitablemente cristiandad sin discipulado, y cristiandad sin discipulado es siempre una cristiandad sin Cristo."[12] En referencia al llamado de Jesús a Leví (Marcos 2:14), Bonhoeffer escribe:

> El discípulo simplemente quema sus barcos y sigue adelante. Es llamado y tiene que abandonar su vida vieja para que pueda 'existir' en el sentido más estricto de la palabra. La vida vieja ha sido dejada atrás, y completamente rendida. El discípulo es arrastrado fuera de su relativa seguridad hacia una vida de absoluta inseguridad (esto es, en verdad, hacia la absoluta seguridad y protección de la comunión con Jesús), de una vida que es observable y calculable (esto es, de hecho, sumamente incalculable) a una vida donde todo es no-observable y fortuito (esto es, hacia una que es necesaria y calculable), fuera del dominio de lo finito (lo cual es en verdad infinito) hacia el dominio de las posibilidades infinitas (la cual es la única realidad liberadora).[13]

Él dice que "cuando somos llamados para seguir a Cristo, somos convocados a un apego exclusivo a su persona."[14] Defendiendo su punto de vista, declara que "el discipulado significa adherencia a Cristo, y debido a que Cristo es el objeto de la adherencia, debe tomar la forma de discipulado".[15] Refiriéndose a la iglesia como "la comunidad de discípulos", dice que "ha sido arrancada del control del mundo. Por supuesto, aún tiene que vivir en el mundo, pero ha sido hecha un cuerpo, con su propia esfera de soberanía y su propia demanda del espacio vital".[16]

El interés contemporáneo en el tema de la iglesia como una sociedad de discípulos es visto en la publicación de libros, algunos principalmente estudios en teología académica y otros principalmente prácticos (consulte Para Consideración Adicional, al final del capítulo para ver ejemplos de ambos). Robert P. Meye lo declara acertadamente cuando al final de su libro, *Jesús y los Doce*, afirma:

> Cuando la iglesia voltea su atención a los evangelios canónicos, entonces encuentra el poder para la reformación y la restauración que fluye desde el evangelio de Jesucristo como fue afirmado fielmente por los evangelistas. Incluso en este estudio se encuentra llamado, como los discípulos de la antigüedad, para seguir a Cristo en compañía de aquellos cerca de él."[17]

---

12 Dietrich Bonhoeffer, *The Cost of Discipleship,* trad. R. H. Fuller (revisión revisada sin resumir ; New York: Macmillan, 1967), p. 50.
13 Ibid., p. 49.
14 Ibid.
15 Ibid., p. 50.
16 Ibid., p. 245.
17 Meye, op. cit., p. 232.

Para Consideración Adicional

Estudios Académicos en Discipulado

Marcus J. Borg, *Jesus: A New Vision: Spirit, Culture, and the Life of Discipleship (Jesús: Una Nueva Visión: Espíritu, Cultura y la Vida del Discipulado)* (San Francisco: Harper and Row, 1987).

Eamonn Bredin, *Rediscovering Jesus: Challenge of Discipleship (Redescubriendo a Jesús: El Reto del Discipulado)* (Mystic: Twenty-Third Publications, 1986).

Robert E. Coleman, *The Mind of the Master (La Mente del Maestro)* (Old Tappan: Fleming H. Revell, 1977).

Stephen Happel y James J. Walter, *Conversion and Discipleship: A Christian Foundation for Ethics and Doctrine (Conversación y Discipulado: Un Fundamento Cristiano de Ética y Doctrina)* (Philadelphia: Fortress, 1986).

Fernando F. Segovia (ed.), *Discipleship in the New Testament (Discipulado en el Nuevo testamento)* (Philadelphia: Fortress, 1985).

Estudios Prácticos en Discipulado

Robert E. Coleman, *The Master Plan of Evangelism (El Plan Maestro de Evangelismo)* (Westwood: Fleming H. Revell, 1964).

_____ , *They Meet the Master: A Study Manual on the Personal Evangelism of Jesus (Ellos Conocen al Maestro: Un Manual de Estudio sobre el Evangelismo Personal de Jesús)* (Old Tappan: Fleming H. Revell, 1973).

Tom Sine, *Taking Discipleship Seriously: A Radical Biblical Approach (Tomando el Discipulado con Seriedad: Un Método Bíblico Radical)* (Valley Forge: Judson, 1985).

David Watson, *Called and Committed: World-Changing Discipleship (Llamado y Comprometido: el Discipulado que Cambia al Mundo)* (Wheaton: Harold Shaw, 1982).

Tradiciones de Discipulado

Myron S. Augsburger, *Invitation to Discipleship: The Message of Evangelism (Invitación al Discipulado: El Mensaje del Evangelismo)* (Scottdale: Herald, 1964).

Harold S. Bender, *These Are My People: The Nature of the Church and Its Discipleship According to the New Testament (Este es Mi Pueblo: La Naturaleza de la Iglesia y su Discipulado de Acuerdo al Nuevo testamento)* (Scottdale: Herald, 1962).

Daniel S. Schipani (ed.), *Freedom and Discipleship: Liberation Theology in an Anabaptist Perspective (Libertad y Discipulado: Teología de la Liberación en ana Perspectiva Anabaptista)* (Maryknoll: Orbis, 1989).

David Lowes Watson, *The Early Methodist Class Meeting; Its Origins and Significance (La Reunión Temprana de Clase Metodista; Sus Orígenes y Significado)* (Nashville: Discipleship Resources, 1985).

2. Los Discípulos Reflexionando acerca de Su Fe

El Nuevo testamento representa el pensamiento más temprano de la iglesia acerca de lo que significa ser discípulos de Cristo Jesús. Debido a que la Biblia es una colección literaria, es una evidencia de lo que pensaban los peregrinos acerca de su fe a través de la época bíblica. Tal pensamiento reflexivo es al menos tan antiguo como la Biblia. (Consulte el capítulo 3, página 42 para conocer más acerca de la Biblia).

En el desarrollo post-bíblico de los credos, confesiones, doctrinas y dogmas, la iglesia continuó reflexionando acerca de su fe, aunque, a decir verdad, de una manera más formal y eclesiástica.

Los credos son declaraciones concisas de la fe cristiana utilizados principalmente en los cultos de adoración para dar testimonio de la fe histórica y confrontándola con alguna herejía. La palabra viene del latín *credo* que significa "Yo creo" y es la primera palabra que "El Credo de los Apóstoles" (en el cuarto centenario) y el Credo Niceno, formularon por primera vez en el concilio ecuménico en Nicea en Asia Menor en el año 325 D.C. y se expandió a Constantinopla en el año 381.

Las confesiones son enunciados formales de las creencias sostenidas por un grupo particular de cristianos. Un ejemplo es la Confesión de Augsburgo (1530), la cual declara las creencias de los Protestantes bajo el liderazgo de Martín Lutero comparadas con las del Catolicismo Romano.

Las doctrinas son posturas discutidas extensamente y sostenidas ampliamente por la iglesia (ej. la doctrina del nacimiento virginal) o por un segmento particular de la iglesia (ej. la doctrina de la santificación total subsecuente a la justificación y previa de la glorificación).

Los dogmas son declaraciones de verdad promulgadas por un colegio eclesiástico acerca de cómo son realmente las cosas. Tal verdad, por lo tanto, es entendida como aplicable universalmente sin importar si todos están de acuerdo con ella. Los dogmas son declaraciones no acerca de asuntos secundarios, sino de temas fundamentales que tienen que ver con la naturaleza misma de Dios y del mundo. Los ejemplos clásicos de los dogmas son el Creedo Niceno (años 325 y 381) el cual declaraba que el Hijo es *homoousios* (la misma sustancia) con el Padre y la Fórmula Calcedonia (año 451) la cual declaraba que Jesucristo es totalmente humano y totalmente divino, y aún así uno solo.

Los credos, las confesiones, las doctrinas y los dogmas, entonces son declaraciones de la fe de la iglesia respaldadas eclesiásticamente. La iglesia también encuentra que su fe es argumentada analíticamente por sus eruditos. Este esfuerzo analítico es llamado teología.

La Teología y los Diferentes Usos de la Palabra

La palabra *teología* viene de dos palabras griegas, *theos*: Dios, y *logos*: palabra o razón. La forma latina de esta combinación es *theologia*: la disertación acerca de Dios. Nosotros usamos la palabra en una variedad de formas, cada una igualmente válida.

Primero, la teología se refiere a la posición formalizada de un pensador, acerca de asuntos de la fe. Usualmente esta formalización tiene lugar a través de escribir libros dando así a los demás la oportunidad de criticarlo—tanto a la generación contemporánea como a generaciones posteriores. Debido a este esfuerzo literario tenemos, por ejemplo, el beneficio de pensadores tan innovadores como Ireneo (ca. 115–ca. 230), Tertuliano (ca. 160–ca. 230), Origen (ca. 182–ca. 251), Atanasio (ca. 293–ca. 372), los Padres Capadocios [Basil de Caesarea (ca. 330–379 y su hermano menor Gregorio de Niza (murió después de 394) así como Gregorio de Nazianzus (ca. 329–ca. 389)], Agustín (354–430), Juan de Damasco (ca. 700–ca. 753), Tomás de Aquino (1225–1274), Juan Calvino (1509–1564), Friedrich Schleiermacher (1768–1834), Paul Tillich (1886–1965), y Karl Barth (1886–1968).

En segundo lugar, la teología se refiere a una escuela de pensamiento dentro de la historia intelectual de la iglesia. Tal escuela representa un enfoque tomado por una pluralidad de personas compartiendo suposiciones, enfoques y perspectivas similares. Algunas escuelas de pensamiento están relacionadas con tradiciones eclesiásticas (ej. teología Luterana, teología Reformada, teología Metodista de Wesley, teología Pentecostal, teología Católica, teología Ortodoxa). Otras están relacionadas más directamente a los asuntos teológicos y filosóficos que trascienden tradiciones eclesiásticas (ej. teologías: liberal, conservadora, neo-ortodoxa, de proceso, y narrativa). Hoy en día, estamos influenciados por la teología feminista, la teología de la liberación, la teología negra, y otras que están más directamente relacionadas a asuntos sociales contemporáneos.[1]

En tercer lugar, la teología se refiere a una disciplina de análisis críticos, algunos ejemplos son la teología bíblica que se enfoca en el contenido de las escrituras de la iglesia; la teología natural o filosófica se enfoca en el proceso de reflexión por sí mismo; la teología histórica se enfoca en las tradiciones intelectuales en la iglesia; la teología dogmática se enfoca en los pronunciamientos definidos eclesiásticamente acerca de la fe tales como los que están envueltos en los credos y confesiones; la teología espiritual se enfoca en la naturaleza de la vida cristiana; la teología práctica, aplicada o pastoral se enfocan en la práctica del ministerio; la teología fundamental se enfoca en el proceso de verificar la veracidad de la teología; y la teología sistemática se enfoca en la estructura de la reflexión de la iglesia dentro del contexto del mundo contemporáneo. Cada una de estas disciplinas, aunque no son independientes totalmente unas de otras, tienen una historia por sí mismas; la concentración de cada una es suficientemente distinta para que sean disciplinas académicas separadas.

---

1 Para una introducción a muchas escuelas teológicas de pensamiento consulte Donald W. Musser and Joseph L. Price (ed.), *A New Handbook of Christian Theology* (Nashville: Abingdon, 1992).

Teología Sistemática

Debido a que esta obra que surge de la disciplina de teología sistemática, son apropiada unas palabras adicionales. En resumen, la teología sistemática busca las interconexiones entre varios temas de la fe de la iglesia. Hace esto en una conversación con las escrituras cristianas, la historia intelectual de la iglesia, y las preguntas y preocupaciones contemporáneas de la iglesia. Aplica su obra y formula sus hallazgos en una forma lógica, consistente, coherente e integral.

Una obra literaria en esta disciplina no necesariamente refleja la posición oficial ya sea de la tradición de una iglesia en particular, ni con toda seguridad, de toda la iglesia. La teología sistemática ofrece un punto de referencia potencial para el pensamiento y la vida de la iglesia en el mundo contemporáneo. El método sistemático intenta exhortar a la iglesia a ser reflexiva intencionalmente acerca de las implicaciones de su fe, intenta personificar su vida de creencias de modo que la iglesia pueda hablar acerca de ello más fácilmente, intenta analizar la idoneidad conceptual de lo que dice, e intenta proponer la agenda para continuar la reflexión y la acción.

Algunas veces la iglesia actúa como si las obras teológicas fueran un fastidio sin relación con las tareas reales de ser el pueblo de Dios. Esto es desafortunado ya que, antes que nada, siempre que la iglesia no es analítica acerca de su fe, inevitablemente se permite ya sea ser conformada a los patrones de pensamiento que son los más prevalentes en su época, o ser un poco más que transmisores de una tradición transmitida sin reflexionar en ello o de una manera autoritaria.

Más aún, ver la obra teológica como un fastidio es desafortunado porque no reconoce que todo lo que hacemos tiene lugar dentro de un marco conceptual, ya sea bueno o malo. Por lo tanto, la cuestión no es si debemos tener un marco conceptual, sino si escogemos tener uno que esté informado por las Escrituras, la historia intelectual de la iglesia, y la experiencia de fe de la comunidad cristiana. Las consecuencias negativas de devaluar la reflexión teológica puede ser visto en la adoración. Aquellas iglesias que dan poca o ninguna atención teológica a la adoración congregacional se encuentran a sí mismas a merced de las últimas modas pasajeras y sin un marco conceptual operativo consciente para evaluar los cambios producidos por demanda popular.

¿Es todo esto para decir que la teología sistemática es la manera de alcanzar el mundo para Cristo? No, el evangelio es la manera. ¿Es la teología sistemática lo que se necesita para renovar la iglesia? No, el Espíritu Santo es lo que se necesita. ¿Es la teología sistemática lo que los cristianos necesitamos leer más? No, la Biblia es lo que necesitamos leer.

¿Porqué entonces la disciplina de la teología sistemática? Es para que los predicadores, maestros y otros oficiales y líderes en la vida de la iglesia puedan reflejar analíticamente en el contenido de lo que predican, enseñan y hacen, y desarrollen en sí mismos y en los demás una apreciación más profunda para ese contenido como un todo.

J. Gordon Melton y Robert L. Moore en su estudio del fenómeno de las sectas en los Estados Unidos sostienen que una de las razones por las que las personas se unen a grupos sectarios es porque tanto la iglesia como la universidad los dejan en un vacío conceptual. Por consecuencia, se les dificulta encontrarle sentido la confusión de su existencia. Y así, necesitando un marco conceptual para entender la vida, voltean su mirada a un grupo sectario que proclama tener las respuestas.

Melton y Moore escriben: "La crítica, por supuesto, rápidamente ve debilidades, contradicciones, y preguntas sin respuesta de la visión del mundo de una secta. '¿Cómo puede alguien creer en eso?' Pero el grupo suministra una metáfora o modelo básico por el cual una persona puede entender la vida."[2]

La teología sistemática es la forma disciplinada por medio de la cual la iglesia permanece en la vanguardia de conceptualizar una visión cristiana del mundo en el escenario contemporáneo y un entendimiento integrado de la fe cristiana. El propósito, por supuesto, no es que todos se convertirán en teólogos sistemáticos, sino que aquellos que son líderes en una iglesia puedan pensar claramente, comunicarse bien, y dar un sentido a la verdad cristiana. Tener una teología sistemática nos proporciona un marco conceptual dentro del cual podemos ministrar. Hace posible que demos a la gente el regalo de una perspectiva de modo que puedan "encontrarle sentido a la confusión de su existecia". Brinda el contexto conceptual dentro del cual la iglesia puede evaluar lo que está haciendo, encontrar dirección para el futuro, y tratar asuntos críticos de la fe y el orden, la vida y el trabajo, el evangelismo y las misiones.

Muchos miembros en las iglesias se refieren a la fe cristiana como si fuera un rompecabezas que nunca se termina de armar. Tienen una pieza llamada el Espíritu, otra llamada el regreso del Señor, otra llamada creación, y otras piezas llamadas: el nacimiento virginal, el bautismo, Jesucristo, la profecía, la sanidad, la Cena del Señor, la redención, la adoración, la resurrección, la santificación, así como muchas otras. Sin embargo, todo esto es un revoltijo de piezas en la caja de rompecabezas de la iglesia. De vez en cuando toman una pieza para examinarla, pero nunca tienen el gozo de ver cómo encaja en una imagen más completa. Funcionan como una fe de rompecabezas de la cual nadie les ha ayudado nunca a reunir y armar las piezas. La teología sistemática es un intento de reunir y armar las piezas de modo que la gente pueda ver la fe más como un todo y descubrir nuevas dimensiones del significado que hay en ella

Teología y Doctrina

Necesitamos distinguir entre una obra teológica y una doctrinal. Una obra doctrinal informa al creyente acerca del contenido cognitivo de la fe mientras que una obra teológica delibera acerca de ella. Una obra doctrinal es catequista; una obra teológica es catártica.

---

2 J. Gordon Melton y Robert L. Moore, *The Cult Experience: Responding to the New Religious Pluralism* (New York: Pilgrim, 1982), p. 34.

La catequesis es una forma de instrucción que usa el método de preguntas y respuestas, y ambas son determinadas por el instructor. Martín Lutero, por ejemplo, preparó dos catecismos en 1529, el mejor conocido es el "Shorter Catechism" (Catecismo más Corto) Las respuestas reflejan las convicciones de la comunidad de la fe acerca de lo que es importante en cuanto a creencia y práctica. *La catequesis* se refiere a la instrucción que tiene lugar de boca en boca. En la era moderna también se refiere a guías doctrinales, libros y declaraciones que son publicadas para el propósito de instruir a la gente acerca de la fe. *La catequesis* asume que hay un conjunto de conocimientos que debe ser transmitido a otras personas y que hay entendimientos a ser captados, deben hacerse compromisos, y deben aceptarse suposiciones. Todo este conocimiento representa la sabiduría colectiva de la comunidad de la fe que produce los materiales de catecismo.

Pero ¿qué hay acerca de la función catártica de las obras teológicas—a ser distinguida de la función catequista de las obras doctrinales? Usualmente utilizamos "catártico" en relación a nuestras necesidades físicas o psicológicas. Una catarsis es una medicina para estimular la evacuación de los intestinos. En la esfera psicológica, hablamos de sacar los miedos, problemas y complejos sin inhibiciones, con la esperanza de aliviarlos, y así purgar nuestras vidas emocionales.

Yo pienso que esta palabra es útil también, para identificar la diferencia entre los trabajos doctrinales y teológicos. La catarsis teológica trata con las formulaciones inadecuadas de la fe, intrusiones graduales, inconsistencias en la forma en que pensamos sobre diferentes dimensiones de la fe (ej. iglesia, salvación, creación) y discrepancias entre conceptualizaciones de la fe y las prácticas de los fieles.

Los trabajos teológicos tienen una función catártica en el sentido que proveen la oportunidad para que la comunidad cristiana considere, por un lado, si es cierto a "la fe que ha sido una vez dada a los santos" (Judas 3), o por otro lado, si ha sido contaminada y necesita ser limpiada. Para llevar a cabo la analogía catártica un poco más: una obra teológica puede ayudar a aliviar a la comunidad de la fe de constipación doctrinal, esto es, de ser atestada con contenido doctrinal que impacte a un sistema digestivo que de otra forma estaría saludable, trayéndole así pasividad, inactividad y letargo.

Esto no quiere decir que la iglesia necesite un tipo de obras sin el otro tipo de obras (ya sea catequesis o catarsis), sino todo lo contrario. Ambas se necesitan Por un lado, las obras teológicas sin obras de doctrina fundamental llevan a ejercicios en la especulación teológica. Las obras teológicas están ligadas a la tradición. Por el otro lado, las obras doctrinales sin una reflexión teológica continua llevan a la constipación religiosa.

La Iglesia como una Red de "Lenguajes"

Conforme la iglesia conversa acerca de su fe, lo hace en cinco diferentes "lenguages": el lenguaje personal revelador, el lenguaje adoptado, el lenguaje infligido, el lenguaje observado, y el lenguaje extraño.

El lenguaje personal revelador es aquel que es genuinamente propio. Se vierte desde las profundidades de uno mismo y da expresión de quién soy. La palabra de Dios es este tipo de lenguaje; es la misma persona de Dios expresada lingüísticamente. Pero el lenguaje personal revelador es también el que los humanos hablamos cuando expresamos cómo nos sentimos acerca de un asunto, sea de acción de gozo ó tristeza, acción de gracias ó desagrado, gratitud o lamentación. Es la manera en que hablamos en momentos de oración auténtica, de testimonio sentido, de discusión honesta, y de predicación o enseñanza con convicción.

El lenguaje personal revelador es informal en algunas ocasiones (ej. conversaciones) y algunas veces formal (ej. libros, artículos y sermones). Pero ya sea informal o formal, su marca principal es que los autores y oradores dicen lo que ellos quieren decir, en la forma que lo quieren decir, y con las palabras que desean usar. Puede inspirar o desalentar, pero cualquiera que sea su influencia es el lenguaje de la persona misma que está hablando expresando lo profundo de su ser.

El segundo tipo de lenguaje es el *lenguaje adoptado* que, aunque se ha originado con alguien más, es aceptado tan incondicionalmente que uno lo adopta como propio. Algunos ejemplos son: himnos, citas, y escrituras. Por ejemplo, aunque nosotros no escribimos el Salmo 23 muchos de nosotros lo adoptamos como nuestro propio Salmo. Las confesiones de fe y los credos pueden ser este tipo de lenguaje, siempre y cuando se concuerde genuinamente con ellos. El lenguaje adoptado es aquel que, aunque se origina con otras personas, lo reconocemos como una expresión de nuestras convicciones sostenidas genuinamente.

Tercero, el *lenguaje infligido* consiste en declaraciones o afirmaciones con las que no concordamos, pero la cuales, por alguna razón nos sentimos obligados a repetir como si creyéremos en ellos. Tome por ejemplo la canción de Barney Warren que declara:

Salvación, Oh, gloria! Es el rapto lo que siento —

> Una corriente de dicha celestial;
>
> Mi alma está deleitada, no puedo encubrirlo,
>
> El gozo más profundo poseo yo

Otras palabras testimoniales en la canción incluyen lo siguiente: "Mi camino es brillante como el medio día despejado" y "Estoy ayunando con él desde arriba" y "Mi Edén en la tierra ha comenzado."[3]

Suponemos que este fue el lenguaje personal revelador del Sr. Warren pero para otras personas este es lenguaje adoptado. Y aún más para otros, sin embargo, puede ser un lenguaje infligido, cuando, por ejemplo, cuando uno se doblega tristemente a la presión de un líder de música para cantar "como si realmente lo sintieras". Las oraciones, credos

---

3 Barney E. Warren, "Waves of Devotion," *Worship the Lord: Hymnal of the Church of God* (Anderson, Ind: Warner Press, 1989), No. 574.

y confesiones de fe grupales al unísono, caen en esta categoría, siempre que a la gente se le hace decir algo en lo que no está de acuerdo.

El cuarto tipo es el lenguaje observado. Este es lenguaje que es principalmente el objeto de estudios serios, esparcimiento poco serio, menosprecio ó percepción neutral. Es el tipo de experiencia de lenguaje que tenemos cuando leemos algo simplemente con el propósito de encontrar información. El lenguaje observado es aquel que tratamos como objeto sea de obras literarias tales como libros o artículos, escrituras o credos, o la palabra hablada tal como conversaciones y monólogos, testimonios y sermones. Tratamos lo que se dice como un objeto a ser manejado con desapego a su autor en vez de la expresión lingüística de la personalidad del autor con quien estamos comprometidos personalmente. Por ejemplo, Agustín (354–430 DC) quien se convirtió en uno de los pensadores más grandes en la iglesia, inicialmente fue a escuchar la predicación de Ambrosio, obispo de Milán, con el propósito de analizar sus habilidades de oratoria. Lo que comenzó como un lenguaje observado, sin embargo, se convirtió para el en un lenguaje personal revelador, esto es, se convirtió para él en la cautivadora palabra de Dios.

El quinto tipo es el lenguaje extraño. Lo que sea que se dijo, no es entendido ya sea porque los oyentes no comprenden la terminología, no tienen interés, o están distraídos por otras preocupaciones.

Como criaturas de lenguaje, funcionamos lingüísticamente en diferentes maneras no sólo en la arena pública sino también en la iglesia. Lo que es lenguaje personal revelador para una persona, puede ser adoptado por otra, infligido en otra, observado por otra, y aún completamente extraño para otra más. Las mismas palabras son experimentadas en muchas formas diferentes. La iglesia es una comunidad de discursos humanos en los cuales hay varias experiencias de lenguaje. En medio de este discurso, la teología es un intento de entrar en la conversación de una forma ordenada y analítica. Como Gerald O'Collins ha dicho los "Teólogos no son portavoces de Dios. Es simplemente que cuidan de hablar correctamente en la presencia de Dios." [4]

Conversación acerca de la Verdad

Transitando por la conversación histórica de la iglesia, hay al menos cinco niveles diferentes de verdad. La primera es Cristo Jesús, la verdad encarnada, quien dice en Juan 14:6 "Yo soy... la verdad." La segunda es la verdad escritural, la cual es de acuerdo con 2ª Timoteo 3:15 "...te pueden hacer sabio para la salvación por la fe que es en Cristo Jesús." El tercero es la verdad personal que brota de nuestra propia experiencia de Dios en Cristo. "¿No ardía nuestro corazón en nosotros, mientras nos hablaba en el camino, y cuando nos abría las Escrituras?"—así decían los discípulos en Emaús en Lucas 24:32. La cuarta es la verdad profética que viene más allá del entendimiento inmediato de los oyentes, con el propósito de ponerlos en sintonía con la voluntad y el propósito divino. La predicación es a menudo profética. La conversación personal también puede ser profética en el sentido de hablar a otra persona de una manera honesta para el propósito

---

4 Gerald O'Collins, *Has Dogma a Future?* (London: Darton, Longman and Todd, Ltd., 1975), p. 100.

de traer corrección o desafío de acuerdo con lo que es percibido por el "profeta" como viniendo de Dios. Así que en Apocalipsis 1:10–11a, las palabras de Juan en Patmos:

> Yo estaba en el Espíritu en el día del Señor, y oí detrás de mí una gran voz como de trompeta, que decía: Yo soy el Alfa y la Omega, el primero y el último. Escribe en un libro lo que ves, y envíalo a las siete iglesias.

La quinta es la verdad doctrinal que está formulada por la iglesia a través de la tradición y sus cargos de enseñanza, y es utilizada como el canon por el cual todos los demás pensamientos son medidos. Los credos, confesiones y dogmas de la iglesia, así como sus obras doctrinales más expansivas, caen en esta categoría. Tito 2:1 dice "Pero tú habla lo que está de acuerdo con la sana doctrina."

La teología cristiana es un intento académico de conversar con la iglesia acerca de la verdad—encarnada, bíblica, personal, profética, y doctrinal—con el fin de que también "se cuide de hablar correctamente en la presencia de Dios".

Para Consideración Adicional

Credos

Consulte: Frances M. Young, *The Making of the Creeds (La Creación de los Creedos)* (London: SCM y Philadelphia: Trinity Press International, 1991). Otros estudios importantes son: Hans-Georg Link, *The Roots of Our Faith (Las Raíces de Nuestra Fe)* (Geneva: World Council of Churches, 1984); Alan Richardson, *Creeds in the Making (Credos Siendo Creados)* (Philadelphia: Trinity Press International, 1990); J. Stephenson, ed., *Creeds, Councils and Controversies: Documents Illustrating the History of the Church A. D. 337–451 (Credos, Concilios y Controversias: Documentos Ilustrando la Historia de la Iglesia A.D. 337–451)* (Cambridge: University Press, 1989).

Para un estudio contemporáneo del Credo Niceno, consulte Comisión de Fe y Orden del Concilio Nacional de Iglesias de Cristo, *Confessing One Faith: The Origins, Meaning and Use of the Nicene Creed: Grounds for a Common Witness (Confesando Una Fe: Los Orígenes, Significado y Uso del Credo Niceno: Bases para un Testimonio Común* (Cincinnati: Forward Movement Publications, 1988).

Estudios Teológicos

Para un tratamiento conciso de las disciplinas clásicas consulte Gerhard Ebeling, *The Study of Theology (El Estudio de la Teología)* (London: Collins, 1979). También, F. G. Healey, ed., *Preface to Christian Studies (Prefacio a Estudios Cristianos)* (London: Lutterworth, 1971).

Para una introducción corta a términos teológicos, los teólogos modernos y la metodología, consulte John Jefferson Davis, *Theology Primer: Resources for the Theological Student (Texto elemental de Teología: Recursos para el Estudiante de*

Teología) (Grand Rapids: Baker, 1981). Algunas introducciones más exhaustivas son: G. R. Evans, *Old Arts and New Theology: The Beginnings of Theology As an Academic Discipline (Artes Antiguas y Nueva Teología: Los Inicios de Teología Como una Disciplina Académica)* (Oxford: Clarendon, 1980); y Edward Farley, *Ecclesial Reflection: An Anatomy of Theological Method (Reflexión Eclesiástica: Una Anatomía del Método Teológico)* (Philadelphia: Fortress, 1982).

Para un diccionario teológico, consulte: Alan Richardson y John Bowden, *The Westminster Dictionary of Christian Theology (El Diccionario Westminster de Teología Cristiana)* (Philadelphia: Westminster, 1983). Una pequeña referencia rápida es: Thayer S. Warshaw, Abingdon *Glossary of Religious Terms (Glosario de Términos Religiosos)* (Nashville: Abingdon, 1978).

II
Revelación de la Palabra

3. El Libro de la Fe de la Iglesia

A través de la historia cristiana los discípulos de Cristo han sido guiados por el libro de la fe. La Biblia es la autobiografía del pionero pueblo de Dios en su peregrinaje de la fe y en transportador continuo de la revelación de Dios. Es el estándar para establecer normas de fe y el material fundamental para tratados de fé. Examinemos estas cuatro dimensiones de la Biblia.

Autobiografía del Pueblo Pionero de Dios

La Biblia brinda la autobiografía del pueblo pionero de Dios en su peregrinaje de fe. Es una historia que cubre el peregrinaje todo el camino desde los primeros signos de fe en el Antiguo Testamento a la culminación de la fe en Jesucristo. La expresión con palabras de la fe del pueblo de Dios fue eventualmente inscrita en documentos que la preservaron por las generaciones subsecuentes. Ellos circularon estos documentos, los leyeron y escucharon su lectura, los apreciaron, los transmitieron, los coleccionaron, y finalmente los aprobaron como documentos literarios con autoridad para su propia fe.

Para los cristianos, no sólo emergieron una nueva colección de escritos con autoridad, sino también una nueva perspectiva sobre las escrituras hebreas. Los creyentes reclamaron las escrituras hebreas como suyas también, pues ellos estaban convencidos de que el Dios de Jesucristo no era otro sino el Dios de las escrituras hebreas. Hebreos 1:1–2 dice:

> Dios, habiendo hablado muchas veces y de muchas maneras en otro
> tiempo a los padres por los profetas, en estos postreros días nos ha hablado
> por el Hijo, a quien constituyó heredero de todo, y por quien asimismo
> hizo el universo.

Las escrituras hebreas fueron vistas por la comunidad cristiana no como ásperas antigüedades literarias de su pasado religioso, sino como instrumentos literarios vivos y vibrantes del evangelio contemporáneo. De hecho, fue a estas mismas escrituras a las que 2ª Timoteo 3:15 se refiere como "las cuales te pueden hacer sabio para la salvación por la fe que es en Cristo Jesús" Brevard Childs concluye su *Introducción al Antiguo Testamento como Escritura* diciendo:

> La iglesia cristiana confiesa encontrar un testigo de Jesucristo tanto en el Antiguo Testamento como en el Nuevo. Su Biblia no consiste de escrituras hebreas además de un apéndice llamado el Nuevo Testamento. En vez de eso, la forma de la Biblia Cristiana como Antiguo y Nuevo Testamento reclama toda la escritura como el testigo autoritativo del propósito de Dios en Jesucristo para la iglesia y para el mundo. Al leer el Antiguo Testamento junto con el Nuevo como escritura cristiana se forma un nuevo contexto teológico para entender ambas partes las cuales difieren de escuchar cada Testamento aisladamente. El Antiguo Testamento es interpretado por el Nuevo y el Nuevo es entendido a través del Antiguo, pero la unidad de su testimonio está fundamentado en el Único Señor.[1]

A través del curso de unos tres siglos, el conjunto fundamental de la iglesia de obras literarias—las cuales son conocidas como el Nuevo Testamento—vienen a existencia como una extensión de las escrituras hebreas. Las escrituras cristianas, incluyendo Antiguo y Nuevo Testamento, son el único registro autoritativo que tenemos de la fe del pueblo de Dios desde el comienzo de los tiempos hasta la totalidad del tiempo. Aunque fue escrita en muchos siglos por numerosas personas, bajo todo tipo de circunstancias y para diversos propósitos, la Biblia emergió con una trama que se estira todo el camino desde la creación hasta la consumación de la historia de Israel en Jesucristo y apuntando a la consumación de la historia mundial al final de las edades.

Como el libro de un pueblo en particular, este es, por lo tanto, un documento histórico que se presta para análisis históricos, literarios y sociológicos. Es tan abierto a la luz de búsqueda de investigación crítica como lo es para otro tipo de literatura. Negar tal investigación ignora el carácter histórico de la fe bíblica. El pueblo de Dios no tiene nada que temer de las investigaciones más severas y críticas posibles. Tomando el punto de vista de que la fe de la iglesia puede ser mantenida sólo en tanto que esta esconda sus documentos de la luz de la investigación crítica, contradice la historicidad de la fe de aquellos quienes fueron los escritores, recolectores y transmisores del material literario que conocemos como la Biblia. Ellos sabían por sí mismos que serían un pueblo de un proceso histórico cargado completamente con fe en el Dios de la historia. No fue con ideas reservadas, esotéricas, o sostenidas en privado con lo que ellos estarían tratando, sino con la vida histórica del pueblo de la fe. El desanimar la investigación crítica de la Biblia como literatura histórica pone en duda que la Biblia tenga que ver algo con los asuntos de la vida real. Si la iglesia quiere ser fiel a sí misma como un pueblo de un proceso histórico no hay opción lógica distinta a animar tal investigación crítica.

---

1 Brevard S. Childs, *Introduction to the Old Testament as Scripture* (Philadelphia: Fortress, 1979) p. 671. Consulte Para Consideración Adicional acerca de la obra de Childs en los estudios canónicos.

Transportador Constante de la Revelación de Dios

Ser meramente la autobiografía del pueblo de Dios, sin embargo, no es una razón suficiente para que la Biblia sea pertinente para nosotros. No es su historicidad como tal la que nos afecta, pues muchas obras históricas nos influencian poco—si es que nos influencían—y ciertamente no en el sentido de transformar nuestras vidas. Lo que hace que la Biblia sea diferente es que transporta la revelación inductora de la fe en Dios, generación tras generación.

Como tal, no es sólo el libro del pueblo de Dios, sino también el libro del Espíritu Santo. Hasta ahora, la Biblia ha sido y continua siendo el instrumento literario por el cual las generaciones subsecuentes fueron y son llamadas y establecidas en la fe. Esto eleva la convicción de que estos escritos experimentados como siendo divinamente inspirados por los oyentes y lectores originales, son experimentados por nosotros sólo como divinamente inspirados. El decir que son divinamente inspirados significa que en ellos y a través de ellos escuchamos a Dios hablándonos en una forma definitiva.

Para una disertación como esta, el texto clásico es 2ª Timoteo 3:14–17:

> Pero persiste tú en lo que has aprendido y te persuadiste, sabiendo de quién has aprendido; y que desde la niñez has sabido las Sagradas Escrituras, las cuales te pueden hacer sabio para la salvación por la fe que es en Cristo Jesús. Toda la Escritura es inspirada por Dios, y útil para enseñar, para redargüir, para corregir, para instruir en justicia, a fin de que el hombre de Dios sea perfecto, enteramente preparado para toda buena obra.

De acuerdo al versículo 16 "toda la escritura es inspirada por Dios." La palabra traducida como inspirada es *theopneustos,* literalmente, exhalada por Dios. De hecho, hay dos formas legítimas de traducir este pasaje. Puede ser traducido ya sea como "Toda la escritura que es inspirada por Dios también es útil" ó "Toda la escritura es inspirada por Dios y es útil."

La primer traducción puede llevarle a uno a la conclusión de que hay algunas partes de la Biblia que no son inspiradas, en cuyo caso nuestra tarea sería decidir cuáles son inspiradas y cuáles no lo son. Si ese fuera el caso, la tentación, por supuesto sería designar lo que si nos gusta como que es inspirada y lo que no nos guste como no inspirada. La segunda traducción puede llevarle a uno a la conclusión de que cualquier escrito que cualquier grupo reclame como que tiene un rango de "escritural", es por lo tanto necesariamente inspirada.

Entonces ¿De qué manera debería ser traducido el versículo 16? La escritura del enunciado en griego por sí mismo no da la respuesta. La decisión tiene que ser hecha en base al contexto inmediato del enunciado. El versículo 15 se refiere a las escrituras sagradas—lo que llamamos el Antiguo Testamento—que alimentó a Timoteo desde su niñez. Es ese juego completo de escrituras sagradas, por lo tanto, lo que está en vista cuando el versículo 16 se refiere a la inspiración.

La objeción es que algunas veces se hace es: debido a que la referencia es a las escrituras hebreas—y el Nuevo Testamento aún no había sido formado—el pasaje no aplica al Nuevo Testamento. Para llegar a tal conclusión, sin embargo, se pasa por alto el principio de la escritura implícito que está establecido en este texto—un principio que, mientras se declara en relación al Antiguo Testamento, también era operativo al emerger el Nuevo Testamento. Este principio será considerado abajo, pero a este punto simplemente llama la atención el hecho de que de acuerdo con 2ª Timoteo, las escrituras son exhalada por Dios. La pregunta es: ¿Cómo debemos entender su carácter de exhaladas por Dios?

Hay tres puntos de vista importantes de inspiración que han sido desarrollados en el transcurso del tiempo: inspiración verbal, inspiración plenaria, e inspiración dinámica. ¿Tiene que ver la inspiración con cada palabra en la Biblia? ¿Tiene que ver con el mensaje de la Escritura? o, nuevamente, ¿Tiene que ver con la fe que transforma vidas de la cual los escritores de la Biblia dieron testimonio?

Punto de Vista Importante Núm. 1. La teoría de la inspiración verbal (que tiene que ver con las palabras) sostiene que cada palabra de la Escritura se originó con Dios de modo que los escritores como instrumentos de Dios, aunque usaban palabras, enunciados y conceptos que eran nativos de ellos, en realidad estaban publicando las palabras divinas de Dios en el acto original de hablar y escribir.

Aquellos que mantienen la teoría de la inspiración verbal, reconocen que la Biblia como la tenemos hoy en día presenta de hecho algunos problemas (ej. la contradicción entre 2ª Reyes 24:8, que dice que Joaquín tenía dieciocho años cuando se convirtió en rey de Judá, y 2ª Crónicas 36:9 el cual dice que tenía ocho), y afirman que fueron los autógrafos originales de la escritura los que fueron verbalmente inspirados, y que si los encontráramos descubriríamos que no hay tales problemas. Los errores que se han infiltrado al texto en el curso de la traducción y transmisión no estaban en los autógrafos originales. Como J. I. Packer lo explica "Debido a que Dios no ha prometido en ninguna parte la transmisión sin errores de la Escritura, es necesario afirmar que sólo el texto autógrafo de los documentos originales fue inspirado."[3]

Punto de Vista Importante Núm. 2. La teoría de la inspiración plenaria (completa) sostiene que mientras las palabras y las formas de pensamiento pertenecen a los escritores, el mensaje mismo es totalmente de Dios. La forma literaria que ese mensaje toma es que los escritores fueron de hecho sensibles a la dirección del Espíritu y sin embargo estaban funcionando como gente de su propia edad y lugar mientras le daban expresión al divino mensaje inspirado por sus corazones y mentes. Mientras que la palabra "plenaria" también es usada por aquellos que sostienen la inspiración verbal de los autógrafos originales, aquellos que prefieren el término "inspiración plenaria" seguido lo usan con la intención de evitar el énfasis en palabras individuales en vez del mensaje

---

3 J. I. Packer, *God Has Spoken* (Downers Grove: Inter-Varsity, 1979), p. 151f.

como un todo. Aunque Howard Marshall no usa el término, su posición es un ejemplo de lo que aquí se refiere como inspiración plenaria. Él escribe:

> En un nivel humano podemos describir su composición en términos de los distintos procesos orales y literarios que subyacen… Sin embargo, al mismo tiempo, en el nivel divino podemos sostener que el Espíritu… estaba activo en todo el proceso, de modo que la Biblia puede ser considerada tanto como palabras de hombre y como la Palabra de Dios. Esta actividad del Espíritu puede ser descrito como "concursivo" con las actividades humanas a través de las cuales la Biblia fue escrita.[4]

Y continúa diciendo que esta hipótesis le hace justicia totalmente a lo que declara 2a Timoteo 3:16 de que toda la escritura es exhalada por Dios en que es el producto de la inspiración del Espíritu de Dios. "Lo que ha sido defendido es la actividad de Dios a través de todo el proceso de modo que el producto totalmente viene de Él finalmente."[5]

Punto de Vista Importante Núm. 3. La teoría de la inspiración dinámica (que tiene que ver con cambiar y crecer) sostiene que aquellos que escribieron los libros de la Biblia estaban en una relación de fe con Dios viva y creciente y que conforme Dios trabajó en ellos, a través de ellos, y con ellos, crecieron en su entendimiento de Dios. Como personas con una fe revelada, escribieron en respuesta a la inspiración del Espíritu. Paul Achtemeier dice:

> Fue… desde la interrelación de la tradición, la situación y quien respondía, que el Espíritu Santo atrajo las palabras de la Escritura. Es en tal forma dinámica que la inspiración es mejor entendida, y… lo que mejor nos permite explicar la manera en la cual la Escritura fue de hecho producida.[6]

La inspiración verbal coloca el énfasis en las palabras de la Escritura, la inspiración plenaria en su mensaje, y la inspiración dinámica en la relación de fe que la produjo. La diferencia entre los tres tiene que ver con si las palabras y enunciados individuales que son exhalados por Dios o el mensaje central, o la fe de los escritores.

En la primera instancia, el énfasis es principalmente en el texto de la Escritura; en la segunda, en el mensaje de la Escritura; en la tercera, en la experiencia de la Escritura. (Sin duda, aquellos que enfatizan el texto, no descuentan el mensaje y la experiencia; aquellos que enfatizan el mensaje, no descuentan el texto y experiencia; y aquellos que enfatizan la experiencia, no descuentan el texto y el mensaje.) Sin importar estos diferentes énfasis, sin embargo, en todos estos tres puntos de vista, se sostiene la misma convicción, a saber, que la Biblia es la ubicación literaria donde Dios continúa hablándonos con el propósito de traernos a la fe y ofrecernos novedad de vida.

---

4 I. Howard Marshall, *Biblical Inspiration* (Grand Rapids: Eerdmans, 1982), p. 42.
5 Ibid.
6 Paul J. Achtemeier, *The Inspiration of Scripture: Problems and Proposals* (Philadelphia: Westminster, 1980), p. 136.

Canon Literario para Establecer las Normas de Fe

La Biblia también es el canon literario, o la "vara de medir" con la cual las personas de fe usan para establecer las normas de fe. ¿Qué es lo que cuenta como fe cristiana? El criterio para establecer lo que cuenta es la Biblia. Esto no significa que esto siempre es determinado fácilmente; más bien, significa que la Biblia es el foco de la discusión. Los reformadores del siglo XVI se aferraron con asuntos de fe aferrándose a textos bíblicos. La Escritura fue el enfoque principal para las discusiones, diatribas, y declaraciones.

¿Qué le da el rango autoritativo de ser llamado Escritura al conjunto de escritos? El "principio de escritura" mencionado anteriormente como lo establece 2a Timoteo 3:14–17 es de cuatro dobleces:La primera dimensión de los principios de la escritura es que la gente está convencida internamente de que escuchan la misma palabra Dios siendo hablada a ellos en las palabras de otros. A esto con frecuencia se le llama *testimonium internum Spiritus Sancti*, es decir, el testimonio interno del Espíritu Santo.

Juan Calvino escribe:

> El testimonio del Espíritu es superior a toda razón [para comprobar que las Escrituras son la palabra de Dios]. Ya que Dios por sí solo es testigo suficiente de Él mismo en sus propias palabras, así que también la palabra nunca ganará crédito en los corazones de los hombres, hasta que sea confirmada por el testimonio interno del Espíritu. Es necesario, por lo tanto, que el mismo Espíritu, quien habló por boca de los profetas, deba penetrar en nuestros corazones, para convencernos de que ellos fielmente entregaron los oráculos los cuales fueron confiados divinamente a ellos.[7]

En su teología sistemática—comisionado oficialmente por la Iglesia del Nazareno—H. Ray Dunning habla de su testimonio como un caso especial de gracia predestinada que es ofrecida a todos por igual, y en este caso a todos quienes han sido expuestos al contenido de las Escrituras.[8] La primera dimensión del principio de la Escritura, es entonces la convicción iniciada por el Espíritu de que escritos particulares son *theopneustos*, exhalados por Dios, o Escritura "inspirada por Dios" (v.16).

La segunda dimensión es que tales escritos son providencialmente preservados de modo que en el curso del tiempo han venido a tener la distinción especial de ser la literatura definitiva de la fe, ej. "las sagradas escrituras" (v.15). Vemos evidencia de este proceso trabajando durante el tiempo cuando los libros del Nuevo Testamento fueron escritos, de modo que en 2ª Pedro 3:16 los escritos de Pablo ya eran referidos como "Escrituras".

---

7 Hugh T. Kerr, *A Compend of the Institutes of the Christian Religion by John Calvin* (Philadelphia: Westminster, 1939), p. 16 (I. vii 4 in *The Institutes*).

8 H. Ray Dunning, *Grace, Faith and Holiness* (Kansas City: Beacon Hill of Kansas City, 1988), p. 63. Chap. 2, "Sources of Theology: The Bible," es una declaración excelente de la posición Wesleyana de la Escritura.

La tercera dimensión es que "te pueden hacer sabio para la salvación por la fe que es en Cristo Jesús". Para ser clasificadas como Escrituras cristianas, los escritos deben apuntar a la salvación en Jesucristo; tienen una función de salvación con un enfoque Cristo-céntrico.[9] La función primordial de la Escritura no es la de informarnos de una variedad de hechos históricos ni de servir como una especie de libro de respuestas para todo propósito, ni darnos entendimientos esotéricos o proveer datos para descifrar una tabla del tiempo para eventos futuros. En vez de esto, su propósito a cabalidad es llevar a la gente a la salvación.

El fallecido Boyce Blackwelder, erudito del Nuevo Testamento en la Escuela Anderson de teología, dijo correctamente:

> Aquí nosotros enfatizamos la afirmación de que Jesucristo es el tema principal de las Escrituras. Esta verdad, la cual es reflejada directamente en el Nuevo Testamento e indirectamente en el Antiguo Testamento, da a la Biblia significado teológico y unidad. En este contexto, todas las interpretaciones sirven al propósito de encontrar a Cristo ó delinear su obra redentora.[10]

Toda la Escritura es "útil para enseñar, para redargüir, para corregir, para instruir en justicia, a fin de que el hombre de Dios sea perfecto, enteramente preparado para toda buena obra." Es útil para (a) instruir a la gente acerca del contenido de la fe cristiana (es decir, *didaskalia,* enseñar); (b) rechazar lo que es contrario a las enseñanzas y la práctica cristianas (es decir, *elegmos,* reconvenir); (c) alinear (o realinear, como el caso lo requiera) al pueblo de Dios con la enseñanza y la práctica cristianas (es decir, *epanorthōsis*, corrección); Y (d) dar forma espiritualmente a los hijos de Dios (es decir, *paideia*, entrenamiento, o literalmente crianza de un hijo; el texto dice "para instruir en justicia").

El objetivo de todo esto—ya sea en su instrucción en contenido, rechazo a lo que es contrario a los cánones cristianos, alinear y realinear, o formación espiritual—es que el pueblo de Dios pueda ser "perfecto, enteramente preparado para toda buena obra." La palabra griega *artios*, traducida aquí como "perfecto", significa perfecto en su clase, adecuado, exactamente apto. La idea es que el pueblo de Dios debe ser instruido, juzgado, alineado y formado por las Escrituras con el fin de que cumpla con el propósito para el cual Dios le ha llamado.

---

9 George Lyons ha escrito: "Jesús y sus seguidores no encontraron ocasión para debatir la divina autoridad de las Escrituras con sus oponentes judíos. Lo que distinguió a la Cristiandad del Judaísmo en sus atributos hacia la Escritura fue que la convicción inquebrantable de los cristianos de que la Escritura se encontraba en su totalidad y hermenéutica autoritativa en Jesús. La cristología, no teorías sobre la inspiración de la Escritura, fue decisiva." "The Spirit in the Gospels," *The Spirit and the New Age,* ed. R. Larry Shelton and R. G. Deasley, Vol. 5 en Perspectivas Teológicas Wesleyanas (Anderson: Warner Press, 1986), p. 60.

10 Boyce W. Blackwelder, "Perspectives on Biblical Studies and Seminary Education," *Listening to the Word of God: A Tribute to Dr. Boyce W. Blackwelder,* ed. Barry L. Callen (Anderson: Anderson University and Warner Press, 1990), p. 24.

En resumen, el principio cristiano de la escritura es que aquellos escritos se consideran como Escritura si son

1. experimentados por la iglesia en general como inspirados por Dios,

2. aceptados por la iglesia en general como sagradas escrituras,

3. instructivos para la salvación a través de la fe en Jesucristo, y

4. útiles para el propósito de instruir, juzgar, alinear, y formar al pueblo de Dios de modo que venga a ser y a hacer lo que Dios desea que sea y haga.

Los sesenta y seis libros de la Biblia son los libros que son aceptados por la iglesia en general (Católica, Ortodoxa y Protestante) por cumplir todos estos cuatro criterios. Mientras que los catorce o quince libros Apócrifos[11] son aceptados por la Iglesia Católica Romana como Escritura y hasta cierto punto por la Iglesia Ortodoxa y los Anglicanos, no son generalmente aceptados por los Protestantes. Esta postura Protestante fue el resultado de los reformadores del siglo dieciséis sancionando como autoritativos las listas del Concilio Judío de Jamnia aproximadamente en el año 90 d.C. las cuales incluyen sólo lo que conocemos como el Antiguo Testamento.

Material Fundamental para Tratados de Fe

La Biblia es usada comúnmente como la referencia básica en el discurso de la iglesia acerca de su fe ya sea que este discurso sea testimonial o doctrinal en su naturaleza, ya sea informal o formal, y ya sea devocional o analítico. El hecho de que hay tantas tradiciones en la iglesia, todas las cuales afirman ser basadas en la Biblia, apunta al hecho de que la Biblia fue escrita en una amplia variedad de contextos, reflejando varias perspectivas y énfasis.

Aquellos que encuentren intolerable su multiplicidad tienen varias opciones:

1. rechazar la Biblia en la suposición que si fuera la palabra de Dios, no habría tal multiplicidad;

2. teorizar que si pudiéramos encontrar los escritos autógrafos originales, tales problemas serían resueltos;

3. armonizar las múltiples perspectivas y énfasis en un esfuerzo para hacer que todas digan la misma cosa;

4. escoger en la Escritura el que uno encuentre aceptable, y hacer caso omiso del resto;

---

11 Consulte "Apocrypha" in *The Interpreter's Dictionary of the Bible* (New York: Abingdon, 1962) para un tratamiento de su contenido e historia.

5. aceptar la Biblia con toda su multiplicidad como un regalo de Dios a la iglesia.

Vern S. Poythress, en su libro *Symphonic Theology (Teología Sinfónica)*, diserta sobre la diversidad de las perspectivas dentro de la Biblia y establece la tesis de que "las diferencias entre los escritos bíblicos por diferentes autores humanos también son *diferencias divinas"* (énfasis en original). Continuando, él escribe:

> Dios usa una multiplicidad de perspectivas en el proceso de comunicarse con nosotros. Podemos, de esta manera, ver las diferencias entre los énfasis en los cuatro Evangelios como ordenados divinamente. Por tanto, no necesitamos postular alguna única historia subyacente armonística como algo más apropiado. La armonización es posible en principio, pero necesita ser balanceada por una apreciación de diversidad ordenada divinamente.[12]

A esta variedad divina yo agregaría ambigüedad ordenada divinamente y problemas ordenados divinamente. Tratar de eliminar toda la diversidad, ambigüedad y problemas textuales es decir "no" a lo que Dios nos ha dado en el aquí y el ahora. A la Biblia como Escritura autoritativa debe permitírsele estar en pié como es, con Cristo como su centro integrando todas las partes y derramando luz en conjunto. Con toda su diversidad, ambigüedad y enigmas textuales, la Biblia debe ser traducida y transmitida en la arena pública de modo que esta multiplicidad—la cual Dios evidentemente aprueba—sea preservada para la edificación de la iglesia. De hecho, la unidad de la iglesia depende de su disposición de adoptar la multiplicidad encontrada en la Escritura y tomar ventaja de ello.

La iglesia tiene un regalo invaluable en sus escrituras. Son el regalo del Dios viviente, quien ha hablado verazmente (podemos confiar en Dios), dinámicamente (Dios habla en el dinamismo de la comunidad humana), históricamente (la palabra de Dios tiene que ver con el tiempo y el espacio) y literalmente (la palabra divina está en la forma de material escrito que puede ser referido repetidamente por todo tipo de gente en todo tipo de circunstancias y épocas en el tiempo). Al darnos a las escrituras, Dios se ha hecho vulnerable a nuestro entendimiento y a nuestros malos entendidos, tanto para nuestro uso apropiado como para un uso inapropiado, a nuestra disposición de escuchar, cambiar y

---

[12] Vern S. Poythress, *Symphonic Theology: The Validity of Multiple Perspectives in Theology* (Grand Rapids: Zondervan, Academie, 1987), p. 86.

Tambén, consulte a Paul D. Hanson, *The Diversity of Scripture: A Theological Perspective* (*La Diversidad de la Escritura: Una Perspectiva Teológica*) (Philadelphia: Fortress, 1982): "Incluso en la Biblia, la tradición es recibida por la comunidad de la fe no como un sistema homogéneo de pensamiento, sino como un torrente lleno de tensión caracterizado por perspectivas divergentes" p. 12. Y nuevamente: "Creo que los creyentes cuidadosos serán receptivos a un entendimiento del significado de la Escritura que incorpora—en vez de oscurecer—la rica diversidad encontrada en el corazón de la Biblia en sí misma. Para tales creyentes no consideran a la realidad (y ciertamente tampoco al Autor de toda la realidad) como un simple objeto a ser interrogado y descrito. La realidad, en su nivel más básico, es inefable, y las descripciones deben esforzarse por la honestidad, a través de declaraciones que se corrigen una a la otra" p. 13.

crecer, pero también a nuestra rígida argumentación sectaria. Dios nos ha dado un libro que dispara preguntas pero que también responde preguntas acerca de los caminos de Dios y acerca de la creación de Dios, su cuidado providencial, la salvación, y la consumación de la historia. Dios nos ha dado un libro que no solo nos intriga de modo que seamos forzados intelectualmente, sino que también eso aclara la voluntad divina de modo que nos da confianza de que nosotros, aún cuando somos meras criaturas, somos sin embargo parte del plan del Creador para nosotros.

En la Escritura tenemos la palabra eterna en la palabra literaria de modo que podemos experimentar la palabra transformadora que nos lleva a la novedad de vida. Concuerdo con Daniel Migliore cuando dice:

> La escritura es indispensable para traernos a una nueva relación con el Dios viviente a través de Cristo por el poder del Espíritu Santo, y por tanto en una nueva relación con los demás y con toda la creación. Hablar de la autoridad de la Biblia justamente, es hablar de su poder por el Espíritu de Dios para ayudar a crear y nutrir esta nueva vida en relación con Dios y con los demás.[13]

Para Consideración Adicional

Recientes estudios acerca del canon han sido dominados por los diferentes puntos de vista tomados por Brevard S. Childs y James A. Sanders. Consultar Childs, *Biblical Theology of the Old and New Testaments: Theological Reflection on the Christian Bible (Teología Bíblica del Antiguo y Nuevo Testamento: Reflexión Teológica sobre la Biblia Cristiana)* (Minneapolis: Fortress, 1993); *Introducción al Antiguo Testamento como Escritura* (Philadelphia: Fortress, 1979); *El Nuevo Testamento como Canon: Una Introducción* (Philadelphia: Fortress, 1985); *La Teología del Antiguo Testamento en un Contexto Canónico* (Philadelphia: Fortress, 1986). Consulte: Sanders, *Canon and Community: A Guide to Canonical Criticism (Canon y Comunidad: Una Guía a la Crítica Canónica)* (Philadelphia: Fortress, 1984); *From Sacred Story to Sacred Text (De Historia Sagrada a Texto Sagrado)* (Philadelphia: Fortress, 1987); *Torah and Canon (Tora y Cánon)* (Philadelphia: Fortress, 1972).

Para un estudio comparativo de los dos puntos de vista, consulte Frank W. Spina, "Crítica Canónica: Childs vs. Sanders," *God's Word for Today (Palabra de Dios para Hoy)*, ed. Wayne McCown y James Earl Massey, Vol. 2 en *Wesleyan Theological Perspectives (Perspectivas Teológicas de Wesley)*, (Anderson, Ind: Warner Press, 1982), pp. 165–94. Las observaciones de Spina son que Childs cree que el producto canónico debe ser objeto de exégesis, mientras que Sanders opta por el proceso (p. 185); Childs argumenta que la Palabra de Dios está presente en los testimonios canónicos completos mientras que Sanders—aún cuando acepta la trascendencia del contexto total, sostiene que a algunas partes les han sido otorgado un rango mayor por la comunidad de la fe (p. 185); Para Childs, cada parte separada del total, entrega una Palabra unificada que puede

---

13 Daniel L. Migliore, *Faith Seeking Understanding: An Introduction to Christian Theology* (Grand Rapids: Eerdmans, 1991), 46.

ser traducida en afirmaciones teológicas básicas; Para Sanders, las verificaciones y balanzas dentro del texto previenen que una parte por sí sola sea hecha absoluta—para él, el canon es un indicador de actividad divina tanto como la Palabra divina (p. 186); Childs entiende que el canon principalmente es un vehículo para la revelación; Sanders lo ve como un vehículo para salvación (p. 186).

Para una introducción al proceso canónico, consulte Lee Martin McDonald, *The Formation of the Christian Biblical Canon (La Formación del Cánon Bíblico Cristiano)* (Nashville: Abingdon, 1988).

Para otros estudios, consulte James Barr, *Holy Scripture: Canon, Authority, Criticism (Santa Escritura: Canon, Autoridad, Crítica)* (Oxford: Clarendon, 1983); Hans von Campenhausen, *The Formation of the Christian Bible (La Formación de la Biblia Cristiana)*, trad. J. A. Baker (Philadelphia: Fortress, 1972); Paul R. House (ed.), *Beyond Form Criticism: Essays in Old Testament Literary Criticism (Más Allá de la Crítica: Ensayos sobre la Crítica Literaria del Antiguo Testamento)* (Winona Lake: Eisenbrauns, 1992).

Para un tratado teológico del principio de la escritura, consulte Clark H. Pinnock, *The Scripture Principle (El Principio de la Escritura)* (San Francisco: Harper and Row, 1984).

4. El Dios Bíblico

Preguntas y Respuestas

¿Cómo se que hay un Dios? ¿Dónde está Dios cuando necesito ayuda? ¿A qué se asemeja Dios?

La *primera* de estas preguntas demanda probar la existencia de Dios y trae a la mente cuatro argumentos clásicos:

1. El argumento ontológico, establecido por Anselmo de Canterbury (1033–1109), argumenta desde la naturaleza de ser él mismo. Dios está mucho más allá, que nada más grande puede ser concebido. Debido a que existir es algo más grande que la no-existencia, Dios debe existir; de otro modo, Dios no estaría tan más allá que nada más grande pudiera ser concebido.

2. El enfoque cosmológico, un argumento hecho por Tomás de Aquino (c. 1225–1274) argumenta sobre la base de causalidad. Debido a que todo debe tener una causa suficiente para poder existir y debido a que el mundo no posé edentro de sí mismo ninguna causalidad suficiente para explicar la existencia de su conjunto, debe haber, entonces, una causa suficiente más allá del mundo que lo trajo a existencia, a saber: Dios.

3. El enfoque teológico argumenta que la naturaleza tiene un diseño y un propósito, y que por lo tanto debe tener un diseñador, es decir, Dios. Este punto de vista se encuentra en la quinta demostración de la existencia de Dios de Tomás de Aquino. Sin embargo, fue William Paley (1743–1805) quien le dio su forma clásica. Peter Bertocci, mi profesor en Boston University desarrolló lo que llamó el argumento teológico amplio teniendo que ver con la interrelación con propósito de toda la materia, vida y pensamiento, y de la buena vida y naturaleza.[1]

4. El enfoque moral, siendo su proponente clásico Immanuel Kant (1724–1804), argumenta sobre la base de una universalidad aparente de un sentido de obligación a los demás, lo cual apunta a una fuente de deber común a todos. Esta percepción universal la cual vigila el comportamiento de nosotros como juez, y nos hace sentir obligados a tratar a los demás con justicia, sugiere la existencia de Dios. (Para discusiones de estos asuntos consulte para consideración adicional al final de este capítulo)

---

[1] Peter Bertocci, *Introduction to the Philosophy of Religion* (Englewood Cliffs: Prentice-Hall, 1960), pp. 329–387.

La *segunda* pregunta ¿Dónde está Dios cuando necesito ayuda? es el lamento del abandono existencial. Esta es una lamentación que crece de la experiencia de la ausencia de Dios e implica una visión de que Dios debería siempre estar ahí para ayudar siempre que lo necesitemos.

La *tercer* pregunta ¿A qué es semejante Dios? trae a la mente las disertaciones acerca de la omnipotencia de Dios (todo poderoso) y omnipresencia (estar en todo lugar) y omnisciencia (conocimiento de todo) y acerca de la santidad y amor, justicia y misericordia, veracidad y fidelidad, rectitud y bondad. Esta pregunta también hace surgir asuntos que tienen que ver con el misterio así como con la revelación de Dios.

El Dios de la Escritura

La Biblia no comienza con ninguna de estas preguntas. No busca probar la existencia de Dios; en vez de eso, lo da por hecho.

La Biblia sí registra instancias del lamento de desolación tales como las hechas por Job (ej. Cáp. 23), algunos de los salmos (ej. 13 y 69), y por nuestro Señor mismo cuando en la cruz clamó "Dios mío, Dios mío, ¿por qué me has desamparado?" (Mateo 27:46). Sin embargo, el mayor énfasis en la Escritura es en el Dios viviente quien llama, supervisa, y nos desafía a la novedad de vida. El Dios de la Escritura es Dios con nosotros trayéndonos a la vida, en vez de un Dios ausente de nosotros abandonándonos a la desolación. (Estos asuntos serán tratados en el capítulo 15 en "La Voluntad de Dios de Frente a la Maldad y al Sufrimiento" y en el capítulo 22 en "El Pueblo que Ora"). Más aún, mientras que las escrituras ciertamente hablan acerca de la naturaleza de Dios, lo hacen no de una forma filosóficamente abstracta sino concretamente en la historia de Israel y como lo veremos en los capítulos 5 y 6, internacionalmente en Cristo Jesús.

El Dios de la Biblia nos llama a una participación fiel en la divina misión en el mundo. En la Escritura, este tema predomina sobre cuestiones acerca de la existencia, lamentaciones acerca de la ausencia de Dios, y discusiones abstractas acerca de la naturaleza de Dios.

La gente puede rechazar completamente al Dios de la Biblia, pero hacerlo es al menos rechazar algo, incluso si no es nada más que las afirmaciones hechas por un pueblo basadas en su historia. Pasar por el problema de negar la sustancia de estas afirmaciones es consecuentemente valorarlas como al menos suficientes para invertir nuestros recursos intelectuales y emocionales en tal negación. ¿Tal inversión exhibe una admisión implícita de que una realidad atea se presenta a sí misma como una experiencia humana—lo que Brian Hebblethwaite llama "ateismo objetivo"[2]—y la negación de tal experiencia puede ser vinculada a nuestros intereses personales, es decir, el ejercicio de la autonomía humana sin restricciones por un Dios quien nos vigila para juzgarnos?

---

2 Para una disertación de "ateismo objetivo" consulte: Brian Hebblethwaite, *The Ocean of Truth: A Defense of Objective Theism* (Cambridge: University Press, 1988).

El Dios de quien se habla en la Escritura es de hecho una realidad sustantiva ontológica de quien ninguno de nosotros puede extraerse a sí mismo. El Dios que no sólo nos vigila para juzgarnos también se impregna en nuestro mismo ser como aquel que nos sustenta. Más aún, este Dios se mantiene con gentileza a distancia de nosotros dándonos la libertad de amar a Dios, pero también en el horizonte nos llama hacia adelante, y por debajo nos brinda soporte. Este es el Dios que está sobre nosotros supervisando nuestras vidas, a nuestro lado como un amigo y alrededor de nosotros como una madre amorosa cubriendo a su hijo. Si tenemos la disposición, este Dios habita en nosotros, nos da poder para ser y hacer lo que estamos llamados a ser y hacer. El Dios bíblico no es un objeto estático sino una persona eternamente dinámica.

Tres Maneras para Hablar del Dios Bíblico

1. Dios Inicia la Conversación y Nos Llama a Tener Comunión.

El Dios bíblico inició toda la conversación con los hombres. En Génesis 1, Dios fue el primero en hablar: "Y dijo Dios: Sea la luz; y fue la luz." (v. 3). Luego, Dios se dirigió inicialmente a la pareja humana (1:28 también 2:16), no ellos hacia Él. Cuando Adán dió nombres al reino animal, esto fue en respuesta a la instrucción divina para hacerlo (2:19–20). La colosal tragedia, sin embargo, es que la primera conversación que involucraba a la pareja humana no fue con Dios, sino con la serpiente. Al dirigirse la serpiente a Eva, ella fue envuelta en el discurso (3:1–5).

Entrar en conversación acerca de asuntos postreros con otro ser distinto al originador de toda conversación no sólo fue para cambiar la forma de lo bueno que era todo el orden creado hacia lo demoníaco, sino incluso más trágicamente, fue para lanzarnos a nosotros mismos en contra del creador de ese buen orden. Tener la clase de conversación con la serpiente, que debió haber sido reservada para tenerla con Dios, fue rechazar al Eterno sin el que la conversación por sí misma sería inexistente. El pecado original fue el rechazo de Dios como un compañero para conversar y la decisión de sustituir a Dios por la serpiente.

De acuerdo a Génesis, fuimos creados para ser interlocutores de Dios. Dios inicia; nosotros respondemos. Dios actúa; nosotros reaccionamos. Dios habla; nosotros decidimos ya sea escuchar, obedecer y adorar a Dios; ó ignorar, desobedecer, y deshonrar a Dios.

2. Dios Viene a Donde Nosotros Estamos y Nos Llama a la Fe.

En Génesis 12:1 Jehová dice a Abrám, "Ve", y el versículo 4 dice que él fue. Los capítulos subsecuentes nos hablan acerca de la jornada de Abrám como interlocutor para el Dios que le llamó a nuevas aventuras en los horizontes de lo desconocido.

En el capítulo 17 Dios llama a Abrám a caminar delante de él irreprochablemente (v. 1), y promete hacer un pacto con él y multiplicarlo en extremo (v.2). Abrám, habiendo caído sobre su rostro, escucha la promesa divina de que él sería el padre de una multitud de naciones. Junto con esta palabra divina viene un cambio de nombre de Abrám (padre exaltado) a Abraham (padre de multitudes).

Génesis 22 hace un recuento de la prueba suprema de Abraham cuando es confrontado con el mandato divino de tomar a su hijo Isaac a la tierra de Moriat para ahí ofrecerlo en holocausto (v. 2). Abraham, retratado aquí como el creyente fiel que está dispuesto a hacer cualquier sacrificio en respuesta al llamado de Dios, se dirige con Isaac, a enfrentar la prueba decisiva. Es hasta que él levanta su cuchillo para degollar al muchacho que el ángel de Jehová le prohíbe hacerlo, llamando su atención en lugar de él al carnero de la sustitución trabado en un zarzal por sus cuernos (v. 13).

A través de la Biblia, Dios es llamado el Dios de Abraham y su descendencia. En la historia de Moisés y la zarza ardiente, por ejemplo, Dios hace una introducción de sí mismo diciendo "Yo soy el Dios de tu padre, Dios de Abraham, Dios de Isaac, y Dios de Jacob" (Éxodo 3:6). (Consultar también Ex. 3:15–16; 4:5; 1° Reyes 18:36; 1° Cr. 29:18; 2° Cr. 30:6; Neh. 9:7; Sal. 47:9; Mat. 22:32; Mr. 12:26; Lc. 20:37; Hech. 3:13; 7:32).

Más aún, en Mateo 1:1 Jesús fue introducido como "Hijo de Abraham". Se entiende que no sólo es el cumplimiento de la línea real de David, es decir, "el hijo de David", sino el cumplimiento de la fe Abrahámica.

Las personas de fe bíblica son aquellas que al escuchar el llamado de Dios responden, como Abraham, en confianza y obediencia (consulte Rom. 4 y 9, Gál. 3, Heb.11, y Stg. 2). Los verdaderos descendientes del patriarca antiguo son aquellos que en Cristo son de la fe Abrahámica (consulte especialmente Gál. 3:16,29).

3. Dios nos Toma Por Sorpresa y Nos Llama a la Misión.

En Éxodo 3, cuando Moisés es encontrado por Jehová en la zarza ardiente, Moisés esconde su rostro en temor reverencial, seguido por el recuento de Jehová de los apuros del pueblo de Israel en la esclavitud Egipcia. En el verso 10 Jehová llama a Moisés: "Ven, por tanto, ahora, y te enviaré a Faraón, para que saques de Egipto a mi pueblo, los hijos de Israel."

Moisés, no obstante, quiere más información—¿quizá es una táctica para ganar tiempo? Versículo 13: "Dijo Moisés a Dios: He aquí que llego yo a los hijos de Israel, y les digo: El Dios de vuestros padres me ha enviado a vosotros. Si ellos me preguntaren: ¿Cuál es su nombre?, ¿qué les responderé?"

Moisés resistió el llamado divino iniciando preguntas acerca de la naturaleza de Dios. El Dios de Abraham quería acción pero Moisés quería discusión. Dios tenía una agenda social mientras que Moisés tenía una cerebral y filosófica. Por lo tanto, en vez de responder a las preguntas conceptuales de Moisés, Dios dijo: YO SOY EL QUE SOY (también traducido, YO SOY LO QUE SOY, ó YO SERÉ LO QUE YO SERÉ). Moisés fue dirigido a decir al pueblo de Israel: "YO SOY me envió a vosotros." (v. 14). La relación entre Dios y Moisés incluye la siguiente dinámica:

- Un acontecimiento extraordinario tuvo lugar que no fue explicable en base al conocimiento ordinario. Esto llenó a Moisés con temor reverente y le apuntó a una realidad más allá de las categorías comúnmente conocidas de la experiencia humana. Tal fue la zarza que ardía sin ser consumida. En el verso 3, Moisés dice "Iré yo ahora y veré esta grande visión, por qué causa la zarza no se quema.";

- Dios llamó a Moisés desde el contexto de un acontecimiento extraordinario. El versículo 4 dice que "lo llamó Dios de en medio de la zarza, y dijo: ¡Moisés, Moisés!" ";

- Moisés respondió diciendo "Heme aquí" (v. 4);

- Dios advirtió a Moisés acerca de la santidad del lugar de la revelación. En el versículo 5, Dios dice "No te acerques; quita tu calzado de tus pies, porque el lugar en que tú estás, tierra santa es";

- Jehová le dio una declaración de auto-identificación: "Yo soy el Dios de tu padre, Dios de Abraham, Dios de Isaac, y Dios de Jacob." (v. 6ª);

- Moisés experimentó temor en la presencia de Dios: "Entonces Moisés cubrió su rostro, porque tuvo miedo de mirar a Dios." (v. 6b);

- El llamado divino fue que Moisés cumpliera el propósito de Dios en el conjunto presente de circunstancias (vv. 7–10). En el versículo 10, Jehová dice: "...te enviaré a Faraón, para que saques de Egipto a mi pueblo, los hijos de Israel";

- Tuvo lugar una conversación divina-humana en referencia al llamado y la naturaleza de Dios (vv. 11–15), durante la cual Jehová le dijo a Moisés que él tenía que decirle a la gente que "YO SOY", el Dios de Abraham, Dios de Isaac, y Dios de Jacob lo envió a ellos;

- La soberanía de Dios fue reiterada, a saber, que Dios es el que llama a la gente a la divina misión, la aclara, y da instrucciones específica acerca de cómo llevarlas a cabo (vv. 16–22). En el versículo 17, la promesa divina es como sigue: "y he dicho: Yo os sacaré de la aflicción de Egipto... a una tierra que fluye leche y miel."

Un acontecimiento extraordinario, la dirección divina, la respuesta humana, la experiencia de la santidad divina, la auto-identificación divina, el temor humano, el llamado divino, la conversación divina-humana, y la aclaración divina acerca de la misión—estos fueron los componentes del intercambio entre Dios y Moisés en la zarza ardiente en cuyo contexto Moisés escuchó el llamado y la comisión para cumplir la misión divina.

Estos mismos componentes aparecen en el intercambio divino-humano entre Dios e Isaías en el templo (consultar Isaías 6). También Isaías tuvo una experiencia extraordinaria y Dios se dirigió a él; también él experimentó temor en la presencia del Dios santo, reconoció quien estaba hablándole, respondió en fe al llamado divino, y recibió la aclaración para la misión a la cual él había sido llamado.

Fue en la encarnación de Dios en Cristo Jesús, sin embargo, que la magna sorpresa divina ocurrió y que fue lanzada la suprema misión divina. Jesucristo fue el suceso único extraordinario de toda la historia y el único emisario de la misión de Dios "de una vez por todas" al mundo.

Pero el llamado divino y la comisión no se detuvieron con la encarnación. El día de Pentecostés fue testigo del derramamiento extraordinario del Espíritu Santo en la iglesia—confirmándolos como el pueblo de Dios, limpiándolos e impartiéndoles poder para participar en la misión de Dios a través de Cristo en el mundo (consulte Hechos 1 y 2).

Algunas Implicaciones de Este Punto de Vista Acerca de Dios

El Dios de la Biblia es el misionero eterno que viene a la tierra a establecer el Reino del cielo e incorporarnos en la aventura misionera. Esto es una clase radicalmente diferente de deidad que lo que típicamente se encuentra en la historia religiosa o filosófica donde los dioses se consideran ya sea como humanos que se han engrandecido o como misterios estupendos desconectados de las circunstancias diarias de la vida. El Dios de la Biblia no es como ninguno de estos. En vez de eso, Dios—aunque es categóricamente diferente de nosotros—se ha convertido sin embargo en uno de nosotros, aunque misterioso, ha estado revelado definitivamente en Jesucristo.

Las implicaciones de este tipo de voluntad de Dios, se espera, se hará obvia conforme procedamos en nuestra consideración de otros temas. Sin embargo, *tres comentarios preliminares* fijarán el tono para todo lo que está por venir.

En Primer Lugar, la salvación bíblica es un asunto de escuchar el llamado de Dios y responder a él en fe. Es una respuesta activa a lo que Dios quiere realizar a través de nuestras vidas. En vez de que la salvación sea un modelo estático de existencia, es un peregrinar continuo durante el cual crecemos y nos desarrollamos, escuchamos y respondemos, trabajamos y logramos, progresamos espiritualmente y participamos vocacionalmente en la misión de Dios. La salvación bíblica significa aceptar las declaraciones de Dios en nuestras vidas y vivir de acuerdo con ellas. Es un asunto de vivir cada día respondiendo sensiblemente a ese llamado.

En Segundo Lugar, la iglesia está llamada a estar involucrada fielmente en la misión contínua de Dios en Cristo. Lucas 24:47–48 dice que Cristo resucitado instruyó a sus discípulos "que se predicase en su nombre el arrepentimiento y el perdón de pecados en todas las naciones, comenzando desde Jerusalén. Y vosotros sois testigos de estas cosas." Y luego, al inicio del libro de Hechos—el segundo volumen de la obra de Lucas de dos partes—Jesús dice a sus seguidores "pero recibiréis poder, cuando haya venido sobre vosotros el Espíritu Santo, y me seréis testigos en Jerusalén, en toda Judea, en Samaria, y hasta lo último de la tierra" (1:8). Es un indicador significativo de la naturaleza de la iglesia que el relato más remoto de la vida de la iglesia sea llamado Hechos, el cual desde su inicio a su fin es la historia de la iglesia cumpliendo su misión de predicar el evangelio.

En Tercer Lugar, el Dios de la Biblia no es sólo sujeto ni sólo predicado. Dios es un enunciado. No podemos conocer el sujeto aparte del predicado, ni entender el predicado aparte del sujeto. El sujeto Dios y el predicado de la misión de Dios en el mundo están inseparablemente unidos en la Biblia.

La reflexión teológica en el Dios bíblico está distorsionada siempre que Dios es tratado meramente como un objeto de estudio. La teología que es fiel al Dios bíblico es una respuesta a la llamada de Dios en Cristo; busca, en el poder del Espíritu, provocar un cambio en el mundo de modo que se conformará más perfectamente a la voluntad de Dios. La única forma de entender a Dios es responder al sujeto divino participando en el predicado divino.

El Dios con una misión nos llama a los campos del servicio, a los que han sido trazados en el mapa y a los que no. Dios como un sujeto del predicado siempre está llamándonos a alejarnos de lo anteriormente demoníaco a la novedad divina. El Dios quien, como el sujeto dijo "Hagamos al hombre a nuestra imagen, conforme a nuestra semejanza" (Gen. 1:26) es el mismo Dios quien dijo a Abrám "Vete de tu tierra y de tu parentela, y de la casa de tu padre, a la tierra que te mostraré." (Gen. 12:1), y declaró a Moisés YO SOY EL QUE SOY; este es el mismo Dios revelado en Jesucristo, y el mismo que al final de la Biblia dice "He aquí, yo hago nuevas todas las cosas." (Ap. 21:5).

Nuestro es el Dios santo quien emitió un llamado santo para que participáramos en una misión santa de crear novedad santa. Venimos a conocer a Dios mientras respondemos en fe al llamado de Dios, nos movemos en el poder de Dios en la misión de Dios y nos abrimos continuamente a la novedad eterna de Dios. Dios es el ser dinámico que hace pedazos todas las rigideces. Dios es el ser en movimiento, el que desafía los cautiverios conceptuales estrechos.[3] Dios es el viviente, el que abandona toda la religión muerta. Dios es el sujeto personal quien está por encima de todas las objeciones filosóficas, teológicas y dogmáticas. En contestación a todas las preguntas acerca de Dios, el eterno YO SOY EL QUE SOY aún ordena decirles que "YO SOY me ha enviado a vosotros".

---

3 El popular libro de J. B. Phillips's titulado *Your God Is Too Small (Tu Dios es Tan Pequeño)* (New York: MacMillan, 1968) habla sobre nuestros intentos de "poner a Dios en una caja."

Para Consideración Adicional

Parte I Probando la Existencia de Dios

A. Argumentos Contemporáneos

Los ejemplos contemporáneos de un intento académico de probar la existencia de Dios incluyen a Hans Küng, con *Does God Exist? (¿Dios Existe?) An Answer for Today (Una Respuesta para Hoy)*, trad. Edward Quinn (Garden City: Doubleday, 1980); Wolfhart Pannenberg, *Metaphysics and the Idea of God (La Metafísica y la Idea de Dios)*, trad. Philip Clayton (Grand Rapids: Eerdmans, 1988); y Richard Swinburne, *The Existence of God (La Existencia de Dios)* (Oxford: Clarendon, 1979). Obras selectas relacionadas: John Baillie, *Our Knowledge of God (Nuestro Conocimiento de Dios)* (New York: Charles Scribner's, 1959); John Hick, *Arguments for the Existence of God (Argumentos de la Existencia de Dios)* (New York: Herder and Herder, 1971); Gordon D. Kaufman, *The Theological Imagination: Constructing the Concept of God (La Imaginación Teológica: Construyendo el Concepto de Dios)* (Philadelphia: Westminster, 1981); y Bernard J. F. Lonergan, *Philosophy of God, and Theology (Filosofía de Dios y Teología)* (Philadelphia: Westminster, 1973).

B. Críticas del Argumento Ontológico

Jonathan Barnes, *The Ontological Argument (El Argumento Ontológico)* (London: MacMillan, 1972); G. R. Evans, *Anselm and Talking About God (Anselmo y Hablando Acerca de Dios)* (Oxford: Clarendon, 1978); y Alvin Plantinga (ed.), *The Ontological Argument: From St. Anselm to Contemporary Philosophers (El Argumento Ontológico: Desde St. Anselmo a los Filósofos Contemporáneos)* (Garden City: Doubleday, 1965).

C. Críticas del Argumento Cosmológico

Donald R. Burrill (ed.), *The Cosmological Arguments: A Spectrum of Opinion (Los Argumentos Cosmológicos: Un Espectro de Opiniones)* (Garden City: Doubleday, 1967) and Anthony Kenny, *The Five Ways: St. Thomas Aquinas' Proofs of God's Existence (Las Cinco Maneras: Las Pruebas de la existencia de Dios de Santo Tomas de Aquino)* (New York: Schocken, 1969).

D. Críticas del Argumento Teológico

Peter Bertocci, *Introduction to the Philosophy of Religion (Introducción a la Filosofía de la Religión)* (Englewood Cliffs: Prentice-Hall, 1960), pp. 329–387. Para una crítica del argumento teológico clásico, consulte Thomas McPherson, *The Argument From Design (El Argumento del Diseño)* (London: MacMillan, 1972).

E. Críticas del Argumento Moral

H. P. Owen, *The Moral Argument for Christian Theism (El Argumento Moral para el Teísmo Cristiano)* (London: George Allen and Unwin, 1965).

Parte II: El Dios de la Fe Bíblica

Para estudios del Antiguo Testamento, consulte J. Stanley Chestnut, *The Old Testament Understanding of God (Entendiendo al de Dios del Antiguo Testamento)* (Philadelphia: Westminster, 1968); y Robert W. Gleason, *Yahweh: The God of the Old Testament (Jehová: El Dios del Antiguo Testamento)* (Englewood Cliffs: Prentice-Hall, 1964).

Para estudios Cristológicos, consulte Ray S. Anderson, *Historical Transcendence and the Reality of God: A Christological Critique (Trascendencia Histórica y la Realidad de Dios: Una Crítica Cristológica)* (Grand Rapids: Eerdmans, 1975). También, Nels F. S. Ferré, *The Christian Understanding of God (El Entendimiento Cristiano de Dios)* (New York: Harper, 1951) y Roger Hazelton, *Knowing the Living God (Conociendo al Dios Viviente)* (Valley Forge: Judson, 1969).

Para estudios clásicos en la doctrina de Dios, consulte For classical studies in the doctrine of God, consulte Herman Bavinck *The Doctrine of God*, trad. William Hendriksen (Grand Rapids: Baker, 1951), escrito desde una perspectiva Reformada; y Thomas C. Oden, *The Living God—Systematic Theology: Volume One (El Dios Viviente—Teología Sistemática: Volumen Uno)* (San Francisco: Harper and Row, 1987), escrito desde una perspectiva de la teología de Wesley;

5. Cristo Jesús, el Reino, y la Escatología

En Apocalipsis 22:13, Jesús dice, "Yo soy el Alfa y la Omega [la primera y última letra del alfabeto griego], el principio [*prōtos*] y el fin [*eschatos*], el primero [*archē*] y el último [*telos*]."

Cristo Jesús El Principio y el Fin

Jesús como el *Alpha, Prōtos,* y *Archē* está expresado en diferentes formas en otras partes del Nuevo Testamento, como en Juan 1:3a: "Todas las cosas por él fueron hechas, y sin él nada de lo que ha sido hecho, fue hecho." En 8:58, Jesús dice, "De cierto, de cierto os digo: Antes que Abraham fuese, yo soy." Y Hebreos 1:2 dice, "en estos postreros días [Dios] nos ha hablado por el Hijo, a quien constituyó heredero de todo, y por quien asimismo hizo el universo". Apocalipsis 3:14b se refiere a Jesús como "He aquí el Amén, el testigo fiel y verdadero, el principio de la creación de Dios,..." El pasaje más expansivo sobre este tema es Colosenses 1:15–17:

> [Jesucristo] es la imagen del Dios invisible, el primogénito de toda creación. Porque en él fueron creadas todas las cosas, las que hay en los cielos y las que hay en la tierra, visibles e invisibles; sean tronos, sean dominios, sean principados, sean potestades; todo fue creado por medio de él y para él. Y él es antes de todas las cosas, y todas las cosas en él subsisten;

No sólo el Nuevo Testamento enseña que Jesucristo es el principio de todas las cosas, Él también es el *Omega, Eschatos*, y *Telos*.

La creación, historia, y consumación del mundo es Cristo-céntrica en el sentido que Él es central a la fuente de todas las cosas, el objetivo de todas las cosas y la cohesión de todas las cosas. Él es quien sostiene todas las cosas juntas es de quien se habla en el Nuevo Testamento como Señor (ej., Juan 13:13; Hechos 2:36; 10:36; Rom. 10:9; 14:9; 1 Cor. 12:3; Ap. 19:16). Él es Señor de la creación, Señor de la historia, Señor de la iglesia, Señor de las vidas individuales y Señor de la consumación de este orden mundial. Su señorío es con el propósito de establecer el Reino de Dios, un tema al que se le da especial prominencia en Mateo.[1]

---

1 See Frederick Dale Bruner, *The Christbook: A Historical/Theological Commentary, Matthew 1–12* (Waco: Word, 1987) and *The Churchbook, Matthew 13–28* (Dallas: Word, 1990).

La creación es la arena del Reino, la historia es el drama del Reino, Cristo es la esencia del Reino, la iglesia es la comunidad del Reino. Los creyentes individuales son agentes del Reino y el Regreso de Cristo será la entrada triunfal en la consumación del Reino.

La Creación como la Arena del Reino

Colosenses 1:16 dice que todas las cosas fueron creadas para Jesucristo. Algunos cristianos han reducido su concepto del Reino simplemente a sucesos históricos o a experiencias históricas. Tales puntos de vista llevan a conexiones inadecuadas entre la salvación personal y los asuntos ecológicos. De acuerdo con el pasaje de Colosenses, el Salvador de la humanidad también es el Agente de la creación.

La conexión entre el orden humano y el resto del orden creado se establecen en Génesis 1:26 donde a Adán y a Eva les fue dado que "señoree en los peces del mar, en las aves de los cielos, en las bestias, en toda la tierra, y en todo animal que se arrastra sobre la tierra."

Esta conexión entre los dos dominios también es una característica de muchos salmos en los cuales la salvación de Israel es vista como interrelacionada con el todo orden creado (p. ej., 18, 24, 29, 33, 65, 69, 89, 96, 97, 98, 104, 114, 136, y 148). El orden humano y el resto de la creación son vistos no como dos dominios independientes sino como mutuamente interrelacionados. Así mismo, esta reciprocidad es reflejada en Romanos 8:19–22, la cual asume que lo que sucede en el dominio humano afecta al resto del orden creado:

> Porque el anhelo ardiente de la creación es el aguardar la manifestación de los hijos de Dios. Porque la creación fue sujetada a vanidad, no por su propia voluntad, sino por causa del que la sujetó en esperanza; porque también la creación misma será libertada de la esclavitud de corrupción, a la libertad gloriosa de los hijos de Dios. Porque sabemos que toda la creación gime a una, y a una está con dolores de parto hasta ahora;

Cuando los pecadores son convertidos, los creyentes son santificados y el pueblo de Dios vive en el poder del Espíritu, todo el orden creado se une en cantos de alabanza. De acuerdo a Apocalipsis 4 y 5 la adoración celestial incluye a todo el orden creado que se une en himnos triunfantes de adoración.

Comentando acerca del pasaje de Ap. 4–5, Philip Hughes dice que los "cuatro seres vivientes" toman parte en la visión de alabanza a Dios "representan a la totalidad de la creación viviente"

> Así, el que es semejante a un león representa a las bestias salvajes, de las cuales el león es el rey; el que es como un becerro o toro representa las bestias domésticas, de la cual el buey es el rey; el que parece un águila volando representa a las aves en el aire, de las cuales el águila es rey; y el

que tiene el rostro de un hombre representa al rey de toda la naturaleza viviente, a quien le fue confiado el dominio sobre la tierra (Gn. 1:28).[2]

Hughes agrega que la declaración de que las criaturas vivientes estuvieran llenas de ojos por delante y por atrás "puede ser tomada como que significa la percepción conciente y vigilancia constante de los diversos miembros de la creación viviente, particularmente en relación al servicio en sus órdenes respectivos del Creador y su voluntad."[3]

Colosenses 1:15–20 establece las bases cristológicas para la unidad esencial (o, lo que puede llamarse la interrelación ontológica) de todo el orden creado con el orden humano en lo que se refiere a aquel que redime al pueblo de Dios como siendo el mismo quien sustenta unido el orden creado. Por consecuencia, no hay disonancia entre lo que Cristo hace en el plano histórico y lo que hace en relación a todo el orden creado. El único Señor es creador, redentor y sustentador de su pueblo y de toda la creación. Él está particularmente y exclusivamente presente entre su pueblo y universalmente y abundantemente presente en la creación. Entonces, El Dios que obra entre el pueblo de Dios no es otro que el Dios que también es la subestructura cohesiva de la creación.

La Historia como el Drama del Reino

La elección del pueblo de Israel de servirle a David como rey es el tema de 2° Samuel 5–7. Los tres capítulos nos hablan acerca de líderes acercándose a David con la solicitud de que él aceptara convertirse en su rey, su ordenación como monarca, la conquista de Jerusalén, la construcción de un palacio, la victoria de David sobre los Filisteos, el regreso del arca de Dios a Jerusalén, los oráculos del profeta Natán acerca de la voluntad de Dios para el futuro del régimen real y la oración de David.

Este pasaje tiene que ver con eventos históricos, decisiones personales, movimientos populares, conflictos y victorias, profecías y oraciones. Habla del pasado, del presente y del futuro. del pueblo, de lugares y de cosas; de la intersección del tiempo y el espacio, Dios y los seres humanos, de lo eterno y lo temporal.

El oráculo divino de Natán a David fue:"Y será afirmada tu casa y tu reino para siempre delante de tu rostro, y tu trono será estable eternamente." (7:16). Después de la muerte de David, su hijo Salomón construyó un magnífico templo y en muchos sentidos tuvo un reinado ilustre, pero siguiendo su muerte, el reino se despedazó, con Roboam, el hijo de Salomón, reinando Judá en el sur, y Jeroboám, el líder populista, guiando al dividido Israel en el norte. Eventualmente el reino del norte cayó ante Asiria en el año 722–21 a.C. El reino del sur fue llevado al exilio por los Babilonios en el año 586 a.C. Fue durante este periodo de la disipación de Israel y el Exilio de Judá que los profetas literarios emergieron como intérpretes del predicamento nacional y como heraldos de la divina promesa.

---

2 Philip Edgcumbe Hughes, *The Book of the Revelation: A Commentary* (Leicester, England: InterVarsity; Grand Rapids: Eerdmans, 1990), p. 73f.

3 Ibid., p. 74.

¿Porqué toda la agitación? Los profetas respondieron que fue el resultado de la desobediencia nacional (ej. Dan. 9:4–19). La única esperanza era una nueva clase de ciudadano, uno con un nuevo corazón. Jeremías, el profeta del siglo séptimo, proclamó la promesa de Dios, a saber, que "Pero este es el pacto que haré con la casa de Israel después de aquellos días, dice Jehová: Daré mi ley en su mente, y la escribiré en su corazón; y yo seré a ellos por Dios, y ellos me serán por pueblo." (31:33). En el siglo sexto, el profeta exiliado Ezequiel declaró una promesa divina similar: "Os daré corazón nuevo, y pondré espíritu nuevo dentro de vosotros; y quitaré de vuestra carne el corazón de piedra, y os daré un corazón de carne" (36:26).

Isaías 53 habla de un nuevo tipo de ciudadano líder que sería un siervo sufriente. La estrategia de este siervo, tanto con la maldad como con el establecimiento de la rectitud, es entendido como reflejando la voluntad de Dios para todo el pueblo. Como Gerhard Von Rad dice, "la figura del Siervo personifica todo lo que es bueno en la existencia de Israel ante Jehová."[4]

Junto con la promesa de una nueva clase de ciudadano estaba el más predominante de una nueva clase de rey. Los profetas prometieron un Mesías quien haría todas las cosas correctamente. En el siglo octavo, Miqueas, de Moreset en Judá, Proclama en 5:2:

Pero tú, Belén Efrata, pequeña para estar entre las familias de Judá, de ti me saldrá el que será Señor en Israel; y sus salidas son desde el principio, desde los días de la eternidad.

Isaías, el profeta de Jerusalén cuya obra se extendió a través de quizá más de cuarenta años durante la última parte del siglo octavo, y hacia el siglo séptimo, profetizó, diciendo en 11:1–3:

Saldrá una vara del tronco de Isaí, y un vástago retoñará de sus raíces.
Y reposará sobre él el Espíritu de Jehová; espíritu de sabiduría y de inteligencia, espíritu de consejo y de poder, espíritu de conocimiento y de temor de Jehová.
Y le hará entender diligente en el temor de Jehová. No juzgará según la vista de sus ojos, ni argüirá por lo que oigan sus oídos;

Más tarde, en el siglo séptimo y sexto (626–586 a.C.) Jeremías de Judá dice en 23:5–6:

He aquí que vienen días, dice Jehová, en que levantaré a David renuevo justo, y reinará como Rey, el cual será dichoso, y hará juicio y justicia en la tierra.
En sus días será salvo Judá, e Israel habitará confiado; y este será su nombre con el cual le llamarán: Jehová, justicia nuestra.

Daniel, el profeta apocalíptico de un periodo subsecuente, dice en 7:13–14:

---

4 Gerhard Von Rad, *Old Testament Theology, Vol. II: The Theology of Israel's Prophetic Traditions,* trans. D. M. G. Stalker (New York: Harper and Row, 1965), p. 260.

> Miraba yo en la visión de la noche, y he aquí con las nubes del cielo venía uno como un hijo de hombre, que vino hasta el Anciano de días, y le hicieron acercarse delante de él.
> Y le fue dado dominio, gloria y reino, para que todos los pueblos, naciones y lenguas le sirvieran; su dominio es dominio eterno, que nunca pasará, y su reino uno que no será destruido.

Sin embargo, no sólo los temas proféticos del Antiguo Testamento consisten de promesas respecto a la ciudadanía con nuevos corazones y un Mesías ordenado por Dios, sino también un nuevo ambiente. Isaías 35 comienza declarando: "Se alegrarán el desierto y la soledad; el yermo se gozará y florecerá como la rosa. Florecerá profusamente, y también se alegrará y cantará con júbilo". Los Versículos 5 y 6 prometen que los ojos del ciego serán abiertos, los oídos de los ciegos serán destapados, el cojo brincará como ciervo, las lenguas de los mudos serán desatadas para cantar de alegría y las aguas prorrumpirán en el campo y torrentes en el desierto. El versículo 9 habla de la ausencia de bestias feroces a lo largo del camino que lleva a Sión, y de acuerdo con el versículo 10, "y gozo perpetuo habrá sobre sus cabezas; tendrán gozo y alegría, y el dolor y el gemido huirán." (consulte 11:6–9)

El profeta del post-exilio, Zacarías, al final del siglo sexto, habla en 8:4–5 de un Jerusalén en paz, un lugar donde "Aún han de morar ancianos y ancianas en las calles… cada cual con bordón en su mano por la multitud de los días. Y las calles de la ciudad estarán llenas de muchachos y muchachas que jugarán en ellas".

Un ciudadano noble, un Mesías perfecto, un ambiente de paz—estos son los componentes históricos de un Reino divino. Mientras que todas estas son expresiones de la gracia de Dios, hay, sin embargo, otro lado del testimonio del Antiguo Testamento, y que tiene que ver con la ejecución de la ira divina—otra forma de gracia por aquellos que sufren por los poderes del mal—en contra de todo lo que está opuesto a los planes y propósitos de Dios.

Esta ira viene claramente enfocada en los pronunciamientos acerca del día del Señor que se acerca cuando Dios vencerá los poderes de la maldad—un día que será no solo histórico sino un evento cósmico.[5] Joel 2:1–2: "…tiemblen todos los moradores de la tierra, porque viene el día de Jehová, porque está cercano. Día de tinieblas y de oscuridad, día de nube y de sombra." Versículo 11: "Y Jehová dará su orden delante de su ejército; porque muy grande es su campamento; fuerte es el que ejecuta su orden; porque grande es el día de Jehová, y muy terrible; ¿quién podrá soportarlo?"

El Reino de Dios no es solamente una idea en la mente; tiene que ver con realidades históricas como una ciudadanía, un rey, un ambiente y una guerra.

Cristo y la Esencia del Reino

---

5 Consulte Ibid., pp. 119–125. En su tratamiento de "El Día de Jehová" se discuten los siguientes pasajes: Amós 5:18–20; Isa. 2:9ff.; 13; 34; Eze. 7; 30:1ff.; Jer. 46:3–12; Joel 2:1–11; Sof. 1:7–18.

La iglesia vino a existir con la convicción de que en Jesús de Nazaret lo que había sido prometido proféticamente ahora era una realidad. Él era el perfecto ciudadano, el Mesías prometido, el nuevo ambiente, y la victoria sobre todo lo que se opone a Dios.

A. El Ciudadano Perfecto

Acerca de su ciudadanía, Jesús fue el ciudadano perfectamente compasivo durante los días de su ministerio de encarnación y en su muerte sacrificial. "y estando en la condición de hombre, se humilló a sí mismo, haciéndose obediente hasta la muerte, y muerte de cruz." (Fil. 2:7–8). En la cruz él se entregó a sí mismo para derrotar al malvado, perdonarnos, dar vida en abundancia, y revelar el amor de Dios. De la manera más profunda posible, la cruz revela la divinidad de Jesús, el nuevo ser humano. La iglesia reconoció a Jesús como el cumplimiento de las promesas del siervo sufriente de Isaías 53. De hecho, es del siervo sufriente acerca del cual el eunuco etíope estaba leyendo cuando Felipe vino a su lado en el camino a Gaza (consulte Hechos 8:32–33). Felipe le enseñó que Jesús es el cumplimiento del pasaje; Jesús es, como Isaías dice 53:7 "y como oveja delante de sus trasquiladores, enmudeció, y no abrió su boca.".

En 1ª Pedro 2:24 se hace una referencia a la misma sección de Isaías: "Mas él herido fue por nuestras rebeliones, molido por nuestros pecados; el castigo de nuestra paz fue sobre él, y por su llaga fuimos nosotros curados." (cf., Is. 53:5).

El Evangelio de Juan habla no sólo del cordero de Dios quien quita el pecado del mundo (1:29), sino también acerca del siervo que se detuvo a lavar los pies de sus discípulos (13:1–17). De acuerdo a Juan 10:30, Jesús—el ciudadano perfecto—fue uno con Dios: "Yo y el Padre uno somos." Hebreos 4:15b resume que en Jesús "[tenemos un sumo sacerdote] que fue tentado en todo según nuestra semejanza, pero sin pecado."

La imagen compuesta de Jesús dada en el Nuevo Testamento es que Él es—de hecho—un nuevo tipo de ciudadano cuyo corazón es tierno hacia Dios. Él es el corazón de carne el cual prometió Ezequiel como reemplazo para el corazón de piedra; Jesús es el cumplimiento de 36:27, el cual prometió la venida de aquel que sería quien guarde "mis preceptos, y los pongáis por obra."

Cristo Jesús, siendo el ciudadano perfecto del Reino que fue, nos enseña a ser ciudadanos del mismo Reino. Mateo 5–7, el llamado "Sermón del Monte", establece los estándares de la ciudadanía en el Reino. Más aún, es de no poca trascendencia que en la escena del juicio final retratada en Mateo 25:31–46, es el estándar de un ciudadano perfectamente compasivo que determina quién pertenece a la mano derecha de la aceptación divina y quién pertenece a la mano izquierda de la retribución divina. Es dando comida al hambriento, bebida al sediento, ropas al desnudo, y visitando al que está en la cárcel, que serviremos al mismo Señor. Por otro lado, el no hacerlo es fallar en servir al Señor.

B. El Mesías Prometido

Además de ser el ciudadano perfecto, Jesús también es el Mesías prometido. Mateo 1 establece el escenario para todo lo que sigue en el Nuevo Testamento. La palabra " "Cristo" en Español vine del Griego *christos*, la traducción de la palabra hebrea de la cual hacemos la transliteración de "Mesías". Tanto el "Mesías" como "Cristo" significan "el ungido". Mateo comienza con: "Libro de la genealogía de Jesucristo, hijo de David, hijo de Abraham."[6] Los versículos 18–25 nos hablan acerca de su concepción en el vientre de María por la obra milagrosa del Espíritu Santo, acerca de cómo fue llamado Jesús[7]— del hebreo "Joshua" que significa "Jehová es salvación", "porque él salvará a su pueblo de sus pecados." (v. 21), y acerca de cómo fue llamado Emanuel—Dios con nosotros, una palabra utilizada en Isaías 7:14 en conexión con una esperanza nacionalista de un nuevo rey.

En la conversación entre Simón Pedro y Jesús acerca de la identificación de Jesús, Pedro en Mateo 16:16 confieza "Tú eres el Cristo, el Hijo del Dios viviente". Esta referencia mesiánica a Jesús como el Cristo se encuentra a lo largo del Nuevo Testamento en veintiséis de los veintisiete libros, siendo la única excepción la tercera epístola de Juan. El testimonio del Nuevo Testamento como un todo puede ser resumido en las palabras que Andrés habla a su hermano Simón Pedro en Juan 1.41, "Hemos hallado al Mesías". Ciertamente la comunidad de la fe del Nuevo Testamento tuvo su existencia debido a que estaban convencidos de que habían encontrado al Mesísa prometido.

Además de las referencias mesiánicas explícitas a Jesús como el Cristo, otras dos evidencias de que él es el Mesías se encuentran en el Nuevo Testamento. La primer evidencia tiene que ver con la relación de Jesús con David, una relación enfatizada en los evangelios sinópticos. Por ejemplo, los dos hombres ciegos que gritaban a Él en Jericó "¡Señor, Hijo de David, ten misericordia de nosotros!" (consulte Mt. 20:29–31). También, cuando Jesús montó "el asna y el pollino" (Mateo 21:7), las multitudes aclamaban "¡Hosanna al Hijo de David!" (v. 9).

Sin embargo, Jesús se esforzó para dejar claro que él era más que un descendiente de David. (Vea la confusión entre la gente acerca de este asunto en Juan 7:4–43). Para hacerlo, él utiliza al Salmo 110:1, "Jehová dijo a mi Señor: Siéntate a mi diestra, Hasta que ponga a tus enemigos por estrado de tus pies." En las tres referencias sinópticas a este Salmo (Mt. 22:41–46, Mar. 12:35–37, y Lc. 20:41–44), Jesús enseña que él es más que un simple descendiente de David. Él lo hace así interpretando el Salmo como sigue: la primer referencia al Señor es obviamente en este caso a Dios, pero la segunda no es obvia, es al Mesías. La lógica implícita del uso interpretativo de Jesús del Salmo es como sigue: ¿Cómo es que David se refiere al Señor Dios hablando con el Mesías a quien David mismo en el Salmo se refiere como a su propio Señor, es decir, "mi Señor", si de hecho el Mesías no era nada más que un descendiente de David y no su Señor? Jesús razona que debido a que incluso David se refiere al Mesías como su Señor, el Mesías debe ser más que solo el descendiente de David; Él es el Señor de David. El punto es que Jesús es el señor mesiánico eterno incluso de David, no simplemente su descendiente.

---

6 Versión Estándar Revisada. La Nueva Versión Estándar Revisada traduce *Christos* como Mesías.
7 La palabra Inglesa "Jesús" data del latín Iesus que es una transliteración de la palabra griega utilizada para traducir el hebreo "Joshua."

La importancia del uso de este salmo para interpretación mesiánica se encuentra en otro sitio en el Nuevo Testamento. De acuerdo a Hechos 2:34–36, Pedro declara en su sermón de Pentecostés que Jesús no sólo es un Mesías Davídico sino un Mesías divino ante el cual incluso David se inclina en adoración:

> Porque David no subió a los cielos; pero él mismo dice: Dijo el Señor a mi Señor: Siéntate a mi diestra, Hasta que ponga a tus enemigos por estrado de tus pies. Sepa, pues, ciertísimamente toda la casa de Israel, que a este Jesús a quien vosotros crucificasteis, Dios le ha hecho Señor y Cristo. [Consulte también, Heb. 1:13. cf. 1ª Cor. 15:25, Heb. 10:13 y 1ª Pe. 3:22].

Apocalipsis 22.16 dice, "Yo Jesús he enviado mi ángel para daros testimonio de estas cosas en las iglesias. Yo soy la raíz y el linaje de David, la estrella resplandeciente de la mañana." En este comentario en el libro de Apocalipsis, Philip Hughes observa que como la raíz Él es el Dios de David y el Creador, y como renuevo él es, en la encarnación, el prometido libertador real "que era del linaje de David según la carne" (Rom. 1:3, comparar con, Heb. 5:14). Como raíz y descendiente, el Hijo encarnado es una persona teantrópica, siendo realmente Dios y realmente humano.[8]

Además de las referencias cristológicas explícitas encontradas a través del Nuevo Testamento y del uso del Salmo Davídico discutido arriba, el papel mesiánico de Jesús también es expresado en la fraseología "Hijo del hombre" tomada de Daniel 7:13, la cual dice que "venía uno como un hijo de hombre, que vino hasta el Anciano de días."[9]

El hijo de hombre es un personaje divino en forma humana quien cumple la voluntad divina en la tierra. Mientras que tradicionalmente el pasaje de Daniel ha sido entendido como refiriéndose a una persona, hay aquellos que argumentan que es una "persona social", representando a "los santos del Altísimo"[10] De hecho, James Dunn argumenta que el término es "simplemente el símbolo apropiado para Israel en contraste con los enemigos salvajes de Israel. De la existencia o pre-existencia individual de esta figura no hay una sugerencia."[11] Dunn discute sobre 1 Enoc 37–71 (conocido también como las Similitudes o las Parábolas de Enoc), y 4 Ezra, dos escritos Judíos que usan la terminología del hijo del hombre en relación a una persona. Su argumento es que ambos son escritos posteriores al año 70 d.C. que buscan generar esperanza entre la comunidad Judía después de la destrucción de Jerusalén por parte de Roma. Dada la falta de evidencia que los escritores del Nuevo Testamento estaban concientes de estos documentos Judíos, Dunn concluye que la individualización del hijo de hombre de Daniel en relación a Jesús es totalmente nuevo para la comunidad cristiana: "La interpretación fechable más antigua del "hijo de hombre" de Daniel como persona en particular es la identificación cristiana del "hijo del hombre" con Jesús."[12]

---

8 Hughes, op. cit., p. 239.
9 N/A
10 Archibald M. Hunter, *The Work and Words of Jesus* (Philadelphia: Westminster, 1950), p. 86.
11 James D. G. Dunn, *Christology in the Making* (Philadelphia: Westminster, 1980), p. 75.
12 Ibid., p. 96.

Las referencias del hijo de hombre en el Nuevo Testamento cae en tres categorías:

1. dichos apocalípticos refiriéndose a la futura venida del hijo del homre (p. ej., Lc. 12:8–10 y 17:29–30, Mat. 24:27 t 37–39);

2. referencias a la actividad terrenal de Jesús como la del hijo del hombre (p. ej., Mr 2:10–11, Mt. 8:20, 11:18f.);

3. los dichos del sufriente hijo de hombre (ej., Mr. 8:31, 9:31, 10:32–34, 14:21 y 41).[13]

C. El Nuevo Ambiente para el Pueblo de Dios

Como hemos visto, entonces, Jesús es descrito por el Nuevo Testamento como el ciudadano perfecto de Israel así como el Mesías prometido. Enseña también que él es el nuevo ambiente prometido para el pueblo de Dios.

El evangelio de Juan es especialmente rico en imágenes acerca del ambiente provisto por Cristo. De acuerdo a Juan 6:35, él brinda alimentación espiritual: "Yo soy el pan de vida; el que a mí viene, nunca tendrá hambre; y el que en mí cree, no tendrá sed jamás."

De acuerdo al capítulo 7, él nos brinda sus recursos espirituales hablados como ríos de agua viva brotando desde el corazón del creyente. El antecedente para los eventos de este capítulo es la fiesta de los tabernáculos,[14] la cual fue una de las celebraciones más importantes de Israel, observada en el otoño a final del año de agricultura. Su nombre es derivado del hecho de que durante la estadía de los Israelitas en el desierto ellos habitaron temporalmente en tiendas. La fiesta de los tabernáculos era una temporada para renovar la relación de pacto con el Señor y regocijarse en las provisiones de Dios. Uno de los rituales para la celebración que se había desarrollado en el transcurrir del tiempo fue la de traer agua del estanque de Siloé al centro de la ciudad. Cada día una procesión de sacerdotes llevaba libaciones desde el estanque al templo mientras que la gente alababa y daba gracias por la salvación del Señor y la gracia que los sustentaba. Dios los había tomado a través del mar, había hecho brotar el agua en el desierto, los había guiado a través del Río Jordán y les había provisto agua en Sión. La libación ritual les recordaba la gracia de Dios en relación a las aguas que destruyeron y las aguas que dieron vida. Esto es el contexto para entender los versículos 37 y 38:

> En el último y gran día de la fiesta, Jesús se puso en pie y alzó la voz, diciendo: Si alguno tiene sed, venga a mí y beba. El que cree en mí, como dice la Escritura, de su interior correrán ríos de agua viva.

---

13 Esta es la clasificación de Heinz Eduard Todt's utilizada en un artículo por Hendrikus "Where Christology Is Real: A Survey of Recent Research on New Testament Christology," *Interpretation*, XXVI, 3 (Julio 1972), 300.

14 También llamado de los tabernáculos; se refería al "festival de la cosecha", en Éx. 23:16 y en Lev. 23:39 y simplemente como "el festival " en el en 1 Reyes 8:2.

Jesús también es iluminación espiritual. En el verso 8:12, dice "Yo soy la luz del mundo; el que me sigue, no andará en tinieblas, sino que tendrá la luz de la vida."

De acuerdo a 10:9, él también brinda salvación divina, puesto que dice "Yo soy la puerta; el que por mí entrare, será salvo; y entrará, y saldrá, y hallará pastos."

Más aún, de acuerdo con 10:28, él nos brinda seguridad, pues dice, "y yo les doy vida eterna; y no perecerán jamás, ni nadie las arrebatará de mi mano." Siempre y cuando estemos en Cristo por fe, estamos seguros del enemigo. Abandonar a Cristo es abandonar nuestra seguridad.

Otros libros del Nuevo Testamento se refieren a este nuevo ambiente espiritual en otras formas. De acuerdo con Lucas 4:16–17, Jesús trae el "jubileo"[15] cuando los errores se rectifican, el sufrimiento es aliviado, y la anormalidad es rectificada. Después de leer las promesas de Isaías acerca del jubileo mesiánico, Jesús dice "Hoy se ha cumplido esta Escritura delante de vosotros." (v. 21). Nuestro Señor provee en su persona el nuevo ambiente de jubileo.

El tratamiento de Pablo al nuevo ambiente es nuestro "estar en Cristo". 2ª Corintios 5:17: "De modo que si alguno está en Cristo, nueva criatura es; las cosas viejas pasaron; he aquí todas son hechas nuevas." De hecho, todo el libro de Efesios es un tratado acerca de la novedad que pertenece a todos aquellos que están en Cristo. Este nuevo ambiente incluye "…toda bendición espiritual en los lugares celestiales en Cristo," (1:3), adopción como hijos de Dios (vv. 4–5), redención y perdón (v. 7). Incluye el conocimiento del misterio de la voluntad divina (v. 9), el gozo de una herencia divina (v. 11) y la seguridad de ser "sellados con el Espíritu Santo de la promesa," (v. 13). Esto incluye el conocimiento de esperanza y de la "supereminente grandeza de su poder" (vv. 18–19), la bendición de una humanidad reconciliada (2:14–16) y acceso disponible al Padre (v. 18). Incluye la membresía en la familia de Dios (v. 19), participación en el santo templo (vv. 21–22), vivir como herederos de Dios (3:6), y como beneficiarios del "poder que actúa en nosotros" el cual "es poderoso para hacer todas las cosas mucho más abundantemente de lo que pedimos o entendemos" (v. 20). Incluye gracia personalizada (4:7–13), el privilegio de ser hijos de la luz (5:8), y la confianza que viene de tener toda la armadura de Dios disponible para nosotros (6:11–17). Todo esto es el nuevo ambiente que hemos tenido en virtud de estar en Cristo por fe.

El libro a los Hebreos tiene aún otra manera de ver este nuevo ambiente. Es un ambiente de una nueva realidad religiosa. Como lo indica 9:11–12, en Cristo tenemos un templo perfecto, un sumo sacerdote perfecto y un sacrificio perfecto:

> Pero estando ya presente Cristo, sumo sacerdote de los bienes venideros, por el más amplio y más perfecto tabernáculo, no hecho de manos, es decir, no de esta creación, y no por sangre de machos cabríos ni de

---

15 Consulte Lev. 25. El Jubileo era el año final en un ciclo de cincuenta años, es decir, siete "semanas" de siete años cada una más quince lo cual era el Jubileo, una palabra derivada del hebreo para el cuerno de carnero usado para anunciar grandes celebraciones.

becerros, sino por su propia sangre, entró una vez para siempre en el
Lugar Santísimo, habiendo obtenido eterna redención.

Concerniente a este nuevo ambiente religioso, 12:22–24 declara:

sino que os habéis acercado al monte de Sion, a la ciudad del Dios vivo,
Jerusalén la celestial, a la compañía de muchos millares de ángeles, a la
congregación de los primogénitos que están inscritos en los cielos, a Dios
el Juez de todos, a los espíritus de los justos hechos perfectos, a Jesús el
Mediador del nuevo pacto, y a la sangre rociada que habla mejor que la de
Abel.

D. Victoria Sobre el Mal

Además de ser el ciudadano perfecto, el Mesías prometido y el nuevo ambiente, Jesús también es el vencedor sobre todos los opositores de Dios (consulte la sección más adelante "La Obra Universalizada de Cristo" en el capítulo 6). Durante su ministerio de encarnación, él sanó al enfermo, abrió los ojos cegados, hizo que el cojo caminara, y levantó a los muertos. Echó fuera demonios y pronunció juicio sobre el mal tanto de palabra (ej. los enemigos en los escribas y fariseos en Mat. 23) como por acciones (ej., limpiando el templo en Mt. 21:12–14, Mr. 11:15–19, Lc. 19:45–46, y Jn. 2:13–17). Su victoria sobre los poderes de la maldad fue finalizada en la cruz, para que sus enemigos no pudieran vencerlo en su misión de redimirnos del pecado. Como Juan 1:29 lo establece, él es el Cordero de Dios, que quita el pecado del mundo.

En la resurrección, su victoria fue históricamente sellada, pues como el Señor resucitado, su destino terrenal ya no podía en ningún modo ser tocado por los esquemas y conspiraciones humanos. Estando vivo en el otro lado de la muerte, estuvo presente en maneras que desafían las categorías terrenales e históricas.

En una extensa discusión acerca de la importancia de la vida durante la encarnación de Jesús en la divina obra de expiación, Thomas Finger concluye:

La vida de Jesucristo no puede estar separada de su muerte. Jesús no
murió por accidente, enfermedad o edad avanzada. Murió debido a la
forma en que vivió. Debido a que Jesús, guiado por el Espíritu, vivió en
una fidelidad inflexible a Dios su Padre y a su Reino y porque al emerger
ese Reino se levantó una fiera oposición desde el comienzo, el ministerio
de Jesús fue caracterizado de principio a fin por el conflicto. Fue esta
oposición cada vez mayor—religiosa, política, y en el fondo, demoníaca—
la cual eventualmente le llevó a la muerte. La teología sistemática, por lo
tanto no puede separar las razones por las que Jesús murió, de las razones

por las que él vivió, o el significado de su muerte del significado de su vida.[16]

Pablo se regocijó en esta victoria divina completada no sólo en la vida de encarnación de Cristo y su muerte sacrificial, sino también en su resurrección. Efesios 1:20–23 dice que

> [la grandeza del poder de Dios] operó en Cristo, resucitándole de los muertos y sentándole a su diestra en los lugares celestiales, sobre todo principado y autoridad y poder y señorío, y sobre todo nombre que se nombra, no sólo en este siglo, sino también en el venidero; y sometió todas las cosas bajo sus pies, y lo dio por cabeza sobre todas las cosas a la iglesia, la cual es su cuerpo, la plenitud de Aquel que todo lo llena en todo.[17]

La Iglesia como la Comunidad del Reino

La iglesia es la comunidad de Jesucristo, y es por lo tanto la comunidad del Reino. Incluso cuando la iglesia es el cuerpo de Cristo la iglesia no es Cristo, de forma similar, si bien es la comunidad del Reino, no es sinónimo del Reino.

Mientras que el Reino viene de Dios (ej. "Venga tu reino", Mt. 6:10, Lc. 11:2), la iglesia es edificada por Jesús (ej. "…edificaré mi iglesia…" Mat. 16:18). Mientras que el Reino es una realidad cualitativa (ej., "…justicia, paz y gozo en el Espíritu Santo." Rom. 14:17), la iglesia es una realidad cuantitativa (ej., "vayan y hagan discípulos de todas las naciones" Mt. 28:19). Mientras que el Reino está bajo el reinado y el gobierno de Dios únicamente, libre de todas las debilidades humanas. (ej. "Mi reino no es de este mundo;" Jn. 18:36), la iglesia es llamada a someter su reinado y gobierno pero no está libre de las debilidades de la participación humana. (ej., "edificados sobre el fundamento de los [muy humanos] apóstoles y profetas" Ef. 2:20). Mientras que el Reino crece sólo por gracia y no por estrategia humana en absoluto (ej., "Respondió Jesús y le dijo: De cierto, de cierto te digo, que el que no naciere de nuevo, no puede ver el reino de Dios." Juan 3:3), la iglesia crece por gracia juntamente con estrategia humana (ej., "y me seréis testigos en Jerusalén, en toda Judea, en Samaria, y hasta lo último de la tierra", Hechos 1:8).

---

16 Thomas N. Finger, *Christian Theology: An Eschatological Approach,* Vol. I. (Nashville: Thomas Nelson, 1985), p. 303. Ver especialmente los capítulos 15-17 para el enfoque de Finger en la vida y muerte de Jesús.

17 Consulte Herman Ridderbos, *Paul: An Outline of His Theology,* trad. John Richard De Witt (Grand Rapids: Eerdmans, 1975), pp. 387–392. En referencia a los Efesios y Colosenses, escribe "Por un lado la victoria de Cristo sobre los poderes es ahora proclamada más llanamente y más triunfalmente que aquí. Dios los ha desarmado en Cristo e hizo público su ejemplo, y los aparejó a sus carros triunfales. (Col. 2:15; cf. Eph. 1:20ff.; 4:8ff.). A través de él Dios ha reconciliado, pacificado y sujeta a todas las a sí mismo … (Col. 1:20). Por otro lado continúa sosteniendo para la iglesia así como tiene que hacer la guerra no contra carne ni sangre, sino contra los principados, poderes, y los que gobiernan el mundo de estas tinieblas, los espíritus de maldad en las regiones celestes. Los poderes, sin embargo ya se han desvanecido en Cristo, aún no se han hecho inofensivos. Pero para ser capaces de contender en contra de ellos adecuadamente, la iglesia ha recibido una armadura de Dios, tan ricamente abastecida que le es posible continuar de pie (Ef. 6:13)" p. 392.

Mientras que el Reino será traído a consumación al final de los tiempos (ej. "Luego el fin, cuando entregue el reino al Dios y Padre, cuando haya suprimido todo dominio, toda autoridad y potencia". 1 Cor. 15:24), La iglesia será reunida para la consumación del Reino (ej., "Luego nosotros los que vivimos, los que hayamos quedado, seremos arrebatados juntamente con ellos en las nubes para recibir al Señor en el aire, y así estaremos siempre con el Señor." 1 Tes. 4:17).

La iglesia como la comunidad del Reino ora para la venida del Reino, crece en las cualidades del Reino, confía en el Señor del Reino, se regocija en la extensión del Reino y espera la consumación del Reino.[18]

Como la comunidad del Reino, la iglesia es heraldo y signo del Reino. De acuerdo con Lucas 9:1–2,

> Habiendo reunido a sus doce discípulos, les dio poder y autoridad sobre todos los demonios, y para sanar enfermedades. Y los envió a predicar el reino de Dios, y a sanar a los enfermos.

De igual forma que su Señor proclamó la buenas nuevas del Reino (Mt. 4:23; 9:35; Mr. 1:14; Lc. 4:43), así que la iglesia es llamada a hacer lo mismo. En Mateo 24:14, Jesús dice, "Y será predicado este evangelio del reino en todo el mundo, para testimonio a todas las naciones; y entonces vendrá el fin." (Consulte también Lucas 9:60; Hechos 8:12; 20:25; 28:31.)

De la misma forma que su Señor fue un símbolo del reinado de Dios, así también su iglesia es un símbolo. De acuerdo a Hechos, la iglesia está facultada por el Espíritu a no ser sólo heraldos del reino (1:8), sino también símbolos de él mientras vivan en una manera digna (2:47), traigan sanidad al enfermo, ministren al afligido (ej., 3:1–10), y experimenten la guía divina y consejo como pueblo que está comprometida con el reinado de Dios (ej. 6:1–6).

Creyentes Individuales como Agentes del Reino

La Biblia se trata de personas como pueblo, y como individuos. El pertenecer a un pueblo realza la individualidad y la individualidad es el medio por el cual se expresa pertenecer a un pueblo. La base para decir esto es cristológica. Jesucristo fue quien era, no sólo por virtud de su naturaleza eterna, sino también por su identificación con el pueblo hebreo. La trascendencia de las genealogías en Mateo 1 y Lucas 3 es que mostraron que Jesús tenía la identidad de pertenecer a un pueblo. El hecho de que la iglesia continuara usando las escrituras hebreas como propias es un testimonio de la importancia de la identidad de Jesús como un judío. Marcion (un constructor de barcos de

---

[18] Consultar Howard A. Snider, *A Kingdom Manifesto: Calling the Church to Live under God's Reign* (Downers Grove: InterVarsity, 1985). "Bíblicamente, la iglesia es por definición una comunidad, no una institución. De hecho es una comunidad contracultural, la comunidad embrionaria del Reino, distinta a la de la sociedad que la rodea en cada aspecto donde la sociedad está en esclavitud a los principios básicos de este mundo (Col. 2:8,29)" p. 115.

Asia Menor que fue a Roma cerca del año 139) desarrolló un canon de la Escritura que consistía sólo de Lucas y las diez epístolas Paulinas (omitiendo las cartas pastorales de Timoteo y Tito). Mientras que su preocupación teológica tenía que ver principalmente con la naturaleza de Dios (él sostenía que el Dios de Jesucristo no era el mismo que el Dios de la ley y la ira que encontró en el Antiguo Testamento), el resultado práctico fue que trató de interpretar a Cristo aparte de su identificación con el pueblo del cual era un miembro. La iglesia rechazó las ideas de Marcion y afirmó más directamente que nunca antes que las escrituras hebreas eran una parte necesaria de la historia de la fe cristiana.

Mientras que Jesús es único en la economía de Dios, no es entendido correctamente separado del pueblo de Dios. Su identificación con su pueblo realzó su individualidad, y su individualidad fue el medio por el cual fue expresado con exclusividad el pertenecer al pueblo de Israel

Tomando a Jesús como el paradigma, sigue en nuestro caso también que los individuos del Reino existen en relación al Reino comunal del cual ellos forman parte, pero también que la expresión del Reino es siempre personal. La historia del Nuevo Testamento es de individuos tales como María, la madre de Jesús, Pedro el pescador, María Magdalena, Juan el amado, María y Marta de Betania, Esteban el mártir, Lidia de Tiatira, Pablo el apóstol, y Priscila y Aquila quienes aclararon el evangelio a Apolo. Es la historia de expresiones individualizadas del Reino comunal. Escribiendo a la iglesia de Corintio en su batallar sobre la relación entre la individualidad y el ser un grupo homogéneo, Pablo dice: "Pero a cada uno le es dada la manifestación del Espíritu para provecho [común]." (1 Cor. 12:7). A los romanos, él escribió en Rom. 12:5–6: "así nosotros, siendo muchos, somos un cuerpo en Cristo, y todos miembros los unos de los otros. De manera que, teniendo diferentes dones, según la gracia que nos es dada, si el de profecía, úsese conforme a la medida de la fe;"

En el relato de Pentecostés, vemos el mismo énfasis en ambos conceptos: grupo e individualidad. Mientras que el viento llenó la casa donde estaban reunidos los creyentes como un cuerpo, las lenguas como fuego descansaron en cada uno de ellos individualmente (Hch. 2:1–4).

Hechos 3 nos habla sobre Pedro y Juan subiendo al templo a la hora de la oración. Cuando un hombre cojo les pidió limosna, Pedro, en vez de dar una limosna, habló la palabra de sanidad divina "y al momento se le afirmaron los pies y tobillos" (v.7). El versículo 8: "y saltando, se puso en pie y anduvo; y entró con ellos en el templo, andando, y saltando, y alabando a Dios." El reinado y gobierno de Dios que se manifestó ese día tuvo lugar a través del ministerio de creyentes individuales. Nuestra conclusión es que cada creyente debe convertirse en historia humana una expresión personalizada de la presencia del Reino.

El Regreso de Cristo como la Entrada Triunfal en la Consumación del Reino

Los evangelios sinópticos habla de la consumación del Reino en pasajes paralelos: Mateo 24, [19] Marcos 13, [20] y Lucas 21.[21] Al centro de la consumación es la *parousia* pública del hijo del hombre. Mateo 24:27 dice: "Porque como el relámpago que sale del oriente y se muestra hasta el occidente, así será también la venida [*parousia*] del Hijo del Hombre." El punto central no es que el vendrá del este sino que su venida estará en el dominio público de la experiencia, como lo es un relámpago. Esto contrasta con el sigilo que es rechazado en el verso que apenas precede (esto es, que él no vendrá en la desolación del desierto ni en la privacidad de un aposento alto).

Lo público de la *parousia* del Señor es referida también en los versos 30–31:

> Entonces aparecerá la señal del Hijo del Hombre en el cielo; y entonces lamentarán todas las tribus de la tierra, y verán al Hijo del Hombre viniendo sobre las nubes del cielo, con poder y gran gloria. Y enviará sus ángeles con gran voz de trompeta, y juntarán a sus escogidos, de los cuatro vientos, desde un extremo del cielo hasta el otro. [Consulte también 1ª Cor. 15:52, 1 Tes. 4:16 y Ap. 1:7].

Su *parousia* no está restringida al afortunado espiritual sino que será visible públicamente por toda la gente, sin importar su condición espiritual. El Nuevo Testamento no sabe nada en absoluto acerca de una *parousia* secreta para el elegido; no sabe nada acerca de dos venidas del Señor, una para el preparado espiritualmente y otra en el final cataclísmico de los tiempos. Y en la única *parousia* del Señor, toda la gente en la faz de la tierra así como todos los que alguna vez vivieron, reconocerán lo que está sucediendo y los que sean fieles,—el que haya muerto ya y los que estén con vida—serán arrebatados en la presencia glorificada de su Señor (1 Tes. 4:13–17).

Asociado con esta *parousia* pública única, está el fin del orden mundial cataclísmico como lo conocemos. Usando el lenguaje reminiscente a los pasajes del día del Señor en Isaías 13:10, 34:4, Ezequiel 32:7, Joel 2:10–11 y Sofonías 1:15–16, Jesús dice en Mateo 24:29: "E inmediatamente después de la tribulación de aquellos días, el sol se oscurecerá, y la luna no dará su resplandor, y las estrellas caerán del cielo, y las potencias de los

---

19 Consultar Bruner, *Churchbook*, pp. 838–885; Fred W. Burnett, *The Testament of Jesus-Sophia: A Redaction-Critical Study of the Eschatological Discourse in Matthew* (Washington: University Press of America, 1979); William Hendriksen, *New Testament Commentary: Exposition of the Gospel According to Matthew* (Grand Rapids: Baker, 1973), pp. 843–874; R. C. H. Lenski, *The Interpretation of St. Matthew's Gospel* (Columbus: Wartburg, 1951), pp. 927–960.

20 Consultar Ralph Earle, *The Gospel According to Mark* (Grand Rapids: Zondervan, 1957), pp. 153–161; Hendriksen, *Mark* (1975), pp. 511–546; Lenski, *St. Mark's Gospel* (1956), pp. 560–595.

21 Consultar Hendriksen, *Luke* (1978), pp. 919–950; Lenski, *St. Luke's Gospel* (Minneapolis: Augsburg, 1964), pp. 1005–1032; Ray Summers, *Commentary on Luke* (Waco: Word, 1974), pp. 251–267.

cielos serán conmovidas." [22](Consulte también 1 Tes. 5:1–3; 2 Tes. 2:8; 2 Pe. 3:7, 10, 12; Ap. 6:12–17; 9:1–6; y 16.)

Mateo es el único de los evangelios sinópticos que tiene *eutheōs,* esto es, inmediatamente, versículo 29. (Marcos 13:24 tiene "Pero en aquellos días, después de aquella tribulación" cf., Lucas 21:25–28.) En vez del sufrimiento al que se refiere la venida del Hijo del Hombre mencionada en el versículo precedente, es mejor verlo como una referencia a la gran tribulación de la que se habla en el versículo 21 ("...cual no la ha habido desde el principio del mundo hasta ahora, ni la habrá."). En otras palabras, inmediatamente después del sufrimiento el final cataclísmico vendrá. ¿Qué es tan único de esta tribulación?

Dada la narración de la historia del relato de Mateo, es lógico sostener que es la angustia de aquellos comprometidos en el sistema religioso centrado en el templo. El capítulo 23 es un pronunciamiento mordaz del juicio divino sobre la religiosidad judía, terminando con Jesús diciendo en el versículo 37, "¡Jerusalén, Jerusalén, que matas a los profetas, y apedreas a los que te son enviados!" Y nuevamente en el versículo 38 "He aquí vuestra casa os es dejada desierta."

Ciertamente, no sólo Jesús en sí mismo salió del templo por última vez (lo que Burnett propone fue la salida del Shekinah[23]) sino que su crucifixión estuvo acompañada por la rasgadura en dos de la cortina del templo, de arriba a abajo, que separaba el Lugar Santo del Lugar Santísimo (Mat. 17:51). La salida final de Jesús del templo fue el juicio de Dios en la persona de nuestro Señor; la rasgadura de la cortina del templo fue el juicio de Dios en el dominio de la vida religiosa; la destrucción del templo en el año 70 d.C. fue el juicio de Dios en la esfera pública.

La religión del templo no ha sido reinstituida desde el año 70 d.C. Desde la perspectiva de Mateo, el fin de la religión centrada en el templo es el sufrimiento único del que se habla en el versículo 21. Es la angustia política de aquellos que han perdido su centro espiritual, religioso y cultural. De hecho, el apego emocional a los restos del templo—el así llamado Muro de los Lamentos, del cual se obtuvo control judío en la guerra de 1967—es un asunto de registro público. Su designación como el Muro de los Lamentos crece del hecho de que por siglos aquellos comprometidos con el reestablecimiento de la religión del templo han acudido en masa a él en el aniversario de la destrucción del templo a lamentarse de su aprieto nacional y religioso.

Si el sufrimiento único del que se habla en el versículo 21 es de hecho la ausencia continua de la religión centrada en el templo, entonces el "inmediatamente" *eutheōs* del verso 29 puede ser entendida cronológicamente en relación a este periodo continuo de angustia espiritual y religiosa experimentada por aquellos que anhelan el restablecimiento de la religión del templo. Esta angustia continuará hasta que Cristo regrese. por lo tanto,

---

22 Para una disertación de sacudida cósmica, consulte: Hughes, op. cit., pp. 90–92.
23 Burnett, op. cit, pp. 63–81, 166f.

"inmediatamente después de la tribulación de aquellos días" el final cataclísmico vendrá cuando el Señor regrese.

La *parousia* establecerá en el dominio público lo que la gente de fe ya conoce, a saber, que Jesús es el Señor. Filipenses 2:9–11 establece el propósito divino cuando dice:

> Por lo cual Dios también le exaltó hasta lo sumo, y le dio un nombre que es sobre todo nombre, para que en el nombre de Jesús se doble toda rodilla de los que están en los cielos, y en la tierra, y debajo de la tierra; y toda lengua confiese que Jesucristo es el Señor, para gloria de Dios Padre.

La consumación del orden de este mundo en el tiempo de la *parousia* manifestará a todo el mundo no sólo el señorío de Jesucristo sino también el hecho de que Satanás es un enemigo derrotado. Este es el tema del libro del Apocalipsis. Escrito para una iglesia bajo persecución, la pregunta natural, por supuesto, sería algo como esto: ¿Es Jesús realmente Señor y Satanás realmente un enemigo derrotado? El Apocalipsis responde a ambas preguntas con un "sí" confiado. En 20:4–6 la respuesta a la primer pregunta es: Sí, Jesús es el Señor durante su prolongado tiempo (expresado simbólicamente como mil años) antes de la *parousia*. Los versículos 7–10 responden la segunda pregunta: Si, incluso cuando la evidencia parece apuntar a la dirección opuesta, Satanás y sus cómplices son enemigos derrotados, un hecho a ser demostrado en el dominio público al final de los tiempos:

> Cuando los mil años se cumplan, Satanás será suelto de su prisión, y saldrá a engañar a las naciones que están en los cuatro ángulos de la tierra, a Gog y a Magog,[24] a fin de reunirlos para la batalla; el número de los cuales es como la arena del mar. Y subieron sobre la anchura de la tierra, y rodearon el campamento de los santos y la ciudad amada; y de Dios descendió fuego del cielo, y los consumió. Y el diablo que los engañaba fue lanzado en el lago de fuego y azufre, donde estaban la bestia y el falso profeta; y serán atormentados día y noche por los siglos de los siglos.

Sabemos que la prisión de Satanás de la que se habla en el verso 7 es contrastante con lo que hace al tiempo de su corta liberación. reúne todos los enemigos del pueblo de Dios con el propósito de rodear y destruir al pueblo de Dios. Durante este breve tiempo, Satanás finalmente se las arregla. Todo el ejército antagónico de la maldad es unido en su supremo propósito, a saber, eliminar del mapa al pueblo de Dios. Justo cuando rodean el "campamento de los santos y la ciudad amada" el juicio divino los visita: "descendió fuego del cielo, y los consumió".

La atadura de Satanás durante el periodo presente, es entonces, la restricción de Dios que no le permite ser capaz de unir a todas las fuerzas del mal con el propósito de

---

24 Ezequiel 38 y 39 habla de Gog y Magog, siendo Gog un príncipe demoniaco de una cruel nación del norte llamada Magog. El príncipe y sus ejércitos amenazan al pueblo del Señor. Juan habla de Gog y Magog. Al mantenerse con la naturaleza simbólica del libro, no duda de usar Gog para referirse a los gobiernos demoníacos y a Magog para referirse a los no creyentes que activamente se oponen a la iglesia.

eliminar del mapa a la iglesia, como quizá los santos perseguidos del Apocalipsis pensaron que lo haría. La derrota de Satanás que fue asegurada en la encarnación, se finalizó en la crucifixión, se vivificó por los creyentes en la resurrección, se experimentó en la iglesia por el poder del Espíritu Santo, y será publicada por toda la familia humana en la *parousia*. Refiriéndose a la resurrección de los muertos que tendrá lugar en ese tiempo, 1ª Corintios 15:24 dice, "Luego el fin, cuando entregue el reino al Dios y Padre, cuando haya suprimido todo dominio, toda autoridad y potencia".

Jesús, como el Señor de la consumación del orden de este mundo, hace una presentación cósmica del reino de Dios, el cual es grandiosamente descrito en Apocalipsis 21–22:7 como

- "un cielo nuevo y una tierra nueva" (21:1),

- "la santa ciudad, la nueva Jerusalén, descender del cielo, de Dios, dispuesta como una esposa ataviada para su marido." (v. 2)

- existencia donde "y ya no habrá muerte, ni habrá más llanto, ni clamor, ni dolor;" (v. 4),

- un lugar donde "Dios Todopoderoso es el templo de ella, y el Cordero" y donde la gloria de Dios será su luz y el Cordero será su lumbrera (vv. 22–23),

- una realidad tan resplandeciente que "las naciones que hubieren sido salvas andarán a la luz de ella" (v. 24),

- una habitación con puertas abiertas perpetuamente (v. 25),

- un ambiente santo para los santos del Altísimo (v. 27), y

- un jardín con "un río limpio de agua viva", fluyendo desde en medio de la calle de la ciudad, y en ambos lados del río "estaba el árbol de la vida, que produce doce frutos, dando cada mes su fruto; y las hojas del árbol eran para la sanidad de las naciones." (22:1–2).

El Reino en consumación será un santuario eterno donde el pueblo del Cordero servirá a su Señor y verá su rostro y reinará con Él por los siglos de los siglos. (vv. 3–5).

6. La Persona y la Obra de Cristo Jesús

En el capítulo anterior, Jesús fue presentado como la esencia del Reino de Dios. La cristología es inadecuada por separado de los estudios del Reino, y los estudios en el Reino están distorsionados separados del centro cristológico del Reino. Con esta agenda ya abordada, ahora nos dirigimos a un resumen del ministerio de la encarnación de Jesús y a consideraciones cristológicas y soteriológicas adicionales. Marcos 1:39 dice, "Y [Jesús] predicaba en las sinagogas de ellos en toda Galilea, y *echaba fuera los demonios.*" (el énfasis en itálicas añadido por mí aquí y en lo subsecuente). El pasaje paralelo en Mateo 4:23 dice: "Y recorrió Jesús toda Galilea, *enseñando* en las sinagogas de ellos, y *predicando el evangelio del reino*, y *sanando toda enfermedad y toda dolencia en el pueblo.*" (consulte también Lucas 4:44.)

Marcos 6:6b dice, "Y recorría las aldeas de alrededor, enseñando." El pasaje paralelo en Mateo dice: "Recorría Jesús todas las ciudades y aldeas, enseñando en las sinagogas de ellos, y predicando el evangelio del reino, y sanando toda enfermedad y toda dolencia en el pueblo." (9:35).

El ministerio de Jesús fue de maestro, predicador, exorcista, y sanador. Él enseñó una forma de vida, predicó las buenas nuevas del Reino, echó fuera demonios, y sanó a los enfermos.

La Obra Universal de Cristo

Mientras que los enunciados descriptivos citados arriba son resúmenes importantes del ministerio de nuestro Señor en el tiempo que caminó en la tierra, los mismos no dicen toda la historia. La culminación del Evangelio es su crucifixión, resurrección, ascensión y sesión (donde se sienta, intercede y reina) "sentado a la diestra del poder de Dios" (Mateo 26:64), sin lo cual no sabríamos nada acerca del ministerio palestino de Jesús de Nazaret. Fue este drama final durante la encarnación lo que catapultó a los discípulos palestinos de Jesús a convertirse en los primeros frutos de la iglesia universal de Cristo. Este suceso decisivo, histórico y multidimensional (es decir, crucifixión, resurrección, ascensión y accesión) precipitó las posteriores confesiones de la iglesia sobre el significado universal de la persona y obra de Jesús.

La iglesia confesó que Jesús es el Verbo eterno, no solamente un maestro con una palabra: "Y aquel Verbo fue hecho carne, y habitó entre nosotros" (Juan 1:14). Jesús, el maestro de la palabra, es el Verbo.

La iglesia confesó que Jesús es el Mesías prometido del Reino, no simplemente alguien que predicaba acerca de ello. Ellos recuerdan que Él ha dicho, "Pero si yo por el Espíritu de Dios echo fuera los demonios, ciertamente ha llegado a vosotros el reino de

Dios." (Mt. 12:28). Jesús, el predicador acerca de la vida del Reino es la misma esencia de esta nueva vida.

Más aún, la iglesia confesó que Jesús es en si mismo el vencedor de una vez y para siempre sobre el príncipe de las tinieblas y no simplemente otro exorcista de demonios. Cuando de acuerdo a Lucas 10:17 los setenta que habían sido enviados por Jesús para curar a los enfermos y decirles que "Se ha acercado a vosotros el reino de Dios" (v. 9), ellos regresaron con gozo, diciendo "Señor, aun los demonios se nos sujetan en tu nombre." El versículo 18 da la respuesta de nuestro señor: "Yo veía a Satanás caer del cielo como un rayo." La vida de Jesús significaba la pérdida de importancia de Satanás. Jesús, el exorcista de demonios, es el vencedor sobre no menos que el príncipe de los demonios.

Finalmente, la iglesia confesó que Jesús es el Salvador eterno. Él es el que sana lo que es incorrecto en el centro de nuestro ser y de la historia del mundo. No es tan sólo otro sanador de incapacidades físicas, sino el Salvador quien quita el pecado del mundo.

Esta es la obra salvadora del Verbo eterno, el Mesías prometido, en vencedor de una vez por todas, a quien ahora nosotros volteamos. La palabra griega *sōtēria* significa liberación, salvación, preservación, y seguridad, y es utilizada en cinco formas interconectadas en relación a la obra de Dios en Cristo:

1. Se refiere a lo que es central en todo el curso de la obra de Dios en la historia. Vemos esto en Mateo 1:21 donde el ángel del Señor le dice a José: "Y [María] dará a luz un hijo, y llamarás su nombre JESÚS [en Hebreo es Yehoshuah (esto es Joshua) que significa 'Jehová es salvación'], porque él salvará a su pueblo de sus pecados." [mi énfasis aquí y en lo sucesivo indica que es usada alguna forma de *sōtēria* en el texto griego]. También, en Apocalipsis 7:10 la gran multitud de los redimidos clamaban "La salvación pertenece a nuestro Dios que está sentado en el trono, y al Cordero [Jesucristo]."

2. Se refiere a toda la vida de Cristo, como por ejemplo, en Hebreos 5:9, el cual se refiere a Jesucristo cómo "autor de eterna *salvación* para todos los que le obedecen." (consulte también Lucas 19:9.)

3. La palabra es utilizada en referencia con el resultado inmediato de creer en Jesucristo. Romanos 10:10 dice que "con la boca se confiesa para *salvación.*"

4. *Sōtēria* también se refiere a nuestro desarrollo de las ramificaciones de la gracia de Dios en nuestras vidas como creyentes. Pablo en Filipenses 2:12 dice "ocupaos en vuestra *salvación* con temor y temblor," y 1ª Pedro 1:9 se refiere a los creyentes como "obteniendo el fin de vuestra fe, que es la *salvación* de vuestras almas."

5. Se refiere a la liberación futura y la custodia de los creyentes al final de las edades cuando el Señor regrese. Vemos esto en 1ª Pedro 1:5 en su referencia a

aquellos "que sois guardados por el poder de Dios mediante la fe, para alcanzar la *salvación* que está preparada para ser manifestada en el tiempo postrero."

Tres Temas Espirituales Acerca de la Obra Expiatoria de Cristo

El Nuevo Testamento tiene *tres temas importantes* acerca de la obra expiatoria de Cristo.

Tema 1. El primer tema es la muerte de Cristo como una ofrenda objetiva y sacrificial que Dios ha hecho en nuestro lugar. Mientras que la transgresión contra la vida humana requiere el sacrificio de la vida humana (ej. "ojo por ojo, diente por diente, mano por mano, pie por pie, quemadura por quemadura, herida por herida, golpe por golpe." como en Ex. 21:24–25), El pecado en contra de Dios, siendo una transgresión contra el Creador de la vida, requiere algo más que la vida humana.

La premisa del Nuevo Testamento es que sólo la vida divina puede hacer una expiación suficiente para la transgresión contra Dios. Sin embargo, puesto que somos nosotros los que necesitamos hacer el sacrificio, pero sólo la vida de Dios es suficiente como sacrificio, nos encontramos en un predicamento sin esperanza.

Sin embargo, el evangelio es que Dios, a través de Cristo solucionaron este dilema humano en la obra de encarnación de Jesús. De acuerdo al la carta a los Hebreos, Jesús fue el gran sumo sacerdote quien ofreció no sacrificios de animales sino el sacrificio de sí mismo. "Por lo cual [Cristo] debía ser en todo semejante a sus hermanos, para venir a ser misericordioso y fiel sumo sacerdote en lo que a Dios se refiere, para expiar los pecados del pueblo." (2:17). El hecho de que Jesús en sí mismo es el sacrificio se hace claro en 9:26: "[Cristo] se presentó una vez para siempre por el sacrificio de sí mismo para quitar de en medio el pecado." Y nuevamente en 10:10: "En esa voluntad somos santificados mediante la ofrenda del cuerpo de Jesucristo hecha una vez para siempre." Por lo tanto, el que hace la ofrenda fue una persona totalmente humana pero lo que él sacrificó fue una vida totalmente divina. El Jesús teándrico (él era ambos: Dios y hombre) hizo por nosotros lo que necesitábamos hacer por nosotros mismos pero no pudimos. Este único e incomparable Dios-hombre fue nuestro sustituto—él, el hombre totalmente humano ofreció una vida totalmente divina para nuestra salvación.

La primer carta de Pedro 2:24 dice que Cristo mismo "quien llevó él mismo nuestros pecados en su cuerpo sobre el madero, para que nosotros, estando muertos a los pecados, vivamos a la justicia; y por cuya herida fuisteis sanados." Pablo, en Romanos 7:24–25 pregunta, "¿quién me librará de este cuerpo de muerte?" y responde, "Gracias doy a Dios, por Jesucristo Señor nuestro." (Consulte también Rom. 3:21–26, especialmente 24–25.) Este tema de sustitución fue desarrollado más notablemente por Anselmo (1033-1109), autor de *Cur Deus Homo?* ("¿Por qué el Dios-Hombre?").

Tema 2. El segundo gran tema en el Nuevo Testamento acerca de la obra expiatoria de Cristo es el amor sacrificial de Jesús que nos gana para Dios. Él es el perfecto ejemplo de la manera en que debemos vivir, y ciertamente su vida y su muerte nos inspiran a la fe, amor y servicio. En Filipenses 2:5, Pablo dice: "Haya, pues, en vosotros este sentir que hubo también en Cristo Jesús," La mente de Cristo es la de aquel que de acuerdo con el versículo 8, "se humilló a sí mismo, haciéndose obediente hasta la muerte, y muerte de cruz."

El ejemplo de Jesús es, por supuesto, el tema de la salvación de los cuatro evangelios. En cada uno, se da una atención trascendental a la muerte sacrificial de Jesús por nuestra salvación. Él nos gana para Dios a través de su amor tanto por Dios como por nosotros. De acuerdo a los evangelios sinópticos, ser salvado es tomar la cruz y seguirle (Mt. 10:38; 16:24; Mr. 8:34–38; Lc. 9:23–26; 14:27), o, como Juan lo expone, es atraído al Señor crucificado ("Y yo, si fuere levantado de la tierra, a todos atraeré a mí mismo." 12:32).

Hebreos 12:1–3 establece el mismo tema de Cristo como ejemplar:

> Por tanto, nosotros también, teniendo en derredor nuestro tan grande nube de testigos, despojémonos de todo peso y del pecado que nos asedia, y corramos con paciencia la carrera que tenemos por delante, puestos los ojos en Jesús, el autor y consumador de la fe, el cual por el gozo puesto delante de él sufrió la cruz, menospreciando el oprobio, y se sentó a la diestra del trono de Dios. Considerad a aquel que sufrió tal contradicción de pecadores contra sí mismo, para que vuestro ánimo no se canse hasta desmayar.

El nombre que se asocia más comúnmente con este énfasis subjetivo de influencia moral es el de Abelardo (1079–1142). Esta teoría de la expiación, establecida primordialmente en su comentario a los Romanos, particularmente en relación a 3:22 (y siguientes), es que la demostración del amor de Cristo en la cruz es el poder que nos gana reconciliadoramente para Dios.

Tema 3. El tercer gran tema acerca de la obra salvadora de Cristo es Jesús como el vencedor sobre Satanás. Debido a la obra de encarnación de nuestro Salvador somos liberados de los poderes de las tinieblas espirituales.

La derrota de Satanás es tratada en Juan 12:31 donde Jesús dice, "Ahora es el juicio de este mundo; ahora el príncipe de este mundo será echado fuera." Lo mismo es dicho a gran voz en Apocalipsis, el cual desde el principio hasta el fin es un festival apocalíptico de la victoria de Cristo sobre Satanás. Apocalipsis 12:9: "Y fue lanzado fuera el gran dragón, la serpiente antigua, que se llama diablo y Satanás, el cual engaña al mundo entero; fue arrojado a la tierra, y sus ángeles fueron arrojados con él." Otro pasaje gráfico es 20:2–3:

> Y prendió al dragón, la serpiente antigua, que es el diablo y Satanás, y lo ató por mil años; y lo arrojó al abismo, y lo encerró, y puso su sello sobre

él, para que no engañase más a las naciones, hasta que fuesen cumplidos mil años; y después de esto debe ser desatado por un poco de tiempo.

Luego, de acuerdo al versículo 10, después de su corto periodo de liberación, "Y el diablo que los engañaba fue lanzado en el lago de fuego y azufre" y "serán atormentados día y noche por los siglos de los siglos."

Uno ve este tema no sólo en los evangelios y en Apocalipsis, como se indica arriba, sino también en los discursos teológicos de Pablo. Colosenses 2:15 dice que Dios a través de Cristo "y despojando a los principados y a las potestades, los exhibió públicamente, triunfando sobre ellos en la cruz."

El escritor de Hebreos en 2:14 se refiere a Cristo quien "Así que, por cuanto los hijos participaron de carne y sangre, él también participó de lo mismo, para destruir por medio de la muerte al que tenía el imperio de la muerte, esto es, al diablo,"

Comenzando este siglo, el Obispo Gustaf Aulén de Suecia escribió un tratado que hizo época sobre la obra salvadora de Cristo titulada *Christus Victor* (1931) en la cual discutió el punto de vista clásico de que la expiación es la victoria de Cristo sobre los poderes de Satanás.[1]

Estos tres temas de la expiación encuentran su expresión en la himnología de la iglesia. Por ejemplo, en la tradición de la canción evangélica "Jesus Paid It All" ("Jesús lo Pagó Todo") expresa el tema de objetivo, y de expiación por substitución:

Jesús lo pagó todo,
   Todo a Él lo debemos
   El pecado ha dejado una mancha carmesí—
   Él lo lavó dejándolo blanco como la nieve.[2]

"The Old Rugged Cross" ("La Vieja y Robusta Cruz") expresa el tema subjetivo y de influencia moral:

Oh, aquella vieja y robusta cruz, tan despreciada por el mundo,
   Tiene una atracción maravillosa para mí;
   Pues el amado Cordero de Dios dejó atrás su gloria,
   Para llevarla a cuestas al oscuro Calvario.

Así que yo llevo en el corazón esa cruz vieja y robusta
   Hasta que mis trofeos por fin entregue;
   Me aferraré a la cruz vieja y robusta,
   Y un día la intercambiaré por una corona.[3]

---

[1] Gustaf Aulén, *Christus Victor,* trans. A. G. Hebert (New York: Macmillan, 1960).
[2] Elvina M. Hall, *Worship the Lord: Hymnal of the Church* of God (Anderson, Ind: Warner Press, 1989), No. 410.
[3] George Bennard, op. cit., No. 195.

"There's Power in the Blood" ("Hay Poder en la Sangre") expresa el tema de *christus victor*:

¿Serás libre de tu carga por el pecado?
   Hay poder en la sangre, poder en la sangre;
   ¿Podrás tener victoria y triunfar sobre el mal?
   Hay un maravilloso poder en la sangre…
   Hay… poder que obra maravillosamente
   En la preciosa sangre del Cordero.4

La Conversación Continua de la Iglesia acerca de Jesús

La iglesia no dejó de pensar acerca de la persona y obra de Jesús al final del primer siglo. Es importante para nosotros en esta coyuntura en la historia estar informados acerca de esa conversación continua, gran parte de la cual fue estimulada por intrusiones filosóficas de fuera y por interpretaciones aberrantes desde adentro. Debido a que los proponentes de las diferentes posiciones cristológicas citan el Nuevo Testamento, tales conversaciones (o argumentos según el caso) requieren más que una mera repetición de los pasajes del Nuevo Testamento. Una conversación que de fruto requiere debates extensos. Por consecuencia, a través de los siglos, ha emergido una inmensidad de literatura (consulte Para Consideración Adicional al final de este capítulo).[5] Estudiar esta literatura disminuye la probabilidad de cometer el error de pensar que los asuntos contemporáneos nunca antes habían sido considerados.

El asunto en cuestión es que la mayoría de las aberraciones contemporáneas acerca de Cristo no son nuevas en absoluto. Desde el inicio de la historia de la iglesia, esta ha sido llamada a defender y explicar su entendimiento del punto de vista apostólico acerca de Cristo.

Consideremos tres ejemplos modernos de aberraciones que son también antiguas: (1) La visión aberrante Unitaria de que Jesucristo no era más que un buen hombre dotado con un poder divino; (2) el punto de vista aberrante Mormón de que Jesucristo es uno de tres Dioses; Y (3) el punto de vista aberrante de los 'Testigos de Jehová' de que Jesucristo es una divinidad de segundo nivel creada por el Dios eterno por medio de quien el Dios eterno obró para nuestra salvación (para las últimas dos consulte el debate adicional y las referencias en el capítulo 8, "El Dios Trinitario") Todos estos tres puntos de vista aberrantes también se encuentran en la historia temprana de la iglesia.

---

4 Lewis E. Jones, op. cit., No. 423.

5 Cuando comencé a escribir este capítulo encontré que había 1,893 volúmenes sobre cristología en la biblioteca de nuestro seminario, muchos de ellos obras muy extensas, como por ejemploEdward Schillebeeck, *Christ: The Experience of Jesus as Lord,* trans. John Bowden (New York: Seabury, 1980), 925 pp. Incluso los no cristianos escriben, por ejemplo Milan Machovec, alguna vez profesor de filosofía en la Universidad de Charles en Praga, y un ateo, escribió *Jesus Für Atheisten* (Stuttgart, Germany: Kreuz Verlag, 1972), Traducido al inglés como *Un Marxista Mira a Jesús* (Philadelphia: Fortress, 1976).

La Cristología Unitaria es algo similar al planteamiento Ebionita (a finales del primer siglo) la cual sostenía que Dios escogió a un muy buen hombre llamado Jesús para una misión especial en el mundo. La Cristología Mormona es un punto de vista politeísta rechazado por el monoteísmo de la Biblia y por la explicación trinitaria de la iglesia de su monoteísmo. La Cristología de los Testigos de Jehová es el antiguo planteamiento del Arianismo, solo que re-visitado. Arius (aprox. 256–336) debatía que Cristo no era co-eternal con el Padre. Sin duda, Él, habiendo sido creado antes de la creación del mundo, fue el cual y por medio del cual el Dios eterno creó el mundo y lo redimió; pero aún así, Cristo seguía siendo meramente la primer criatura de Dios y por lo tanto Arius concluyó que había un argumento en la eternidad de Dios mientras que Cristo no era eterno.

Las primeras dos aberraciones antiguas fueron primordialmente amenazas desde afuera de la corriente principal de la cristiandad; el tercero, sin embargo, fue una amenaza desde adentro. Por consecuencia, el Arianismo fue el foco de las energías intelectuales de la iglesia por la mayor parte del siglo cuarto. Fue denunciada en el concilio ecuménico de Nicea (año 325) y otra vez, de forma extensa, en Constantinopla (año 381). Esta aberración fue tratada en el segundo artículo del credo Niceo-Constaninopolitano (Niceno para abreviar):

> [Creo] en un Señor Jesucristo, el único Hijo de Dios, engendrado de Su Padre antes de todo el universo, Dios de Dios, Luz de Luz, Dios verdadero de Dios verdadero, engendrado, no creado, *siendo una sustancia [homoousios] con el Padre*, por quien todas las cosas fueron hechas. (Énfasis añadido.)[7]

Las palabras que he enfatizado anteriormente fueron centrales en la controversia entre los Arianos y aquellos influenciados por Athanasius (aprox. 297–373). Los Arianos, como los modernos Testigos de Jehová, sostienen que el Hijo de Dios no es "Dios verdadero de Dios verdadero". Nicea, por el contrario, aseguraba que Él es. La palabra griega clave en la controversia antigua fue *homoousios,* que significa la misma sustancia. Esta es la palabra que los seguidores de Athanasius usaron en su argumento contra Arius quien sostenía que Cristo es simplemente de una sustancia similar, esto es, *homoeousios,* con el Padre.

El problema es que Athanasius vio con la posición Ariana fue que si ellos estaban en lo correcto, la encarnación no sería la encarnación de una divinidad eterna, sino una divinidad secundaria; por consecuencia, nuestra salvación no podría haber sido completada por el Dios eterno, sino por una divinidad secundaria. La iglesia, en el curso del tiempo, dijo *no* al Arianismo y afirmó su fe de que Cristo es deidad de primer orden.

Necesitamos estar informados de la larga conversación de la iglesia respecto a la persona y obra de Cristo en aras de evitar aberraciones que ya han sido tratadas anteriormente. También necesitamos poner atención a todo el Nuevo Testamento mientras buscamos clarificar nuestra cristología. Tenemos el Nuevo Testamento

---

7 Como el texto aparece en *Worship the Lord,* No. 327. Para una traducción contemporánea del credo completo consulte: capítulo 8, pág. 136 "El Dios trinitario"

completo disponible, algo que los escritores del Nuevo Testamento no tenían debido a que estaba aún en proceso de existir. Permitir que el Nuevo Testamento completo nos hable nos ayuda a ver la variedad de formas en que es presentada la persona y la obra de Cristo Jesús. Por ejemplo, la cristología *Logos* de Juan, la cristología de los evangelios sinópticos de un cumplimiento profético, y la cristología *Imago Dei* (imagen de Dios) de Pablo, difieren mucho una de la otra. El enfoque primario de Juan es el Cristo encarnado, el enfoque de los evangelios sinópticos (Mateo, Marcos y Lucas) es en el Cristo histórico, y el de Pablo es en el Cristo eterno. Esto no es para decir que uno de ellos imposibilita o excluye a otro, sino que el enfoque central es diferente en cada caso.

Por consecuencia, se deja a nuestra decisión clasificar cómo todo esto se mantiene unido conceptualmente. Las conversaciones de la iglesia en los primeros siglos, tales como los concilios ecuménicos de Nicea y Constantinopla, hicieron un enunciado conceptual unificado acerca de Jesucristo en relación al Padre. El cuarto concilio en Calcedonia en el año 451 trató con las dos naturalezas de Cristo mismo, declarando que él era totalmente humano y totalmente divino, y aún así, una persona. La confesión dice:

1 De acuerdo, por lo tanto, con los santos
    2 padres, todos unánimemente enseñamos que
    3 debemos confesar que nuestro Señor Jesucristo es
    4 uno y el mismo Hijo, el mismo perfecto en
    5 divinidad y el mismo perfecto en humanidad,
    6 Dios verdadero y hombre verdadero, el mismo de un alma
    7 y cuerpo racionales, consubstancial con el Padre en
    8 divinidad, e igualmente consubstancial con nosotros
    9 en humanidad, como nosotros en todo excepto en el pecado,
    10 engendrado del Padre antes de las edades
    11 respecto a Su divinidad y en los últimos días, el
    12 mismo, debido a nosotros y debido a nuestra
    13 salvación, engendrado de la virgen María, el
    14 *Theotokos*, en lo que respecta a su humanidad; uno y el
    15 mismo Cristo, Hijo, Señor, único engendrado, dado
    16 a conocer en dos naturalezas sin confusión,
    17 sin cambio, sin división, sin
    18 separación, la diferencia de las naturalezas
    19 por ningún motivo removida debido a la
    20 unión, pero la propiedad de cada naturaleza siendo
    21 preservada y mancomunada en una *prosopon* y
    22 un *hupostasis*—no separado o dividido en dos
    23 *prosopa*, sino uno y el mismo Hijo, único engendrado,
    24 Palabra divina, el Señor Jesucristo,
    25 como los profetas de la antigüedad y Jesucristo
    26 mismo nos ha enseñado acerca de Él y el credo
    27 que nuestros padres han dejado como herencia.[8]

---

8 Como el texto aparece en J. N. D. Kelly, *Early Christian Doctrines* (New York: Harper and Row, 1960), p. 339f.

Calcedonia trató diversos asuntos de forma breve:

1. Re-afirmación de Nicea

Reafirmó la posición tomada en Nicea y nuevamente en Constantinopla que la segunda persona de la Trinidad es de la misma eterna divinidad que la primera persona. En referencia a Cristo, el credo usa tales frases como "el mismo perfecto en divinidad" (línea 4f) "Dios verdadero" (5f), "consubstancial con el Padre en divinidad" (7f.).

2. En contra del Nestorianismo

La fórmula de Calcedonia trató el asunto del Nestorianismo (la posición supuestamente sostenida por Nestorius quien se convirtió en el patriarca de Constantinopla en el año 428) el cual mantenía que el divino y el humano eran dos personas separadas en el Jesús de Nazaret histórico de modo que en momentos daba la expresión de la persona humana dentro de él (ej. cuando lloró en la tumba de Lázaro), mientras que en otros momentos daba expresión a la persona divina (ej. cuando levantó a Lázaro de la muerte). Calcedonia rechazó esta refiriéndose a las dos naturalezas de Cristo como "sin división, sin separación" (17f.).

3. En contra del Apolinarianismo

Calcedonia también rechazó al Apolinarianismo (tomando su nombre de Apolinarius, obispo de Laodicea en Siria a fines del siglo cuarto), que intensificó tanto la confesión de fe del credo Niceno de la divinidad de Cristo que terminó haciéndolo tan divino que su humanidad—aunque no fue negada—fue severamente comprometida. Y así, en contra del Apolinarianismo, Calcedonia declaró que Jesús fue "como nosotros en todo excepto en el pecado" (9). Más aún, las dos naturalezas son "sin confusión, sin cambio" (16f) y nuevamente "la diferencia de las naturalezas por ningún motivo removida debido a la unión" (18 en adelante).

4. Se Mantienen la Dualidad y la Unidad

Calcedonia rechazó la exagerada dualidad del Nestorianismo y la exagerada unidad del Apolinarianismo. Mantuvo una tensión creativa entre los dos énfasis siguientes. El primero era que los así llamados teólogos Antioquianos (relacionados a la ciudad Siria de Antioquía y personificados por Nestorius) en la separación de lo humano y lo divino en Cristo. El segundo fue el énfasis de los así llamados teólogos Alejandrinos (relacionados a la ciudad egipcia de Alejandría y personificados por Apolinarius) en la unificación de lo humano y lo divino en Jesucristo.

El énfasis excesivo de los Antioquianos en la dualidad tendía a sacrificar la convicción de que Jesús era una persona integrada singularmente funcionando en todas las instancias como la persona Dios-hombre, y el énfasis excesivo de los Alejandrinos en la unidad tendía a sacrificar la completa humanidad de Jesús, y así la humanidad era engullida en la divinidad. En Calcedonia, sin embargo se afirmaron ambos énfasis: el de los Alejandrinos en la unidad y el énfasis Antioquiano en la dualidad, sin sacrificar ninguno de ellos.

Vemos el énfasis Calcedonio en la unidad en el uso de las siguientes frases: "nuestro Señor Jesucristo es uno y el mismo Hijo" (3f.), "la propiedad de cada naturaleza siendo preservada y mancomunada en una *prosopon* [esto es, una aspecto personal] y un *hupostasis* [es decir, una esencia identificable]—no separado o dividido en dos *prosopa*, [esto es, aspectos] sino uno y el mismo Hijo" (20ff.).[9]

Pero también vemos en Calcedonia un énfasis en la dualidad como en las siguientes frases: "el mismo perfecto en divinidad y el mismo perfecto en humanidad, Dios verdadero y hombre verdadero" (5ff.), "consubstancial con el Padre en divinidad, e igualmente consubstancial con nosotros en humanidad" (7ff.), "dado a conocer en dos naturalezas" (15f.), "pero la propiedad de cada naturaleza siendo preservada" (20f.). Tanto unidad como dualidad fueron afirmadas, ninguna sin la otra.[10]

Estos dos enunciados conceptuales unificados (Nicea y Calcedonia) han jugado un importante papel en la historia de la iglesia incluso para aquellas ramas de la cristiandad que se consideraban a sí mismas sin credo o incluso anti-credos. Ellas representan al entendimiento aceptado ampliamente en la iglesia acerca de la relación de Cristo con el Padre y de las dos naturalezas de Cristo. Son puntos de referencia literarios significativos para la conversación continua de la iglesia acerca de su Señor.

Profeta, Sacerdote y Rey

Jesucristo es referido a menudo en relación al triple cargo de profeta, sacerdote y rey. En continuidad con los profetas del Antiguo Testamento, Jesús como un profeta habla de la palabra de Dios pero como más que un profeta, él es el Verbo. En continuidad con los sacerdotes del Antiguo Testamento, el realizó una ofrenda a Dios por la salvación de su pueblo, pero como sacerdote con una diferencia, él se sacrificó a sí mismo como "el Cordero de Dios, que quita el pecado del mundo" (Juan 1:29; consultar también Heb. 10:1–14). En continuidad con los reyes del Antiguo Testamento, él también fue señor de un pueblo en particular (sus discípulos) pero más allá de eso, él es el universal "Rey de reyes y Señor de señores" (Ap. 19:16).[11]

---

9 La palabra griega *prosopon* se traduce al Latín como *persona* y luego al español como "persona".

El griego *hupostasis* se traduce al latín como *substantia* que a su vez se traduce al español como "substancia." *Hupostasis* también se traduce del Latín *ousia* que se traduce al español como "esencia" o "substancia." Para una disertación adicional, consulte "persona" en Richard A. Muller, *Dictionary of Latin and Greek Theological Terms (Diccionario de Términos Teológicos Latinos y Griegos)* (Grand Rapids: Baker, 1985), p. 223 en adelante. También consulte *subsistentia* y *substantia*, p. 290.

10 Para más discusión de estos asuntos consulte: Kelly, op. cit., capítulos VI, IX, XI, y XII.

11 Respecto a los tres oficios de Cristo, consulte: Helmut Thielicke, *The Evangelical Faith, Vol. 2: The Doctrine of God and of Christ,* trans. y ed. Geoffrey W. Bromiley (Grand Rapids: Eerdmans, 1977), chaps. XXIV-XXVIII y XXX. Para una crítica histórica y teológica de "el oficio con tres fases", consulte: Wolfhart Pannenberg, *Jesus—God and Man,* trad. Lewis L. Wilkins y Duane A. Priebe (2a ed.; Philadelphia: Westminster, 1977), pp. 212–225. Para un tratado doctrinal de la persona y obra de Cristo,

El teólogo alemán del siglo veinte, Jürgen Moltmann, argumenta que en el corazón del cargo triple de Cristo está la divina amistad. Él escribe:

> El gozo que Cristo comunica y la libertad que trae como profeta, sacerdote y rey encuentra una mejor expresión en el concepto de amistad que en aquellos títulos antiguos. Pues en su divina función como profeta, sacerdote y rey, Cristo vive y actúa como un amigo y crea una relación de amistad.[12]

Sin embargo, Moltmann, no fue el primero en considerar el concepto de amistad como la esencia de los cargos de Cristo. J. Wilbur Chapman (1859–1918) escribió letras de himnos celebrando la amistad de Cristo:

1. *¡Jesús! ¡Qué amigo para los pecadores!*
   ¡Jesús! ¡amante de mi alma!
   Los amigos pueden fallarme, los enemigos atacarme,
   Él, mi Salvador, hace que esté completo.

2. *¡Jesús! ¡Qué fortaleza en la debilidad!*
   Permíteme esconderme en Él;
   Tentado, probado, y algunas veces fallando,
   Él es mi fortaleza, gana mi victoria.

3. *¡Jesús! ¡Qué ayuda en la tristeza!*
   Mientras las velas se extienden sobre mí;
   Incluso cuando mi corazón está rompiéndose,
   Él, mi consuelo, ayuda a mi alma.

4. *¡Jesús! ¡Qué guía y guardador!*
   Mientras la tempestad sigue en lo alto;
   Las tormentas se acercan, y la noche me sobrepasan,
   Él, mi piloto, escucha mi clamor.

5. *¡Jesús! Ahora lo recibo a Él,*
   Más que todo en Él yo encuentro;
   Me ha otorgado el perdón,
   Yo soy suyo y Él es mío.

---

organizado al rededor de los tres oficios, consulte: Charles E. Brown, *We Preach Christ* (Anderson, Ind: Gospel Trumpet, 1957).

12 Jürgen Moltmann, *The Church in the Power of the Spirit,* trans. Margaret Kohl (New York: Harper and Row, 1975), p. 119. Moltmann escribe en el párrafo inmediatamente precediendo al que está citado en el texto: "El concepto de la amistad de Jesús resume todo lo que puede decirse acerca de la hermandad por los títulos de cargo que hemos usado hasta ahora: Como el precursor mesiánico de gozo, Jesús trae al evangelio del Reino a los pobres y se convierte en el amigo de los recolectores de impuestos y pecadores. Como el sumo sacerdote él se ofrece a sí mismo 'por muchos' y consuma su amor muriendo como un amigo por su amigo. Como el Señor exaltado él libera a las mujeres y los hombres de su esclavitud y los hace amigos de los demás. Como el que está glorificado interfcede con el Padre por el mundo. En su nombre la amistad con Dios a través de la oración y el escuchar las oraciones vienen a existir.

Estribillo
   ¡Aleluya, qué salvador!
   ¡Aleluya, qué amigo!
   Salvando, ayudando, sosteniendo, amando,
   Él está conmigo hasta el fin.[13]

El Hombre de Galilea en su ministerio de encarnación como maestro, predicador, exorcista y sanador también fue el divino amigo, algunas veces confrontando, otras veces consolando, pero siempre amando.

El crucificado, resucitado, ascendido y Señor reinante quien es también la palabra eterna, el Mesías prometido, el "christus victor", y el salvador inmolado es siempre amigo ya sea un asunto de su divino *No* al pecado o su divino *Sí* a la rectitud. Su *No* es siempre motivado por la santidad amorosa y su *Sí* es por su amor santo.

Jesús en su cargo triple es el profeta Verbo-hecho-carne a cuyos pies nos sentamos como humildes discípulos, el gran sumo sacerdote que nos salva al mayor grado, el Rey de reyes y Señor de señores cuyo Reino nunca terminará. Él es el profeta que nos invita al círculo eterno de la amistad. Él es el sacerdote cuya obra en realidad nos hace amigos de Dios y de nuestro prójimo. Él es el rey, y el objetivo de su gobierno es que podamos morar en su ciudad eterna de divina amistad, las puertas de aquella ciudad "nunca serán cerradas de día, pues allí no habrá noche." (Ap. 21:25).

"¡Aleluya, qué salvador! ¡Aleluya, qué amigo!"

Para Consideración Adicional

Consulte James D. G. Dunn, *Christology in the Making (Cristología en Construcción)* (Philadelphia: Westminster, 1980); Walter Kasper, *Jesus the Christ (Jesús el Cristo)*, trad. V. Green (London: Burns and Oates, y New York: Paulist, 1976); I. Howard Marshall, *Jesus the Saviour (Jesús el Salvador)* (Downers Grove: InterVarsity, 1990); Wolfhart Pannenberg, *Jesus—God and Man (Jesús-Dios y Hombre)*, trad. Lewis L. Wilkins y Duane A. Priebe (Philadelphia: Westminster, 1977); Jaroslav Pelikan, *Jesus through the Centuries (Jesús a través de los Siglos)* (New Haven and London: Yale University Press, 1985); y Edward Schillebeeck, *Christ: The Experience of Jesus as Lord (Cristo: La Experiencia de Jesús como Señor)*, trad. John Bowden (New York: Seabury, 1980).

Otras dos obras de especial interés son John Deschner, *Wesley's Christology: An Interpretation (Cristologí ade Wesley: Una Interpretación)* (Dallas: Southern Methodist University Press, 1985), y Jacquelyn Grant, *White Women's Christ and Black Women's Jesus: Feminist Christology and Womanist Response (El Cristo de las Mujeres Blancas y el Jesús de las Mujeres Negras: Cristología Feminista y Respuesta del Movimiento de las Mujeres)* (Atlanta: Scholars, 1989).

---

13 J. Wilbur Chapman, "Jesus! What a Friend for Sinners," *Worship the Lord*, No. 68.

Para un método sistemático a la Cristología con ricos recursos históricos, consulte Thomas C. Oden, *The Word of Life—Systematic Theology: Volume Two (La Palabra de Vida—Teología Sistemática: Volúmen Dos)* (San Francisco: Harper and Row, 1989).

7. La Obra Universal del Espíritu Santo

¿Cuál es la relación de Dios con aquellos que han vivido, están viviendo o vivirán sin nunca haber sido introducidos a Cristo? ¿Cuál es la relación de Dios con toda la gente—pasada, presente y futura?

La Universalidad de la Relevancia de Dios a Toda Carne

Para tratar con esta cuestión, levanto algunos temas en la Biblia que pueden ayudarnos a pensar sistemáticamente acerca del asunto. El primero es la universalidad de la relevancia de Dios a toda carne. Génesis pone en claro abundantemente que Dios no es un Dios tribal, sino un Dios que está relacionado con toda la raza humana. El relato de la creación es acerca del origen no de una raza en particular de seres humanos sino de seres humanos genéricos.

Más aún, cuando Dios trajo el juicio en la pecaminosidad de la familia humana, fue la humanidad como un todo la que sufrió el diluvio (7:17–24). Solo aquellos que estaban dentro del arca sobrevivieron.

Cuando finalmente las aguas decrecieron, Dios hizo un pacto con Noé que nunca más el juicio sería traído de esta forma, y dicho pacto no estuvo limitado a un segmento particular de la humanidad, sino fue hecho con "y todo ser viviente que está con vosotros, por siglos perpetuos:" (9:12)

La naturaleza universal de este pacto está indicada por el hecho de que el arcoiris fue diseñado como el símbolo del pacto. Los arcoiris, siendo un fenómeno natural relacionado a toda carne, no están obviamente restringidos a fronteras nacionales ni son la propiedad de grupos étnicos seleccionados. Dios dice, "Estará el arco en las nubes, y lo veré, y me acordaré del pacto perpetuo entre Dios y todo ser viviente, con toda carne que hay sobre la tierra." (v. 16). El pacto con Noé es una indicación de la relevancia universal de Dios a toda carne. Ningún miembro de ninguna raza humana cae fuera de esa relevancia.

Vemos la universalidad de la relevancia de Dios también en el Nuevo Testamento, particularmente en Romanos 1–2 donde Pablo trata la cuestión de si aquellos sin la ley de Moisés son por tanto responsables ante Dios.

En 1:19–20, él escribe:

> Porque lo que de Dios se conoce les es manifiesto, pues Dios se lo manifestó. Porque las cosas invisibles de él, su eterno poder y deidad, se

hacen claramente visibles desde la creación del mundo, siendo entendidas por medio de las cosas hechas, de modo que no tienen excusa.

En Romanos 2:11 Pablo nuevamente declara que Dios no muestra parcialidad. Versículo 12: "Porque todos los que sin ley han pecado, sin ley también perecerán; y todos los que bajo la ley han pecado, por la ley serán juzgados."

El resumen de las enseñanzas de Pablo en este asunto está en los versículos 14 al 16:

Porque cuando los gentiles que no tienen ley, hacen por naturaleza lo que es de la ley, éstos, aunque no tengan ley, son ley para sí mismos, mostrando la obra de la ley escrita en sus corazones, dando testimonio su conciencia, y acusándoles o defendiéndoles sus razonamientos, en el día en que Dios juzgará por Jesucristo los secretos de los hombres, conforme a mi evangelio.

La conclusión a la que derivamos desde estos dos pasajes importantes—un del Antiguo Testamento y el otro del Nuevo, cada uno de los cuales trata explícitamente con el asunto bajo consideración—es que Dios está directamente relacionado a toda carne.

Esta también es la suposición hecha por Pablo en el Areópago cuando en Hechos 17:27–28 dice que Dios "no está lejos de cada uno de nosotros. Porque en él vivimos, y nos movemos, y somos" (Tome nota de nuestros comentarios adicionales en el capítulo 14 acerca de este discurso en Atenas.)

La Obra Cristo-Céntrica de la Presencia de Dios en Todo Lugar

La forma en que Dios está relacionado a todo lo que existe es a través del Espíritu, quien es la presencia de Dios en todas partes. Salmos 139:7, acentuando la presencia universal del Espíritu, pregunta retóricamente, "¿A dónde me iré de tu Espíritu? ¿Y a dónde huiré de tu presencia?" La respuesta dada en los versículos subsecuentes es que no hay lugar en absoluto que esté fuera del dominio de la presencia de Dios. Como John Shea lo explica en su *An Experience Named Spirit (Una Experiencia Llamada Espíritu)*:

Esta relación con Dios está viva y funcionando incluso cuando no estemos concientes de ella. Podemos ser capaces de ocultar otras relaciones desterrándolas de nuestras mentes; pero esta es una constante ontológica… La influencia divina es tan sutil y tan influyente como la inhalación y exhalación de aire en el fluir de la sangre. Las palabras en la pared en Delphi son eternamente verdaderas: "Sea invocado o no, Dios está presente."[1]

Apocalipsis 5:6 acentúa la obra universal del Espíritu omnipresente cuando se refiere a los "los siete espíritus de Dios enviados por toda la tierra." Siete es el número para la

---

1 John Shea, *An Experience Named Spirit* (Chicago: Thomas More, 1983), p. 97.

llenura divina, el significado de este símbolo es que no es otro sino el Espíritu divino, esto es, el Espíritu de siete espíritus, que ministra a través de toda la tierra.

No es de poca importancia que en Apocalipsis 5 el Espíritu de siete facetas esté inseparablemente ligado a Jesús el Cordero. El Espíritu omnipresente no está afuera haciendo la obra independiente del Espíritu; en vez de eso, el Espíritu es el Espíritu centrado en Cristo, una posición corroborada a través del Nuevo Testamento y particularmente en Lucas-Hechos[2] y en Juan 14–16.[3]

En Lucas-Hechos, el Espíritu Santo es el agente obrando desde el momento de la concepción de Jesús (consulte Lucas 1:35) hasta el momento del testimonio en marcha de la iglesia del Señor resucitado (consulte Hechos 2). Como lo señala George Montague en *The Holy Spirit: Growth of a Biblical Tradition (El Espíritu Santo: El Crecimiento de una Tradición Bíblica)*:

> La obra de dos tomos de Lucas, su evangelio y los Hechos de los Apóstoles es el más largo atribuido a cualquier autor en el Nuevo Testamento, incluyendo a Pablo. Y con seguridad si tuviéramos que singularizar a algún evangelista como el "Teólogo del Espíritu Santo", ese sería Lucas. Mientras que la palabra "espíritu" ocurre cuatro veces en Marcos y cinco veces en Mateo, la expresión "Espíritu Santo" ocurre trece veces en el evangelio de Lucas y cuarenta y un veces en Hechos.[4]

En Juan 16:14 Jesús dice, en referencia a la obra especial del Espíritu en la vida de los creyentes, "El me glorificará; porque tomará de lo mío, y os lo hará saber." Como Shea dice, "El Espíritu es notoriamente silencioso; la memoria de Jesús se convierte en su voz."[5]

Concluimos que la manera en que obra el Espíritu de Dios que está en todo lugar, es estar activamente relacionado con todos para el propósito de llevar personas a Cristo o de edificar a los creyentes a la plenitud de Cristo. Entonces, el Espíritu del cual no podemos escapar, es de acuerdo a las enseñanzas del Nuevo Testamento, el Espíritu Cristocéntrico. El Espíritu precede la venida del Cristo, acompaña su venida, y continúa en su venida. El Espíritu prepara el camino para Cristo, introduce a Cristo y nos enseña de Cristo. El Espíritu inspira la anticipación humana de Cristo, revela a Cristo y faculta a los creyentes para ser los emisarios de Cristo.

La Obra Supra-encarnacional del Espíritu

La obra del Espíritu no está restringida al tiempo y al lugar de la encarnación. El Espíritu estuvo trabajando antes de la encarnación y ha continuado trabajando desde la

---

2 Consulte George T. Montague, *The Holy Spirit: Growth of a Biblical Tradition* (New York: Paulist, 1976), caps. 21–23.
3 Ibid., cap. 27.
4 Ibid., p. 253.
5 Shea, op. cit., p. 96.

encarnación. El Espíritu estaba trabajando no sólo en Palestina durante el tiempo de Jesús, sino fuera de Palestina también. El Espíritu Santo es el Espíritu que está en todo lugar y en todo momento.

Primera de Pedro 1:10–12 habla de su Espíritu Cristocéntrico obrando en los profetas del Antiguo Testamento:

> Los profetas que profetizaron de la gracia destinada a vosotros, inquirieron y diligentemente indagaron acerca de esta salvación, escudriñando qué persona y qué tiempo indicaba el Espíritu de Cristo que estaba en ellos, el cual anunciaba de antemano los sufrimientos de Cristo, y las glorias que vendrían tras ellos. A éstos se les reveló que no para sí mismos, sino para nosotros, administraban las cosas que ahora os son anunciadas por los que os han predicado el evangelio por el Espíritu Santo enviado del cielo; cosas en las cuales anhelan mirar los ángeles.

Después, en 3:19–20 hace referencia a aquellos en los días de Noe quienes fueron confrontados con la obra de este Espíritu Cristocéntrico, la mayoría de los cuales, sin embargo, rechazó la persuasión del Espíritu.[6]

La conclusión de estas consideraciones es que tenemos una base bíblica para decir que el Espíritu Cristocéntrico estaba obrando en el mundo antes del tiempo de la encarnación, y que aquellos quienes fueron receptivos a la obra persuasiva del Espíritu, por lo tanto, no se perdieron eternamente. Noé y su familia escaparon las aguas del juicio no porque conocían a Jesús de Nazaret sino porque fueron receptivos al Espíritu Cristocéntrico que los dirigió a hacer lo que podían hacer en ese momento en particular de la historia de la relación de Dios con la familia humana.

Fe Anticipatoria

Lo mismo es cierto de Abraham, quien a través de las Escrituras está considerado nuestro ancestro en la fe (consultar sección "Dios Viene a Donde Nosotros Estamos y Nos Llama a la Fe" en el capítulo 4). El Nuevo Testamento ve a Abraham no como perdido eternamente—por ejemplo, en la historia de Lázaro y el hombre rico. Cuando el mendigo Lázaro muere, el es "llevado por los ángeles al seno de Abraham" en vez de encontrarse en tormento donde el hombre rico se encontró a si mismo después (Lucas 16:22–24). Para Lázaro, el hecho de estar con Abraham significaba que no estaba perdido en tormento.

En Hebreos 11, la lista de los que tuvieron fe, la figura predominante no es otra que Abraham (vv. 8–19). Es importante hacer notar la naturaleza anticipatorio de su fe: él "porque esperaba la ciudad que tiene fundamentos, cuyo arquitecto y constructor es

---

6 Para una discusicón más completa de estos pasajes, consulte mi tratado de 1ª Pedro en "Salvation in the General Epistles," *An Inquiry into Soteriology from a Biblical Theological Perspective,* ed. John E. Hartley and R. Larry Shelton, Vol. 1 en *Wesleyan Theological Perspectives,* (Anderson, Ind: Warner Press, 1981), pp. 202–208.

Dios." (v. 10). En referencia a la compañía de la gente de fe del Antiguo Testamento, el verso 16 dice que "Pero anhelaban una mejor, esto es, celestial; por lo cual Dios no se avergüenza de llamarse Dios de ellos; porque les ha preparado una ciudad."

Abraham, quien vivió y murió antes del tiempo de la encarnación en Cristo Jesús fue un hombre de fe anticipatoria en que estuvo dispuesto a ser receptivo al llamado de Dios, es decir, al Espíritu. Como Génesis deja claro en muchos puntos, calló muy corto con los estándares del Nuevo Testamento (por ej., mintió, diciendo que su esposa era su hermana, 12:12–20; tuvo más de una esposa, 16:1–4; abandonó a Hagar cuando Sarai se puso celosa, 16:6). Sin embargo, Abraham fue dócil al Espíritu dentro del contexto de su época y su ubicación; por consecuencia, en el Nuevo Testamento su nombre es prominente en relación a la confraternidad de los fieles. Él era un hombre con una fe anticipatoria en que antes de la encarnación fue sensible al Espíritu Cristocéntrico conforme sus circunstancias lo permitieron.

Si tomamos seriamente las implicaciones de los temas mencionados anteriormente—el pacto con Noé, la presencia en todo lugar del Espíritu y el ministerio universal del Espíritu de siete facetas de del Cordero—luego no hay necesidad de cuestionar que el Espíritu que persuadió a Abrahám también persuadió a toda persona que ha vivido, y persuade a toda persona que vive ahora.

De la misma manera que Abrahám vivió antes de la encarnación cronológicamente, muchos otros vivieron "antes de la encarnación" en su ubicación física (es decir, no están en una ubicación geográfica donde puedan escuchar la historia de Jesús). Otros viven "antes de la encarnación" en la comunicación (es decir, mientras que están expuestos a gente que habla mucho acerca del evangelio, la conversación también es confusa a causa de asuntos religiosos y culturales extraños de modo que el evangelio en sí mismo es encubierto, o quizá no es incluso traducido y proclamado en su propio idioma). Aún otras personas viven "antes de la encarnación" en términos de su propia inmadurez en el desarrollo o falta de comprensión (es decir, no tienen suficiente edad para responder al evangelio, o debido a un daño cerebral u otras dificultades mentales, no son capaces de confesarlo).

Vivir "antes de la encarnación" no es sólo un asunto cronológico; también puede ser un asunto geográfico, de comunicación o de desarrollo. Por lo tanto, podemos hablar de la distancia del tiempo, la distancia de ubicación, la distancia de comunicación, y la distancia de desarrollo. Sin embargo, el Espíritu Santo, hace un puente para tales distancias en el mismo sentido que la distancia del tiempo fue cubierta en un puente para Abraham. Todas las personas dentro del contexto de sus propias circunstancias particulares—sin importar quienes son o donde están—tienen la oportunidad de responder a la obra silenciosa del Espíritu. El Espíritu no conoce las barreras llamadas época incorrecta, mala ubicación, comunicaciones defectuosas, o falta de desarrollo. El Espíritu ha tenido acceso a cada persona desde el comienzo de la historia; El Espíritu continua teniendo acceso a cada persona en cada esquina del mundo ahora. El Espíritu tiene acceso a cada persona sin importar qué tan horriblemente la conversación del evangelio se ha enredado con confusión, bagaje cultural, interpretaciones privadas, malos entendidos, orgullo y vanidad; El Espíritu tiene acceso a todas las personas sin importar la edad, el nivel de madurez, la capacidad cerebral o el estado emocional. El Espíritu Santo no es limitado por los asuntos que nos limitan a nosotros.

Concluimos, por tanto, que mientras las personas responden receptivamente y de acuerdo a sus respectivas capacidades para hacerlo, Dios consecuentemente los trae a una fe anticipatoria de la misma manera que trajo a Abrahám a este tipo de fe. Sus vidas, sus maneras, sus patrones culturales pueden estar muy por debajo de los estándares establecidos por el Nuevo Testamento, incluso peor de los de Abraham, pero su sensibilidad a la obra del Espíritu es, sin embargo, el nacimiento de la fe anticipatoria.

Fe responsiva como la Culminación de la Fe Anticipatoria

La fe anticipatoria es una fe que anhela lo que puede ser culminado sólo por Jesucristo. Muchos, junto con Abrahám, de una forma u otra, viven y mueren " "antes de la encarnación". Sin embargo, ellos pueden vivir y morir con la misma fe anhelante de Cristo que tenía Abraham (incluso cuando ellos no sepan suficiente acerca de él para llamarlo así). Mientras que ellos tienen el beneficio de fe anticipatoria, ellos no experimentan el gozo de la fe sensible en Jesucristo. Ellos experimenta con gran vaguedad lo que ellos no pueden incluso nombrar. Los creyentes, por otro lado, experimentan explícitamente lo que sólo experimentan implícitamente aquellos de una fe anticipatoria.

Como Thomas Oden observa:

> Se dice que los santos y profetas del Antiguo Testamento experimentaron una fe implícita (Calvino, Inst. 3.2.3), mientras que los creyentes cristianos son invitados a experimentar una base de creencias o fe explícita mejor definidas. La fe explícita conoce las bases sobre las cuales cree porque el evento de la salvación ha sido revelado. Aquellos que vivieron antes de Cristo o quienes no han escuchado explícitamente las buenas nuevas pueden compartir una fe implícita de la promesa de la venida de Dios sin captar los detalles particulares de la revelación histórica. Tal fe es eficaz ó "contada por justicia" como en el caso de Abraham (Rom. 4:5; Heb. 11:8–19). [7]

Aquellos con una fe anticipatoria se mueven en el futuro atraídos a aquel a quien no han aún venido a conocer; aquellos de fe sensible se mueven en el futuro conociendo al Señor del futuro, Cristo Jesús. Aquellos de fe anticipatoria simplemente sienten el acercarse a Aquel en quien su fe un día puede ser fijada. aquellos con fe responsiva saben conceptualmente "en quién tienen fija su fe" y cantan con Carles Naylor:

---

[7] Thomas C. Oden, *Life in the Spirit: Systematic Theology: Volume Three* (San Francisco: Harper, 1992), p. 134.

Sé en Quién tengo Fija mi Fe
   Sé en Quién Confío;
   Sé que Cristo mora en mi,
   Y Que Todos sus Caminos son Justos.

Sé en Quién tengo Fija mi Fe,
   Su gracia me ha liberado;
   Sé que Él me guardará con seguridad.
   Y su amor es dulce para mi.[8]

La Misión de la Iglesia

Tres razones por las que la iglesia debe estar involucrada en las misiones con el evangelio y a todas las naciones es por lo siguiente:

Primero, vamos porque nos lo dijo nuestro Señor. En obediencia a él, vamos sabiendo que sus caminos son a una perfectos y que sus instrucciones tienen el propósito de completar su misión. Él tiene todo el cuadro; nosotros no. Él sabe que es lo que puede lograr el hecho de que vayamos, mientras que vemos "Ahora vemos por espejo, oscuramente" (una frase de 1 Cor. 13:12)

En segundo lugar, vamos porque hemos encontrado que gozo del Señor es tan dulce que queremos que otras personas también experimenten el mismo gozo. Deseamos que ellos también prueben y vean que el Señor es bueno. Ansiamos que ellos se unan a nosotros en el círculo bendito del discipulado cristiano.

En tercer lugar, vamos porque todas las personas con fe anticipatoria merecen tener satisfechos sus corazones que anhelan a Cristo. Ellos merecen ser introducidos a Aquel que está en el centro del Espíritu desconocido al que ellos han sido tiernamente sensibles. merecen conocer al Cordero cuyo Espíritu de siete Espíritus los ha persuadido (Ap. 5:6).

La Predisposición de Aquellos que Escuchan el Evangelio

Pablo, en 2 Corintios 2:15–16 dice

> Porque para Dios somos grato olor de Cristo en los que se salvan, y en los que se pierden; a éstos ciertamente olor de muerte para muerte, y a aquéllos olor de vida para vida. Y para estas cosas, ¿quién es suficiente?

Este pasaje es de interés en la disertación porque asume que aquellos que escuchan el evangelio tienen algún tipo de predisposición al mismo, de modo que antes de escucharlo, puede hablarse de gente que o son "los que se salvan" o son "los que se pierden". Pablo parece estar asumiendo que algo de naturaleza espiritual está sucediendo en las vidas de la gente antes de escuchar el evangelio. Cuando "los que se salvan"

---

8 Charles W. Naylor, "I Know," *Worship the Lord: Hymnal of the* Church *of God* (Anderson, Ind: Warner Press, 1989), No. 429.

escuchan el evangelio (es decir lo huelen) lo experimentan como una fragancia de vida para vida. Sin embargo, cuando "los que perecen" escuchan el evangelio (es decir lo huelen), lo experimentan como una fragancia de muerte para muerte.

Pablo no nos dice más acerca de la naturaleza de estas predisposiciones ya sea a favor o en contra del evangelio. Exegéticamente, no podemos extraer el significado. Sin embargo al pensar teológicamente acerca de este pasaje, plantea una pregunta significativa, a saber, cómo es que algunos están en la categoría de ser salvos mientras que otros están en la categoría de perderse de modo que cuando las personas en cada categoría huelen la fragancia del mismo evangelio, para aquellos en la primer categoría es la fragancia de vida, mientras que pare aquellos en la segunda categoría, es la fragancia de muerte. Uno podría, por supuesto, responder que aquellos en cada una de las dos categorías están ahí porque Dios ha declarado previamente que un grupo debería ser salvo por gracia y que los otros deberían perecer debido a falta de gracia. O uno podría responder, como yo lo hago, sobre la base de lo qué ya ha sido dicho, que las dos categorías son el resultado de dos diferentes respuestas humanas a la obra universal del Espíritu Santo. Algunos resisten la obra preliminar del Espíritu Santo—incluso como la mayoría en los días de Noé lo hizo—y por lo tanto son aquellos a quienes Pablo se refiere como "los que se pierden". Otros, sin embargo, son receptivos a la obra del Espíritu—como en el caso de Noé y su familia quienes entraron en el arca de la seguridad, y, como en el caso de Abraham y otros acerca de quién se escribe que "anhelaban una mejor, esto es, celestial;" (Heb. 11:16)—y son, por tanto aquellos a quien Pablo se refiere como "los que se salvan".

La misión de la iglesia es proclamar el evangelio a toda la gente de modo que aquellos corazones que son tiernos al Espíritu (es decir "los que se salvan") pueden moverse desde una penumbra frustrante de fe anticipatoria a la gozosa claridad de la fe responsiva. Proclamamos el evangelio a ellos de modo que pueden cesar de ser almas hambrientas anhelando participar de Cristo a quien ellos no han conocido aún, y convertirse en almas nutridas anhelando más de Cristo a quien han conocido.

8. El Dios Trinitario

El "Dios en Tres Personas"[1]

El Dios bíblico es el Dios a quien Jesús llama Padre (Mat. 6:9), y a quien el Padre llama Hijo muy amado (3:17), y a quien el padre envió en el nombre del Hijo como el otro *Paraclete* (Juan 14:15–26; verso 26 identifica a *Paraclete* o Ayudador como el Espíritu Santo). La cuestión con la que la iglesia ha luchado a través de la historia es cómo pensar mejor de este "Dios de tres personas" ¿Cómo podemos ser fieles a la unificación de Dios enseñada en la Escritura (ej. Deut 6:4) así como a la revelación de tres personas de la Escritura?

¿Qué Hacemos con la Revelación de Tres Personas?

Algunos, tales como los Mormones, parten de la fe cristiana en su rechazo al monoteísmo bíblico, y trató a las tres personas como divinidades separadas.[2] Otros, tales como los Testigos de Jehová, sigue el Arianismo antiguo atribuyendo eterna deidad sólo al Padre y por subordinar ontológicamente (esto es, en términos de la misma existencia de Dios) al Hijo y al Espíritu al Padre. De acuerdo a este punto de vista, el Hijo y el Espíritu poseen divinidad pero no son personas co-eternas con el Padre. En este punto de vista, Cristo es una *creación* de primer orden a través del cual toda la demás creación tiene lugar, pero no es un *Dios* de primer orden.[3] No solo el Hijo es degradado de la condición ontológica de ser eterno, sino que el Espíritu también es degradado a una "fuerza controlada" divinamente.[4]

En el planteamiento Mormón, la pluralidad desplaza la unidad de Dios. En los Testigos de Jehová, la unidad desplaza la pluralidad eterna.

El tercer planteamiento es el tomado por los cristianos, tanto de Oriente como de Occidente, Ortodoxos, Católicos y Protestantes. Es establecido en el credo Niceno-Costantinopolitano el cual afirma tanto la unidad de Dios como la pluralidad revelada en la Escritura:

---

1 Esta frase es tomada de: William J. Hill, *The Three-Personed God: The Trinity as a Mystery of Salvation* (Washington: Catholic University of AmericaPress, 1982).

2 Consulte *History of the Church of Jesus Christ of Latter-Day Saints:* Period I., *History of Joseph Smith, the Prophet,* by Himself, Vol. VI. (Salt Lake City: Deseret, 1978), pp. 473–479. "siempre he declarado que Dios es un personaje distinto, Jesucristo un personaje separado y distinto de Dios el Padre, y que el Espíritu Santo era un personaje distinto y un Espíritu: y estas tres constituyen tres personajes distintos y tres Dioses," p. 474.

3 Vea, por ejemplo, "Should You Believe in the Trinity?" (Brooklyn: *Watchtower*, 1989), pp. 12–20. "Jesús tuvo un comienzo y nunca pudo ser co-igual con Dios en poder o eternidad," p. 16.

4 Consulte Ibid., p. 20: "Él ['espíritu santo'] puede ser vinculado con la electricidad, una fuerza que puede ser adaptada para realizar una gran variedad de operaciones."

Creemos en un Dios, el Padre, el Todopoderoso, creador del cielo y la tierra, de todo lo que es, visible e invisible.

Creemos en un Señor, Jesucristo, el único Hijo de Dios, engendrado eternamente del Padre, Luz de Luz, Dios verdadero de Dios verdadero, engendrado, no creado, siendo uno con el Padre. A través de Él todas las cosas fueron hechas. Por nosotros y para nuestra salvación descendió del cielo: por el poder del Espíritu Santo encarnó de la Virgen María y se hizo humano. Por nuestro bienestar fue crucificado bajo Poncio Pilato; sufrió la muerte y fue sepultado. Al tercer día resucitó de acuerdo con las Escrituras; ascendió al cielo y está sentado a la derecha del Padre. Cristo vendrá otra vez para juzgar a vivos y muertos, y su Reino no tendrá fin.

Creemos en el Espíritu Santo, el Señor, el dador de vida, quien procede del Padre.[5] Con el Padre y el Hijo es adorado y glorificado. Él ha hablado a través de los Profetas. Creemos en una santa Iglesia católica y apostólica. Reconocemos un bautismo para el perdón de pecados. Esperamos la resurrección de los muertos, y la vida del mundo por venir. Amén.[6]

El Credo Niceno mantiene unidad en pluralidad y pluralidad en unidad, y resiste reducir a Dios ya sea a una unidad sencilla o a una simple naturaleza de tres personas. Nicea expresa la fe en la unidad del Dios en tres personas: Padre, Hijo y Espíritu Santo. Refleja la fe de la iglesia en el Dios eterno que fue revelado en Jesucristo y que continua obrando entre y a través de ellos en la persona del Espíritu Santo. Los Creyentes experimentan la trinidad de Dios en creación y la sustancia, en encarnación y redención, y en sesión de poder y ministerio.

La Trinidad Económica y la Trinidad Inmanente

La iglesia vino a conocer acerca de esta naturaleza trinitaria en virtud de la enseñanza bíblica concerniente a la *creación* y la *salvación*, la así llamada economía divina. La palabra "economía" viene de la palabra griega, *oikonomiai,* que significa dispensación, actividad, administración o manejo de un hogar o familia.[7] Por lo tanto, el Dios que

---

5 Bajo la influencia de Agustín (354-430), el Latín Occidental agregó *filioque* "y el Hijo". "Después de cerca del año 800, los cristianos Occidentales generalmente recitaron el credo adoptado a Costantinopla con la adición de la palabra." William C. Placher, *A History of Christian Theology: An Introduction* (Philadelphia: Westminster, 1983), p. 101.

6 Una traducción actualizada de *Grounds for a Common Witness: Confessing One Faith: A Guide for Ecumenical Study* (Cincinnati: Forward Movement Publications, 1988), p. puesto 1. Publicado por la Comisión de la Fe y el Orden del Concilio Nacional de iglesias de Cristo en los E.U.A., esta introducción corta a la necesidad histórica para la función del Credo Niceno y también incluye una interpretación contemporánea.

7 "La economía de la redención es el arena de la relación divina-humana. Dios se mueve hacia adelante a través de Cristo y el Espíritu, de modo que podamos venir en comunión con Dios y con los otros... Dios y todas las criaturas de Dios moren juntas en una familia común referida en el Nuevo Testamento como el reino de Dios, el lugar donde la vida de Dios gobierna." Catherine Mowry LaCugna, "The Practical Trinity," *The Christian Century* (July 1992), 682.

conocemos por virtud del recuento bíblico de la creación y la salvación (es decir, la obra de Dios para establecer la "familia" de Dios) se refiere como la Trinidad económica.

En el curso del pensamiento reflexivo de la iglesia, sin embargo, la pregunta emergió de si el Dios "económico" es trinitario en lo que se refiere a la vida eterna de Dios anterior a la creación. Dios siempre ha sido tres veces personal en cuanto a la misma individualidad de Dios aparte de todas las consideraciones acerca de la creación y la salvación. La conclusión fue que si el Dios revelado en la Escritura es el Dios eterno, entonces la misma existencia de Dios siempre ha sido Padre, Hijo y Espíritu. En otras palabras, Dios no se convirtió en trinitario en el proceso de la creación y la salvación; en vez de eso, la vida eterna e interna de Dios—incluso cuando se considere aparte de la economía bíblica de la creación y la salvación—es trinitaria.

La Trinidad es referida por tanto usando una variedad de modificadores:

- la Trinidad ontológica (del griego *ontos*, 'ser ó existencia').

- la Trinidad inmanente (refiriéndose a la vida interna de Dios, y no debe ser confundida con "inminente"—está justo a punto de suceder, o con "eminente"—un lugar o posición alto y prominente). La Trinidad inmanente, entonces, se refiere a las relaciones internas que existen dentro de Dios como Dios.

- la Trinidad esencial (tiene que ver con la misma naturaleza de Dios); ó

- la Trinidad eterna (la forma en que Dios ha sido siempre).

Un Paradigma Contemporáneo

El reto de la iglesia contemporánea es cómo somos capaces de ser fieles a la fe bíblica e histórica acerca del Dios trinitario y al mismo tiempo expresarlo en términos que tengan sentido para nosotros. Cómo hablamos acerca del Dios bíblico quien es el Dios de una profundidad misteriosa, el Dios que se reflejó en Jesucristo, y el Dios en contacto con toda la realidad fuera de Dios en sí mismo.

De acuerdo con Éxodo 3, Dios—que se llama a sí mismo *Jehová*—es el eterno, santo YO SOY. El eterno YO SOY es la persona misteriosa quien es siempre más de lo que podemos comprender; el YO SOY es el Dios de las sorpresas. Esto significa que nunca podemos tener un conocimiento *exhaustivo* de la profundidad misteriosa de la existencia de Dios.

Sin embargo, el Dios eterno también es la persona reflejada revelada en Jesucristo quien dijo de sí mismo "El que me ha visto a mí, ha visto al Padre" (Juan 14:9). Colosenses 1:15 llama a Cristo "la imagen del Dios invisible". El versículo 19 dice que "por cuanto agradó al Padre que en él habitase toda plenitud". La encarnación pone al descubierto la sustancia de Dios. Esto no significa que en la encarnación, la realidad de Dios fue agotada totalmente, sino que en Cristo la misma esencia del misterioso Dios fue revelada totalmente. Conocer a Cristo no nos da un conocimiento minucioso de Dios pero nos da conocimiento de la misma naturaleza de Dios, cuyo conocimiento nos asegura que todo lo que el misterioso Dios lleve a cabo en el mundo será consistente con lo que conocemos en Cristo. El hecho de que Jesús orara al Padre durante su vida encarnada revela que hay más de Dios que Jesús de Nazaret. De hecho, en Juan 14:28, Jesús dice, "porque el Padre mayor es que yo", un reconocimiento que la divinidad es más que la encarnación. [8]

Más aún, Dios siempre es el Espíritu dinámico del que se habla desde Génesis hasta Apocalipsis: moviéndose sobre las aguas primitivas en el momento de la creación (Gn. 1:2); inspirando a los profetas a actuar y hablar (ej. Is. 59:21, Ez. 37:1, Miqueas 3:8); ministrando en una forma que engloba todo desde que fue engendrado el Mesías hasta el nacimiento de la iglesia (vea Lucas-Hechos, particularmente Lucas 1:35 y Hechos 1:8); Y siendo "enviados por toda la tierra" como el Espíritu de siete facetas de Dios (Ap. 5:6). [9]

La conclusión histórica de la iglesia es que las escrituras enseñan que el Dios revelado encarnadamente en Cristo (es decir, el Hijo) también es la fundación, fuente y manantial de vida divina (es decir, Padre) así como el Ministro divino presente en todas partes (es decir, Espíritu). El misterioso Padre y el Espíritu de ministración están manifiestos en el Hijo—"la imagen del Dios invisible" (Col. 1.15)—quien fue "ya destinado desde antes de la fundación del mundo, pero manifestado en los postreros tiempos por amor de vosotros," (1 Pe. 1:20); en Él incluso fuimos escogidos antes de la fundación del mundo (consulte Ef. 1:4). El misterioso Padre, el Hijo manifestado y el ministrador Espíritu es el Dios en tres personas. Dios es el misterioso Padre quien ministra en todo lugar a través del Espíritu de acuerdo con la manifestación encarnada en Cristo.

Los pasajes de la Escritura que dan presagios de entendimientos doctrinales posteriores de este Dios de tres personas son:

- la fórmula bautismal de Mateo 28:19, "bautizándolos en el nombre del Padre, y del Hijo, y del Espíritu Santo";

- el comentario acerca de la adoración en 1 Corintios 12:4–6, Ahora bien, hay diversidad de dones, pero el Espíritu es el mismo. Y hay diversidad de ministerios, pero el Señor es el mismo. Y hay diversidad de operaciones, pero Dios, que hace todas las cosas en todos, es el mismo."

---

8 Consulte Thomas A. Smail, *The Forgotten Father* (Grand Rapids: Eerdman's, 1980), 86–112. También, para un tratado polémico de la así llamada doctrina de "Sólo Jesús" adoptada por la rama anti-Triniatria del Pentecostalismo, consulte: Carl Brumback, *God in Three Persons* (Cleveland, Tennessee: Pathway, 1959).

9 Para estudios integrales, consulte: Alasdair I. C. Heron, *The Holy Spirit: The Holy Spirit in the Bible, the History of Christian Thought, and Recent Theology* (Philadelphia: Westminster, 1983); George T. Montague, *The Holy Spirit: Growth of a Biblical Tradition, A Commentary on the Principal Texts of the Old and New Testaments* (New York: Paulist, 1976); y John V. Taylor, *The Go-Between God: The Holy Spirit and the Christian Mission* (Philadelphia: Fortress, 1973). También consulte el capítulo 7 en: "The Universal Work of the Holy Spirit."

- la bendición en 2ª Corintios 13:14, "La gracia del Señor Jesucristo, el amor de Dios, y la comunión del Espíritu Santo sean con todos vosotros.";

- la doxología en 2ª Tesalonicenses 2:13–14:

Pero nosotros debemos dar siempre gracias a Dios respecto a vosotros, hermanos amados por el Señor, de que Dios os haya escogido desde el principio para salvación, mediante la santificación por el Espíritu y la fe en la verdad, a lo cual os llamó mediante nuestro evangelio, para alcanzar la gloria de nuestro Señor Jesucristo.

Otros pasajes con implicaciones trinitarias son Efesios 4:4–6 el cual habla de un Espíritu, un Señor y un Dios y padre de todos, y Pedro 1:2, que se refiere a aquellos "elegidos según la presciencia de Dios Padre en santificación del Espíritu, para obedecer y ser rociados con la sangre de Jesucristo..."."[10]

El Asunto de la Demarcación Espiritual

Una dificultad con la conceptualización del Dios en tres personas tiene sus orígenes en nuestra tendencia a pensar de Dios en las mismas categorías espaciales que utilizamos para pensar acerca de individuos, en vez de las categorías relacionales que usamos para pensar acerca de personas. Mientras que los individuos son conocidos por el espacio que ocupan, las personas son conocidas por las relaciones no-espaciales que tienen.

El teólogo británico Colin Gunton argumenta que "la noticia de una persona es aquella desde la cual otras realidades toman su significado y aquella que es irreducible a otras... entidades." Continúa diciendo que "una persona es diferente a un individuo, en el sentido que este último se define en términos de *separación de* otros individuos, y la persona, en términos de *relaciones con* otras personas."[11]

Cuando hablamos de las tres personas de la Trinidad, por lo tanto, estamos hablando no de tres individuos demarcados espacialmente, sino de tres personas en una relación santa con las otras dos, sin tener demarcaciones espaciales. Esta descripción puede ser ilustrada por lo que experimentamos en la adoración trinitaria: Cuando un creyente en el Dios trinitario reporta a otro creyente la experiencia de Dios en un servicio de adoración, es altamente improbable que el segundo creyente pregunte acerca de la ubicación del Espíritu Santo comparándolo con la ubicación del Padre y el Hijo. Reportar la presencia del Dios trinitario en un servicio de adoración es asumir que todos estamos hablando acerca de una realidad que no tiene nada que ver con demarcación espacial. No pensamos en términos de donde está ubicada una persona en particular de la Trinidad con respecto a las otras dos; hacerlo así sería pensar en términos de individuos que no pueden tomar el mismo espacio.

---

10 Estoy en deuda con Timothy Ware por su clasificación de textos dada en "The Doctrine of the Trinity after Nicaea," Oxford University, Hilary Term, 1992.

11 Colin E. Gunton, *The Promise of Trinitarian Theology* (Edinburgh: T. & T. Clark, 1991), p. 10f.

Como un individuo estoy aquí pero no allá, si estoy aquí, otra persona no puede tomar el mismo espacio que yo ocupo. Sin embargo, Dios no es así. Incluso si Dios está en todo lugar, eso no prohíbe que nosotros estemos en algún lugar también. Dios está en todo lugar, no en el sentido de que Dios consume todo el espacio, sin dejar nada para nosotros, sino en el sentido de que Dios tiene una presencia omnipresente. Para ponerlo al revés, incluso cuando como individuos ocupamos un espacio, eso no imposibilita que Dios esté en ese espacio también.

Cuando pensamos acerca de Dios, por lo tanto, necesitamos entrenarnos para pensar acerca de la santa presencia, que no está limitada a ocupar una cantidad de espacio. Este entendimiento es importante para conceptualizar la vida trinitaria de Dios. No se debe pensar de las tres personas de la Trinidad ocupando tres diferentes espacios; en vez de eso, son parte integrante mutuamente cada una sin un desplazamiento espacial o pérdida de particularidad distintiva.[12]

Podemos darnos una idea de lo que esto significa en términos de nuestra propia naturaleza social. En un sentido muy real cada uno de nosotros es tres personas: la misteriosa persona de profundidad privada, la persona reflejada de la percepción propia de uno mismo, y la persona interactiva en contacto con la realidad distinta a la auto-imagen de uno mismo. Estas personas no toman diferentes espacios dentro de nosotros; en vez de eso son comunicantes no-espaciales en relación dinámica una con la otra. De la misma manera en que no podemos apuntar a los tres espacios diferentes en nosotros mismos, tomados por las tres personas que cada uno de nosotros es, no debemos pues imponer tales categorías espaciales en Dios.

Un Enunciado Teológico Acerca del Dios Trinitario

Teniendo frente a nosotros esta distinción entre individuos quienes son demarcados espacialmente y personas que se relacionan de manera no espacial, estamos listos ahora para proponer el siguiente enunciado teológico acerca del Dios trinitario de la Biblia: Dios es el eterno, santo, y amoroso Yo Soy-Este-En Relación Con lo otro. Esta manera de hablar acerca de Dios es un intento de afirmar tanto la unidad de Dios como la naturaleza de tres personas de Dios. Dios es el misterioso YO SOY quien encontró a Moisés en la zarza ardiente. Dios es aquel que fue revelado en Jesús de Nazaret. Dios es el que se relaciona a todo lo que no es Dios. Dios es Padre (es decir, YO SOY), Hijo (es decir, Este), y Espíritu (es decir, En Relación Con lo otro).

En el modo anterior de expresarlo, "lo otro" no se escribe con mayúsculas para enfatizar que "lo otro" no es Dios. Sin embargo, "En Relación Con" está capitalizado para indicar que la persona del Espíritu siempre está relacionándose con aquello que no es Dios.

---

12 El conceptoantiguo de *pericho÷re÷sis,* utilizado por el teólogo griego John Damascene en el siglo ocho está relacionado con esta discusión. Consulte Catherine Mowry LaCugna, *God for Us: The Trinity and Christian Life* (San Francisco: Harper, 1991), pp. 270–278. *"Pericho÷re÷sis* significa ser uno en el otro, impregnación sin confusión.," p. 271.

El Dios trinitario es el Dios eterno quien fue un trinitario verdadero en el Antiguo Testamento como en la encarnación y en Pentecostés. El peregrinaje de fe de Israel antes de la encarnación es la historia de la revelación del eterno YO *SOY*-Este-En Relación Con lo otro. La encarnación es la revelación del eterno YO SOY-*Este*-En Relación Con lo otro. Pentecostés es la revelación del eterno YO SOY-Este-En *Relación* Con lo otro.

Esta manera de hablar acentúa la verdad de que el Dios eterno de las escrituras no es un Dios en gestación. Es inexacto pensar acerca de Dios como el YO SOY sin al mismo tiempo ser el Dios revelado en Jesucristo y el Dios relacionándose con lo demás. El Dios revelado en Cristo es el mismo Dios quien habló a Moisés de la zarza ardiente y aquel que fue derramado sobre la iglesia en Pentecostes. El Dios de la efusión pentecostal también es el Dios de la zarza ardiente y del pesebre de Belén.

Sin embargo ha habido en la historia de la revelación una diferencia de enfoques—el enfoque de la zarza ardiente estando en el "tal como es" de Dios, el enfoque de la encarnación estando en la individualidad de Dios, y el enfoque de Pentecostés, estando en la relevancia de Dios. Necesitamos tener en mente que un énfasis revelador no excluye los otros dos. La progresión que vemos en las escrituras es una progresión de revelación, no una progresión de Dios haciéndose Dios.

La Importancia de Pensar Trinitariamente

Emergen al menos cinco razones de porqué es importante el pensamiento trinitario:

1. El pensamiento trinitario es fiel a los testigos de la Biblia, la cual nos presenta a un Dios en tres personas: Padre, Hijo, Espíritu. El Dios bíblico "no es un Dios solitario, sino una comunión consigo mismo."[13]

En referencia al desarrollo del pensamiento trinitario en el Nuevo Testamento, Arthur Wainwright concluye:

> El problema de la Trinidad surgió y fue respondido en el Nuevo Testamento. Surgió debido al desarrollo de la experiencia, adoración y reflexión de cristianos. Su origen fue la experiencia, ya que los hombres tomaron conciencia del poder del Espíritu y la presencia y señorío de Cristo resucitado. Tuvo su origen en la adoración, porque los hombres adoraron en Espíritu, ofrecieron sus oraciones a Dios el Padre a través de Cristo, y algunas veces adoraron a Cristo mismo. Tuvo su origen en la reflexión, porque los escritores afrontaron el primer problema cristológico, y luego, a cualquier precio en el Cuarto Evangelio, el problema de tres facetas. El asunto en su totalidad fue basado en la vida y resurrección de Jesús en sí mismo, quien recibió el Espíritu durante su vida terrenal e impartió el Espíritu a otros después de su resurrección.[14]

---

13 G. A. F. Knight, *A Biblical Approach to the Doctrine of the Trinity,* Scottish Journal of Theology Occasional Papers No. 1 (Edinburgh: Oliver and Boyd, 1953), p. 78.
14 Arthur W. Wainwright, *The Trinity in the New Testament* (London: SPCK, 1980), pp. 266f.

2. El pensamiento trinitario da soporte a la gloria de la encarnación. En Jesús de Nazaret, nada menos que Dios verdadero de Dios verdadero habitó entre nosotros. Catherine Mowry LaCugna en *God for Us: The Trinity and Christian Life (Dios por Nosotros: La Trinidad y la Vida Cristiana)* lo ha explicado de esta forma: "En el corazón de la doctrina Cristiana de Dios hay dos afirmaciones: Dios se nos ha dado a sí mismo en Jesucristo y el Espíritu, y esta auto-revelación ó auto-comunicación es nada menos que lo que Dios es como Dios."[15]

3. El pensamiento trinitario abre la verdad de que el Dios eterno es capaz de sufrir. Dios está en armonía con nosotros en nuestro sufrimiento, en vez de estar aún más alejado de nosotros. La muerte sacrificial de Jesús es nada menos que la experiencia del Dios trinitario.

Jürgen Moltmann, hablando acerca de la pasión de Dios, dice que el amor hace a una persona capaz de sufrir. Resumiendo lo que él llama "uno de los libros más notables acerca de la capacidad de Dios para sufrir", *The World's Redemption (La Redención del Mundo)* de C. E. Rolts,[16] dice que el autor desarrolla su doctrina de la Trinidad desde el axioma de que Dios era auto-sacrificado en la eternidad.[17] Este sacrificio es relacionado al hecho de que cualquier creación es virtud de su misma naturaleza creada, algo distinto a Dios, y por tanto, en este sentido, confrontando a Dios. Para que el Creador ame a la creación, es necesario un auto-sacrificio, por amor, por su misma naturaleza, da de sí mismo para beneficio de los otros.

4. El pensamiento trinitario confiesa la experiencia de la iglesia de que el Dios del Antiguo Testamento se reveló en Jesús de Nazaret y continúa morando en nosotros en la persona del Espíritu Santo. Esta experiencia se encuentra particularmente en la práctica de orar al Eterno en el nombre de Cristo Jesús y en el poder del Espíritu Santo.

5. El pensamiento trinitario mantiene la unidad con la larga historia intelectual de la iglesia de reflejar la fe, analizándola y defendiéndola contra las ideas acerca de Dios que son contrarias a la revelación bíblica (consulte Para Consideración Adicional, Parte II, A,

---

15 LaCugna, op. cit. p. 209. Consultar cáp. 7, "The Self-Communication of God in Christ and the Spirit." "El tema central de la teología trinitaria es la relación entre el patrón de la historia de la salvación (*oikonomia*) y el eterno ser de Dios (*theologia*). La idea de que Dios se auto-comunica es la premisa esencial... de una teología revitalizada de Dios. Dios por naturaleza es auto-expresivo... Esto es consistente con las imágenes bíblicas de un Dios que está vivo, que es inevitablemente orientado hacia los demás, quien es plenitud de amor, gracia y misericordia sobreabundante" p. 230.

También consulte Claude Welch, *In His Name: The Doctrine of the Trinity in Contemporary Theology* (*En Su Nombre: La Doctrina de la Trinidad en la Teología Contemporánea*) (New York: Charles Scribner's Sons, 1952), capítulo 7 "La Fundación de un Trinitarianismo Adecuado". "Donde... la concepción de la auto-revelación de Dios... en Cristo es tomada seriamente, la doctrina de la Trinidad viene inevitablemente a un lugar central en el entendimiento cristiano de Dios," p. 218. Y nuevamente: "La doctrina de la Trinidad es ... no una respuesta a la pregunta, ¿cuál es la relación de la deidad de Cristo al monoteísmo o a la concepción anterior de la Paternidad de Dios?—es una respuesta a la pregunta, ¿cuál es la naturaleza de Dios al tiempo que Dios se ha revelado a sí mismo en Cristo?" p. 233.

16 London, 1913.

17 Jürgen Moltmann, *The Trinity and the Kingdom: the Doctrine of God,* trans. Margaret Kohl (San Francisco: Harper and Row, 1981), 32f. Ver cap. 2, "The Passion of God."

para estudios históricos). Como Gunton observa: "Una iglesia que desafía su concepción de Dios tan radicalmente como lo conllevaría el abandono del trinitarismo, apenas sería escasamente posible proclamar ser la misma iglesia"[18]

¿Qué diferencia hace el pensamiento trinitario en la vida del pueblo de la fe? Simplemente esto:

- Refleja la creencia de que nuestra salvación es la obra del Dios encarnado;

- Refleja la experiencia de la iglesia de la presencia y ministerio del Espíritu quien es la presencia y ministerio del Dios eterno;

- Refleja nuestra conexión histórica con la doctrina de Dios de la iglesia antigua;

- Refleja el punto de vista de que en vez de que Dios sea una singularidad auto-cercado, Dios es un amoroso ser sociable, relacional, creativo, redentor, energizante y supervisante;

- Refleja la experiencia de Dios siendo dinámico, comunal y misionero, en vez de estático, apartado y satisfecho;

- Refleja el entendimiento de Dios como siendo el Señor encarnado, crucificado, resucitado, ascendido, reinante, y que viene, quien supervisa el peregrinaje humano como participante en él, en vez de ser un desapegado surtidor de decisiones divinas;

- Refleja la práctica de orar a Dios el Padre en el nombre de Dios el Hijo en el poder de Dios el Espíritu;

- Refleja la convicción de que adoramos al único Dios quien no sólo nos creó sino quien también nos salva y continua caminando y hablando con nosotros.

El Dios trinitario es el Dios de la creación y la redención. El Dios trinitario en Cristo trajo reconciliación al mundo. El Dios trinitario es el Espíritu derramado el día de Pentecostés. El Dios trinitario nunca ha abandonado ni el orden creado ni al pueblo de Dios a través de su largo peregrinaje de fe.

El Dios trinitario es el Dios amante eterno. El Dios trinitario es el Dios de la historia continuo y extrovertido. El Dios trinitario es el Dios peregrino. El Dios trinitario es el Dios de aquí, allá y en todo lugar. El Dios trinitario es el Dios de toda la Biblia—el Dios del Antiguo Testamento, el Dios revelado en Jesucristo, en Dios derramado en Pentecostés. El Dios trinitario es el Dios eterno—esta es la fe de la iglesia.

---

18 Gunton, op. cit., p. 19.

Para Consideración Adicional

Parte I: Experiencia Trinitaria y Teología Trinitaria

A. Experiencia Histórica del Primer Siglo

Norman Pittenger, *The Divine Triunity (La Divina Trinidad)* (Philadelphia: United Church, 1977), en un capítulo titulado "La Experiencia Palestina": "Los primeros Cristianos, y después de ellos los primeros que se ocuparon de la tarea teológica, estaban convencidos de la unidad de Dios. Siendo fieles a la tradición judía... su problema fue descubrir cómo sería posible... incorporar en esa unidad perdurable el hecho patente de que para ellos el Dios de Israel también era el Dios que había enviado, y quien estaba 'en' el Jesús a quien ellos adoraban y servían; y que el Espíritu Santo—la realidad nueva, que da gracia y faculta, que ellos conocían en su relación—era también .. igualmente divina ... en el único sentido que imaginablemente pudieron aceptar: a saber, que él también estaba incorporado en la unidad duradera del Dios de Israel." p. 21.

B. Experiencia Cristiana Continua

Karl Rahner, *The Trinity (La Trinidad)*, trad. Joseph Donceel (New York: Herder and Herder, 1970) en una sección titulada "La Trinidad como una Experiencia Salvífica y una Experiencia de la Gracia": "Es... desde esta preocupación mas existencial de nuestra salvación, que este [el tratado sobre la Trinidad] vive... Para aquel que rechaza nuestra tesis básica la trinidad sólo puede ser algo que ... puede ser platicado en un enunciado puramente conceptual... a diferencia de la actividad salvífica de Dios en nosotros... Luego la prueba de la Escritura comenzará inevitablemente a verse como un método el cual... intenta sacar conclusiones de unos cuantos enunciados diseminados... Pero si es cierto que podemos realmente capturar el contenido de la doctrina de la Trinidad sólo regresando en la historia de la salvación y de la gracia, a nuestra experiencia de Jesús y del Espíritu de Dios... porque en ellos realmente ya poseemos la Trinidad misma como tal, entonces nunca habrá un tratado sobre la Trinidad en el que la doctrina de las "misiones" [del Hijo y el Espíritu] sea como máximo sólo anexado como... relativamente sin importancia y adicional," p. 39f.

Parte II: Bibliografía Seleccionada sobre la Trinidad

A. Histórica

Para los documentos más importantes del debate temprano de la trinidad, consulte William G. Rusch (trad. y ed.), *The Trinitarian Controversy (El Dios Trinitario)* (Philadelphia: Fortress, 1980). Para una introducción técnica al debate y la resolución formal, consulte Bernard Lonergan, *The Way to Nicea: The Dialectical Development of Trinitarian Theology (El Camino a Nicea: El Desarrollo Dialéctico de la Teología Trinitaria)*, trad. Conn O'Donovan (Philadelphia: Westminster, 1976). También, Edmund J. Fortman, *The Triune God: A Historical Study of the Doctrine of the Trinity (El Triuno Dios: Un Estudio Histórico de la Doctrina de la Trinidad)* (Philadelphia: Westminster,

1972); J. N. D. Kelly, *Early Christian Doctrines (Primeras Doctrinas Cristianas)* (New York: Harper and Row, 1960), pp. 83–279; y Bertrand de Margerie, *The Christian Trinity in History (La Trinidad Cristiana en la Historia)*, trad. Edmund J. Fortman (Still River, Massachusetts: St. Bede's Publications, 1982).

Para una defensa de la terminología trinitaria clásica, consulte Donald G. Bloesch, *The Battle for the Trinity: The Debate over Inclusive God-Language (La Batalla por la Trinidad: El Debate el Lenguaje de Dios Inclusivo)* (Ann Arbor: Servant, 1985).

B. Teológica

Consulte Eberhard Jüngel, *The Doctrine of the Trinity (La Doctrina de la Trinidad)*, trad. Horton Harris (Edinburgh: Scottish Academic Press, 1976); T. F. Torrance, *The Trinitarian Faith (La Fe Trinitaria)* (Edinburgh: T and T Clark, 1988). Para una disertación no técnica de la Trinidad, escrita para Cristianos en general, consulte Alister E. McGrath, *Understanding the Trinity (Entendiendo la Trinidad)* (Grand Rapids: Zondervan, 1988). También, Alasdair I. C. Heron (ed.), *The Forgotten Trinity. A Selection of Papers presented to the British Council of Churches Study Commission on Trinitarian Doctrine Today (La trinidad Olvidada. Una Selección de Artículos presentados al Concilio Británico de la Comisión de Estudio de Iglesias sobre la Doctrina Trinaria Hoy)* (London: BCC/CCBI Inter-Church House).

C. La Trinidad Económica y la Trinidad Inmanente

Consulte Jürgen Moltmann, *The Trinity and the Kingdom: The Doctrine of God (La Trinidad y el Reino: La Doctrina de Dios)*, trad. Margaret Kohl (San Francisco: Harper and Row, 1981), pp. 151–178; Karl Rahner, *The Trinity (La Trinidad)*, trad. Joseph Donceel (New York: Herder and Herder, 1970), pp. 101–103; y Claude Welch, *In His Name: The Doctrine of the Trinity in Contemporary Theology (En Su Nombre: La Doctrina de la Trinidad en la teología Contemporánea)* (New York: Charles Scribner's Sons, 1952), pp. 293–294. Una discusión relacionada, que tiene que ver con los mismos temas es Thomas A. Smail, *The Forgotten Father (El Padre Olvidado)* (Grand Rapids: Eerdmans, 1980), pp. 86–112.

III
El Pueblo para Dios

9. El Círculo de Discípulos como Iglesia

Altos Ideales para la Iglesia

El círculo expandiéndose de discípulos de Cristo vino a ser llamado e*kklēsia*, usualmente traducido como iglesia. *Ekklēsia* viene de *ek*, que significa fuera de, y *kaleō*, que significa llamar o convocar. Una *ekklēsia*, entonces, es una asamblea llamada fuera de la población en general para un propósito o causa en particular. Por ejemplo, la palabra fue utilizada entre los griegos para referirse a aquellos que eran llamados a discutir asuntos públicos, como en Hechos 19:39. En el mismo capítulo se usa para referirse a la asamblea de Efesios que se encolerizaron acerca del testimonio cristiano en su ciudad (vv. 32, 41). En la traducción griega de las escrituras hebreas, se usa para traducir referencias a las asambleas de Israel. Incluso en el Nuevo Testamento en sí mismo, se usa para referirse a Israel en el desierto (Hechos 7:38). El círculo de los discípulos de Cristo es una nueva clase de asamblea llamada fuera de la población en general—es una nueva clase de *ekklēsia*. Ellos son llamados hacia afuera por Jesús a ser sus discípulos y son comisionados para hacer más discípulos para Él.

Mantengo que el orden de los evangelios al inicio del Nuevo Testamento apunta a la prioridad con la cual la iglesia que comenzaba asignó al discipulado como la categoría básica para entender la naturaleza fundamental de la iglesia.[1] Es significativo que el uso de la palabra *ekklēsia* ocurra en el Nuevo Testamento por primera vez dentro del contexto del discipulado de Mateo donde es utilizada tres veces. El más importante para nuestra consideración es el capítulo 16. El Verso 13 dice que "Viniendo Jesús a la región de

---

1 Para un estudio de esta prioridad consulte: Fernando F. Segovia (ed.), *Discipleship in the New Testament* (Philadelphia: Fortress, 1985).

Cesarea de Filipo, preguntó a sus discípulos, diciendo: ¿Quién dicen los hombres que es el Hijo del Hombre?" Versículos 16–18:

> Simón Pedro respondió, "Tú eres el Cristo, el Hijo del Dios viviente." Y Jesús le respondió, "Bienaventurado eres, Simón, hijo de Jonás porque no te lo reveló carne ni sangre, sino mi Padre que está en los cielos. Y yo también te digo, que tú eres Pedro, y sobre esta roca edificaré mi iglesia; y las puertas del Hades no prevalecerán contra ella."

Las otras dos referencias están en 18:17, "Si [el ofensor] no los oyere a ellos [dos o tres miembros de la iglesia quienes van con el agraviado al ofensor], dilo a la iglesia; y si no oyere a la iglesia, tenle por gentil y publicano." En Mateo, por lo tanto, el motivo del discipulado es desarrollado con la iglesia en mente; para ponerlo de otra forma, la vida de la iglesia es entendida de forma distinta desde la perspectiva del discipulado.

A través del discipulado es básico entender la naturaleza esencial de la iglesia, el Nuevo Testamento describe a la *ekklēsia* de Cristo de otras formas también. Las referencias a la iglesia incluyen muchas palabras y frases descriptivas, salutaciones al inicio de las cartas del Nuevo Testamento, e instrucciones pastorales a las iglesias, así como declaraciones más definitivas.

Las Imágenes Bíblicas de la Iglesia

En "Imágenes de gran amplitud de la Iglesia en el Nuevo Testamento" de Paul Minear,[2] él identifica no menos de noventa y seis "analogías"[3] de la iglesia las cuales agrupa en tantas como treinta y un imágenes menores[4] y cuatro mayores: el pueblo de Dios, la nueva creación, la congregación en la fe, y el cuerpo de Cristo. (Consulte Para Consideración Adicional, Parte II, al final de este capítulo).

De las cuatro imágenes mayores, lo que Minear llama "la congregación en la fe" se acerca más al motivo de discipulado, aunque la categoría de discipulado no es el cuerpo principal de suposiciones para su disertación. Él describe esta imagen como "una congregación de santos y siervos cuya vida junta se caracteriza por una clase única de mutualidad en talentos y en vocación."[5] Incluida con esta "galaxia" están referencias tales como los santificados, los fieles, los justificados, los seguidores, los discípulos, la comunidad de testigos, los confesores, los siervos y los amigos.[6] La congregación caracterizada por estos y otros términos similares es llamada a existencia por Jesucristo y encuentra su identidad en su obra salvadora.

---

2 Paul S. Minear, *Images of the Church in the New Testament* (Philadelphia: Westminster, 1960).
3 Ibid., p. 268f.
4 Ibid. pp. 28–65.
5 Ibid., p. 67.
6 Ibid., p. 269.

Las tres imágenes adicionales sobresalen en el Nuevo Testamento por virtud de su receptivas enseñanzas en lo que se refiere a quienes son los cristianos del cuerpo congregacional. Cada uno está relacionado una declaración que "tu eres" esto o lo otro.

En 1ª Corintios 12:27–28 la iglesia es llamada *el cuerpo de Cristo:*

> "Vosotros, pues, sois el cuerpo de Cristo, y miembros cada uno en particular." Y a unos puso Dios en la iglesia, primeramente apóstoles, luego profetas, lo tercero maestros, luego los que hacen milagros, después los que sanan, los que ayudan, los que administran, los que tienen don de lenguas.

En Efesios 2:11–22 la iglesia es llamada en el verso 15 *nuevo hombre* y en esta conexión también "conciudadanos de los santos (19), "la familia de Dios" (19), "un templo santo en el Señor" (21) y una "morada de Dios en el Espíritu" (22). El versículo 19 dice: "Así que ya no sois extranjeros ni advenedizos, sino conciudadanos de los santos, y miembros de la familia de Dios," y el versículo 22: "también sois juntamente edificados para morada de Dios en el Espíritu."

Y, 1ª Pedro 2:9–10 llama la iglesia *el pueblo de Dios:*

> Mas vosotros sois linaje escogido, real sacerdocio, nación santa, pueblo adquirido por Dios, para que anunciéis las virtudes de aquel que os llamó de las tinieblas a su luz admirable; vosotros que en otro tiempo no erais pueblo, pero que ahora sois pueblo de Dios; que en otro tiempo no habíais alcanzado misericordia, pero ahora habéis alcanzado misericordia.

La primer definición de iglesia, como el cuerpo de Cristo, pone el acento en la iglesia como el medio continuo por el que el Señor resucitado, ascendido, reinante y que viene se hace conocer a si mismo en la historia entre su primer y su segundo adviento. La iglesia está definida aquí cristológicamente y es vista como que tiene un papel que jugar en la obra redentora de Cristo en el mundo.

La segunda definición, la que encontramos en el pasaje de Efesios, coloca el acento en la iglesia como una humanidad reconciliada—una humanidad en paz con Dios y con todo el pueblo de Dios. Como tal es el emplazamiento de la presencia divina en la tierra. La iglesia está definida aquí en términos humanos y es vista como que tiene un nuevo tipo de relación con Dios y con los demás.

La tercera definición de la iglesia, como pueblo de Dios, coloca el acento en su vocación. Como elegidos de Dios son llamados a participar en la obra de Dios a través de nacionalidad y sacerdocio. La iglesia aquí es definida en términos de su misión y es considerada como una historia antigua, una nueva experiencia de Dios, y un destino divino.[7]

---

7 Consulte: Roger E. Hedlund, *The Mission of the Church in the World: A Biblical Theology* (Grand Rapids: Baker, 1991).

Un escrutinio de la vida de la iglesia en el Nuevo Testamento nos lleva a la conclusión de que los creyentes fueron bendecidos por un idealismo en lo que respecta a quienes fueron por gracia, y plagado por el realismo de quienes eran debido al pecado. Las seis dimensiones de la vida de la iglesia del Nuevo Testamento en su idealismo en pleno incluyen lo siguiente.

1. Era una congregación de aquellos que confiaron en Cristo como Salvador y Señor. La iglesia fue una red espiritual de personas cuyos corazónes y mentes habían sido cautivados por Jesús de Nazaret, el Cristo resucitado (ej. Lucas 24). Durante la era del Nuevo Testamento, la membresía en la iglesia estaba centrada en Cristo en que se asumía que los miembros de la iglesia amaban a Jesús y eran serios acerca de ser sus seguidores (ej. hechos 2:37–47)

2. Como pueblo del nuevo pacto, estaban ligados juntos e inseparablemente históricamente con el pueblo de Dios del Antiguo Testamento . Esta familia extendida incluía tanto aquellos en tiempos anteriores quienes habían sido mayordomos de los misterios de Dios antes de la encarnación, y aquellos en la era presente quienes por fe en Cristo fueron herederos de las promesas cumplidas en Él. Los creyentes tomaron su lugar en humildad de espíritu en la familia espiritual de Abraham, y con confianza interpretaron la historia familiar bajo la luz de Cristo. Con gratitud a Dios compartieron la herencia con todos quienes estaban dispuestos a venir a Cristo (p. ej., Gá. 3:15–4:7; Ef. 2:11–3:13).

3. Ellos eran una sociedad de creyentes entregados a crecer en su vida en Cristo. El canon para medir su vida juntos no era nada menos que Cristo mismo (ej.. Fil. 2:1–8). También eran disciplinados por la sabiduría de la iglesia respecto a cómo reflejar de mejor forma su manera de vivir (p. ej., Hechos 15:1–29). La iglesia en el Nuevo Testamento se preocupaba con asuntos de piedad práctica (ej. Tito 2:1–3:11; Santiago), robustez doctrinal (ej. Col. 1:15–2:23), integridad espiritual (ej. 1 Tes. 3:13; 5:23; 1 Juan 4:17–18), y salud relacional (ej. 1 Co. 11:17–13:13) todos los cuales fueron intentos de reflejar la nueva vida revelada en Jesucristo.

4. La iglesia fue un organismo de gracia divina para la edificación de los creyentes y para bendecir a todos. Los discípulos fueron una presencia sacramental en el mundo, por consiguiente haciendo la gracia de Dios real personalmente conforme ministraban unos a otros dentro de la iglesia así como a aquellos más allá de ella (ej. 1 Co. 14:1–33). [8]

5. Fue la expresión sociológica de la misión de Dios en el mundo. Como tal fue un movimiento para alcanzar más allá de sí misma al mundo en general con el propósito de hacer discípulos. Fue una iglesia misionera en el sentido que ha sido puesta en existencia por la misión de Dios en Cristo y fue por consiguiente inspirada para regocijarse en esa misión, para participar en ella, y para confiar en el poder de Dios para traerla a consumación (ej. Mat. 28:16–20; Hechos).

---

8 Consulte Edward Schillebeeckx, *The Church With a Human Face,* trad. John Bowden (New York: Crossroad, 1985), Partes I y II.

6. Fue una comunidad esperando impacientemente la consumación de Cristo de la historia del mundo. Los creyentes vivieron en la gozosa seguridad de que "aunque nuestras ofensas parecen a menudo tan fuertes, aún Dios es quien gobierna." No se inquietaban acerca de dónde la historia estaba dirigiéndose porque ya sabían la respuesta—estaba moviéndose hacia el regreso de Jesucristo. Habían conocido al *Eschatos* quien ya había sido revelado en medio de la historia (Hechos 1:6–11; 1 Cor. 15:20–28; 1 Tes. 4:13–5:11).

Realismo en la Iglesia

La imagen realista del Nuevo Testamento de la vida de la iglesia indica, sin embargo, que no siempre la iglesia vivía cumpliendo el idealismo de sus definiciones y entendimientos eclesiológicas. El Nuevo Testamento se trata de las luchas, deficiencias y corrupciones de la iglesia, así como lo es acerca de su idealismo.

En tanto que teológicamente, y por la mayor parte empíricamente, eran una congregación confiando en Cristo como Salvador y Señor y también fue cierto que algunos no llegaron a tener esta experiencia. El problema que Pablo confronta en su carta a los Gálatas es que en vez de confiar en Cristo para su salvación, algunos estaban confiando en su obediencia a la ley de Moisés. "Estoy maravillado" escribe "de que tan pronto os hayáis alejado del que os llamó por la gracia de Cristo, para seguir un evangelio diferente." (También consulte 3:1–5 que termina con la pregunta "Aquel, pues, que os suministra el Espíritu, y hace maravillas entre vosotros, ¿lo hace por las obras de la ley, o por el oír con fe?")

En tanto que fueron el pueblo del nuevo pacto quienes fueron unidos inseparablemente históricamente con el pueblo de Dios del Antiguo Testamento, el hecho fue que Pablo encontró que era necesario enfrentar la actitud casual en parte de los cristianos Romanos hacia Israel. Parece que habían olvidado la importancia de su conexión histórica con Israel y pensaron de sí mismos como su reemplazo—del Israel religioso y nacional, por tanto, sin tener más lugar en la economía de Dios.[9] Pablo, buscando corregir esta actitud, dice en 11:17–18,

> Pues si algunas de las ramas fueron desgajadas, y tú, siendo olivo silvestre, has sido injertado en lugar de ellas, y has sido hecho participante de la raíz y de la rica savia del olivo, no te jactes contra las ramas; y si te jactas, sabe que no sustentas tú a la raíz, sino la raíz a ti.

En tanto que la iglesia del Nuevo Testamento era la sociedad de creyentes que se entregaron a crecer en la vida de Cristo, es obvio que algunos en la iglesia no eran tan devotos. Por ejemplo, en 1ª Corintios 5:1–2 el apóstol se lamenta diciendo:

> De cierto se oye que hay entre vosotros fornicación, y tal fornicación cual ni aun se nombra entre los gentiles; tanto que alguno tiene la mujer de su

---

9 Consulte J. Christiaan Beker, *Paul the Apostle: The Triumph of God in Life and Thought* (Philadelphia: Fortress, 1980), pp. 94–108.

padre. Y vosotros estáis envanecidos. ¿No debierais más bien haberos lamentado, para que fuese quitado de en medio de vosotros el que cometió tal acción?

En tanto que la iglesia del Nuevo Testamento fue el organismo de gracia divina para la edificación de los creyentes y para bendición de todos, es obvio que en ocasiones era en sí misma una piedra de tropiezo para creyentes y un detrimento para otros. Por ejemplo, las comidas comunales en la iglesia en Corinto eran egoístas y descorteces. Pablo le puso un espejo a esa congregación cuando escribió lo que escuchó acerca de ellos: "Porque al comer, cada uno se adelanta a tomar su propia cena; y uno tiene hambre, y otro se embriaga." (1ª Cor. 11:21). Más aún, la alabanza devocional privada a Dios que tiene lugar a través de las lenguas hablando en adoración pública mostraron una insensibilidad para las personas de fuera, evocando la pregunta: "Porque si bendices sólo con el espíritu, el que ocupa lugar de simple oyente, ¿cómo dirá el Amén a tu acción de gracias? pues no sabe lo que has dicho." (1ª Cor. 14:16). Unos cuantos versículos después, se hace otra pregunta: "Porque si bendices sólo con el espíritu, el que ocupa lugar de simple oyente, ¿cómo dirá el Amén a tu acción de gracias? pues no sabe lo que has dicho." (23).

En tanto que la iglesia en el Nuevo Testamento fue la expresión sociológica de la misión de Dios al mundo, la imagen compuesta de las siete iglesias de Asia, a las que Juan escribe, fue aquella iglesia carente de celo misionero. Ya sea que ellos voltearon hacia ellos mismos, o se hicieron débiles en la fe y tolerantes a aberraciones importantes, o simplemente estaban en modo de supervivencia. La iglesia de los Efesios había abandonado su primer amor (Ap. 2:4); la iglesia en Samaria estaba batallando para sobrevivir (10); la iglesia en Pérgamo estaba tolerando falsas enseñanzas (14–15), así como la iglesia de Tiatira (20–23); la iglesia en Sardis estaba espiritualmente dormida (3:2–3); la iglesia de Filadelfia, aunque era fiel, estaba, no obstante, en un modo de supervivencia (8); y la iglesia de Laodicea era tibia (15–16). Ninguna es descrita de modo que nos lleve a pensar que era una iglesia misionera.

En tanto que la iglesia del Nuevo Testamento era una comunidad esperando impacientemente la consumación de Cristo de la historia del mundo, la evidencia apunta hacia el hecho de que algunos habían perdido el resplandor de esa anticipación. La iglesia que trata Mateo parece haberse quedado sin su expectación, como se indica en la necesidad evidente de un énfasis fuerte en estar listos para el regreso en cualquier momento del Señor. Vemos esto especialmente en la parábola de las diez vírgenes (25:1–13), cinco de ellas se perdieron de la llegada del novio debido a la falta de preparación y la actitud apática hacia este hecho. El versículo 13 concluye con el mandato: "Velad, pues, porque no sabéis el día ni la hora en que el Hijo del Hombre ha de venir."

Una de las lecciones importantes que enseña el Nuevo Testamento es que la iglesia en el primer siglo no siempre fue perfecta. Era una iglesia en proceso de convertirse en lo que Dios deseaba que se convirtiera. A decir verdad, no era en sí misma ni por sí misma idéntica al Reino. En vez de ello, fue el cuerpo congregacional de aquellos llamados de la población en general a convertirse en la comunidad del Reino, el heraldo del Reino, y el símbolo del Reino. Fue la iglesia en proceso de crecimiento en la vida del Reino, y fue en el camino a la consumación final del Reino.

El Mensaje del Nuevo Testamento Acerca de la Iglesia

Estoy en deuda con Hans Küng por distinguir entre lo que él llamó el punto de vista idealista de la iglesia y el realista. Por una parte, el idealista ve a la iglesia como "pura, sin mancha, sin culpa, santa" concerniente sólo con la salvación del pueblo y la gloria de Dios. Por otro lado, el realista lo ve como "demasiada humana, tanto los líderes como los miembros; una máquina áspera e intolerante... llena de todo tipo de caidas." Argumenta que ambas están "fundamentalmente sin interés" en la renovación de la iglesia. "La idealista, viendo sólo el lado de la luz de la iglesia, piensa que no es necesario; la realista, limitada al lado oscuro, piensa que es imposible."[10]

Aunque escribe en un contexto Católico Romano, las observaciones de Küng son apropiadas para todos nosotros. Algunos de nosotros nos esforzamos duramente para hacer coincidir el idealismo del Nuevo Testamento acerca de la iglesia, incluso cuando en realidad nunca lo alcanzamos. Por consecuencia, algunos entre nosotros terminan con tan grande insatisfacción con la iglesia histórica que se retiran ya sea física o emocionalmente. Otros de nosotros se enfocan sólo en el realismo del Nuevo Testamento acerca de la iglesia—cargada como lo está de luchas, disensiones, malos entendidos, y divisiones—y terminan haciendo las paces con nuestros propios problemas. Al hacer esto marginalizamos nuestro alto llamado como el pueblo de Dios y permitimos que las fuerzas sociales e históricas que nos influencian tengan un reinado sin oposición. Ninguno de estos enfoques es bueno. Necesitamos tanto el idealismo del Nuevo Testamento como el realismo del Nuevo Testamento.

Si al Nuevo Testamento se le permite transmitir su mensaje total acerca de la iglesia, aprenderemos que aunque tiene un supremo llamamiento en la economía de Dios, la iglesia está conformado por personas que no hemos alcanzado aún la eterna glorificación. La iglesia es el cuerpo de Cristo, pero también está en el proceso de crecer para llegar a ser como Cristo (Ef. 4:15). La iglesia es la nueva humanidad, pero también tiene que ser redimida para no "proveer para los deseos de la carne" (Gál. 5:16). La iglesia es el pueblo de Dios, pero se requiere también perseverar para ser salvos (Heb. 6:1–8 y 10:26–39).

La iglesia es una sociedad de personas con una nueva identidad dada a ella por la gracia de Dios pero también es un grupo de peregrinos atravesando los desiertos y los ríos de la vida, escalando montañas, caminando a través de valles, algunas veces cayendo del borde del camino, algunas veces no siguiendo las señales, algunas veces experimentando el desaliento, y cansados y desgastados, y algunas veces olvidando la meta. Esto es debido a que la iglesia es un grupo de peregrinos—quizá deberíamos incluso decir, un grupo de chusma—que necesita ser correctamente educado en su nueva y divina identidad dada en Cristo. Si nos es instruida así, perderá sin duda su corazón durante el camino. Para que la iglesia se mantenga avanzando, necesita escuchar una y otra vez el mensaje de quien es por gracia, a saber, el cuerpo de Cristo, la nueva

---

10 Hans Küng, *The Council, Reform and Reunion*, trans. Cecily Hastings (New York: Sheed and Ward, 1961), p. 12. También, consulte su libro *The Church*, trad. Ray y Rosaleen Ockenden (New York: Sheed and Ward, 1967).

humanidad,"Mas vosotros sois linaje escogido, real sacerdocio, nación santa, pueblo adquirido por Dios, para que anunciéis las virtudes de aquel que os llamó de las tinieblas a su luz admirable;"

Si esta nueva identidad es predicada y enseñada pacientemente, con amor y sin cesar, así es como la iglesia será avivada y re-avivada en su deseo de ser continuamente reformada por la Palabra y renovada por el Espíritu para ser la nueva clase de *ekklēsia* de Cristo. Sólo entonces será fortalecida como la red interpersonal de aquellos cuyos corazones y mentes están cautivados por el Señor Jesús. Sólo entonces tomará una ventaja más completa de su herencia como herederos de las promesas antiguas cumplidas en Cristo. Sólo entonces será cierto que crece hasta la plenitud de Cristo. Sólo entonces será la comunidad sacramental de la gracia de Dios y el destacamento misionero que hace discípulos a "toda criatura". Sólo entonces la iglesia verdaderamente estará lista para la venida del novio.

Para Consideración Adicional

Parte I: Una Lista de Lecturas Introductorias sobre la "Iglesia"

Consulte Willi Marxsen, *Jesus and the Church: The Beginnings of Christianity (Jesús y la Iglesia: Los Comienzos de la Cristiandad)* trad. Philip E. Devenish (Philadelphia: Trinity Press International, 1992). Para un estudio extenso más allá de la era del Nuevo Testamento, consulte: Stuart G. Hall, *Doctrine and Practice in the Early Church (Doctrina y Práctica en los Comienzos de la Iglesia)* (Grand Rapids: Eerdmans, 1992); para una antología de entendimientos eclesiológicos a través de Agustín, consulte E. Glenn Hinson (ed.), *Understandings of the Church (Entendimientos de la Iglesia)* (Philadelphia: Fortress, 1986); para un panorama histórico general que incluye énfasis especial en la tradición de la escuela de Wesley, consulte Melvin E. Dieter and Daniel N. Berg (eds.), *The Church (La Iglesia)* (Anderson, Ind: Warner Press, 1984). También, Anton Houtepen, *People of God: A Plea for the Church (Pueblo de Dios: Una Súplica a la Iglesia)* (Maryknoll: Orbis,1984).

Parte II: Imágenes de Minear

Paul S. Minear, *Images of the Church in the New Testament (Imágenes de la Iglesia en el Nuevo Testamento)* (Philadelphia: Westminster, 1960) es el resultado de un trabajo asignado a él por una comisión de estudios teológicos en 1954. Él escribe: "Esta comisión, bajo el título de Comisión Teológica para Cristo y la Iglesia, fue establecida por el Departamento de Fe y Orden del Concilio Mundial de Iglesias como consecuencia de la Tercera Conferencia Mundial sobre Fe y Orden, la cual se reunió en Lund, Suecia, en 1952. En esa conferencia fue expresada una vigorosa demanda por estudios que pudieran explorar no tanto las doctrinas formales de la iglesia, acerca de cuáles distintas comuniones cristianas están profundamente divididas, sino por las relaciones internas que vinculan la iglesia con Jesucristo y con el Espíritu Santo y las cuales por lo tanto ligan juntas varias comuniones a pesar de ellas mismas" p. 11f.

En mi artículo "Salvación Empírica y Unidad Cristiana en los Pensamientos de Siete Teólogos de la Iglesia de Dios (Anderson, Indiana)" (sin publicar Th.D. disertación, Boston University School of Theology, 1973), pp. 284–317, discerní la eclesiología de siete pensadores semilleros de la Iglesia de Dios en relación a las cuatro imágenes más importantes de Minear.La eclesiología de F. G. Smith tiene afinidades básicas con la imagen de la iglesia como el pueblo de Dios, H. M. Riggle y Earl L. Martin con la imagen de la nueva creación, Russell R. Byrum, Charles Ewing Brown y Albert F. Gray con la imagen de la congregación en la fe, y la eclesiología de D. S. Warner tiene afinidades básicas con la imagen de la iglesia como el cuerpo de Cristo. (Disponible en la Biblioteca de la Universidad "Robert A. Nicholson", Anderson University, Anderson, Indiana.)

10. La Predicación de la Iglesia de las Buenas Nuevas

Cristo Jesús era un predicador de las buenas nuevas del Reino (vea Mt. 4:23 y 9:25), y su iglesia que emergía era una comunidad de respuesta a su predicación. Después de la ascensión de Jesús, la iglesia en el mejor de los casos fue edificada predicando que era fiel a Él, fiel a la tradición apostólica, y fiel a la guía del Espíritu. Esto ha sido el caso a través de la historia de la iglesia.

Predicar: Un Ministerio de la Iglesia

La iglesia como un todo es responsable de la continuación del ministerio de predicación de Jesús. Ya que los discípulos en general apoyan y escuchan esta predicación continua, merecen participar en la conversación teológica acerca de su naturaleza y papel. El asunto de la predicación, entonces, no es sólo clases de seminario, sino para congregaciones donde tiene lugar semana con semana. Lo que sigue está pensado tanto para discípulos que fueron ordenados como predicadores, como para aquellos que los apoyan y los escuchan.

La predicación cristiana hace que la Palabra eterna viva en palabras contemporáneas. Es una labor de amor por parte de aquellos que son escogidos y facultados por el Espíritu Santo para proclamar de manera ordenada el evangelio de Cristo a otras personas. Idealmente es la iglesia en acción a través de proclamación pública de su fe por aquellos ordenados para hablar en su nombre. Es Cristo obrando a través de aquellos que interpretan el mensaje de la Biblia en fidelidad al texto literario y al Señor revelado dentro de él.

Las Palabras del Nuevo testamento para Predicar

Varias palabras son utilizadas en el Nuevo Testamento para lo que nosotros llamamos predicar: *dianggellō*, para publicar en el exterior, ej., Lucas 9:60; *euanggelidzō*, para proclamar gratas noticias, ej. Lucas 9:6; *katanggellō*, para proclamar o declarar, ej.Col. 1:28; y *kērussō*, para anunciar (como un heraldo), ej., Mat. 4:23.

La predicación del Nuevo Testamento fue la declaración pública de lo que Dios había hecho en Jesucristo para la redención del mundo. La iglesia vino a existir por la predicación, es sostenida por ella, y es extendida por ella.

El Papel de la Predicación

La predicación cristiana crece del hecho que el evangelio tiene un contenido conceptual que, si el evangelio debe tener su efecto completo, tiene que ser dicho, explicado y aplicado. Predicar es la explicación de las escrituras en tal forma que el evangelio viene a la vida a los oyentes, llamándolos a responder en fe. Por consecuencia, es informativa e invitante. Siempre que consigue su objetivo, el regalo de la gracia divina es revelado a los corazones y mentes de los oyentes, atrayéndolos al evangelio eterno que ha tomado vida en un acontecimiento verbal en su propio tiempo y lugar.

Debido a que el evangelio es para la persona completa, la Predicación Cristiana, en su mejor forma, apela al corazón y a la mente de igual forma. Como dice James Stalker acerca de Pablo, "Cristo fue entronado en... [su] intelecto no menos que en su corazón."[1] Cuando este es el caso, casi de seguro tales predicadores, a su vez, apelarán a la totalidad de la persona cuando prediquen.

A la luz del entendimiento contemporáneo, en vez de hablar acerca de la mente y el corazón, hablamos del hemisferio izquierdo y derecho, siendo el izquierdo para las ideas abstractas y el derecho para imágenes e historias. El izquierdo es más intelectual, el derecho más emocional. Un teólogo contemporáneo, James I. Packer, ha observado que la buena comunicación involucra ambos lados del cerebro. Él apunta a C. S. Lewis, John Bunyan, y por encima de todos, a Jesucristo como poderosos comunicadores porque, en términos de terminología contemporánea, era personas que usaban ambos hemisferios de su cerebro "quienes vinculaban afirmaciones (enseñanzas, exposición, argumentos) con imágenes (retratos, analogías, historias) de tal manera que cada uno daba viveza, credibilidad y profundidad de visión de la realidad proyectada por el otro."[2]

El Predicador como Intérprete de la Narración de la Biblia

Los predicadores tienen una responsabilidad multifacética con la comunidad cristiana. En primer lugar, es un intérprete de la narración de la Biblia. A menos que la integridad de tal narración sea mantenida, los pasajes aislados de la Biblia son fácilmente malentendidos y frecuentemente se hace mal uso de ellos. La primera responsabilidad del predicador cristiano es mantener la forma de la historia bíblica ante su pueblo de manera que pueda desarrollar apreciación por la historia bíblica completa en vez de simplemente asirse de pedazos y piezas que encuentran flotando en un mar de desconexión caótica. P. T. Forsyth, en sus Conferencias de Yale acerca de la Predicación, comenzando este siglo, llamó a la Biblia en si misma el más grandioso sermón del mundo.[3]

El predicador cristiano conoce el sermón de la historia de la Biblia tan bien que es capaz de desarrollar resúmenes exactos de ella para el beneficio del pueblo de Dios. Un ejemplo de este tipo de predicación es el sermón de Esteban en Hechos 7 en el cual revisa la historia de Israel llevándola hasta la venida de Cristo. Fue una versión condensada del mucho más extenso sermón de la historia de la Biblia.

---

1 James Stalker, *The Preacher and His Models* (New York: A. C. Armstrong and Son, 1903), p. 194.
2 James I. Packer, *Christianity Today,* Nobiembre 11, 1991, p. 15.
3 P. T. Forsyth, *Positive Preaching and Modern Mind* (London: Hodder and Stoughton, 1907), p. 10.

El Predicador como Exegeta Textual

En segundo lugar, es un exageta textual, uno que "dirige" el significado de un pasaje de la Biblia dado. Este trabajo requiere de una erudición cuidadosa. Dado que la Biblia viene a nosotros desde otra época, estamos por tal motivo separados por diferencias de lenguaje, cultura, historia y conocimiento de la palabra. Existe un gran abismo entre el mundo antiguo de la Biblia y el nuestro.[4] Los textos, por lo tanto, no son necesariamente entendibles de inmediato. De hecho, si el predicador no conoce la Biblia en términos de su contexto antiguo, puede encontrarse predicando textos que, mientras son las palabras verdaderas de la Biblia, no son las ideas de los textos mismos. Por lo tanto, lo que superficialmente parece ser un sermón bíblico puede no ser en realidad un mensaje bíblico. Siempre que un predicador desenrede un pasaje separándolo de su contexto literario/cultural, el tejido conceptual del mensaje bíblico está en esta instancia rasgado y separado. En tal caso, el pasaje es mutilado en vez de explicado e interpretado. Por tanto, los predicadores, necesariamente necesitan ser estudiantes de la Biblia, una responsabilidad que reclama preparación disciplinada y estudio contínuo.[5]

El Predicador como Heraldo del Evangelio

En tercer lugar el predicador cristiano es un heraldo del evangelio. Pablo escribe en Romanos 10:14–15:

> ¿Cómo, pues, invocarán a aquel en el cual no han creído? ¿Y cómo creerán en aquel de quien no han oído? ¿Y cómo oirán sin haber quien les predique [*kērussontos*, es decir aquel que es heraldo]? ¿Y cómo predicarán [*kērux*, es decir ser heraldos] si no fueren enviados? Como está escrito: ¡Cuán hermosos son los pies de los que anuncian la paz, de los que anuncian buenas nuevas [*euanggelidzō*, es decir, proclamar las gratas noticias]!

En la frase final de arriba, el énfasis en la buenas nuevas es acentuado doblemente por la adición en el texto griego de la palabra *agatha*, que significa cosas buenas. El versículo transliterado más literalmente podría ser: "¡Qué hermosos son los pies de aquellos que proclaman las buenas nuevas acerca de las cosas buenas!"

Por definición los profetas del juicio final no son predicadores cristianos, porque para ser un predicador verdaderamente cristiano hay que ser un heraldo de las buenas nuevas de salvación de Dios en Jesucristo. En Cristo siempre hay esperanza. Incluso en el sermón más severo del predicador de juicio, el mensaje del triunfo de Cristo sobre el pecado, Satanás, y la tumba debe ser establecido con claridad, si en verdad está siendo

---

4 Consulte John R. W. Stott, Between *Two Worlds: The Art of Preaching in the Twentieth Century* (Grand Rapids: Eerdmans, 1982).

5 Consulte James Earl Massey, *The Responsible Pulpit* (Anderson, Ind: Warner Press, 1974).

fiel a su llamado como predicador cristiano. Un mensaje que no ofrece la esperanza cristiana no es un mensaje cristiano.[6]

El Predicador como Exhortador Profético

En cuarto lugar, es un exhortador profético. Observa las circunstancias presentes a la luz de la revelación de Cristo y da una mirada en el futuro en esta misma luz. Fue por contemplar la gloria de Cristo que Juan en Patmos fue capaz de discernir los poderes demoníacos obrando en el mundo. No fue un asunto de que él estaba viendo a Cristo a la luz de los eventos de su día, sino viendo los eventos de su día a la luz de Cristo.

Ser un exhortador profético no requiere más estudio intenso del mundo, sino más adoración con amor hacia Cristo. Cuando el predicador fija sus ojos en Jesús, las evidencias de poderes antagónicos y destructivos—ya sea en el mundo, en la iglesia, o en uno mismo—se hacen más fácilmente discernibles que nunca. Habiendo discernido estos poderes foráneos, se convierte en un portavoz a nombre del Cristo viviente el cuál venció sobre ellos.

El Predicador como Narrador de Historias en Parábola

Primero, el predicador cristiano es un narrador de historias en parábola. Está instruido por las parábolas de Jesús. Por tanto, nos dice historias para ilustrar una moraleja o lecciónes espirituales. Él no nos dice historias desde el púlpito en aras meramente de entretener al pueblo de Dios. Si no que busca desdoblar la verdad de Cristo y los secretos del Reino de modo que los oyentes puedan ser traídos cara a cara con las afirmaciones del evangelio. Las parábolas de Jesús sobre el Reino no fueron jocosidades devocionales con un mínimo de contenido conceptual; en vez de ello, fueron medios para comunicar profundas verdades acerca del Reino de Dios.

Conforme el predicador cristiano perfecciona sus habilidades de narración de historias por parábolas, también necesita mantenerse aumentando su entendimiento conceptual del Reino; de otro modo, las historias pueden ser extremadamente adelgazadas doctrinalmente, y posiblemente incluso heréticas o en el mejor de los casos por debajo de las normas cristianas. Es crucial para nosotros tener en mente que nuestro Señor, el narrador de parábolas, era nada menos que el Verbo eterno hecho carne. En vida encarnada—¡emocionante historia que fue!—él fue, sin embargo, el eterno significado, concepto, idea y mensaje de Dios. Su vida no sólo fue una interesante historia; fue una historia con un contenido conceptual eterno. Más aún, las parábolas que dio durante su ministerio fueron nada menos que la sabiduría de la eternidad, la doctrina del Reino, y la enseñanza de la nueva vida.

Por tanto, sigue que de acuerdo con nuestro Señor, los predicadores y narradores de parábolas deben ser ávidos estudiantes de la verdad de todas las edades. Nos referimos a verdadero contenido, no entretenimiento.

---

6 Consulte W. Norman Pittenger, *Proclaiming Christ Today* (Greenwich: Seabury, 1962).

Ya que esta forma de predicación es tan atractiva para los oyentes, aquellos quienes sobresalen en ello tienen una obligación aún más grande de ser estudiantes serios de la Palabra y entregados al estudio de la doctrina cristiana. Nada menos que el maestro de la parábola Phillips Brooks sostiene que históricamente aquellos predicadores que "se han movido y sostenido a hombres siempre han predicado doctrina. Ninguna exhortación a una buena vida que no pone detrás de ella de algo de verdad tan profunda como la eternidad, podrá aferrar y sostener la conciencia."[7] La narración de historias, entonces, nunca debe ser vista como una alternativa a la vida intelectual, sino como una expresión de ella.

El Predicador como un Sabio Reflector de la Condición Humana

En sexto lugar, el predicador cristiano es un sabio reflector de la condición humana Como alguien que se mantiene en medio de la comunidad de la fe, tiene una oportunidad especial de estar en contacto con la vida multidimensional de la gente bajo su cuidado. Al reflejar la luz del evangelio en sus necesidades y retos, valores y perspectivas, fortalezas y debilidades, está en posición de dirigirse a ellos sobre la base de ricos recursos de fe bíblica y haciendo esto, habla una palabra que puede ser particularmente relevante a sus circunstancias. Predica de tal forma que la gente es introducida a recursos de la fe que, mientras están ahí todo el tiempo, estaba esperando a un predicador pastoral sensible para hacerlos entendibles y aplicables. Presenta verdad eterna en una forma que no sólo confronta al pueblo de Dios sino también los confronta a ellos. Su mensajes alimenta a aquellos que son maduros en la fe y reta a aquellos que son inmaduros.

En esto último, por supuesto, a menudo engendra dificultad en la vida de la iglesia y requiere gran madurez, sabiduría y sensibilidad de parte del predicador. Lo que dice puede bien ser un llamado a cuestionar el entendimiento sostenido generalmente en la congregación. Estar dispuesto a reflejar la fe en una forma que desafíe a la gente a cambiar ideas inadecuadas y prácticas erróneas puede requerir de valentía de su parte. Ciertamente, tales desafíos pueden llevar a la resistencia de parte del pueblo de Dios, pero como Charles Jefferson una vez aconsejó a sus alumnos, "no es valentía, sino falta de sensatez, lo cual generalmente pone a los predicadores en problemas."[8] Y continúa diciendo:

> La persona común como regla general no está indispuesto a escuchar nuevas concepciones que han mostrado ser razonables; pero el hombre que hace pedazos su vieja verdad con un risa entre dientes y lo acuña con un grito de alegría, de seguro será resistido. No está en la naturaleza humana saborear las declaraciones reiteradas y con un regocijo maligno de que casi todas las creencias antiguas de uno eran falsas y tontas. Si un hombre ha trabajado realmente en su caminar hacia concepciones más amplias y más nobles, permítanle dar su nueva visión en tal forma que la iglesia sea edificada y fortalecida.[9]

---

7 Phillips Brooks, *Lectures on Preaching* (New York: E. P. Dutton and Company, 1877), p. 129.
8 Charles E. Jefferson, *The Building of the Church* (New York: Macmillan, 1911), p. 31.
9 Ibid.

Un sabio reflector de la condición humana, el predicador cristiano gana los corazones de la gente haciendo que sea claro y transparente que habla como uno de ellos en una común humanidad y como uno de ellos en la fe común. Forsyth habla de la importancia de las "franqueza y espontaneidad de la vida común. El predicador no está aquí para asombrar a la gente con lo que no se ha escuchado. está aquí para revivir en ellos lo que ellos ya han escuchado por mucho tiempo."[10]

La Naturaleza Multidimensional de la Predicación Cristiana

La Predicación Cristiana, entonces, es entendida aquí como interpretación de la narración de la Biblia, exégesis textual, proclamación del evangelio, exhortación profética, narración de parábolas y reflexión sabia. El propósito de establecer estas categorías no es para decir que los predicadores cristianos tienen un menú de posibilidades de las que pueden seleccionar y esocoger lo que tenga una atracción particular para ellos, sino para decir que la Predicación Cristiana es en el mejor de los casos multidimencional. En la medida que los predicadores están seriamente involucrados en el estudio de las escrituras e involucrados profundamente en la vida del pueblo de Dios, en esa misma medida su predicación reflejará todas las seis dimensiones establecidas aquí. La ausencia de cualquiera de estas tres (interpretación de la narración de la Biblia, la exégesis textual, y la proclamación del evangelio) traiciona a una deficiencia mayor en su involucramiento con la Escritura, y la ausencia de cualquiera de los últimos tres (exhortación profética, narración de parábolas, y reflexión sabia) traiciona una deficiencia mayor en su involucramiento en la vida del pueblo de Dios[11]

La Predicación Cristiana como una Manifestación Carismática

La Predicación Cristiana es, antes que nada, una manifestación carismática que transforma a algunos de los discípulos de Cristo en heraldos divinamente diseñados por Jesucristo. 1ª Timoteo 2:5–7 dice: Porque hay un solo Dios, y un solo mediador entre Dios y los hombres, Jesucristo hombre, el cual se dio a sí mismo en rescate por todos, de lo cual se dio testimonio a su debido tiempo. Para esto yo fui constituido predicador y apóstol (digo verdad en Cristo, no miento), y maestro de los gentiles en fe y verdad.

Y 2ª Timoteo 1:9–11 dice:

> quien nos salvó y llamó con llamamiento santo, no conforme a nuestras obras, sino según el propósito suyo y la gracia que nos fue dada en Cristo Jesús antes de los tiempos de los siglos, pero que ahora ha sido manifestada por la aparición de nuestro Salvador Jesucristo, el cual quitó

---

10 Forsyth, op. cit., p. 91.

11 Phillips Brooks toca este método balanceado para predicación efectiva cuando dice: "Si un perdicador no es un hombre de su época, en simpatía con este espíritu, su predicación falla. Él se imagina que la verdad ha crecido tan falta de poder. Pero no es la verdad la que ha fallado. Es el otro elemento, la persona... la gente prefiere ver hombres de edad avanzada que jóvenes en sus púlpitos, si tan sólo los hombres viejos les traen ambos elementos de la predicación: una fe que es eternamente verdadera y una persona que está en simpatía rápida y lista con su vida presente" op. cit., p. 29f.

la muerte y sacó a luz la vida y la inmortalidad por el evangelio, del cual yo fui constituido predicador [kērux], apóstol y maestro de los gentiles.

Romanos 12:6–8 comienza declarando que "teniendo diferentes dones, según la gracia [charis] que nos es dada" y luego enumera varios, entre los que se encuentran profecía, enseñanza y exhortación. También 1ª Corintios 12:1–11 habla de varios tipos de ministerio en la iglesia como manifestaciones del Espíritu. El versículo 4 se refiere a las variedades de dones [charismata], algunos de los cuales tienen que ver con hablar públicamente para el beneficio de toda la iglesia, es decir, la expresión de la sabiduría y la expresión del conocimiento (v. 8), la profecía y la interpretación de lenguas (v. 10). De acuerdo al versículo 7, "Pero a cada uno le es dada la manifestación del Espíritu para provecho."

Una manifestación carismática, predicación no depende de la ordenación de la iglesia del predicador a un cargo particular de responsabilidad. Siendo una manifestación carismática, es estrictamente un don vertical directamente de Dios; la iglesia no puede ni darlo ni quitarlo. La iglesia puede, a decir verdad, rechazarlo, pero si en el curso del tiempo la predicación prueba ser de Dios, la iglesia entonces habrá sufrido gran pérdida para su propio perjuicio. Por otro lado debe ser dicho que la iglesia debe ejercitar el don del discernimiento respecto a si la afirmación de alguien de ser dotado carismáticamente es de Dios; la mera afirmación no prueba la realidad. La Biblia reconoce la existencia de falsos profetas de quienes debe estar alerta para oponerse.[12]

Más aún, 1 Corintios 14:29 establece el principio de los profetas que deben sujetarse a profetas: "Asimismo, los profetas hablen dos o tres, y los demás juzguen." Nuevamente, en el versículo 32, Pablo dice a la iglesia que "Y los espíritus de los profetas están sujetos a los profetas".

La Predicación Cristiana como una Función Eclesiológica

La predicación cristiana no es sólo una manifestación carismática idealmente, también es una función eclesiológica. Es la forma normativa para que la iglesia hable de manera ordenada tanto a sí misma como al mundo. Forsyth lo explica bien cuando dice que el gran predicador de la historia es la iglesia, y que el primer asunto del predicador individual es permitir que la iglesia predique. "Él debe predicar a la iglesia desde el evangelio de modo que con la iglesia él pueda predicar el evangelio al mundo. Debe predicar a la iglesia que él también debe predicar desde la iglesia."[13] Y continúa diciendo,

> El predicador, por lo tanto, comienza con una iglesia de hermanos que concuerdan con él y que creen con él; y en este poder va a un mundo que

---

12 In Stalker, op. cit., La Disertación 5 está on "El Predicador Como un Falso Profeta" al inicio del cual, una colección de textos del Antiguo Testamento acerca de falsos profetas está dada en la anotación al márgen: Isa. 2:6; 28:7; 30:10–11; 47:13; 56:10–12; Jer. 2:8, 26; 4:9; 5:31; 6:14; 14:13–16; 18:18; 23:9–40 *(a locus classicus);* 26:8; 27:9, 16; 28; 29:8; Ezek. 12:24; 13 *(a locus classicus);* 14:9; 20:25; 21:23; 22:25, 28; Mic. 2:11; 3:5, 11; Sof. 3:4; y Zac. 10:2 y 13:2–4.

13 Forsyth, op. cit., p. 79.

ni concuerda ni cree con él. Lo que tiene que hacer no es exhibirse a sí mismo a la iglesia, ni forzarse a sí mismo en ella. Él se ofrece a ella en la fe semejante, como parte de su ofrenda común por el Espíritu Eterno a Dios.[14]

En una frase particularmente prometedora, Forsyth dice que predicar "es el Aleluya organizado de una comunidad ordenada."[15] Jefferson, más tarde un catedrático de Yale, resaltó el mismo tema cuando dijo que el predicador "es un órgano funcionando en un organismo, encontrando su vida en las relaciones vitales por las que está atado a otras vidas."[16] Continúa argumentando que el talento del predicador es sólo uno de los factores en el trabajo de predicar, el otro, de no menor importancia son los dones repartidos a la iglesia misma. "El sermón"—dice él—"no es la voz de un individuo aislado, sino la expresión de un cuerpo de hombres y mujeres bautizados en el nombre de Jesús." Hablando del papel de alimentación de la iglesia, menciona que el predicador no puede formarle a uno; en vez de eso, "está moldeado por el cuerpo de creyentes." No puede crecer en aislamiento. El es una planta dependiente de la atmósfera y el agua, ambas de las cuales son mayormente la creación del pueblo cristiano."[17]

Al grado que predicar es realmente una función eclesiológica debe realizarse por aquellos que han sido ordenados por la iglesia para la edificación de la iglesia y su testimonio ordenado al mundo. Predicar en este sentido es un trabajo comunal. Encontramos una metáfora de esto en Hechos 2:14 donde se reporta que el día de Pentecostés, Pedro "poniéndose en pie con los once, alzó la voz y les habló diciendo" es decir, las multitudes en las calles de Jerusalén. Los doce, representativos de todo el pueblo de Dios, permanecían de pié, como si fueran a predicar, aunque fue Pedro quien de hecho habló.

Lo que él dijo presumiblemente tuvo el respaldo de ellos, fue una esencia la palabra de ellos también, y fue estuvo bajo la supervisión inmediata de todos. Por lo tanto en el sermón de Hechos 2, mientras que no todos hablan individualmente, todos hablan grupalmente a través de Pedro.

Luego del sermón, los oyentes, de acuerdo al versículo 37 "dijeron a Pedro y a los otros apóstoles: Varones hermanos, ¿qué haremos?" (énfasis añadido). Esta pregunta fue dirigida a todos los apóstoles. Más aún, en el v. 42 se nos dice que los convertidos " perseveraban en la doctrina de los apóstoles, en la comunión unos con otros" (énfasis añadido). No fue al sermón de Pedro, ni a Pedro como una persona a quien se entregaron, sino a la comunidad de la fe y al mensaje colegial. La predicación era comunal; la conversión era comunal; el discipulado era comunal; su nueva identidad era comunal; su vida continua en la fe era comunal.

---

14 Ibid., p. 93.
15 Ibid., p. 95.
16 Jefferson, op. cit., p. 4.
17 Ibid. p. 5.

Una concepción errónea moderna acerca de la iglesia y la predicación es que la iglesia es una asamblea alrededor de personas con dones carismáticos y que la predicación es una actividad de una persona dirigiéndose a otros que resulta gustarles su estilo o su contenido. Por consecuencia, la naturaleza grupal de la predicación apostólica se pierde y la naturaleza comunal del discipulado cristiano se distorsiona.

En la economía de Dios la comunidad cristiana debe dar a luz a sus predicadores, nutrirlos, y hacerlos responsables hacia el Cristo de la Escritura y a la sabiduría del Espíritu como se manifiesta en la historia de la iglesia. El papel de la iglesia es discernir el llamado de Dios a personas en particular emitiendo su propio llamado a aquellos creyentes que han recibido el llamado divino y para entrenarlos, ordenarlos y apoyarlos. La iglesia está edificada en la fe mediante el estudio de las Escrituras con sus predicadores, orando con y por ellos, y luego escuchándolos bajo la autoridad final de enseñanza del Cristo de la Escritura.

Cuando los predicadores de la iglesia predican la verdad, es la voluntad de Dios que todo el pueblo de Dios esté apoyándoles. Cuando, al escuchar la predicación del evangelio las personas se convierten, es sólo el pueblo de Dios quien puede de hecho recibirlos en la congregación de la iglesia. Cuando los convertidos se comprometen a sí mismos a la vida continua de discipulado cristiano, es el pueblo de Dios quien es responsable de ellos y es la congregación de toda la iglesia a quien ellos deben estar entregados.

La Predicación Cristiana como un Sacramento Cristológico

Predicar es un don carismático a la iglesia, una función eclesiológica de la iglesia, y un sacramento cristológico con la iglesia. A su vez ahora examinamos cómo la predicación puede traer la gracia de Dios cerca de nosotros.

Un sacramento es un medio por el cual la gracia de Dios se pone a disposición de la gente. En el Nuevo Testamento, Jesucristo es el sacramento de una vez y para siempre, ya que es en Él y a través de Él solamente, que la gracia de Dios está disponible para nuestra salvación: "Y en ningún otro hay salvación; porque no hay otro nombre bajo el cielo, dado a los hombres, en que podamos ser salvos." (Hechos 4:12). A nada ni a nadie, entonces, deberá permitírsele de ninguna otra forma competir con la persona de Cristo.

Sin embargo, hay varios medios por los cuales este sacramento de gracia es comunicado a los humanos, del cual la predicación es el jefe. En que comunica a Cristo, en este sentido, predicar es sacramental. El peligro, por supuesto, es que un medio para experimentar a Cristo termine siendo desconectado de Cristo y venga a ser visto como que tiene poder en si mismo; este es el pecado del sacramentalismo. En el sacramentalismo, uno se concentra tanto en la forma externa que la persona de Cristo quien siempre está más allá de la forma, es tratada como si Él estuviera ligado a ella. Somos transformados por Cristo mismo, no por formas externas. Por ejemplo, uno puede estar entregado religiosamente a cierta tradición, práctica y doctrina de la Cena del Señor y aún así nunca haber experimentado el poder de conversión de Cristo mismo. O a uno podría gustarle la predicación y, de hecho, ser un conocedor de ella, concentrándose tan intensamente en el arte y ciencia de ella que se perdería el poder de conversión del Cristo vivo declarado en la misma. El sacramentalismo es el pecado no sólo de algunos Católicos Romanos, Anglicanos y Luteranos en la mesa del Señor; también es el pecado de algunos Presbiterianos, Evangélicos y Fundamentalistas frente al púlpito de los siervos del Señor.

Habiendo emitido esta advertencia, estamos en mayor libertad de decir que la predicación es un medio primario por el cual la gracia de Jesucristo se comunica tanto a convertidos como a no convertidos y para edificar a los creyentes. Pablo habló en Romanos 1:15 de su gran deseo de predicar el evangelio en Roma y agregó en el versículo 16 que el evangelio es "es poder de Dios para salvación a todo aquel que cree".

La predicación es el sacramento cristológico en el que la obra redentora de Cristo es manifestada en palabras habladas; a través del poder del Espíritu Santo, Cristo mismo está presente en la predicación del evangelio para perdonar, restaurar, santificar, enseñar y guiar. La Predicación es Cristo obrando en el mensaje de sus emisarios. Es la obra histórica de Cristo siendo extendida en el tiempo y el espacio. Es la presencia continua de Cristo bendiciéndonos con salvación. Es el Cristo exaltado obrando en las palabras de humanos de baja condición. Como Pablo dice: "Pero tenemos este tesoro en vasos de barro, para que la excelencia del poder sea de Dios, y no de nosotros," (2ª Cor. 4:7).[18]

Para Consideración Adicional

Parte I: Conferencias de Yale sobre Predicación

Virtualmente una biblioteca sobre Predicación Cristiana—incluyendo la teología de la predicación, preparación de la misma, metodología y su lugar en la vida de la iglesia se encuentra en las Conferencias de Yale sobre Predicación que datan de 1871.

Parte II: Historias de la Predicación

Consulte Edwin Charles Dargan, A History of Preaching (Una Historia de la Predicación), Vol. I y II; Ralph G. Turnbull, Vol. III (Grand Rapids, Baker, 1974); Paul Scott Wilson, A Concise History of Preaching (Una Historia Concisa de la Predicación) (Nashville: Abingdon, 1992). Para una historia y una teología, consulte Bernard Cooke, Ministry to Word and Sacraments (Ministerio a la Palabra y Sacramentos) (Philadelphia: Fortress, 1976).

---

18 Para un tratamiento integral de la predicación como puede ser llamada un propósito de "vasija de barro" consulte: David Buttrick, Homiletic: Moves and Structures (Philadelphia: Fortress, 1987).

11. El Ministerio en la Iglesia

Ser unos ministros es servir a las necesidades de los demás para su beneficio. En ese sentido Cristo Jesús es nuestro ministro eterno, y el Espíritu Santo prepara el camino para el ministerio de Cristo y lo extiende. Es con este enfoque centrado en Cristo que nos referimos al ministerio del Espíritu Santo.

La iglesia como un todo es ministrada por Dios a través de Cristo en el poder del Espíritu Santo, y a su vez, los ministros para Dios, unos a los otros y al mundo. La iglesia, es entonces, una congregación de ministros. Es un ministerio y tiene ministerios. La iglesia idealmente es un espíritu de ministerio que caracteriza a toda la congregación, e incluye varios cargos delcargos dentro de la congregación.

Cuatro Formas Básicas del Ministerio de la Iglesia

El Nuevo Testamento refleja cuatro formas básicas del ministerio de la iglesia. El primero es el de los doce originales—un ministerio creciendo de la respuesta del discipulado para el Señor encarnado con el propósito de establecer la iglesia. El segundo es el ministerio que resulta del trabajo del ministerio del Espíritu Santo y a través de las vidas de los creyentes como creyentes—un ministerio para la edificación general de la iglesia. El tercero es el ministerio que tiene lugar a través de personas específicamente escogidas no sólo por Dios sino también por otros para funcionar para el beneficio del pueblo de Dios como un todo—un ministerio para el buen orden, estabilidad, y continuidad histórica de la Iglesia. El cuarto es que las personas con vocaciones carismáticas de largo plazo quienes, aunque no sean designadas por otros inicialmente, vienen a ser honrados en el curso del tiempo por la iglesia como poseedores de un papel especial en la edificación de la iglesia.

El Ministerio de los Doce

Los doce apóstoles—los *dōdeka apostoloi* (Mat. 10; véase también Hechos 1:21–26; 2:14, 37, 42; 5:2; 6:1–6; 8:14; 11:1; 15)—fueron escogidos por Jesús mismo. Su calificación básica fue que ellos fueron seleccionados y entrenados por el Señor encarnado. Sin embargo, después de su ascensión, vino a necesitarse un diferente conjunto de calificaciones para escoger al reemplazo de Judas. En Hechos 1:21–22, Pedro especifica que el sucesor los debía haber acompañado durante todo el periodo "desde el bautismo de Juan hasta el día en que de entre nosotros fue recibido arriba..." Después de proponer dos nombres, los once oraron y echaron suertes, sin duda con el entendimiento que el echar suertes era la manera por la cual la voluntad divina sería revelada. La suerte cayó sobre Matías.

Los doce fueron históricamente el vínculo entre el Cristo encarnacional y la iglesia emergente de la fe de la resurrección. Su ministerio es visto en Apocalipsis 21:14 como el fundamento para la fe cristiana: "Y el muro de la ciudad tenía doce cimientos, y sobre ellos los doce nombres de los doce apóstoles del Cordero." Más aún, en Lucas 22:30, se habla de ellos diciendo que tienen un papel escatológico cuando como siervos de Jesús cuando Él dice "y os sentéis en tronos juzgando a las doce tribus de Israel".

Mientras que el cargo de los doce apóstoles es único en que ningún sucesor individual fue asignado al mismo (excepto Matías), esta función es realizada en el presente por la Biblia, por la iglesia como un todo, y por personas con un espíritu misionero. La Biblia ahora sirve como el vínculo literario básico entre Cristo—es decir, su historia religiosa como un Judío (el Antiguo Testamento), su ministerio encarnacional (particularmente los evangelios), y su presencia continua con la iglesia en sus inicios (el Nuevo Testamento)—y nosotros. Además, la iglesia, siendo repartidos dones con el Espíritu derramado el día de Pentecostés, ahora asume el papel de los doce puesto que se dirige a todos los pueblos con el evangelio.

Este papel apostólico de la iglesia con dones repartidos por el Espíritu es personalizado en personas en particular quienes ejemplifican en su propia pasión vocacional el ser enviados por la iglesia en el poder del Espíritu (es decir, misioneros como Pablo y tantos otros a través de la historia de la iglesia).[1] Ellos son lo que la iglesia como un todo es facultada a ser, aquellos enviados como misioneros para "hacer discípulos a todas las naciones" (Mat. 28:19) y a ser testigos "hasta lo último de la tierra. (Hechos 1:8). Son apóstoles en el sentido de que funcionan vocacionalmente y en el sentido en que la iglesia piensa acerca de ellos, pero no en el sentido de ser elegidos al colegio de los doce.

Que hubo otros en la iglesia del Nuevo Testamento quienes llenaron vocacionalmente el papel de apóstoles indicado por Hechos 14:14 donde tanto Bernabé como Pablo fueron referidos como apóstoles. También Romanos 16:7 puede indicar lo mismo: "Saludad a Andrónico y a Junias, mis parientes y mis compañeros de prisiones, los cuales son muy estimados entre los apóstoles, y que también fueron antes de mí en Cristo." La pregunta es si Andrónico y Junias por sí mismos fueron conocidos como apóstoles, o si esta es una referencia a otros conocidos como apóstoles con quienes los dos mencionados son asociados. En cualquier caso, es indicado un papel apostólico en la vida de la iglesia, a menos, por supuesto, que uno entienda que esto sea una referencia sólo a los doce, lo cual parece poco probable dado el entendimiento de Pablo de su propio apostolado.

---

[1] Consulte John Howard Schutz, *Paul and the Anatomy of Apostolic Authority* (Cambridge: Cambridge University Press, 1975). "La legitimidad de un apóstol recae en la combinación de su llamado a predicar el evangelio y si ha sido otorgada una visión de resurrección, pero para Pablo su autoridad tiene como su punto de inicio el llamado a prdicar. Toda la autoridad es posible sólo en base a que sea una extensión de su comisión original" p. 281.

El Ministerio de Todos los Cristianos [2]

La segunda forma básica del ministerio de la iglesia encontrada en el Nuevo Testamento es el de los creyentes como creyentes. Por virtud de ser receptores de la gracia transformadora de Dios, todos son beneficiarios de la gracia continua de Dios obrando en sí misma en ellos individualmente conforme ellos participan en la vida de la iglesia. Son los creyentes en general—y no un grupo especial dentro de la iglesia—a quien Pablo habla en Romanos 12:4–6a:

> Porque de la manera que en un cuerpo tenemos muchos miembros, pero no todos los miembros tienen la misma función, así nosotros, siendo muchos, somos un cuerpo en Cristo, y todos miembros los unos de los otros. De manera que, teniendo diferentes dones [*charismata*], según la gracia que nos es dada;

De forma similar, 1ª Corintios 12:4–7 es dirigido a todo el cuerpo de creyentes:

> Ahora bien, hay diversidad de dones [*charismata*], pero el Espíritu es el mismo. Y hay diversidad de ministerios [*diakonia*], pero el Señor es el mismo. Y hay diversidad de operaciones [*energēmata*], pero Dios, que hace todas las cosas en todos, es el mismo. Pero a cada uno le es dada la manifestación del Espíritu para provecho.

Después de enumerar varias manifestaciones en particular, Pablo dice en el verso 11: "Pero todas estas cosas las hace uno y el mismo Espíritu, repartiendo a cada uno en particular como él quiere." En el versículo 27 concluye: "Vosotros, pues, sois el cuerpo de Cristo, y miembros cada uno en particular"

El énfasis de estos dos pasajes está en que el miembro individual la encajando en la vida de la iglesia de tal forma que la edifica. La prioridad es en la totalidad del grupo, no en una gratificación individual. Las "charismata" son manifestaciones de la gracia de Dios en los creyentes individuales para el bienestar de todos.

O como Paul Fiddes, el Director de Regents Park College, en Oxford, y un teólogo sistemático Bautista británico, les llama "acto[s] del Espíritu de Gracia de Dios, creando un don para el servicio."[3] Estos tienen que ver primero que nada con lo que Dios desea hacer en la vida de la iglesia. En eso que Dios hace en las vidas de personas en particular se entiende como directamente relacionado a la edificación de la iglesia.

La pregunta de la más alta prioridad es ¿Cuáles son las necesidades de la iglesia? y no ¿Cuál es mi don? La actitud consistente con la primer pregunta es la voluntad de hacer la

---

2 Un excelente estudio bíblico de este tema es John Koenig, *Charismata: God's Gifts* (Philadelphia: Westminster, 1978).

3 Paul Fiddes, *A Leading Question: The Structure and Authority of Leadership in the* Local Church (London: Baptist Publications, n.d.), p. 19.

parte que a uno le toca para satisfacer esas necesidades. La actitud asociada con lo segundo puede ser aquella de inquietarse de si la iglesia le permitirá a uno utilizar su don.

Comenzamos en el punto equivocado cuando primero que nada buscamos descubrir "dones" dentro de nosotros aparte de la vida de la iglesia de la cual somos miembros. El enfoque de las escrituras es considerar las necesidades de la iglesia y luego considerar en oración cómo Dios quiere que lo usemos para cumplir con esas necesidades. Uno de los problemas de la iglesia de Corintio fue que algunos estaban tomando el enfoque ¿Cuál es mi don?. Pablo condenó este enfoque y les suplicó que tomaran el segundo enfoque, a saber, comenzar con las necesidades de la iglesia y proceder desde ahí. Su mensaje es que los "charismata" nunca son para placer individualista sino siempre para la edificación del grupo.

El argumento de Pablo en 1ª Corintios 12–4 es que no son los "dones" como tales que son cruciales sino la edificación de la iglesia. Al traducir charismata y pneumatika como "dones", uno puede pensar que Pablo está hablando acerca de algo dentro de nosotros que vamos a descubrir y usar. Estaríamos mucho más cerca del significado de Pablo si "charismata" fuera traducido como manifestaciones de gracia y pneumatika como manifestaciones del Espíritu. Tales traducciones se leerían como sigue:

> 12:1, "No quiero, hermanos, que ignoréis acerca de las manifestaciones del Espíritu [*pneumatika*]."

> v. 4, "Ahora bien, hay diversidad de manifestaciones de la gracia [*charismata*], pero el Espíritu es el mismo."

> v. 9, "a otro, fe por el mismo Espíritu; y a otro, manifestaciones de la gracia [*charismata*] de sanidades por el mismo Espíritu." (También en v. 28.)

> v. 30 "¿Tienen todos manifestaciones de la gracia [*charismata*] de sanidad?"

> v. 31 "Procurad, pues, las mejores manifestaciones de la gracia [*charismata*]."

> 14:1, "Seguid el amor; y procurad las manifestaciones del Espíritu [*pneumatika*], pero sobre todo que profeticéis."

> v. 12, "Así también vosotros; pues que anheláis asuntos espirituales [*pneumaton*], procurad abundar en ellos para edificación de la iglesia."

Traducir las palabras clave de esta forma nos ayuda a evitar un punto de vista individualista de los "dones" como si fueran algo en nosotros que poseemos, y refleja el énfasis de Pablo en el bienestar espiritual de la comunidad de la fe. Este énfasis se encuentra especialmente en el capítulo 13 donde la prioridad del amor es acentuada, así como en 14:1–5, donde se les da la primacía a la profecía y a la interpretación sobre las lenguas, porque los primeros edifican a la iglesia, mientras que el último por sí mismo no lo hace. En el versículo 12 del mismo capítulo da instrucciones explícitas acerca de sobresalir en edificar la iglesia, seguido de los versículos 13–19 con un testimonio personal acerca de su propio deseo de hablar claramente en público de modo que otros puedan decir el "amén" y ser edificados, en vez de hablar para meramente sentirse bien acerca de su relación privada con Dios. El versículo 26 vuelve a enfatizar el punto: "Hágase todo para edificación".

Pero ahora demos una mayor consideración al capítulo 12, que habla de la manifestación de tres facetas que se aproxima a la trinidad de Dios. Él asocia el *charismata* con el Espíritu; el *diakonia* con el Señor (¿Jesús? ¿Como en 2 Cor. 13:13?) y al *energēmata* con Dios (¿el Padre? ¿como en Ef. 4:6?). Sin embargo el énfasis no es en la función separada de cada uno de los tres, sino en la obra unitaria de Dios. Es el único Dios—Dios el Padre, Dios el Encarnado, Dios el Espíritu—quien está obrando en la vida de los creyentes en aras del bien de toda la iglesia. Por lo tanto no estamos libres de hablar de la repartición de dones del Espíritu para la edificación de la iglesia como si fuera la obra de un tercio del triuno Dios. En vez de eso, es el triuno Dios en toda la plenitud de Dios quien está obrando en la vida de la iglesia para su edificación.

En Efesios 4:4–7, vemos este mismo énfasis en el único Dios obrando para el bienestar de la única iglesia:

> un cuerpo, y un Espíritu, como fuisteis también llamados en una misma esperanza de vuestra vocación; un Señor, una fe, un bautismo, un Dios y Padre de todos, el cual es sobre todos, y por todos, y en todos. Pero a cada uno de nosotros fue dada la gracia conforme a la medida del don de Cristo.

Es en cada y a través de cada cristiano que Dios en toda su plenitud de Dios está obrando en la iglesia con el propósito de completar la divina misión revelada en Cristo. El *charismata* son las evidencias de que esta obra divina está teniendo lugar en la vida de la iglesia.[4]

El Ministerio de los Cargos en la Iglesia

La tercera forma básica de ministerio encontrada en el Nuevo Testamento requiere un compromiso humano y está relacionado a cargos particulares de responsabilidad. Thomas Oden define un cargo como "una posición de confianza, una función de servicio asignado, con deberes especificados y autoridad."[5] El Nuevo Testamento nos presenta con al menos dos cargos de estos.

El primero es el presbítero o anciano (*presbuteroi*). En el Concilio de Jerusalén, ellos jugaron un importante papel junto con los doce apóstoles (ver Hechos 15:2, 4, 6, 22, 23). Ellos, junto con los apóstoles, tuvieron la supervisión de la iglesia.

---

4 Consulte Hans Küng, "The Continuing Charismatic Structure," *Theological Foundations for Ministry,* ed. Ray S. Anderson (Grand Rapids: Eerdmans, 1979), pp. 458–489.

5 Thomas C. Oden, *The Word of Life: Systematic Theology:* Volumen Dos (San Francisco: Harper and Row, 1989), p. 20.

1ª Timoteo 3:1–7 y Tito 1:5–9 establecen calificaciones para los presbíteros, llamados *episcopoi* en ambos pasajes pero en Tito también se llaman *presbuteroi*. Fiddes comenta: "Este [*episcopoi*] es un título griego para el liderazgo tomado de la sociedad Greco-Romana ... y ahora estos líderes son idénticos con el *'presbuteroi'* (ancianos) que es un título Judío derivado del liderazgo en la sinagoga (1 Tim. 3:1, 5:17, Tito 1:5–7)."[6] El listado de calificaciones adicionales para el *episcopoi/presbuteroi* significa que la repartición de dones carismáticos no era suficiente para sostener tal cargo ministerial.

La importancia más extensa de este cargo está indicada por el hecho de que no fue sólo en la iglesia de Jerusalén la que tenía *presbuteroi* sino otras también: la iglesia de Éfeso (consulte Hechos 2:18 y 21:18) y la iglesia de Filipos (consulte Fil. 1:1). Adicionalmente, Hechos 14:23 habla de Pablo y Bernabé designando presbíteros (es decir, ancianos) "en cada iglesia", y en Tito 1:5, Pablo instruye a Tito a que "establecieses ancianos en cada ciudad".

basados en las referencias del Nuevo Testamento, concluimos que:

1. el *presbuteroi* y el *episcopoi* son lo mismo (es decir, Tito 1:5 y 7 usan las dos palabras intercambiándolas);

2. el papel es de una supervisión espiritual de la iglesia así como cuidado pastoral (consultar Santiago 5:14);

3. algo pero no todo que "trabajan en predicar y enseñar." (1 Tim. 5:17);

4. es un cargo de liderazgo hacia el que uno debiera moverse de una manera intencional (1ª Tim. 3:1) y recibir una remuneración financiera (5:18);

5. es un cargo de pastorear ovejas bajo Jesucristo, el pastor supremo de la iglesia (1a Pe. 5:1–5);

6. la iglesia en la era del Nuevo Testamento reconocía la necesidad de *episcopoi/presbuteroi* con el propósito de edificar la iglesia en la fe apostólica (consulte Tito 1:9).[7]

Como la palabra *episcopos*, que significa supervisor, lo indica, el papel primario de los presbíteros era el de supervisar. 1ª Timoteo 3:5 habla de que ellos tienen la responsabilidad de tener cuidado de la Iglesia de Dios.

En la historia subsiguiente de la iglesia, el *presbuteroi* y el *episcopoi* fueron separados en dos cargos diferentes, aquel siendo responsable de la congregación local y este, de varias congregaciones. Sin embargo, en el Nuevo Testamento por si mismo no hay indicación de tal separación, los dos se refieren al mismo cargo de responsabilidad,

---

6 Fiddes, op. cit., p. 29.
7 Otras referencias a *presbuteroi son* Hechos 11:30; 16:4; 1 Tim. 5:19; 2 Juan 1; 3 Juan 1; Ap. 4:4; 4:10; 5:5–14; 7:11–13; 11:16; 14:3; 19:4.

una posición devuelta por la línea línea Reformada/Presbiteriana de la reforma del siglo XVI.

Sin embargo, habiendo dicho eso es verdad que incluso en el Nuevo Testamento hay dos quienes proporcionan supervisión primordialmente a la congregación local y estos dos brindan supervisión de varias congregaciones. Por ejemplo, mientras que a Pablo nunca se le refiere como un "episcopos", él supervisa el bienestar espiritual de varias congregaciones. El Nuevo Testamento también proporciona evidencia, como en el caso de las epístolas pastorales, de que hay supervisión para personas tales como Timoteo y Tito, quienes por sí mismos estaban encargados con la responsabilidad de supervisión espiritual.

En cuanto a Pablo se refiere, su ministerio de supervisión es estrictamente un ministerio carismático en el sentido que ningún cuerpo de cristianos de hecho le designó para tal cargo. Es otra instancia de la obra del Espíritu en la iglesia con el propósito de cumplir sus necesidades. Evidentemente, la iglesia necesitaba personas que pudieran y brindaran supervisión espiritual no sólo a varias congregaciones, sino también a "Timoteos y Titos". Tal supervisión ayudó a evitar que las congregaciones diseminadas y sus líderes se desconectaran unas de las otras. En la historia de la iglesia, incluso aquellas iglesias que son más fervorozamente independientes descubren con el curso del tiempo la importancia de tener algún líder espiritual desde el exterior de la congregación local que cuide de ellas y que sea capaz de ministrarles. El Nuevo Testamento no conoce nada acerca de la independencia radical y de autonomía local absoluta. Su énfasis es en verdad en la dirección opuesta, enfatizando los lazos y la unidad entre los fieles.

La segunda categoría de ministerios requieren compromiso de un cargo en particular de responsabilidad es el de los diáconos, *diakonoi* (es decir, servidores, ministros, asistentes). Las calificaciones para sostener este cargo están establecidas en 1ª Tim. 3:8–13.

Pablo, en el saludo de Filipenses 1:1 incluye el *diakonoi* junto con el *episcopoi*. Son dadas instrucciones especiales acerca de un diácono en Romanos 16:1–2 donde Pablo dice:

> Os recomiendo además nuestra hermana Febe, la cual es diaconisa de la iglesia en Cencrea; que la recibáis en el Señor, como es digno de los santos, y que la ayudéis en cualquier cosa en que necesite de vosotros; porque ella ha ayudado a muchos, y a mí mismo.

También, aunque ellos no eran llamados diáconos en el texto, los siete que fueron comprometidos para tomar cargo de la distribución diaria de alimentos en la iglesia de Jerusalén (consulte Hechos 6:1–6) ciertamente funcionaron como tales en el servicio de la iglesia local.

Una de las bases de la etimología de la palabra misma, significa servicio o ministerio, y basándose en la referencia de la diaconisa Febe, así como a los siete de Jerusalén, concluimos que el cargo de diácono era el de servir en la vida de la iglesia para conducirse "decentemente y con orden". Como pasó con Febe, los diáconos eran "benefactor[es] de muchos".

Mientras que todos los miembros de la iglesia son llamados a ser siervos ministrando, algunas responsabilidades necesitan ser asumidas por aquellos que están específicamente designados para tareas en particular. Entonces, la designación de diáconos es la manera en que la iglesia tiene de garantizar que los ministerios que deben tener lugar en la vida de la iglesia, en realidad se lleven a cabo.[8]

Mientras que el cargo apostólico fue primordialmente fundacional y constitutivo, el cargo episcopal/presbiterial es primordialmente pastoral, interpretativo, administrativo, y preocupado con la supervisión espiritual; y el cargo de diácono es primordialmente para el bien de la vida ordenada de la congregación local.

Los ministerios de los cargos de la iglesia, por su misma naturaleza, requieren que sea dada especial atención tanto a su preparación como a los procedimientos de ordenación de la iglesia relacionados con ellos. Mientras que el Nuevo Testamento no da una guía para la preparación de sus oficiales ministeriales, está claro que la repartición de dones carismáticos no es suficiente. De acuerdo con 1ª Timoteo 3 y Tito 1, quienes posean un cargo necesitan ser sólidos espiritualmente, puros éticamente, estables emocionalmente, comprometidos con sus responsabilidades familiares, dignos de confianza, capaces de llevar un liderazgo doméstico y de la iglesia, maduros por experiencia, juicioso, conocedores de la fe histórica, y capaces de enseñarla. Mientras que la preparación para los cargos de la iglesia es ordenada bíblicamente, la forma que tal preparación lleva, difiere de un lugar a otro y de época en época. El modo de preparación y sus requerimientos específicos deben provenir de la experiencia colectiva y de la sabiduría de la iglesia.

En los Estados Unidos, por ejemplo, la sabiduría colectiva de la iglesia generalmente requiere de un grado de estudios de maestría en divinidades, lo que típicamente representa tres años de estudio después de la licenciatura. Mientras que no hay nada sacrosanto acerca de este modo de preparación, esto no brinda una estructura formal de preparación para el ministerio con ordenación. Da la oportunidad para que las personas maduren emocionalmente, estén bajo supervisión intensiva, obtengan una perspectiva histórica, estén mejor informados acerca de las escrituras, critiquen revisen y formulen sus concepciones de la fe, desarrollen sistemas de apoyo a las universidades, para adquirir habilidades ministeriales adicionales, para probar su sentido del llamado y expandir su conocimiento de los trasfondos en los que pueden estar ministrando.

El documento "El Bautismo, Eucaristía y Ministerio" dice correctamente:

> Los candidatos para el ministerio ordenados necesitan una preparación apropiada a través del estudio de la Escritura y la teología, oración y

---

8 Consulte Thomas F. Torrance, "Service in Jesus Christ," *Theological Foundations for Ministry,* ed. Ray S. Anderson (Grand Rapids: Eerdmans, 1979), pp. 714–733.

espiritualidad, y a través de estar relacionados con las realidades sociales y humanas del mundo contemporáneo. En algunas situaciones, esta preparación puede tomar una forma distinta que el prolongado estudio académico. El periodo de entrenamiento será uno en el que sea probado, fomentado y confirmado el llamamiento del candidato, o su entendimiento sea modificado.[9]

La preparación adecuada del ministerio ordenado requiere repartición de dones carismáticos, madurez emocional y espiritual, un llamamiento divino y estudios exhaustivos—todos los cuatro. No es cuestión de uno o dos o tres, sino de todos los cuatro. Siempre que la iglesia impone las manos[10] de ordenación en una persona cuya preparación en *cualquiera* de estos cuatro componentes está faltando, lo hace bajo su propio gran riesgo.[11]

El Ministerio de las Vocaciones Carismáticas de Largo Plazo

El Nuevo Testamento nos presenta una cuarta forma de ministerio, el cual es el de las vocaciones carismáticas de largo plazo. Tales personas trabajan para el esparcimiento del evangelio y para la edificación de la iglesia pero lo hacen sin haber sido comprometidos inicialmente por la iglesia a cargos particulares de responsabilidad. Los ministerios que tales personas tienen son mucho más vocacionalmente específicos que los de las expresiones carismáticas generales manifestadas en la vida diaria de la iglesia.

Pablo es un ejemplo de esta forma de ministerio. Claramente, él no fue asignado para hacer este trabajo en la iglesia; de hecho, la evidencia apunta en la dirección opuesta, es decir, que la iglesia establecida tuvo dificultad en aceptar la manifestación de la gracia en su vida (consulte Hechos 9:26 y Gál. 1:11–17). En su lucha para ser aceptado, vemos la tensión que existe a menudo entre ministerios que son repartidos con dones carismáticamente pero sin una asignación eclesiástica, y los ministerios que requieren asignación eclesiástica. No sólo lo vemos entre Pablo como líder carismático y los doce apóstoles quienes sostenían cargos especiales de responsabilidad en la iglesia de Jerusalén, sino también entre Pablo y los carismáticos en la iglesia de Corintio. La situación había cambiado drásticamente: mientras que en la primera instancia, Pablo era el carismático algo defensivo, en la segunda, él estaba mucho en la ofensiva con el propósito de corregir a los carismáticos.

---

9 *Baptism, Eucharist and Ministry,* Artículo de la Fé y el Orden Núm. 111 (Geneva: World Council of Churches, 1982), p. 31. Consulte Para Consideración Adicional.

10 Mientras que Hechos 14:23 habla de que Pablo y Bernabé establecieron (*cheirotonien*) ancianos en las iglesias, la mayoría de las referencias de ordenación son imponer las manos, visto en los textos básicos como un servicio de comisión a una asignación específica (Hechos 6:6 y 13:3) un servicio de reconocimiento del llamado de Dios a las personas (13:2-3) y como un servicio de otorgamiento carismático (1 Tim. 4:14; 2 Tim. 1:6).

11 Un ejemplo de la sabiduría colectiva de la iglesia acerca de la amplia gama de preparación es el *Readiness for Ministry Project* realizado por la Asociación de Escuelas Teológicas en los Estados Unidos y Canadá: Vol. I, "Criterio," 1975; Vol. II, "Valoración," 1976.

Más aún, no es otro más que Pablo quien hace progresos enseñando que la iglesia necesita la estabilidad de que quienes sostienen cargos sean más que carismáticos, ya que en 1ª Tes. 5:12–13a, él exhorta respeto por aquellos que tienen cargos de supervisión espiritual:

> Os rogamos, hermanos, que reconozcáis a los que trabajan entre vosotros, y os presiden en el Señor, y os amonestan; y que los tengáis en mucha estima y amor por causa de su obra.

La experiencia de Pablo de repartición de dones carismáticos es instructiva para nosotros que continuamente tratamos con esta realidad de una época a otra. Estas reparticiones de dones vinieron no de seres humanos sino directamente de Dios; fueron usados para la extensión de la iglesia y para su edificación; tomaron forma como una vocación divina. En el curso del tiempo estos ministerios carismáticos orientados vocacionalmente fueron reconocidos por los oficiales del ministerio y por la iglesia en general como verdadera de Dios.

Su sentido del llamamiento divino y su lucha por ser reconocido por los oficiales del ministerio de la iglesia se mencionan en Gálatas 1:1–2:10. En 1:1, él comienza con las palabras: "Pablo, apóstol (no de hombres ni por hombre, sino por Jesucristo y por Dios el Padre que lo resucitó de los muertos)," En los versículos 15–16 él expresa sus afirmaciones incluso más fuertemente cuando dice, "Pero cuando agradó a Dios, que me apartó desde el vientre de mi madre, y me llamó por su gracia, revelar a su Hijo en mí, para que yo le predicase entre los gentiles, no consulté en seguida con carne y sangre," En 2:9, sin embargo, él testifica a su eventual reconocimiento por parte de los oficiales del ministerio: "y reconociendo la gracia que me había sido dada, Jacobo, Cefas y Juan, que eran considerados como columnas, nos dieron a mí y a Bernabé la diestra en señal de compañerismo, para que nosotros fuésemos a los gentiles, y ellos a la circuncisión."

En el curso del tiempo, no sólo fue reconocido el llamamiento de Pablo por los oficiales del ministerio, sino, aún más importante, por la iglesia en general. Hechos 13 nos habla sobre la iglesia en Antioquía comisionando a Bernabé y a Pablo para el servicio misionero. Los versículos 2 y 3:

> Ministrando éstos al Señor, y ayunando, dijo el Espíritu Santo: Apartadme a Bernabé y a Saulo para la obra a que los he llamado. Entonces, habiendo ayunado y orado, les impusieron las manos y los despidieron.

El reconocimiento por parte de la iglesia en general fue, por supuesto, más amplio que la imposición de manos de Antioquía. En 2ª Pedro 3 no solo se le refiere como a "nuestro amado hermano" (v. 15), sino que a sus escritos ya se les refiere como Escritura (v. 16).[12] La inclusión eventual de sus escritos en las Escrituras de la iglesia fue la forma suprema de reconocimiento.

---

12 2 Pedro 3:15–16: "Y tened entendido que la paciencia de nuestro Señor es para salvación; como también nuestro amado hermano Pablo, según la sabiduría que le ha sido dada, os ha escrito, casi en todas sus epístolas, hablando en ellas de estas cosas; entre las cuales hay algunas difíciles de entender, las cuales

Dos Dimensiones Necesarias en la Vida de la Iglesia

Las diferentes formas de ministerio en la vida de la iglesia del Nuevo Testamento apuntan a dos dimensiones necesarias en la vida eclesial, una es la dimensión dinámica con su énfasis en la inmediatez de Dios obrando, y la otra es la dimensión de estabilización con su énfasis en la continuidad en la vida de la iglesia. Como George Montague hace la observación, la distinción entre los dos, como si fueran dos tipos diferentes de iglesias cada una separada de la otra "es una invención moderna que no se encuentra en el Nuevo Testamento."[13]

La realidad en general se caracteriza por las mismas dimensiones. El mundo como lo conocemos es tanto dinámico como estable. Es dinámico en el sentido que sucede lo inesperado; es estable en el sentido que podemos contar con que es lo suficientemente constante para hacer planes para el futuro y realizarlos.

Ciertamente, el Dios que conocemos en la Biblia es tanto dinámico como estable. Como el misterioso, Dios nos sorprende. Como quien es fiel, podemos contar con Dios.

El Dios estable de los antiguos hebreos es también el Dios dinámico quien hace todas las cosas nuevas (Ap. 21:5). El Dios fiel de Abraham también es el Dios que sorprendió a Abraham y a Sara con las noticias de que iban a tener un hijo, sorprendió a Moisés en la zarza ardiente, y sorprendió al mundo en la encarnación inesperada que tenía que ver con un bebé en un pesebre en Belén y un hombre muriendo en una cruz en Jerusalén. Las promesas seguras de Dios fueron cumplidas por el perturbador derramamiento del Espíritu como viento y como fuego en el día de Pentecostés.

La Necesidad de la Iglesia por las Cuatro Formas de los Ministerios Nuevo Testamento

Para que la iglesia esté sana, son necesarias tanto la continuidad estable como la inmediatez dinámica. El estudio de las formas básicas del ministerio de la iglesia en el Nuevo Testamento nos introduce a una manera gráfica para la acción recíproca entre la inmediatez de la experiencia y la continuidad de la historia que fue tanto una parte de la existencia de los inicios de la iglesia, y de nosotros también.

La iglesia necesita una continuidad estable y una inmediatez dinámica para poder ser consistente con el tipo de Dios cuya iglesia somos, y en armonía con el tipo de mundo que Dios creó. La continuidad estable es representada por el ministerio de los doce, de la Biblia y de la iglesia histórica, y de los oficiales de la iglesia. La inmediatez dinámica se ve a menudo en la repartición de dones carismáticos en la vida de la iglesia en general así como en las vocaciones carismáticas que crecen de tales reparticiones de dones.

---

los indoctos e inconstantes tuercen, como también las otras Escrituras, para su propia perdición." (el énfasis es mío; la implicación de los escritos de Pablo fueron vistos como parte de la escritura, también).

13 George T. Montague, *The Holy Spirit: Growth of a Biblical Tradition* (New York: Paulist, 1976), p. 162.

La tensión que atestiguamos en el Nuevo Testamento entre la repartición de dones carismática y los cargos regulados ha estado siempre con la iglesia y sin duda siempre estará hasta la consumación del fin de la historia del mundo. En la economía de Dios, sin embargo, cada uno sirve al otro, tanto como verificación de los otros y como complemento también. Mientras que el ministerio carismático se enfoca en la prerrogativa soberana de Dios, los cargos regulados del ministerio se enfocan en las responsabilidades de la iglesia bajo la autoridad de Dios.

La relación entre el *charismata* y los cargos regulados es en cierta forma análoga a la relación entre el Espíritu Santo y la Palabra de Dios. El Espíritu prepara para la Palabra, es el aliento de la Palabra y trae la Palabra a nuestra memoria. El Espíritu es el poder de la Palabra, y la Palabra es la forma del poder del Espíritu. De la misma forma, el ministerio carismático es el poder divino de los cargos regulados del ministerio, y los cargos son las formas institucionales del *charismata*. Uno sin el otro es una distorsión de la economía divina.

Mantener cargos de ministerio, pero sin poder carismático, lleva al clericalismo. Por otro lado, un ministerio carismático que no tiene el beneficio de los cargos del ministerio regulados, puede estar desprovisto de continuidad bíblica, apostólica, histórica, institucional e intelectual.

Los cargos regulados de responsabilidad no están diseñados para estar en contra del pueblo de Dios, entre Dios y el pueblo de Dios, ser un sustituto de Dios, ni el comisionado para hacer el trabajo del pueblo de Dios. En vez de eso, en la economía de Dios, están designados para funcionar en una forma especializada con el propósito de preparar todo el pueblo de Dios dotado de dones carismáticos, para la obra del servicio, de modo que el cuerpo de Cristo pueda ser edificado. Son los transmisores de la fe designados por la iglesia, sus instructores escogidos en la fe, y sus voceros representantes para la fe. Son la manera en que Dios

> [perfecciona] a los santos para la obra del ministerio, para la edificación del cuerpo de Cristo, hasta que todos lleguemos a la unidad de la fe y del conocimiento del Hijo de Dios, a un varón perfecto, a la medida de la estatura de la plenitud de Cristo. (Ef. 4:12–13)

Para Consideración Adicional

Consulte: Kevin Giles, *Patterns of Ministry Among the First Christians (Patrones del Ministerio Entre los Primeros Cristianos)* (North Blackburn, Victoria, Australia: CollinsDove, 1992).

Para un estudio histórico del ministerio cristiano, consulte a: H. Richard Niebuhr and Daniel D. Williams (eds.), *The Ministry in Historical Perspectives (El Ministerio en Perspectivas Históricas)* (New York: Harper, 1956).

Para una historia de mujeres en el ministerio en una tradición en particular—la Iglesia de Dios (Anderson), consulte Juanita Evans Leonard (ed), *Called to Minister ... Empowered to Serve (Llamada a Ministrar ...Facultada para Servir)* (Anderson, Ind: Warner Press, 1989).

Para la declaración ecuménica que estableció historia, vea la sección en " "ministerio" , en *Bautismo, Eucaristía y Ministerio, Fe y Orden, Artículo No.* 111 (Geneva: Concilio Mundial de Iglesias, 1982), pp. 20–32. Los títulos más importantes incluyen (1) "El Llamamiento de todo el pueblo de Dios", (2) "La Iglesia y el Ministerio Ordenado", (3) "Las Formas de Ministerio Ordenado" y (4) "Sucesión en la Tradición Apostóilca". Revisa materiales bíblicos y posiciones históricas, declara convergencias contemporáneas de pensamiento entre las tradiciones más importantes, identifica los desacuerdos contínuos y formula preguntas que necesitan estudio adicional.

12. La Iglesia como el Movimiento de Jesús
Formas Tradicionales

Las estructuras de la iglesia son clasificadas usualmente en tres categorías básicas: episcopal, presbiteriana, y congregacional. Sin duda, puede ser encontrado soporte del Nuevo Testamento para cada una de ellas. John Davis en su *Libro de Consulta de Textos Bíblicos Básicos* enumera las siguientes referencias: Bajo Episcopal, enumera: Mat. 16:18–19; Hechos 14:21–23; Filipenses 1:1; 1 Timoteo 3:1; 2ª Timoteo 1:6; Tito 1:5. Bajo Presbiteriana, Hechos 15:1, 6, 22–23, 28–29; 20:17, 28; 1 Timoteo 4:14; Santiago 5:14. Bajo Congregacional, Mateo 18:17; Hechos 6:3, 5; 2ª Corintios 2:6–7; 8:19; 2ª Tesalonicenses 3:14–15; Judas 3. [1]

La forma episcopal asume que hay un ministerio de tres facetas que emerge en el Nuevo Testamento. obispos (o supervisores), ancianos (o presbíteros) y diáconos. El énfasis distintivo está en la delegación de autoridad del Señor a sus apóstoles, los cuales pasaron a ser obispos. El Catolicismo, los Ortodoxos y los Anglicanos son ejemplos históricos de esta forma.

La forma presbiteriana asume que el Nuevo Testamento presenta un ministerio de dos facetas. ancianos (o presbíteros) y diáconos. El énfasis distintivo está en la asamblea intercongregacional de los líderes de la iglesia. El presbiterianismo y las iglesias reformadas son expresiones clásicas de esta tradición.

La forma congregacional enfatiza la asamblea local de creyentes como la estructura básica de toma de decisiones. El congregacionalismo y una amplia variedad de iglesias independientes ejemplifican este modo de organización de la iglesia.

La esencia de todas las estructuras emergentes en el Nuevo Testamento es que su naturaleza fue un movimiento. Sociológicamente, la iglesia del Nuevo Testamento fue un movimiento primero dentro del judaísmo y luego para el mundo gentil. Fue un movimiento dentro del judaísmo respecto al cumplimiento de las promesas del Reino y de la posición del Mesías. Fue un movimiento en el mundo gentil para convencer a la gente que en Cristo había salvación para todo aquel que cree. Fue un movimiento con una visión predominante de esparcir el evangelio (Mat. 28:18–20, Marcos 16:15, Lucas 24:47–48, Hechos 1:8), con un compromiso subyacente con la obra de ser nutrido en la fe (ej. Hechos 2:42, Ef. 4:14–16) y con el reto continuo de estar unidos a pesar de las muy frecuentes grandes diferencias (ej. Juan 17:20–23, Ef. 4:1–6, 11–13). La joven iglesia no estaba en busca de una organización perfecta como un fin en y por sí mismo. sino que

---

1 John Jefferson Davis, *Handbook of Basic Bible Texts: Every Key Passage for the Study of Doctrine and Theology* (Grand Rapids: Academie, 1984), pp. 107–114.

estaba entregada a esparcir el evangelio, a la maduración de la vida en Cristo, y al desarrollo de un testimonio unificado al mundo. Las estructuras emergentes encontradas en el Nuevo Testamento crecieron de un compromiso con ser un movimiento de Jesús para la redención del mundo.

La Sociología de los Movimientos

En su discusión de movimientos sociológicos, Robert Lauer hace notar que "la misma definición de ... movimiento social involucra *cambio.*"[2](el énfasis en itálicas añadido aquí y a través de esta sección.) El cita a Luther P. Gerlach y Virginia H. Hine quienes en su obra *People, Power, Change: Movements of Social Transformation (Gente, Poder, Cambio: Movimientos de Transformación Social)*, define un movimiento como

> un grupo de personas que están organizadas para, ideológicamente motivadas por, y comprometidas a un propósito el cual implementa alguna forma de *cambio personal ó social;* quienes están *activamente involucrados en el reclutamiento de otros;* y cuya influencia está esparciéndose *en oposición del orden establecido* dentro del cual se originó (p. xvi).[3]

Laure mismo dice que "todos los movimientos deben tener *una estrategia para el cambio...* . Los líderes de movimientos deben responder tales preguntas como quién o qué es el objetivo del cambio y cómo ese objetivo será atacado.[4] Además, de acuerdo con Lauer, "Todos los movimientos sociales, cualquiera que sea su actividad, tienen el efecto de lograr algún *cambio en sus miembros."* él amplifica esta idea diciendo que "cuales quiera que sean los objetivos del movimiento... el cambio social y psicológico en los miembros forman parte de los efectos generales."[5]

En *Movimientos Sociales de los Sesentas y Setentas,* Jo Freeman identifica dos características de los movimientos sociales: "notable *espontaneidad* y *estructura describible."*[6] Más aún, Freeman escribe:

> De la mayor importancia es *el conocimiento de que uno es parte de un grupo con quien comparte la conciencia de una preocupación en particular.* Los individuos [¿e iglesias?] actuando en respuesta a las

---

2 Robert H. Lauer, *Social Movements and Social Change* (Carbondale: Southern Illinois University Press, 1976), p. xiii.

3 Ibid.

4 Ibid., p. 171. Lauer says that the following observation made by Gil Gre en in *The New Radicalism: Anarchist or Marxist?* es aplicable a cualquier movimiento si la palabra 'revolucionario' fuera omitida: "Sin un enfoque común a la estrategia, es imposible construir un movimiento común. Un enfoque común a la estrategia es necesario para ayudar reunir todo el presente disparate, amorfo, con un confundido y dividido Movimiento en una serie, la fuerza hacia afuera y para crecer es el cambio revolucionario".

5 Ibid. p. 123.

6 Jo Freeman, (ed.), *Social Movements of the Sixties and Seventies* (New York: Longman, 1983), p. 2.

fuerzas sociales comunes sin identificación en particular el uno con el otro pueden estar fijando una tendencia pero no son parte de un movimiento.[7]

Y nuevamente: "Cuando este [impulso misionero] está faltando, usualmente indica que el movimiento ha sido reprimido exitosamente o está estancándose. También puede significar que lo que podría haber sido un movimiento nunca se ha convertido en uno".[8] Y finalmente "Lo que es necesario es la identificación de un problema y si el movimiento va a crecer más allá de sus iniciadores, *alguna visión de un mejor futuro.* Esto por sí mismo puede crear un *sistema de creencias* de poderes extraordinarios."[9]

En estas definiciones, las siguientes características definen los movimientos sociológicos:

- Están organizados para, motivados por y comprometidos al cambio;

- los miembros comparten una visión común;

- son reclutadas personas adicionales para unirse a sus filas;

- son influyentes en el contexto del cual emergieron;

- tienen una estrategia para alcanzar su(s) meta(s);

- provocan cambios fundamentales en sus propios miembros ;

- el dinamismo y la espontaneidad caracterizan su *"esprit de corps";*

- poseen un sentido de interrelación con otros por una causa común.[10]

Un Reto que Enfrenta la Iglesia Contemporánea

Uno de los muchos retos que enfrenta la iglesia contemporánea es hacer uso del dinamismo del movimiento de Jesús del primer siglo. (la forma que esto sucede es a través de la facultación que da el Espíritu Santo, la cual se discute en el capítulo 19). La tentación de algunos grupos cristianos es estar más concentrados de mantener su propio movimiento separado dentro de la iglesia de lo que están acerca de alinearse a sí mismos con el movimiento de Jesús que está en curso. La tentación de otros es tratar de replicar el patrón estructural del Nuevo Testamento percibido como aprobado singularmente por Dios.

---

[7] Ibid.
[8] Ibid., p. 3.
[9] Ibid.
[10] Otro recurso importante para definiciones del movimiento social es Paul Wilkinson, *Social Movement* (New York: Praeger, 1971).

De acuerdo a la primera tentación, es importante recordar que mientras que los movimientos legítimos *dentro* de la iglesia forman parte de su vida histórica, la iglesia establecida por Jesús es un movimiento. Los movimientos dentro de la iglesia vienen y van, pero el movimiento de Jesús está destinado a continuar hasta el fin de los tiempos. Los movimientos dentro de la iglesia sirven a los propósitos del Espíritu y luego dejan de existir, pero el movimiento de Jesús es facultado por el Espíritu derramado en Pentecostés para el resto de los tiempos.

Los movimientos dentro de la iglesia a menudo retienen un vocabulario utilizado en los movimientos mucho después de que terminen de funcionar sociológicamente como movimiento (consulte Para Consideración Adicional). Sin embargo el asunto más serio es que pueden caer en pensar de sí mismos como una parte dinámica del movimiento de discipulado que comenzó Jesús.

Para que un grupo eclesiástico piense de sí mismo como parte del movimiento de Jesús de dos mil años implica enfocar todas sus energías en disciplinar a las naciones, servir como señales dramáticas del Reino, y crecer a la imagen de Jesucristo. Ser parte del movimiento de Jesús es reservar nuestros recursos para continuar realizando el mandato misionero de nuestro Señor.

Acerca de la segunda tentación mencionada arriba, a saber, tratar de replicar el patrón estructural percibido como aprobado singularmente por Dios, es de hecho imposible, con veinte siglos de historia tras nosotros, borrar la pizarra y comenzar de nuevo con un patrón primitivo. Aunque se han hecho muchos intentos de lograrlo, nunca tuvieron éxito, primero que todo debido a la presión imparable de circunstancias contemporáneas, y segundo, porque la experiencia colectiva, histórica de la iglesia inevitablemente influencia cualquier cosa que hacemos. Es imposible extraernos de ser quienes somos en un momento dado, influenciados como estamos por todo lo que se ha transpirado antes de ese punto. Esta posición fue enunciada correctamente por P. T. Forsyth a inicios de este siglo cuando dijo:

> No podemos ir al manantial y simplemente ignorar los 2,000 años de evolución cristiana.... No podemos restablecer las condiciones exactas de la iglesia del Nuevo Testamento.... La normativa en el Nuevo Testamento no es un patrón. Está ahí en un contexto histórico, no en una isla desierta.... No tenemos suficientes datos acerca de ese estado tan temprano de los asuntos. Aquellos que sugieren tal cosa carecen de sentido histórico.... Asociarse directamente con el orden de la iglesia del primer siglo ... sería en verdad romper con el pasado en su realidad más interior. Podemos re-interpretar y re-organizar, pero no podemos restituirla.... Todos esos intentos han sido fallas, y más o menos un desperdicio. El futuro debe crecer partiendo de todo el pasado. Ni la historia de la Iglesia ni la devoción de la iglesia es una caída continua desde el primer siglo, donde cada edad se siente a si misma en el fondo, y debe comenzar a gatear hacia arriba. En vez de que toda la historia converja y ascienda hacia el

presente.... Tenemos que resolver nuestros problemas como todo el pasado nos los presenta.[11]

Un Tipo del Nuevo Testamento de la Iglesia de un Movimiento

La cuestión, entonces, para la iglesia es preguntarse así misma no cómo recrear una réplica del primer siglo, sino cómo estructurarse a sí misma en el siglo presente de modo que pueda ser una iglesia tipo movimiento, del Nuevo Testamento.

1. *Una Iglesia Misionera con una Teología Decisiva.* Una iglesia tipo movimiento del Nuevo Testamento da atención principalmente a la misión cristiana. En el Nuevo Testamento, la misión está basada en nuevos entendimientos teológicos. Proclamar que Jesús es Señor, como lo hizo la iglesia del primer siglo, es una proclamación *teológica*. Enseñar que él es el Hijo de Dios y Salvador del mundo es una nueva enseñanza *teológica*. Funcionar con la convicción de que toda la gente necesita escuchar el evangelio acerca de la salvación a través de la fe en Jesucristo implica un marco *teológico* para la obra del pueblo de Dios. Para la iglesia del Nuevo Testamento, la misión cristiana fue una consecuencia natural de una nueva orientación teológica; el estudio de su misión creció de su teología. El estudio de las misiones y la teología estaban ligadas inseparablemente. Por tanto, si la iglesia contemporánea debe ser un movimiento en el sentido del Nuevo Testamento, no puede relegar la teología a los académicos en un seminario, ni considerar la divina misión a una de varios consejos en una estructura denominacional. Hacerlo es dividir la teología y la misión. "Lo que Dios ha unido que nadie lo separe" debería ser la frase a observar para aquellos que están involucrados en estructurar la vida de la iglesia. Una iglesia contemporánea es una continuidad espiritual con la iglesia del Nuevo Testamento sólo cuando la teología del Nuevo Testamento y la misión como una unidad están en el primer plano de todo lo que dice y hace. Para que una iglesia sea estructurada como un movimiento en armonía con el movimiento cristiano del primer siglo esta debe estar estructurada de tal forma que su enfoque central esté en la misión teológica y su teología misionera.

2. *Una Iglesia que Cuida y Protege y se Interesa por las Personas.* Aquellos que se han convertido a Cristo, así como otros, que aunque no estén convertidos están dentro del cuidado de la iglesia, merecen ser nutridos ya sea en su fe o hacia la fe, como sea el caso. Conforme crecen y se desarrollan, realizan elecciones vocacionales, deciden acerca del matrimonio o la soltería, enfrentan asuntos de vida y muerte, y se mueven a través de etapas en la vida, necesitan la guía de la fe cristiana. El movimiento de Jesús, por tanto, toma en cuenta que aquellos bajo su cuidado están desarrollándose física, espiritual, emocional y socialmente. Eso significa que la iglesia que se estructura a sí misma como movimiento debe preocuparse no sólo con la teología y la misión, sino con la naturaleza de aquellos que ya han respondido personalmente al evangelio o que están aún por responder. Sus integrantes serán tratados no como impersonales "uno de tantos" en una misión impersonal, sino como receptores de cuidado personal. Una iglesia como

---

11 P. T. Forsyth, *Positive Preaching and Modern Mind* (London: Hodder and Soughton, 1907), pp. 143–145.

movimiento está estructurada en tal forma que pueda optimizar su ministerio para la conversión, crecimiento y desarrollo espiritual de cada persona en su congregación.

3. *Una Iglesia* Interconectada. La iglesia que se estructura a sí misma como un movimiento en armonía con el movimiento de primeros cristianos edifica estructuras de interrelación con toda la iglesia. Dios tiene sólo una iglesia y sólo una misión. Las estructuras contemporáneas que son armoniosas con la única misión divina de la única iglesia toman seriamente su responsabilidad para toda la iglesia. Es toda la iglesia de Dios que es llamada a estar en misión para todo el mundo de Dios. Un grupo de iglesias que no busca interrelación con todas las otras funciones cristianas de una manera esta fragmentada. El que una tradición de cristianos no tome en cuenta a otras tradiciones significa probablemente una de dos cosas: ya sea que cree que los otros no son cristianos, o no toma en cuenta la importancia crucial de su interrelación con toda la iglesia, en cuyo caso, tristemente, vive en contradicción con el llamado a la unidad del Nuevo Testamento.

La iglesia más amplia incluye a aquellos con los cuales cualquier iglesia dada se siente muy cómoda (ej. piedad compartida, énfasis doctrinales similares, una historia común) así como aquellos con las que no se sienta nada cómoda (ej. modos extraños de alabanza, diferentes estructuras organizacionales, énfasis doctrinales contrarios, ubicaciones sociales diferentes). La adversidad de la iglesia de Jerusalén con las iglesias gentiles es un ejemplo del primer siglo. De hecho los judaizantes de Jerusalén trataron de convertir a la iglesia de Galacia a su forma de pensar. Gálatas 1 y 2 es una ventana a este conflicto. En 2:11–14 Pablo se refiere a su propia represión punzante de Pedro cuando vino a Antioquía como representante de la iglesia de Jerusalén. No obstante, la iglesia de Jerusalén tomó seriamente su relación con las iglesias gentiles, como lo vemos en Hechos 15, y Pablo estuvo comprometido en mantener el compañerismo con la iglesia de Jerusalén, como lo vemos en su obstinada vehemencia de regresar ahí de su obra misionera (consulte Hechos 21:1–26) y su compromiso igualmente fuerte de obtener una ofrenda para ellos (1ª Cor. 16:1–4; 2ª Cor. 9).

Por lo tanto, es crucial para las iglesias contemporáneas que busquen estar en compañerismo con la iglesia descrita en el Nuevo Testamento para preguntarse a sí mismos lo siguiente: ¿Tenemos estructuras que faciliten la búsqueda intencional y vigorosa de interconexiones con aquellas tradiciones cristianas con las cuales nos sentimos muy cómodos y también con las que nos sentimos muy incómodos? En el grado que las iglesias puedan responder afirmativamente, están en esa media en armonía con esta dimensión de la iglesia como movimiento del Nuevo Testamento. (Consulte el capítulo 13, pág. 221, para mayor discusión de la unidad cristiana.)

La Estructura de un Movimiento

En resumen, entonces, a continuación se enumeran los principios que surgen de estas consideraciones. Una iglesia que piensa y actúa como movimiento.

1. está encarecidamente entregada a la misión cristiana, en vez de estar entregada sólo a la supervivencia de sus propias estructuras organizacionales;

2. es infinitamente flexible en su vida estructurada conforme responde al Espíritu, en vez de estar obstaculizada en estructuras tradicionales que inhiben el cumplimiento de su misión;[12]

3. está involucrada en discipulado de todos los miembros, en vez de estar inundada por complejidades institucionales;

4. está vigorosamente relacionada con toda la iglesia, en vez de intentar distanciarse de ella; y

5. está guiada por modelos misioneros en vez de modelos de negocios corporativos.

Una forma de estructurar la vida de la iglesia como un movimiento es por el cuerpo— ya sea congregación local o una asociación regional o confesional—organizar sus responsabilidades en tres arenas: teología y misión, nutrición cristiana, y relaciones con la iglesia internas y amplias. Una entidad coordinadora podría funcionar para sincronizar el trabajo en cada arena. Ligado con esta entidad habría una entidad paralela que podría monitorear qué tan bien está el cuerpo de la iglesia como parte del movimiento de Jesús, y tratar tales preguntas como las siguientes:

- ¿Qué tan bien está (ya sea congregación, asociación, organización o agencia nacional o internacional) en hacer discípulos?

- Los cambios estructurales ¿Necesitan hacerse para facilitar una manejo efectivo en el cuidado de las almas?

- ¿Está en contacto con la vida diaria de los cristianos individuales?

- ¿Está estableciendo nuevas relaciones con otras tradiciones cristianas—tanto aquellas muy similares como aquellas muy distintas?

- ¿Está funcionando como el pueblo misionero de Dios, y con profundo compromiso a los propósitos de Dios y a la estrategia de Dios?

---

12 Consulte Thomas Langford, *Practical Divinity: Theology in the Wesleyan Tradition* (Nashville: Abingdon, 1983): "Hay una perniciosa idolatría en sostener una forma organizacional sólo en el interés de una auto-preservación. Conforme la vitalidad del propósito dentro de un movimiento declina, hay frecuentemente un esfuerzo agresivo para reforzar la estructura organizacional que antes servía a su vida dinámica. Una iglesia desarrollada puede ser confundida con la causa de iniciación y terminación a la que se intentaba servir; pero por un cambio sutil, la estructura puede ser perpetuada en nombre de la causa" p. 270.

Poniendo las preguntas más directamente en línea con una evaluación de las estructuras organizacionales como tales, lo siguiente podría preguntarse:

- ¿Las estructuras organizacionales ayudan u obstaculizan la comunicación del evangelio a más y más gente?

- ¿Ayudan a la gente a crecer a la estatura de Cristo o inhiben su crecimiento?

- ¿La vida estructurada reflejó una avidez a "mantener la unidad del Espíritu en el vínculo de la paz", o refleja una resistencia a tal preocupación?

Estas son preguntas de discipulado, y no preguntas financieras, o preguntas que tienen que ver con la preservación institucional, expansión organizacional, la reciprocidad de estructuras corporativas, o asuntos de negocios. Esto no es para decir que estas últimas preguntas son irrelevantes, sino que son secundarias, no primarias. Nunca debe permitirse que las preguntas secundarias oscurezcan las preguntas del movimiento acerca de hacer discípulos, nutrir a los discípulos, y la relevancia interpersonal de los discípulos.

Bernard Thorogood, en una ocasión secretario general y asistente administrativo de la Asamblea General de la Iglesia Reformada Unida en el Reino Unido ha dicho:

> Servir como la vinculación oficial para el movimiento de la Iglesia de Dios. No se nos permite descansar donde estamos, precisamente porque hay un peregrinaje de fe, un llamado hacia una unidad más completa y una universalidad y santidad. Todas las más importantes iglesias revelan un concepto institucionalizado de la fe (testifique qué tan difícil es para ellas tratar con las iglesias independientes de África) y por lo tanto necesitan tomar muy seriamente el movimiento del pueblo fuera de las estructuras acostumbradas. Los cristianos más jóvenes, impacientes con las instituciones, dirigen el camino hacia una agrupación más abierta, una aportación más sacrificial, más conciencia de la iglesia mundial en la que vivimos.[13]

Para Consideración Adicional

Para un ejemplo de una tradición de iglesia con vocabulario de movimiento, consulte: Leroy Garrett, *The Stone-Campbell Movement (El Movimiento Stone-Campbell)* (Joplin: College Press, 1987).

La Iglesia de Dios (Anderson), conocida internamente como un movimiento es otro ejemplo. Para una historia completa, consulte: John W. V. Smith, *The Quest for Unity and Holiness (La Búsqueda por la Unidad y la Santidad)*, (Anderson, Ind: Warner Press, 1982).

---

13 Bernard Thorogood, "Local Ecumenism in England," *Mid-Stream: An Ecumenical Journal* XXVII, 2 (Abril 1988), 146f.

Para un análisis sociológico de le Iglesia de Dios que contrasta con la descripción provista por Smith, consulte: Val Clear, *Where the Saints Have Trod: A Social History of the Church of God Reformation Movement (Donde los Santos Han Pisado: Una Historia Social del Movimiento de Reformación de la Iglesia de Dios)* (Chesterfield: Midwest Publications, 1977).

13. Unidad Cristiana

¿Demasiado Ambiciosa? ¿Demasiado Idealista?

La unidad cristiana es un tema acerca del cual es fácil ser o demasiado ambicioso en asuntos institucionales o demasiado idealista en la predicación y la enseñanza. Ser demasiado ambicioso puede caer en una de dos trampas: una pesada burocracia que intente hacer que todos se conformen con sus puntos de vista, o una tolerancia generosa que minimice los asuntos de la verdad y permita todo tipo de puntos de vista siempre y cuando las estructuras que permitan desacuerdos no sean puestas en duda.

Ser demasiado idealista puede caer en otras trampas: ya sea un punto de vista doctrinal (ej. la iglesia como la novia de Cristo) tiene poco que ver con la experiencia vivida de ser la iglesia, o una espiritualización eclesiástica (ej. la iglesia invisible) que se equivoca en no tratar con las realidades prácticas e históricas de la vida de la iglesia. Los que son demasiado ambiciosos corren el riesgo de ser manipuladores políticos de instituciones eclesiásticas, mientras que los que son demasiado idealistas tienden a ignorar la historia.

Sin embargo, la iglesia es una realidad espiritual que excede las estructuras sociológicas y una realidad histórica que no puede existir separada de tales estructuras. El Nuevo Testamento nos dice la historia no sólo de la fe victoriosa de la iglesia sino también sus luchas constantes.

Unidad en el Nuevo Testamento

Entre los temas de la iglesia en el Nuevo Testamento hay unos pasajes centrales que tienen que ver con la unidad espiritual que Cristo hereda y da, pasajes tales como Juan 10:14–16 (un rebaño y un pastor); capítulo 17 (la oración de Jesús de que todos serán uno); 1ª Corintios 10:16–17 (el cuerpo que es uno que participa de un pan); 12:12–27 (un cuerpo con muchos miembros); 2ª Corintios 5:16–21 (una nueva creación reconciliada con Dios y a la que le es dado el ministerio de reconciliación); Gálatas 3:27–29 (ya no somos ni judíos ni griegos, esclavos o libres, varón o mujer, pues somos todos uno en Cristo); Efesios 2:11–22 (Cristo es nuestra paz creando en sí mismo una nueva humanidad); y 4:1–16 (debemos hacer todo esfuerzo posible para mantener la unidad; hay un solo cuerpo, una fe, un bautismo).

Falta de Unidad en la Iglesia del Nuevo Testamento

Para aquellos que aceptan la Escritura como la guía autoritativa de vida y pensamiento, el llamado a la experiencia de la unidad cristiana no debe ser un asunto opcional. Sin embargo, la obra histórica que surge de esa unidad, siempre ha sido el gran reto.

El Nuevo Testamento no es verdad en general sino verdad en particular—esto es, está presentado dentro del contexto de necesidades históricas. Una de las razones prácticas de los escritores del Nuevo Testamento nos deja con los pasajes mencionados arriba sobre la unidad es que la iglesia del primer siglo los necesitaba.

La iglesia en sus inicios, como la iglesia de hoy, estaba afligida con división, contienda y tensión. Testifique la tensión en la iglesia de Jerusalén entre los Helenísticos y los creyentes hebreos acerca de la distribución diaria de alimentos a las viudas de los Helenísticos (Hechos 6:1).

Lea la crítica de los creyentes circuncidados en Jerusalén acerca de que Pedro predicara y comiera con gentiles incircuncisos (11:1–3); y también la disensión entre aquellos que venían desde la iglesia en Judea a la iglesia gentil en Antioquía—una disensión tan grande que necesitó convocarse al Concilio de Jerusalén para tratar este asunto (15:1–2).

Testifique el agudo desacuerdo entre Pablo y Benrabé acerca de si Juan marcos podría acompañarlos, llevándolos al final a misiones separadas (15:36–39).

En las epístolas vemos mayor evidencia de los caminos titubeantes de la iglesia y sus desafiantes debates. Lidió con disensión dentro de sus rangos (ej. Rom. 16:17–18), experimentó división (ej. 1 Cor. 1:10–13; 3:4; Tito 3:10–11), 10–11), fue aflijida con celos y altercados (ej. 1ª Cor. 3:3), estuvo plagada no sólo de falsos profetas (ej. 2 Cor. 11:1–15) sino también con maestros confundidos y que confundían (ej. Col. 2:4–5, 8, 16–23; 1 Tim. 1:3–7; 4:1–5; 6:3–5; 2 Tim. 2:17–18, 23–26; Tito 1:10–14) y escritores de cartas engañosas(2 Tes. 2:2; cf., 3:17).Sufrió desacuerdos abiertos entre líderes bien conocidos (Gal. 2:11–14) así como entre sus menos conocidos (ej., Fil. 4:2–3), y conoció el espectro de la deslealtad (ej. 2 Tim. 1:15) y relaciones dolorosas (2 Tim. 4:14).

La carta a los Hebreos da evidencia de la reincidencia y la apostasía (5:11–6:8). Santiago revela la discriminación socioeconómica (2:1–7) Así como conflictos y disputas que resultan de la mundanalidad (4:1–10). La segunda carta de Pedro da evidencia de la amenaza del libertinaje que invadía a la iglesia (Cáp. 2). La primer carta de Juan nos dice de la amenaza de los anticristos que proclaman una cristología distorsionada (2:18–23; 4:1–6) y de la falta de amor con los hermanos (4:20–21). La carta de Judas se refiere a aquellos que desvergonzadamente pervierten la vida de la iglesia. (4, 8, 10, 12–13, 16, 19). Apocalipsis habla de las iglesias atribuladas con una variedad de gente que causa divisiones (capítulos 2 y 3).Es importante para nosotros reconocer que aquellos que levantaron la iglesia del primer siglo no fueron diferentes constitucionalmente a lo que somos. Ellos experimentaron disensión, confusión y debilidad, igual que nosotros. No es como si la iglesia del primer siglo hubiera sido sin falla mientras que nosotros hemos caído de dicho estado ideal. La iglesia nunca fue sin mancha en su progresiva vida histórica. Por lo tanto, desde el mismo inicio ha batallado para moverse de ser una entidad deficiente a ser una nueva entidad en Cristo.[1]

Conforme la iglesia se traslada hacia la plenitud en Cristo, tiene dos retos igualmente importantes: ambos persiguen relaciones de unidad, paz, y reconciliación y ser fieles a la verdad de Dios. Enfocarse en el primero sin estar igualmente preocupado en el segundo puede llevar a una relevancia poco entusiasmada; enfocarse en el segundo sin estar igualmente preocupado en el primero puede llevar a un petulante estado de separación;

La Cristología como el Centro

El Nuevo Testamento tiene tres temas importantes acerca de la obra expiatoria de Cristo. Sólo en 3ª Juan las palabras "Jesús" ó "Cristo" no son usadas, y aún así, la referencia es hecha al nombre (v. 7), obviamente refiriéndose al nombre de nuestro Señor. El Nuevo Testamento, escrito como fue por diferentes personas en una variedad de ubicaciones, bajo diversas circunstancias, tratando variedad de necesidades y propósitos, y en varios periodos de tiempo, sin embargo está unida en su lealtad a la persona de Jesucristo. Tanto el canon como la iglesia son mantenidos juntos por Cristo como el centro cohesivo.

La centralidad de la cristología para la unidad de la iglesia es vista claramente en 1 Juan: "lo que hemos visto y oído, eso os anunciamos, para que también vosotros tengáis comunión con nosotros; y nuestra comunión verdaderamente es con el Padre, y con su Hijo Jesucristo." (1:3). La epístola trata dos distorsiones cristológicas importantes: una tiene que ver con la marginalización—si no es que la negación en realidad—de su humanidad. Evidentemente algunos maestros sostenían que mientras que Jesús era divino, sólo parecía ser humano, y por tanto solo aparentó sufrir y morir. A los tales, 4:2–3 les responde:

> En esto conoced el Espíritu de Dios: Todo espíritu que confiesa que Jesucristo ha venido en carne, es de Dios; y todo espíritu que no confiesa que Jesucristo ha venido en carne, no es de Dios; y este es el espíritu del anticristo, el cual vosotros habéis oído que viene, y que ahora ya está en el mundo.

La otra distorsión fue enfatizar la humanidad de Jesús hasta el punto de comprometer su divinidad. Juan, sin embargo, no deja duda acerca de la divinidad de Jesús. En 1:1–2 donde se refiere a Jesús en la carne—es decir, "lo que hemos visto con nuestros ojos, lo que hemos contemplado, y palparon nuestras manos tocante al Verbo de vida"— y continúa diciendo que Él es "la vida eterna, la cual estaba con el Padre, y se nos manifestó;" En 4:15, él declara que "Todo aquel que confiese que Jesús es el Hijo de

---

[1] Esta lucha en el primer siglo es tratada con utilidad en las siguientes obras: Paul Achtemeier, *The Quest for Unity in the New Testament Church* (Philadelphia: Fortress, 1987); Carl S. Dudley and Earle Hilgert, *New Testament Tensions and the Contemporary Church* (Philadelphia: Fortress, 1987); J. D. G. Dunn, *Unity and Diversity in the New Testament* (London: S.C.M., 1977).

Dios, Dios permanece en él, y él en Dios." Y en 5:11 dice que "que Dios nos ha dado vida eterna; y esta vida está en su Hijo."

La primera carta de Juan contiene la forma embrional de la confesión cristológica histórica de la iglesia de que Jesús fue totalmente humano y totalmente divino, y aún así una persona.[2] En esta Juan dice, este Jesús quien "os anunciamos, para que también vosotros tengáis comunión con nosotros" (1:3). Para que otros tengan comunión con la iglesia de los apóstoles, era necesario que confesaran al mismo Cristo encarnado confesado por los apóstoles. Juan no deja duda de que al centro de la fe cristiana está en Jesucristo, vida eterna en la carne. Aparte de este entendimiento fundamental, no hay base para una comunión verdaderamente cristiana.

Por dos milenios, la iglesia ha continuado afirmando este mismo entendimiento apostólico de Cristo. Con todas las diferencias entre el Catolicismo Romano, la Ortodoxia Oriental, y el Protestantismo clásico, hay sin embargo, una consistencia básica en sus declaraciones confesionales acerca de que Jesucristo es totalmente humano y totalmente divino, un Señor, y único Salvador. Incluso en el Protestantismo con su abundancia de divisiones uno encuentra una similitud notable acerca de la doctrina de la persona de Cristo.[3]

El *primer nivel* de experiencia de la unidad cristiana, entonces, es la afirmación común acerca de la persona y la obra de Jesucristo. Esto no significa que todos los cristianos hagan, harán, o deban hacer sus confesiones de fe con las mismas palabras, pero significa que la esencia de lo que se dice sea la misma. Ya tenemos una unidad notable a este nivel fundamentalmente importante. La iglesia en general incluso con toda su diversidad no hace confesiones cristológicas que sean mutuamente excluyentes, ej.

---

2 Consulte cáp. 6, pág. 103, para una discusión de la Fórmula Calcedonia (451), la cual establece la doctrina clásica de Cristo "la misma perfección en divinidad y la misma perfección en humanidad, Dios verdadero y hombre verdadero".

3 Los siguientes dos enunciados que vienen de muy diferentes ambientes Protestantes ilustran la unidad cristológica que la iglesia ya tiene:

1) la *Confesión de fe de Westminster* (1646) con su orientación Calvinista: "El Hijo de Dios, la segunda persona de la Trinidad, siendo el mismo Dios eterno, de una sustancia, e igual con el Padre, cuando vino la plenitud del tiempo, tomo naturaleza de hombre, con todas las propiedades esenciales y los padecimientos comunes de esto mismo, pero sin pecado; siendo concebido por el poder del Espíritu Santo en el vientre de la virgen María, de su sustancia. Así que esas dos naturalezas completas, perfectas, y distintas, la divinidad y la humanidad estuvieron unidas inseparablemente en una persona, sin conversión, composición o confusión. Tal persona es mismo Dios y mismo hombre, y aún así un Cristo, el único mediador entre Dios y los hombres"—cap. VIII, sec. 2. John H. Leith (ed.), *Creeds of the Churches: A Reader in Christian Doctrine from the Bible to the Present (Credos de las Iglesias: Un Lector de Doctrina Cristiana de la Biblia hasta el Presente)*, rev. ed. (Richmond: John Knox, 1973), p. 203 en adelante.

2) Una declaración carismática del siglo veinte: "Jesucristo el Hijo es totalmente Dios y totalmente hombre: el único Salvador de los pecados del mundo. Él fué la Palabra hecha carne, concebido sobrenaturalmente por el Espíritu Santo, nacido de la virgen María, y perfecto en su naturaleza, enseñanza y obedniecia. Murió en la cruz como el sacrificio vicario para toda la humanidad, se levantó de la muerte en su propio cuerpo glorificado, ascendió al cielo y regresará en gloria. Él es la Cabeza de su cuerpo la Iglesia, vencedor sobre todos los poderes de las tinieblas, y ahora reina a la diestra del Padre." *Declaración Doctrinal, Escuela Melodyland de Teología, California*, sec. V.

una confesión que sostenga que Jesús sólo fue un buen hombre, mientras que otra afirma que fue totalmente humano y totalmente divino, y aún otra que dice que era Dios en la carne pero no realmente un humano. Ni encontramos en las iglesias de la corriente principal alguna que sostenga que Él no tenía pecado, mientras que otra diga lo contrario; o que es uno de muchos caminos a Dios, mientras que otro diga que es el único camino a Dios. Con la excepción de un acuerdo común en la confesión cristológica, la unidad cristiana es imposible.

Adorando el Uno con el Otro

El *segundo nivel* de la experiencia de la unidad cristiana es la adoración con aquellos que son de "la fe recíproca". Los cristianos cruzan una barrera importante hacia la unidad cuando descubren la rica variedad que existe en nuestras diversas tradiciones de adoración congregacional y se dan cuenta de que hay muchas maneras "correctas" de adorar de manera cristiana. Es en la adoración congregacional que descubrimos la rica variedad de expresiones de la misma fe.

Nota Personal:

> Como instructor en una clase de seminario en la teología de la adoración cristiana, llevo a los estudiantes a viajes de campo para experimentar la adoración cristiana en otras tradiciones. En el curso de un Domingo adoramos en tradiciones tan diversas como congregaciones de Discípulos de Cristo Afro-Americanos donde la adoración es la gozosa asamblea de peregrinos cristianos, una congregación Católica Romana donde la adoración es la asamblea bajo la señal de la cruz, una Asamblea de Dios donde la adoración es la experiencia de la inmediatez del Espíritu Santo, una congregación Ortodoxa Oriental, donde la adoración es la dramatización de la redención, y una Iglesia de Cristo sin instrumentación donde la adoración es la asamblea para el estudio de la Escritura. Una de las observaciones que los estudiantes hacen típicamente es que incluso cuando las formas de adoración son significativamente diferentes, es obvio que todas ellas honran el nombre del Señor Jesús y están comprometidas con lo que la Escritura dice acerca de Él.

> Algunas veces antes de que visitemos esas iglesias, los estudiantes sugieren que asistamos a una sinagoga judía, un servicio mormón o una reunión de los Testigos de Jehová, o una asamblea de la Cienciología Cristiana. Yo les explico que este es un curso de adoración cristiana y que ninguno de esos grupos califican porque ellos ya sea rechazan a una a Jesús como Salvador y Señor ó han desarrollado una cristología que es contraria al Nuevo Testamento. A través de esta experiencia, los estudiantes comienzan a entender el papel que juega la cristología en identificar a la comunidad cristiana y que la comunidad de la fe cristiana es identificable por su confesión cristológica y no por una forma monolítica de adoración.

Adorar con otros creyentes en otras tradiciones puede enriquecernos en muchas formas:

1. Amplia nuestra apreciación de la comunidad cristiana más extensa.

Nota Personal:

Fue por participar en la vida de adoración de otras iglesias durante mis años formativos en Mount Carmel, Illinois, que me di cuenta que la comunidad cristiana era más grande que mi iglesia local y más variada que la tradición de mi iglesia primaria, y que podía estar en casa en muchas diferentes tradiciones de la adoración cristiana.

2. Puede profundizar nuestra apreciación de nuestro propio modo de alabar como lo vemos en relación a otros modos.

Nota Personal:

Fue como siendo ministro asociado en la Primer Iglesia Congregacional de Hyde Park en Boston, Massachusetts, una iglesia que no tenía una llamada al altar al cierre de sus servicios, que obtuve una apreciación más profunda de esta práctica en mi propia tradición primaria.

3. puede enriquecer nuestra propia tradición primaria con recursos y prácticas de las cuales de otra forma no estaríamos concientes.

Nota Personal:

Como Decano de la Capilla en la Anderson University School of Theology, tuve el placer de introducir algunas prácticas de otras tradiciones cristianas en nuestra propia adoración congregacional, por ejemplo, el "saludarse dándose la paz" y el uso del leccionario para la lectura sistemática de la Escritura. Estas y otras prácticas son recibidas como regalos de otras tradiciones cristianas para el enriquecimiento de la nuestra. Y cuando los estudiantes de otras tradiciones regresan al ministerio en sus respectivas iglesias, con frecuencia introducen prácticas que aprendieron de nosotros, ej. el lavamiento de pies.

Orando Unos Con/Por Otros

El tercer nivel en la experiencia de la unidad cristiana es que de la oración unida por las preocupaciones comunes a varias tradiciones de cristianos, y oración común entre diferentes tradiciones para el bienestar mutuo. Cuando los cristianos de diferentes tradiciones se unen en oración para preocupaciones comunes, la realidad de estar en la presencia de un Señor común trasciende nuestras divisiones. Cuando las diferentes tradiciones oran por el bienestar mutuo, es probable que decrezca el espíritu de competitividad.

Nota Personal:

En 1992, nuestra familia pasó seis meses en el pequeño pueblo de Charlbury, Inglaterra donde hay cinco iglesias—Anglicana, Metodista, Bautista, Quáquera y Católica Romana. Pronto notamos que cada iglesia oraba por las otras cuatro, nombrando a cada uno de los respectivos pastores o líderes congregacionales y ofreciendo intercesiones por necesidades especiales en cada congregacinón. Al escuchar esto, yo como un recién llegado, comencé a experimentar no a cinco diferentes comunidades de fe cristiana, sino una comunidad con cinco tradiciones diferentes.

Trabajando Uno con el Otro

El *cuarto nivel* es aquel de acción corporativa en áreas que requieren un compromiso cristiano común, aunque no haya completo acuerdo doctrinal en todos los asuntos. Tal acción cooperativa puede tomar la forma de esfuerzos concentrados, por ejemplo en la distribución de las escrituras, esfuerzos evangelísticos para la comunidad extensa, Escuelas Bíblicas de Vacaciones combinadas, y servicios de consejería cristiana. Aquello que distingue estos empeños de los esfuerzos cooperativos en general (ej, mantener drogas fuera de las escuelas, controlar la venta abierta de pornografía, recolectar dinero para mitigar un desastre) es lo que primero puede completar en sus propósitos pretendidos sólo cuando son patrocinados y realizados sobre la base de un compromiso cristiano en tanto que este no requiera tal compromiso.

Compartiendo Recursos

El *quinto nivel* es el compartir recursos con aquellos que no son de nuestra propia tradición primaria. Pablo guió a las iglesias gentiles a recolectar una ofrenda para la iglesia de Jerusalén incluso cuando en muchas maneras esta era muy diferente. Como lo indica 2ª Corintios 8–9, tal acción de compartir recursos es una expresión de confianza y certidumbre en la gracia que está obrando en todas las tradiciones que son diferentes a la propia de uno. Pablo dice que las iglesias en Macedonia fueron incluso "pidiéndonos con muchos ruegos que les concediésemos el privilegio de participar en este servicio para los santos." (8:4)

Si los Metodistas Unidos escribieran en sus presupuestos a causas patrocinadas por la Iglesia Ortodoxa Griega, y si la Iglesia del Nazareno apoyara las causas patrocinadas por la Iglesia Reformada en América, y si la Iglesia de Dios (Cleveland, Tennessee) diera a causas patrocinadas por la Iglesia Episcopal, y si la Iglesia Episcopal Metodista Africana apoyara las causas patrocinadas por la Iglesia Menonita, y así sucesivamente, sería una oportunidad significativa para confiar en los demás con nuestros recursos, para desarrollar un sentido de interrelación espiritual, y para practicar la responsabilidad mutua. Potencialmente, tal práctica sería una señal de que la iglesia es verdaderamente la comunidad del Reino.[4]

La Autoridad de la Escritura

Ahora nos dirigimos a considera el *sexto nivel* en la experiencia de la unidad cristiana. Si la iglesia va a tener una cristología común basada en la Biblia, debe al menos en esa área, ver a las escrituras como el depósito autoritativo literario de la revelación de Dios. Pero ¿Qué hay de la autoridad de la Escritura en asuntos distintos a la cristología? Es importante no pasar por alto que la Biblia es la única fuente de autoridad común para todos los Cristianos. Algunas tradiciones apelan a que consideran a los escritos post-bíblicos como autoritativos, mientras que otros conocen poco o nada acerca de ellos, o si ellos los conocen y los respetan, no los ven en ningún sentido como autoritativos de fe y práctica. Algunos apelan a cargos de enseñanza particulares de la iglesia como autoritativos mientras que para otros no son autoritativos.

La única autoridad que es común a todos los cristianos es la Biblia (vea el comentario acerca de diferentes cánones en el capítulo 3). A menos que estemos queriendo enfocarnos en el estudio de la Escritura como la base para lo que creemos y la manera en que vivimos, hay poca esperanza para la unidad cristiana.

Esto no es para indicar un punto de vista cándido de que todos los asuntos están claramente establecidos en la Escritura, ni que lo que enseña sea algo llano para toda la gente sincera. En muchos asuntos de fe y práctica los cristianos igualmente devotos difieren radicalmente acerca de lo que enseñan las escrituras. Las diferencias en los principios de interpretación, experiencias históricas, y necesidades contemporáneas, todas ellas influencian la manera en que las leemos y las entendemos. El asunto no es de acuerdo universal acerca de todos los asuntos de fe y práctica; en vez de eso, es un asunto de acuerdo universal de que la discusión de todos los asuntos de fe y práctica debe enfocarse finalmente en lo que es común para todos, a saber, las Escrituras. El acuerdo de hacer que la Biblia sea el foco para la discusión brinda un punto de referencia común. Esto no es una manera de indicar que el material extra-bíblico, tradiciones históricas y cargos de enseñanza no sean útiles para solucionar nuestros entendimientos acerca de asuntos de fe y práctica. De hecho, nosotros los necesitamos. El punto es que ellos no pueden ser la corte definitiva de apelación para cualquier iglesia que sea seria acerca de la unidad cristiana. Estas otras fuentes de autoridad pueden ser compartidas con la iglesia en general ya que busca un mejor entendimiento de los asuntos, pero si la unidad de la iglesia es valorada, no deben hacerse intentos de imponer en lo que no es común para todos.

Escuchando lo que el Espíritu Dice a las Iglesias

El *séptimo nivel* en la experiencia de la unidad cristiana es la afirmación de la obra universal del Espíritu Santo en las distintas tradiciones de una iglesia. Debido a que el

---

[4] Hice una propuesta de esta clase en mi propia iglesia en "On Being a Christian Unity Movement," *Vital Christianity,* Vol. 99, No. 4 (February 25, 1979), 2.

Espíritu vino a la iglesia como un todo en el día de Pentecostés, es la congregación completa de Cristo en quienes y en medio de quienes el Espíritu continúa obrando. Siendo este el caso, debemos asumir que el Espíritu está obrando entre todas las tradiciones que confiesan, predican, enseñan y viven bajo el señorío de Cristo. El Espíritu Santo está trabajando entre ellos haciendo lo que el Espíritu siempre hace, a saber, dirigiéndolos a la plenitud de Jesucristo (consultar Juan 14:26). Negar que el Espíritu Santo está obrando en una tradición, es en un sentido teológico, negar que está en la tradición cristiana, como lo dice 1 Corintios 12:3, "nadie puede llamar a Jesús Señor, sino por el Espíritu Santo" Una confesión de fe cristológica del Nuevo Testamento es la señal más básica de la obra del Espíritu Santo. (También consulte Rom. 8:9b y 15b–17.) A menos que creamos que un grupo sostiene una cristología que difiera con el Nuevo Testamento, estamos bajo la obligación teológica de verla como una tradición en la cual el Espíritu Santo está obrando.

Si el Espíritu está obrando entre todo el pueblo de Cristo, debemos ser cautelosos acerca de condenar rápidamente sus asuntos especiales, ya sea por cuestiones de doctrina, política social, asuntos de piedad o política. Aquí no se discute que el Espíritu Santo escriba declaraciones doctrinales, política social, directrices de piedad, y diseños de política—¡nosotros lo hacemos!—pero esas persistentes preocupaciones en la vida de cualquier tradición del pueblo de Dios tienen algo que ver con la obra del Espíritu Santo entre ellos. No es que las maneras en las que una tradición expresa sus preocupaciones sean idénticas con la perfecta voluntad del Espíritu, pero que si escuchamos con oración a lo que otros *entienden* como proveniente del Espíritu, podemos con el tiempo llegar a un claro entendimiento de lo que el Espíritu está diciendo a todos nosotros. Rex Koivisto, en su disertación al respecto, dice: "Las diferencias de opinión que son mantenidas honestamente pueden llevar a una discusión provechosa y que dé fruto de la cual puede emerger una comprensión más plena de la verdad."[5]

Por ejemplo, mientras que algunos cristianos pueden tener grandes problemas con lo que otros enseñan acerca de la seguridad eterna de los creyentes, el escuchar apreciativamente a sus inquietudes puede llevar al primer grupo a pensar más cuidadosamente acerca de nuestra seguridad en Cristo. Por otro lado, mientras el segundo grupo puede tener dificultades significativas con lo que enseña el primer grupo a cerca de la posibilidad de perder nuestra salvación, escuchar apreciativamente a su inquietud puede llevarles a reflexionar más cuidadosamente acerca de nuestra responsabilidad bajo la autoridad de Dios.

Cuando una tradición escucha atentamente a las inquietudes de otras tradiciones, se hace a sí misma de la oportunidad de escuchar al Espíritu hablando renovadamente en su propio contexto particular. Esto, por supuesto no significa que una tradición simplemente capitulará a otra, sino que aquella que será enriquecida por otras mientras que juntas buscan escuchar lo que el Espíritu dice a las iglesias (consute Ap. 2–3)[6]

---

5 Rex A. Koivisto, *One Lord, One Faith: A Theology for Cross-Denominational Renewal* (Wheaton: BridgePoint, 1993), p. 100. Vea su discusión más completa en pp. 98–101.

6 He discutido esto más completamente en "Christianity—In a Sectarian Mold or in a Wholistic One?" *Centering on Ministry,* VII, 2 (Spring 1982), 11–13.En el mismo número, vea el artículo ALL que el mío es

Estudios y Conversaciones Inter-Tradiciones

El *octavo nivel* en la experiencia de la unidad cristiana es la obra académica que cruza las fronteras entre diferentes tradiciones de cristianos. Es crucial que esta obra sea hecha por aquellos que están bien informados por su propia tradición primaria respectiva. Para que esto de fruto óptimamente, los puntos de vista contemporáneos y representativos de cada tradición necesitan ser establecidos con claridad. Debido a que las posiciones, argumentos y entendimientos cambian con el curso del tiempo, no es adecuado ni generoso conocer únicamente lo que otra tradición pudo haber sostenido en una época. Ya que cada tradición tiene sus proponentes mal informados que distorsionan—ya sea intencionalmente o por ignorancia—sus inquietudes y posiciones, necesitamos escuchar a aquellos que publican a otra tradición en su mejor luz.

El tipo de discusión a la que se hace un llamado aquí tiene lugar entre los que están involucrados en los estudios bíblicos / históricos / doctrinales / teológicos y quienes están a cargo de sus respectivas tradiciones con la responsabilidad de representar esa tradición. (Consulte la disertación en el capítulo 11 acerca del ministerio de los cargos en la iglesia). Un ejemplo importante de tales estudios son los que se han llevado a cabo por el Movimiento de la Fe y el Orden que comenzaron durante los inicios del siglo veinte.[7] También, el Segundo Concilio Vaticano (1963–65), mientras que estaba limitado oficialmente a la participación Católica Romana, invitó a observadores de otras tradiciones cristianas quienes a su vez se convirtieron en una parte integral de las conversaciones en Roma. El valor de esta influencia no-Romana está indicada por el título de un libro post-Concilio, *El Redescubrimiento Católico del Protestantismo*.[8]

De igual importancia en el siglo veinte son las disertaciones multi-laterales que involucran tres o más tradiciones y bilaterales entre dos tradiciones. Estas tienen lugar *entre* las familias confesionales más importantes tales como los Pentecostales, Católicos

---

una respuesta y una continuación: Robert D. Brinsmead, "The Gospel Versus the Sectarian Spirit," 4–10, reimpreso con permiso de *Verdict,* IV, 3 (Marzo 1981), 8–16.

7 En la Conferencia Misionera Mundial de 1910 sostenida en Edinburgo, Escocia, un representante de la Iglesia Episcopal Protestante de los Estados Unidos propuso conversaciones contínuas entre distintas tradiciones cristianas acerca de asuntos de la Fe y el Orden. Una reunión preliminar se realizó en Génova, Suiza, en 1920 la cual a su tiempo llevó a la Primer Conferencia Anual de la Fe y el Orden en 1927, en Lausanne, Suiza. La segunda se realizó en 1937 en Edinburgo.

En 1948, la Fe y el Orden se convirtió en una comisión dentro del Concilio Mundial de Iglesias (WCC), pero eso no significó que la participación en el trabajo de la Fe y el Orden estuviera por esto limitado a iglesias miembros. El Movimiento de la Fe y el Orden continúa hasta hoy siendo más amplio que los afiliados a la WCC.

La Tercera Conferencia de la Fe y el Orden fue sostenida en Lund, Suecia, en 1952, la Cuarta en Montreal, Canadá, en 1963, y la Quinta en Santiago de Compostela, España, en 1993.Diseminadas entre las conferencias estuvieron otras reuniones de la Fe y el Orden. Oberlin, Ohio, EUA en 1957; Aarhus, Dinamarca en 1964; Bristol, Inglaterra en 1967; Louvain, Bélgica en 1971; Accra, Ghana en 1974; Bangalore, India en 1978, todas ellas llevando a la reunión en Lima, Peru en 1982 que produjo el documento de *Bautismo, Eucaristía y Ministerio*, que con mucho, es el documento más ampliamente discutido jamás generado por la Fe y el Orden.

Desde 1982, tanto las iglesias miembros como las que no lo son, lo han utilizado como un enfoque para discutir los tres asuntos que dividen a la iglesia, identificado en este título.

8 Paul M. Minus, Jr., *The Catholic Rediscovery of Protestantism* (New York: Paulist, 1976).

Romanos, Luteranos y Reformados[9] ó entre dos o más grupos de iglesias *dentro* de la misma familia confesional, como dentro de los cuerpos Luteranos o entre las denominaciones de la Santidad. Algunas veces tienen lugar entre los grupos de iglesias que han tenido conexiones históricas especiales una con la otra, o los cuales aunque vienen de diferentes tradiciones históricas, comparten afinidades doctrinales especiales en asuntos de preocupación común.[10]

Convergencia del Entendimientos

El *noveno nivel* en la experiencia de la unidad cristiana es la convergencia de entendimientos y la mutua apreciación de diferencias que continúan existiendo. El documento *Bautismo, Eucaristía y Ministerio* (BEM por sus siglas en inglés), publicado en 1982 por la Comisión de la Fe y el Orden del Concilio Mundial de Iglesias, es un espléndido ejemplo de esto. Reporta la convergencia de entendimientos que resultan de unos cincuenta y cinco años de estudio que refleja la participación de tales tradiciones divergentes como la Ortodoxa del Este, Ortodoxa Oriental, Católica Romana, Católica Antigua, Luterana, Anglicana, Reformada, Metodista Unida, Discípulos, Bautista, Adventista y Pentecostal. Además de los puntos de convergencia, BEM también identifica asuntos controversiales que aún eluden la convergencia de pensamiento; en estos asuntos, la conversación puede al menos proceder con respeto mutuo por aquellos que tienen entendimientos distintos.

Las conversaciones teológicas y doctrinales engendradas por BEM produjo como respuesta una participación incluso más amplia por aquellos que no son parte de la Fe y el Orden. En 1984, Anderson School of Theology fue anfitriona de la Séptima Conferencia de Iglesias de Creyentes (Believers' Church Conference), una conferencia con fines específicos de los eruditos de las iglesias que practican el bautismo de los creyentes, con el propósito de proporcionarles la oportunidad de responder a la sección BEM sobre el bautismo. La conferencia afirmó ocho puntos en los que se estuvo de acuerdo con BEM y luego enunció seis puntos de desacuerdo.

La última parte del documento de Anderson enumeró dos consecuencias que las Iglesias de los Creyentes pueden extraer de la BEM por sus relaciones y diálogos con otras iglesias y establece cuatro puntos de guía que las Iglesias de los Creyentes pueden tomar de BEM. El reporte concluye dando tres sugerencias para el trabajo en progreso de la Fe y el Orden, uno de los cuales incluye una declaración relacionada al sexto nivel de

---

9 Por ejemplo, see *Roman Catholic/Lutheran Joint Commission, Facing Unity* (Lutheran World Federation, 1985). Also, Ernest L. Unterkoefler and Andrew Harsanyi (eds.), *The Unity We Seek: A Statement by the Roman Catholic/Presbyterian-Reformed Consultation* (New York: Paulist, 1977).

10 Dos ejemplos de esto son las discusiones teológicas que tuvieron lugar en la década de 1960 entre la Iglesia de Dios (Anderson, Indiana) y las Iglesias de Dios en Norte América, la Iglesia de los Hermanos, y la Iglesia del Pacto Evangélico, todas las cuales tienen algunos entendimientos comunes de la naturaleza de la vida cristiana, y en el caso de las primeras dos, una conexión histórica especial (consulte: Adam W. Miller and Fred D. Rayle (compilers), *Developments in Dialogue Between [the] Church of God (Anderson) [and] Churches of God in North America* (Anderson, Ind, n.d.); también, las conversaciones realizadas por el Comité Ad Hoc de Foro Abierto de las Iglesias Cristianas y las Iglesias de Cristo, primero, con la Iglesia Cristiana (Discípulos de Cristo) con el cual ellos comparten una historia inicial común, y luego, con la Iglesia de Dios (Anderson) con la cual ellos comparten una preocupación común de la unidad cristiana.

experiencia de la unidad cristiana mencionado anteriormente. Los conferencistas de las Iglesias de los Creyentes dicen "Muchos de nosotros desearíamos agregar que la Escritura debe ser considerada como la única fuente y criterio de las creencias cristianas, manteniéndose como la norma correctiva autoritativa a nuestras distintas tradiciones".[11]

El Objetivo Final en este Lado del Cielo

El *décimo nivel* en la experiencia de la unidad cristiana es una unicidad de fe y orden, vida y obra, misión y testimonio. Esto significa unidad en la mesa del Señor; una identificación común; una misión y testimonio unidos; la compatibilidad integradora de servicios, estructuras y ministerios; y amor mutuo en la diversidad. Consideramos, ahora, cada uno de estos componentes—la mayoría con solo una referencia transitoria debido a que son discutidos más completamente en otras secciones de este libro, a excepción de una (es decir, identificación común) que es referida más extensamente, ya que no es discutida en ningún otro lugar.

La Unidad en la Mesa del Señor

Quizá los únicos cristianos que pueden apreciar totalmente el dolor de la falta de unidad en la mesa del Señor son aquellos que han estado en servicios donde algunos cristianos son excluidos de la mesa porque no son de la tradición cristiana "correcta", o donde incluso cuando todos los creyentes son bienvenidos a la mesa, las personas presentes de otras iglesias no son libres de participar debido a restricciones impuestas por sus propias iglesias. La mesa del Señor, que debería ser el lugar central para celebrar nuestra unidad en Cristo, ha sido convertida por nosotros en una mesa de división. (Consulte el capítulo 21, página 387, para una disertación de la Cena del Señor).

Identificación común

En el nivel final de unidad en este lado del cielo, las tradiciones cristianas individuales deberían estar dispuestas a poner a un lado todas las identificaciones angostas relacionadas ya sea a el líder de su iglesia (ej. Menonitas), gobierno de la iglesia (ej. Presbiteriana), oficinas generales de la iglesia (ej. Iglesia de Dios—Anderson), una doctrina distintiva (ej. Bautistas), un fenómeno (ej. Cuáqueros), un estado idealista (ej. Reformada), una nación (ej. la Iglesia de Inglaterra), o una función (ej. Ejército de Salvación), e identificarse a sí mismos tan cerca como sea posible con la iglesia del Nuevo Testamento.

De acuerdo al Nuevo Testamento, los discípulos de Jesús, con el paso del tiempo vinieron a ser conocidos por el público en general como "cristianos": "y a los discípulos se les llamó cristianos por primera vez en Antioquía." (Hechos 11:26). En las epístolas Paulinas, sin embargo, la designación mas común es iglesia, *ekklēsia*. (Consulte los

---

[11] Para los artículos dados en esta conferencia y la respuesta a BEM, consulte: Merle Strege (ed.), *Baptism and Church: A Believers' Church Vision* (Grand Rapids: Sagamore, 1986). La respuesta seguida de el delineado sugerido en el Prefacio de BEM (consulte: Para Consideración Adicional, Parte II).

comentarios en el capítulo 9 referente al uso de esta palabra para otras personas diferentes a la comunidad cristiana).

Dado el hecho de que *ekklēsia* se refiere a una asamblea en general y no está restringida a la asamblea de cristianos (por ejemplo, la traducción septuaginta del Salmo 22 utilizada en Hebreos 2:12), la palabra por sí y en sí misma no es suficiente para referirse a los discípulos de Cristo, excepto cuando es utilizada dentro del círculo cristiano donde podría ser entendida generalmente como una referencia a ellos mismos. Pablo, por ejemplo, utiliza la palabra en si misma cuando se refiere a lo siguiente: una reunión de adoración cristiana (ej. 1ª Cor. 14:16)., comunidades locales de cristianos (ej. 1ª Cor. 4:17, algunas veces con ubicaciones agregadas como en Rom. 16:1; también consulte Hechos 8:1 y 3), reuniones en casas de creyentes (ej. Rom. 16:5), y el cuerpo universal de cristianos (ej. 1ª Cor. 12:28; Ef. 1:22; Fil. 3:6; también consulte Mat. 16:18).

En algunos casos, sin embargo, él es más descriptivo del tipo de *ekklēsia* que tenía en mente. En referencia a la pluralidad de las congregaciones locales él utiliza tres frases diferentes: "iglesias de Cristo" (Rom. 16:16), "iglesias de Dios" (1ª Cor. 11:16 y 2ª Tes. 1:4), e "iglesias de Dios en Cristo Jesús" (1 Tes. 2:14).En referencia a la congregación local en Corinto, él usa "la iglesia de Dios" (1ª Cor. 1:2; 11:22; 2ª Cor. 1:1).

Pablo también habla del cuerpo universal de creyentes como la Iglesia de Dios (1ª Cor. 10:32; 15:9; Gál. 1:13; consulte también Hechos 20:28). La primer carta a Timoteo capítulo 3 exhorta a aquellos que tienen el cargo de supervisar deben ser capaces de cuidar de la iglesia de Dios (v.5) El versículo 15 es más expansivo cuando se refiere a "la casa de Dios, que es la iglesia del Dios viviente, columna y baluarte de la verdad."

Está claro que ninguno de estos términos fueron usados en un sentido denominacional moderno. Las iglesias de Cristo no se distinguieron de otro grupo conocido como las iglesias de Dios, ni tampoco otro conocido como las iglesias de Dios en Cristo Jesús. La iglesia de Dios no fue una etiqueta identificando un grupo de creyentes como estando en contra de otro conocido como la iglesia del Dios viviente, el pilar y baluarte de la verdad.

La iglesia en el nivel final de experiencia de unidas cristiana busca encontrar una manera de indentificarse a sí misma de modo que todas las comunidades y tradiciones de una fe puedan fácilmente identificarse a sí mismas como miembros de un todo. En este nivel, nadie usaría terminología bíblica que en ninguna forma pueda excluir a otras personas, comunidades o tradiciones cristianas. Todos quienes en cada lugar viven bajo el señorío de Cristo serán reconocidos como miembros de una y la misma comunidad de la fe. La segunda sección de la Declaración de Unidad de Nueva Delhi adoptada en India en 1961 dice:

> Creemos que la unidad, la cual es la voluntad de Dios y también su don
> para su iglesia, toma forma visible cuando todos los que en todo lugar son
> bautizados en Jesucristo y lo confiesan como Señor y Salvador son traídos
> por el Espíritu Santo hacia la hermandad totalmente comprometida,
> sosteniendo la única fe apostólica, predicando el único evangelio,

partiendo un solo pan, uniéndose en oración común, y teniendo una vida grupal, alcanzando a otros testificando y sirviendo a todos y a quienes al mismo tiempo estén unidos con la congregación cristiana en su totalidad en todos los lugares y todas las edades en el entendimiento que el ministerio y los miembros son aceptados por todos, y que todos puedan actuar y hablar juntos conforme la ocasión requiera para las tareas a las que Dios llama a su pueblo. Es por tal unidad que creemos que debemos orar y trabajar.[12]

De hecho, en este último nivel de unidad, la iglesia a través del mundo será identificada como la única comunidad de la fe cristiana.

Nota Personal:

Se cuenta una historia de la universidad donde una vez enseñé: el finado John W. V. Smith, en una reunión inter-denominacional, fue el primero en presentarse. "Yo soy John Smith de la Iglesia de Dios." El siguiente hombre se identificó como que era de la Iglesia de Dios Presbiteriana. El siguiente, que era de la Iglesia de Dios Bautista, y así fue alrededor de la mesa.[13] Ellos estaban celebrando una identidad común incluso dentro del contexto de su diversidad.

Misiones y Testimonio Unidos

No sólo la iglesia tendrá en el último nivel una identificación común; también actuará unida en una misión y testimonio común basado en Mateo 28:18–20 y Hechos 1:8. (Para discusión adicional consulte el capítulo 1, página 9, en "Discípulos Haciendo Discípulos", y el capítulo 12, página 208 en "La iglesia como el movimiento de Jesús").

"Misiones y testimonio comunes" no requiere que una parte conduzca la vida y el trabajo de iglesia en general. En vez de eso, llama a una compatibilidad integradora de servicios, estructuras y ministerios. Algunos dicen unidad pero quieren decir uniformidad. Demandan que una forma de servir a Dios y a los demás, una forma de estructurar y gobernar la iglesia, y una forma de ministerio para todos. Sin embargo, para que la iglesia esté saludable, necesita una diversificación de servicios (es decir, 1ª Cor. 12:5), de estructuras (ver capítulo 12, página 208, en "La Iglesia como el Movimiento de Jesús"). Y de ministerios (consulte el capítulo 11, página 187, en "Ministerio en la Iglesia").

La monotonía monolítica no es una señal de buena salud, sino de enfermedad. Ya que la iglesia es una el Cristo, los servicios, estructuras y ministerios diversificados necesitan ser compatibles uno con el otro de modo que cada diversificación sea complementaria al

---

12 Para el reporte completo acerca de la Unidad, consulte: W. A. Visser't Hooft, New Delhi *Report: The Third Assembly of the World Council of Churches, 1961* (New York: Association, 1962), pp. 116–134. También, consulte: la discusión en Koivisto, op. cit., pp. 275–282.

13 Dicho en una editorial del *International Journal of Religious Education,* Junio 1967.

todo, y que ninguna sea competitiva con las otras; por eso el término de compatibilidad integrativa.

Amor Mutuo en la Diversidad

Por debajo de todo esto está la práctica de amor mutuo en la diversidad. La colocación de 1ª Corintios 13 en medio de los capítulos que tiene que ver con la diversidad en la iglesia de Corintio, exhibe la importancia teológica del amor para el bienestar de la iglesia. Como Pablo dice en Colosenses 3:14: "Y sobre todas estas cosas vestíos de amor, que es el vínculo perfecto."

Finalmente en el Trono Celestial

El *décimo primer nivel* en la experiencia de la unidad cristiana es escatológico. Tendrá lugar cuando finalmente todo el pueblo de Dios este reunido ante el trono de Dios, el Cordero (Cristo Jesús) estando en el centro (Ap. 7:17). De acuerdo con Ap. 7:9–12, en el cielo—una realidad tan cierta que se le refiere en tiempo pasado—la iglesia y toda su diversidad estará reunida alrededor de su salvador:

> Después de esto miré, y he aquí una gran multitud, la cual nadie podía contar, de todas naciones y tribus y pueblos y lenguas, que estaban delante del trono y en la presencia del Cordero, vestidos de ropas blancas, y con palmas en las manos; y clamaban a gran voz, diciendo: La salvación pertenece a nuestro Dios que está sentado en el trono, y al Cordero. Y todos los ángeles estaban en pie alrededor del trono, y de los ancianos y de los cuatro seres vivientes; y se postraron sobre sus rostros delante del trono, y adoraron a Dios, diciendo: Amén. La bendición y la gloria y la sabiduría y la acción de gracias y la honra y el poder y la fortaleza, sean a nuestro Dios por los siglos de los siglos. Amén.

Para Consideración Adicional

Parte I. Introducción Acerca de la Unidad

Emilio Castro, *Sent Free: Mission and Unity in the Perspective of the Kingdom (Puesto en Libertad: Misión y Unidad en la Perspectiva del Reino)* (Grand Rapids: Eerdmans, 1985).

Consultation on Doctrine, The Church: Its Nature, Mission, Polity, and Unity (Asesoría sobre Doctrina, La Iglesia: Su Naturaleza, Misión, Política y Unidad) (Anderson, Ind: Executive Council of the Church of God, n.d.).

Paul A. Crow, Jr., *Christian Unity: Matrix for Mission (Unidad Cristiana: Matriz para la Misión)* (New York: Friendship, 1982).

Christopher J. Ellis, *Together on the Way: A Theology of Ecumenism (Juntos en el Camino: una Teología del Ecumenismo)* (London: The British Council of Churches Inter-Church House, 1990).

Stanley Mooneyham (ed.), *The Dynamics of Christian Unity (La Dinámica de la Unidad Cristiana)* (Grand Rapids: Zondervan, 1963).

J. Robert Nelson, *Criterion for the Church (Criterio para la Iglesia)* (New York: Abingdon, 1962).

Geoffrey Wainwright, *The Ecumenical Moment (El Momento Ecuménico)* (Grand Rapids: Eerdmans, 1983).

Parte II. Un Modelo para Conversaciones Inter-Tradiciones

El documento *Bautismo, Eucaristía y Ministerio* enviado a las iglesias en 1982 por la Comisión de la Fe y el Orden del Concilio Mundial de Iglesias invitó a las iglesias, ya sean miembros o no de la WCC, a responder de acuerdo a las siguientes líneas guía. "La Comisión de la Fe y el Orden ahora invita respetuosamente a todas las iglesias a preparar una respuesta oficial al texto en el nivel de autoridad apropiado más alto, ya sea un concilio, sínodo, conferencia, asamblea u otro cuerpo de representantes. Para apoyar a este proceso de recepción, será un placer para la Comisión conocerlo tan precisamente como sea posible.

- el grado al cual su iglesia puede reconocer en este texto la fe de la iglesia por las edades;

- las consecuencias que su iglesia puede obtener de este texto para sus relaciones y diálogos con otras iglesias, particularmente con aquellas iglesias que también reconocen los textos como una expresión de la fe apostólica;

- la guía que su iglesia puede tomar de este texto para su vida y testimonio de adoración, educación, ética y espiritual;

- las sugerencias que su iglesia pueda hacer la obra en proceso de la Fe y el Orden mientras se relata el material de este texto sobre el *Bautismo, Eucaristía y Ministerio* para su proyecto de investigación de largo alcance 'Hacia la Expresión Común de la Fe Apostólica Hoy'. " p. x.

Parte III. Dos Movimientos de Unidad del Siglo Diecinueve

Contrario a la opinión popular, la preocupación por la unidad cristiana no está restringida por ningún motivo al movimiento ecuménico del siglo veinte. [Para una historia del mismo, consulte: Harold E. Fey (ed.), *A History of the Ecumenical Movement (Una Historia del Movimiento Ecuménico)*, Vol II. 1948–1968 (Philadelphia:

Westminster, 1970); También, Samuel M. Cavert, *On the Road to Christian Unity (En el Camino a la Unidad Cristiana)* (Westport: Greenwood, 1979).]

En el siglo diecinueve emergieron dos movimientos en los Estados Unidos, cada uno de los cuales tenía a la unificación de la iglesia como el centro de sus preocupaciones. El más antiguo conocido como el movimiento de restauración fue dirigido por Thomas y Alexander Campbell y W. Stone, y el posterior conocido como el movimiento de reformación que fue dirigido por Daniel S. Warner. El primero, que tiene sus orígenes entre los Presbiterianos y Bautistas, daba un énfasis a regresar a la fe y práctica de la iglesia del Nuevo Testamento como la única forma de unidad. Sostenía que la iglesia contemporánea debería ser una réplica de la iglesia primitiva (consulte: Henry E. Webb, *In Search of Christian Unity: A History of the Restoration Movement (En Búsqueda de la Unidad Cristiana: Una Historia del Movimiento de Restauración)* (Cincinnati: Standard, 1990). El segundo, que emerge primeramente dentro del movimiento de santidad, acentuaba la importancia de la obra de Dios dentro del corazón humano como el único camino a la unidad que podía ser experimentada (consulte: John W. V. Smith, *The Quest for Holiness and Unity (La Búsqueda por Santidad y Unidad)* (Anderson, Ind: Warner Press, 1980). Ambos emergieron como movimientos populares, para la unidad Cristiana. Nos recuerdan que el legado de los movimientos de unidad no están restringidos al movimiento ecuménico.

El movimiento de reforma produjo una secuencia de escritores quienes a lo largo de los años teologizaron acerca de la unidad cristiana. En mi artículo "Salvación Empírica y Unidad Cristiana en los Pensamientos de Siete Teólogos de la Iglesia de Dios (Anderson, Indiana)" (sin publicar Th.D. disertación, Boston University School of Theology, 1973), el pensamiento central de cada uno es identificado como sigue:

Daniel Sydney Warner (1842–95). Su idea fundamental era la unidad ontológica entre Cristo y la iglesia. La unidad cristiana es la unidad mística existente entre aquellos que experimentalmente participan en la vida de Cristo.

Herbert McClellan Riggle (1872–1952). Un elemento básico a su pensamiento fue la expansión creativa de Dios del dominio de la santidad de Dios. Para él, la unidad cristiana es el resultado de la presencia limpiadora de Cristo en el corazón, erradicando todos los afanes tendientes a la división.

Frederick G. Smith (1880–1947). Él enfatizaba la absoluta autoridad de la Biblia como el registro divino de verdades a las que deben adherirse todos lo que amen a Dios. La unidad cristiana es posible sólo cuando los cristianos trabajan para la reconstrucción de la iglesia apostólica en fe, práctica, y estructuras.

Russell R. Byrum (1888–1980). Lo fundamental para el es su método doctrinal para la verdad cristiana. La unidad de la iglesia es comprendida sólo cuando aquellos en el denominacionalismo entiendan que el sistema denominacional está basado en doctrina errónea, y rechazando el sistema como inherentemente pecaminoso, afirmando su membresía tan solo en la iglesia universal.

Charles Ewing Brown (1883–1971). Su teología relacional cristocéntrica trabajó dentro del contexto histórico de la iglesia de fe radical. La unidad cristiana es posible sólo cuando los creyentes experimentan restauración con Dios a través de la fé en Jesucristo, abandonan el pecado de las relaciones resquebrajadas, y trabajan abiertamente para el establecimiento de una relación de amor con el resto de la hermandad cristiana.

Earl L. Martin (1892–1961). La suya es también una teología cristo-céntrica relacional, pero en su punto de vista se soluciona dentro del contexto de una visión de una nueva humanidad en la tierra. La unidad cristiana es hecha posible por una relación personal con el Dios de amor y unidad que está reservado en Cristo. Involucra apropiarse de la visión de Cristo de una nueva humanidad, desarrollando actitudes de lealtad universal en lugar de actitudes angostas y pequeñas, ser abierto al futuro de Dios y caminar con valentía hacia el mismo.

Albert F. Gray (1886–1969). Él trabajó sobre la base de la naturaleza de desarrollo, progresiva y como un movimiento, de la experiencia, fe, reflexión y estructura de la iglesia. La unidad cristiana es posible sólo cuando la vista denominacionalista de la cristiandad es abandonado y mientras más el punto de vista de movimiento bíblico, dinámico y desarrollador es acogido.

14. Los Discípulos en un Mundo Pluralístico

Pablo en Atenas

Hechos 17:16–37 habla acerca de Pablo en Atenas donde circulaban muchos puntos de vista. Algunos argumentaban acerca de dioses de especulación filosófica (consulte v.18). Otros creían en un Dios desconocido (consulte v.23). Y aún otros adoraban dioses hechos con sus propias manos (consulte el v. 29).

En los versículos 24–28 él dice:

> El Dios que hizo el mundo y todas las cosas que en él hay, siendo Señor del cielo y de la tierra, no habita en templos hechos por manos humanas, ni es honrado por manos de hombres, como si necesitase de algo; pues él es quien da a todos vida y aliento y todas las cosas. Y de una sangre ha hecho todo el linaje de los hombres, para que habiten sobre toda la faz de la tierra; y les ha prefijado el orden de los tiempos, y los límites de su habitación; para que busquen a Dios, si en alguna manera, palpando, puedan hallarle, aunque ciertamente no está lejos de cada uno de nosotros. Porque en él vivimos, y nos movemos, y somos; como algunos de vuestros propios poetas también han dicho: Porque linaje suyo somos.

Después de declarar que Dios es el creador y Señor del cielo y la tierra, él termina citando con aprobación una declaración conocida por los Atenienses "Porque en él vivimos, y nos movemos, y somos". Pablo está estableciendo la idea de que todos nosotros, sin importar la orientación religiosa tenemos una conexión con Dios. Es imposible para nosotros ser algo distinto a la creación de Dios. Por esta razón, los seguidores de Jesús tienen una base común para conversar con otras personas acerca de Dios. "no está lejos de cada uno de nosotros."

Entonces, como creyentes ¿Cómo podemos relacionarnos con personas de otras religiones, otros puntos de vista y otras orientaciones? Esta es la pregunta que se encuentra en posición más importante en este capítulo. Comenzamos recordando que incluso cuando la creación es de Dios, así también la iglesia es de Dios. Veamos a esto como la base para discutir nuestra relación con aquellos fuera de la iglesia.

La Iglesia como "Eco Temporal" de la Trinidad

Como dice Colin Gunton "Si con el Nuevo Testamento, vamos a hablar de la Iglesia de Dios, la existencia de la iglesia debe estar fundamentada en la existencia de Dios."[1]

---

[1] Colin E. Gunton, *The Promise of Trinitarian Theology* (Edinburgh: T and T Clark, 1991), p. 78. Consulte el cáp. 4, "The Community. The Trinity and the Being of the Church."

Debido a que somos la Iglesia de *Dios*—la comunidad eterna de tres personas, Padre, Hijo y Espíritu Santo—debemos pensar de nosotros mismos desde la perspectiva de la naturaleza de la Trinidad. De acuerdo con Gunton, "La iglesia es llamada a ser el tipo de realidad al nivel finito que Dios está en la eternidad,"[2] y nuevamente, la iglesia es "un eco temporal de la comunidad eterna que es Dios".[3]

Reflejemos, pues, en la naturaleza de la iglesia a la luz de lo que fue dicho acerca del Dios en tres personas en el capítulo 8, a saber, que la Primer Personas y de la Trinidad es la Personas de misteriosa profundidad, la Segunda es la Persona de imagen propia, y la Tercera es la Persona en contacto con todo lo que no es Dios.

Como un "eco temporal" de la Primera Persona de la Trinidad, la iglesia es una comunidad de misteriosa profundidad que reconoce que hay más de sí misma de lo que ella puede comprender; este es un misterio más grande que nuestro entendimiento. El hecho de que tantas diferentes imágenes de la iglesia se encuentren en el Nuevo Testamento es el testimonio de este misterio. La iglesia elude tener su significado y naturaleza completamente encapsulada en cualquier concepto o metáfora, pues ninguno de ellos puede explicarla totalmente.

La implicación práctica de esto es que debemos continuar creciendo en nuestro entendimiento de la naturaleza de la iglesia, ya que siempre es más misteriosa que lo que vemos en la superficie, y más profunda que de lo que cualquier concepto ó metáfora es adecuado para comunicar.

Sin embargo, como un "eco temporal" de la Segunda Persona de la Trinidad, la iglesia, aunque misteriosa, no necesita ser anegada en las profundidades del misterio, pues tiene el beneficio de las imágenes bíblicas de la iglesia que ya se discutieron en el capítulo 9, es decir, el cuerpo de Cristo, reconciliada humanidad, el pueblo de Dios. Podemos movernos hacia delante en nuestro entendimiento de la iglesia con la seguridad de que la iglesia en todo su misterio es, sin embargo, congruente con lo que la iglesia es, de acuerdo a las imágenes bíblicas:

- es un cuerpo cristológico,

- una congregación de salvación cristiana, y

- un pueblo histórico de fe llamado a existir por Cristo. Sabemos lo que somos, quiénes somos, y dónde estamos en el proceso histórico.

La implicación práctica de esto es que podemos tener confianza acerca de nuestro auto-entendimiento en el sentido que tenemos textos específicos acerca de nosotros mismos. Al estudiar y reflejar estos textos, podemos medirnos nosotros mismos por ellos para el propósito de ordenar y re-ordenar nuestras vidas consecuentemente. Cuando discutimos con otros acerca de la fe cristiana lo que significa ser la iglesia, tenemos

---

2 Ibid., p. 81.
3 Ibid., p. 79.

textos comunes para la discusión; por consecuencia no somos dejados con el dilema de meramente perseguir las imaginaciones elusivas de unos y otros.

De ninguna manera esto intenta implicar que los textos sólo tienen un significado para que todos lo vean. Las distintas interpretaciones de este mismo texto es un hecho de nuestra vida juntos. El punto es que la discusión—tan frustrante cual puede ser—puede al menos tener el enfoque común de textos particulares.

Como un "eco temporal" la Tercera Persona de la Trinidad, la iglesia, es una comunidad en contacto con aquello que está más allá de si misma. Al grado de que la iglesia se entiende así misma de esta manera, funcionará no como si fuera una entidad auto-encerrada, desconectada de lo que no es ella misma, sino como una comunidad extrovertida que es abiertamente relacional con aquellos más allá del círculo de la fe cristiana. No sólo disfruta de su propia compañía interna sino que se empeña en la compañía de aquellos más allá de sí misma. La iglesia que es un "eco temporal" de la Tercera Persona de la Trinidad, es una comunidad involucrada al nivel más profundo posible con lo que no es la iglesia y con aquellos que no son de la fe.

Las implicaciones prácticas de esto son que somos capaces de ser una iglesia sensible que es tocada por las necesidades del mundo y una iglesia responsable que está dispuesta a ser el ejemplo de ser buen mayordomo de la creación. Debemos ser una iglesia misionera, radiante con el Espíritu para esparcir el evangelio. Además, debemos ser una iglesia compasiva que alcance en amor a todas las personas, sin importar quienes son. También debemos ser una iglesia comprometida con el diálogo que está dispuesta a entrar en discurso con todos si importar su vida religiosa o afirmaciones de verdad. Es a este asunto al que ahora nos dirigimos.

Relacionándose con Aquellos Que Hacen Otras Declaraciones de la Verdad

La verdad es lo que creemos es así para todos sin importar las percepciones que otras personas puedan tener. Para ilustrar esto con un ejemplo no-religioso, consideremos a alguien que piensa que puede volar desde un rascacielos hacia otro a una cuadra de distancia sin ayuda de ningún dispositivo mecánico. Si un pariente que queremos intentara hacer eso, dudo que alguien dijera "Lo que es verdad para mí puede no ser la verdad para ti". Es más probable que uno le suplicaría esta persona querida que no persiguiera lo que puede ser visto como una concepción equivocada.

El mundo tiene un hervidero de conversaciones acerca de diferentes afirmaciones de la verdad. Algunas de ellas son contradictorias mutuamente (ej. la afirmación que un Dios amante es la fuente de la vida, comparado contra la afirmación de que un Satanás egoísta es la fuente de vida). Otras afirmaciones de la verdad son complementarias (ej. el amor divino es auto-sacrificado, el sacrificio de uno mismo puede ser una señal de enfermedad emocional). Y aún otros son anticipatorios de afirmaciones adicionales de la verdad (ej. la nación de Israel es el cumplimiento de la promesa de Dios a Abraham; Jesucristo es el cumplimiento de la promesa de Dios a Abraham). El asunto particular que nos concierne aquí es cómo la iglesia de la fe trinitaria debe relacionarse a aquellos cuya verdad afirma ser contraria a la nuestra.

La pregunta fundamental es si vemos a las afirmaciones cristianas de que Dios es Trinitario y que Cristo Jesús es el único divino salvador como meras opciones entre muchas concepciones igualmente (o desigualmente) aceptables de Dios o si las vemos como la verdad definitiva. El asunto parte aguas que influencía decisivamente nuestro acercamiento a la gente de otra fe es si estamos convencidos que el Dios trinitario es el único Dios eterno. Seis enfoques importantes a este asunto pueden ser identificados, tres de los cuales ven al Dios trinitario meramente como uno de muchas concepciones igualmente (o desigualmente) aceptables de Dios, y tres de ellos ven al Dios trinitario como el único Dios verdadero.

Primero, deberemos considerar los tres en aquella categoría, y luego los tres en esta última categoría.

1. *Interés Casual*. El primer enfoque es el del interés casual en la diversidad. La actitud básica en este enfoque es que todos nosotros somos histórica y culturalmente formados y que nuestras visiones del mundo respectivas, siendo relativas a aquellos factores, son simplemente expresiones de experiencias históricas y culturales divergentes. Otras visiones del mundo, sean religiosas o seculares, son igualmente tan válidas como la nuestra. Son curiosidades que son de interés en el mismo sentido que es de interés cualquier otra particularidad histórica o cultural. Somos enriquecidos por relacionarnos con otras formas de pensar acerca del mundo y de Dios, pero el asunto de la verdad universal no es considerado, y si de casualidad se hace, esto es incidental. Esta actitud puede ser expresada como sigue: El pensamiento trinitario es verdad para mí, pero cualquiera que sea tu visión de Dios del mundo, es igualmente verdadera para ti. Ya que todos tenemos formas curiosas de pensar acerca de Dios y del mundo, relacionares con otros extiende nuestro entendimiento de las personas en el mundo, y simplemente agrega interés a la vida—nada más.

2. *Dogmatismo Fervoroso*. Un segundo enfoque es el del dogmatismo fervoroso acerca de un nuevo concepto de Dios. Este enfoque sostiene que hay un Dios más allá de todos los entendimientos religiosos de Dios y que tales entendimientos son expresiones históricas de Dios quien está más allá de cualquier entendimiento histórico. Para que nosotros podamos afirmar que nuestro entendimiento histórico de Dios es la verdad para todos es visto como absurdo y estrecho. Aquellos que toman este enfoque tienen un nivel de tolerancia muy bajo para aquellos que afirman, por ejemplo, que el Dios trinitario es el único Dios eterno. Hacer tales afirmaciones es visto como miope histórico y que tiene necesidad no solo de iluminación sino de conversión a un punto de vista más adecuado acerca de "Dios más allá de todos los entendimientos históricos de Dios" Este enfoque puede ser expresado así: El pensamiento trinitario es el único de muchas expresiones históricas de "Dios más allá de todas las particularidades históricas" La forma en que las cosas son realmente es que el "Dios más allá de todas las particularidades históricas" imposibilita el punto de vista de que el Dios trinitario es el único Dios verdadero, en que esto, también es una particularidad histórica.

3. Búsqueda de la Verdad con Diálogo. Un tercer enfoque es la búsqueda de la verdad con el diálogo en cuyo caso el trinitarismo es visto como una entre varias tradiciones religiosas, todas las cuales pueden aprender una de la otra. El acercamiento a otros, es entonces en una base igualitaria estricta. Entramos en el intercambio con una abertura para aprender de otros y compartir nuestras respectivas tradiciones con la esperanza de que todos nosotros podamos encontrar algo de valor en lo que cada uno tiene que ofrecer. La clave para el diálogo genuino es la voluntad de ser cambiados en el proceso. La verdad definitiva es entendida como aquella hacia la que uno se mueve en vez de la que uno ya tiene. Esta posición puede ser expresada así: Tenemos una tradición que con gusto traemos a la mesa para intercambio, pero la traemos para compartir, para ser cambiados por lo que otros compartan, y para estar dispuestos, si la evidencia apunta en esa dirección a movernos más allá de la tradición de la cual venimos.

Raimundo Panikkar argumenta que "la misma naturaleza de la verdad es pluralista."[4] Él escribe:

> Las religiones nos revelan diferentes hechos de verdad porque la verdad en sí misma es multifacética. Nosotros no podemos traer diferentes expresiones básicas de seres humanos en un sólo sistema de pensamiento porque la realidad es ese misterio el cual trasciende no solo nuestro pensamiento sino el pensamiento como tal. La variedad de tradiciones humanas definitivas es por tanto como los muchos colores de la naturaleza. No debemos estar obsesionados monocromáticamente, sino amar los jardines de todo lo que crece en los valles, cuestas y montañas de la realidad de la cual somos compañeros humanos.[5]

Los siguientes tres enfoques son tomados de la base de la convicción algo diferente de que el Dios trinitario es el único Dios verdadero.

4. Retirada. Aquellos de fe trinitaria que toman este cuarto enfoque, el de la retirada, consideran que no vale la pena considerar todos los otros puntos de vista de Dios y el mundo, quizá incluso para propósitos informativos. Mantienen una vida auto-cercada dentro de los confines de su propia comunidad sin buscar contacto con aquellos fuera de la comunidad de la fe, o estar dispuestos a responder a aquellos que inician tal contacto.

Esta actitud puede ser expresada así: Tenemos la verdad, y hasta donde sea posible, queremos retirarnos de todos aquellos que no son de la verdad.

---

4 Raimundo Panikkar, "Religious Pluralism: The Metaphysical Challenge," *Religious Pluralism,* ed. Leroy S. Rouner (Notre Dame: University of Notre Dame Press, 1984), p. 98.

5 Ibid., p. 114f. "El error conlleva aislamiento y rompimiento de relaciones. Con tal de que haya diálogo, lucha, discusión y desacuerdo tengamos opiniones conflictivas, puntos de vista diferentes e incluso contradictorios; pero todo esto se relaciona con la misma polaridad de la realidad... desde mi punto ventaja mi oponente está mal, pero no *absolutamente* mal *a menos* que el grupo persona en cuestión se desconecte del resto de nosotros" (énfasis añadido) p. 114. Panikkar piensa, por lo tanto, en términos de absolutamente equivocado, (ej. el solitario), y absolutamente verdadero, (ej., compañerismo).

5. *Triunfalismo Numérico*. Un quinto enfoque es el triunfalismo numérico. En este enfoque, se hace el intento de obtener más y más de aquellos que ven la realidad diferente para convertirlos—en ocasiones por el medio que sea—al punto de vista de uno. Esta actitud puede ser expresada así: Tenemos la verdad, y ustedes no. Por tanto, nuestra única meta es lograr que más personas estén de acuerdo con nosotros que las que están de acuerdo con ustedes. Obteniendo más de nuestro lado, ganaremos el día para Dios.

6. *Encuentro Dialógico*. Un sexto enfoque es el del encuentro dialógico. En este enfoque, uno viene a la discusión convencido de que el Dios trinitario es el único Dios viviente que existe. Este adherente se da cuenta que otros pueden ver las cosas de manera diferente y que el mundo es una disonancia de afirmaciones conflictivas de la verdad, algunas de las cuales son sistemas sofisticados de pensamiento, y otras de las cuales no lo son. El participante trinitario en la conversación, aún cuando está comprometido con la afirmación de la verdad de que Dios es Trinitario, está también deseando entrar a una relación de respeto con aquellos cuyas afirmaciones de verdad son de otra forma. Sin embargo, entra en el discurso sin negar quien es en las profundidades de su ser pero lo hace de tal forma que a la otra parte también se le permite ser quien es en las profundidades de su existencia. El resultado del compromiso puede, por supuesto, llevar a la *conversión* de alguna de las partes. O puede llevar a los participantes a beneficiarse con *nuevos paradigmas* para entender sus respectivos puntos de vista de la realidad. Como lo observa David Tracy, "Es probable que cada diálogo haga posible revisar aspectos de la tradición que necesitamos revisar y descubrir otros aspectos de la gran tradición olvidados, y ciertamente a veces reprimidos."[6] Nuevamente, el encuentro dialógico puede llevar a los participantes a llegar a posiciones que en el último análisis son puntos de vista muy diferentes de la realidad y los cuales, en efecto, por lo tanto se convierten en *nuevas afirmaciones de verdad*.

La diferencia entre *búsqueda* de la verdad con diálogo, que se refirió antes, y el encuentro dialógico es la siguiente. La búsqueda de la verdad con diálogo *supone desde el principio* que nuestros puntos de vista son relativos a la verdad más allá de nuestras afirmaciones. En este enfoque una presuposición básica acerca de la *necesidad* (a comparación de la posible necesidad) de cambiar en pos de la verdad, es fundamental para el diálogo.

Por otro lado, el encuentro dialógico no hace tal presuposición acerca de la *necesidad* por un cambio. (Esto no significa que descarte la *posible necesidad* de cambiar.) En el encuentro dialógico, no existe una suposición pre-diálogo de que la verdad es otra diferente a lo que uno sostiene que es el caso. De hecho, se hace la suposición opuesta, a saber, que las afirmaciones de la verdad que son expuestas son verdad para todos sin importar si otros la aceptan.

En el encuentro dialógico, la convicción apasionada que las afirmaciones que traemos a la conversación (ej. que el Dios trinitario es el único Dios eterno y que este Dios ha sido revelado en Jesucristo para la salvación de todos) son definitivamente ciertos y por tal

---

6 David Tracy, *Dialogue with the Other: The Inter-Religious Dialogue* (Grand Rapids: Eerdmans, 1991), p. 98.

razón, necesarios para la llenura de vida, los coloca en una categoría evangélica en la que se procura una conversación. De hecho, de acuerdo con Hechos 17:18, algunos en Atenas fueron convertidos. Pablo presiona el caso porque él creía que su evangelio era universalmente verdad, expiatoriamente transformador, y eternamente enriquecedor. De otra manera ¿por qué inquietarlos? ¿Por qué darles falsas esperanzas? ¿Por qué ser tan dedicado a la causa misionera? Por lo tanto, convencido de que Cristo era de hecho, el camino, la verdad y la vida, estaba dispuesto a inquietarlos, ofrecer esperanza, y darse a sí mismo sacrificialmente.

Otros en Atenas, por supuesto, evidentemente se sintieron convencidos igualmente acerca de lo que ellos consideran ser la verdad. Como una persona de civilidad, sin embargo, no hay indicación de que Pablo haya tratado de negarles el derecho a compartir lo que ellos consideraron ser la verdad. Fiel a lo que él había concebido que era la verdad universal, expiatoriamente transformando, y eternamente enriqueciendo, él los involucró en la conversación pública y estuvo dispuesto a que Dios hiciera el resto.

Si lo que afirmamos ser la verdad en realidad lo es, entonces no tenemos que preocuparnos acerca del resultado final. Al final, Dios vindicará la verdad, la genuinamente transformadora y la permanentemente enriquecedora. La fe es la seguridad de que cuando todo está dicho y hecho, el Dios en quien creemos vindicará la verdad.

Enunciado Resumido acerca del Encuentro Dialógico

Los participantes del encuentro dialógico entran a una discusión con aquellos que hacen diferentes afirmaciones de la verdad, y lo hacen de modo que ambos que tengan la voluntad de compartir la verdad como la ven y con respecto a los puntos de vista de otros. Están dispuestos a escucharlos a tal grado que los mismos otros sean convencidos de que han sido entendidos en realidad, en relación con la naturaleza de sus diferentes afirmaciones de verdad. (No sabemos si esto sucedió en Atenas. Hechos 17 es simplemente un texto que se mueve en la dirección de encuentro dialógico; no es un ejemplo de todo lo que se ha dicho aquí.)

En el encuentro dialógico, no es suficiente para una de las partes decir a la otra "Conozco cuáles son tus afirmaciones de verdad"; en vez de eso, el objetivo es venir al punto cuando diferentes partes se dicen una a la otra "Sí, realmente entendiste lo que son nuestras afirmaciones de verdad". Sólo entonces será un encuentro dialógico en su forma ideal, en vez de solamente un ejercicio de platicar unos con otros.

Los valores de un encuentro dialógico exitoso son

- que todos los involucrados sientan que han sido escuchados y que lo entendieron,
- que cada parte tuvo la oportunidad de re-evaluar su propias afirmaciones de verdad, y

- que cada uno tenga la oportunidad de enfrentarse con la realidad de diferentes afirmaciones de verdad y mejorar su entendimiento de ellas.

Harold Netland adopta este enfoque, llamándolo diálogo informal,[171] y sus propósitos incluyen demostrar nuestra disposición de tomar seriamente a la otra persona como ser humano;"[8] Evangelismo;[9] y servir como "una marca de humildad, sensibilidad y cortesía común con los seguidores de otras creencias".[10] Él está de acuerdo con el razonamiento de David Hesselgrave para tales enfrentamientos dialógicos: pueden ayudar en la promoción de libertad de adoración y de testificar; brindan la oportunidad de trabajar enfoques comunes para asuntos que tienen que ver con el bienestar físico y social; y contribuyen a derribar barreras de prejuicio, desconfianza y aversión entre personas de diferentes religiones.[11]

Sin embargo, Netland sostiene que "la preocupación que pasa sobre otras de principio a fin [diálogo] ... debe ser que el evangelio de Jesucristo sea comunicado efectivamente de una manera sensible y con gracia a los seguidores de otras religiones."[12]

El Fundamento Teológico para Escoger el Encuentro Dialógico

¿Es un enfoque preferible a los otros? En base a la naturaleza del Dios trinitario cuyo pueblo somos, y digo que sí. El interés casual en la diversidad apunta en la dirección correcta, pero no es adecuado en el sentido que no se enfoca en el Dios detrás de la diversidad. Nuestro Dios trinitario no es sólo el creador, el sustentador y el santificador de la diversidad armoniosa como cosas del mundo de Dios, sino también el reconciliador de la diversidad destructiva. El interés casual meramente en la diversidad histórica no es una respuesta suficiente al Dios trinitario quien crea y reconcilia la diversidad para propósitos eternos. Necesitamos estar involucrados con el Dios detrás de la diversidad y con el Dios que está obrando en la diversidad, en vez de estar satisfechos con diversas religiones como curiosidades culturales.

Encuentro que el camino del dogmatismo fervoroso es una nueva manera de pensar acerca de Dios que es inconsistente con el Dios trinitario quien ha sido revelado definitivamente en Jesucristo—una revelación entendida como la revelación del único Dios que existe. La iglesia entiende que la Escritura enseña que la Primer Persona de la Trinidad conocida por Jesús como Padre, la Segunda Persona revelada en Jesús como el Cristo, y la Tercera Persona obrando en el mundo como el Espíritu Santo son el único Dios eterno desde quién y por quién y para quién toda la creación tiene su existencia. La afirmación de verdad cristiana es que el Dios trinitario es el único Dios verdadero y que somos creados en esa imagen trinitaria. No existe otro Dios más allá del Dios bíblico.

---

8 Ibid., p. 297.
9 Ibid., p. 298.
10 Ibid., p. 299.
11 Ibid., pp. 299–300.
12 Ibid., p. 301.

Encuentro que el enfoque de búsqueda de la verdad definitiva por medio del diálogo es inconsistente con lo definitivo que es Jesucristo, quien es el camino, la verdad y la vida. Esto no significa que no debemos ser buscadores de la verdad, sino que busquemos la verdad próxima a la luz de la verdad definitiva revelada en Cristo. Tampoco esto significa que no crezcamos en nuestro entendimiento de Cristo, puesto que Cristo es la inagotable fuente de Dios revelada. El Espíritu Santo nos guía a la fuente de Cristo durante todo el tiempo que vivamos. Mientras que crecemos en nuestro entendimiento de Cristo, el hecho de la fe es que en Él hemos encontrado la verdad definitiva más allá de que nada más pueda ser descubierto.

Yo encuentro que el enfoque de retirarse es inconsistente con la naturaleza del Dios trinitario quien es el Dios del involucramiento con el mundo, la encarnación en el mundo y la evangelización del mundo.

Yo encuentro que el enfoque de triunfalismo numérico es inconsistente con la naturaleza del Dios trinitario quien como el sufriente Dios vino a nosotros en la humilde y sacrificial vida de Cristo Jesús. La manera de Dios no es aquella de ganar el día numéricamente, sino de revelar la verdad encarnacionalmente y, en el futuro, también cósmicamente.

Escojo, entonces, el enfoque del encuentro dialógico porque el Dios trinitario es una comunión de comunicaciones interpersonales que están unidas en la eterna verdad que ellas mismas son; no están en pos de la verdad como si existiera fuera de ellos mismos. El Dios trinitario colabora con nosotros con el propósito de convertirnos al plan divino para la vida humana.[13]

Somos la Iglesia de Dios—Padre, Hijo y Espíritu Santo. Como tal, de acuerdo a 1ª Pedro 2:9 "Mas vosotros sois linaje escogido, real sacerdocio, nación santa, pueblo adquirido por Dios, para que anunciéis las virtudes de aquel que os llamó de las tinieblas a su luz admirable;"

La Biblia es el registro del Dios que se compromete, quien nos llama a ser pueblo que de otro modo está comprometido en las vidas de otros, un pueblo que escuche diligentemente a todos lo que tengan cualquier cosa que decir. Sin embargo, también estamos convencidos que tenemos las buenas nuevas de salvación, y por lo tanto "no nos avergonzamos del evangelio", porque estamos persuadidos que es "poder de Dios para salvación, para todo aquel que cree" (Rom. 1:16).

---

13 Consulte Andrew D. Clark y Bruce W. Winter (eds.), *One God, One Lord: Christianity in a World of Religious Pluralism* (2nd ed.; Grand Rapids: Baker, 1993); Lesslie Newbigin, *The Gospel in a Pluralist Society* (Grand Rapids: Eerdmans, 1989); también su *Trinitarian Faith and Today's Mission* (Richmond: John Knox, 1964).

IV

Salvación para los Pecadores

15. La Voluntad de Dios de Frente a la Maldad y el Sufrimiento

Dos Tipos de Preguntas *"Por qué"*

Algunos afirman que la maldad es la prueba segura de que no hay Dios. Mientras que esa no es la postura tomada aquí, el asunto a ser discutido es cómo uno explica la realidad de la maldad a la luz de la afirmación de fe bíblica de que Dios es enteramente bueno y todo poderoso. Si Dios es enteramente bueno, ¿no le gustaría a Dios tener un mundo sin maldad, y si Dios es todo poderoso, no es Dios capaz de hacer tal mundo? De acuerdo con John Hick, "el dilema fue aparentemente formulado primero por Epicurio (341–270 A.C.) y es citado ... por Lactantius (260–340 D.C.)."[1] La palabra que ha venido a usarse en las discusiones acerca de este asunto es "Teodicea", del griego *theos* (Dios) y *dike*, justicia; una teodicea es un intento de justificar a Dios. Es nuestra defensa de la afirmación de que Dios es bueno y todo poderoso incluso cuando vivimos en un mundo en el cual hay mucha maldad. ¿Cómo reconciliamos el punto de vista bíblico de Dios con nuestra experiencia del mal? ¿Porqué sufrimos? ¿De donde viene el mal? ¿Porqué este tipo de palabra?

Es importante que distingamos entre dos tipos de preguntas "por qué". La primera es el clamor de angustia emocional. Es la angustia de *por qué* que brota violentamente de la experiencia existencial de tragedia, dificultad y dolor. En medio de la turbulencia de la experiencia, lamentamos que la misma se haya entrometido en nuestras vidas. Aunque esta es una pregunta "porqué" genuina, la que está clamando en angustia probablemente no está pidiendo una *respuesta* bíblica, teológica o filosófica sino simplemente una *audiencia*. El clamor es para que alguien que escuche las lamentaciones de miseria, no

---

[1] John Hick, *Evil and the God of Love* (San Francisco: Harper and Row, 1978), p. 5.

por alguien que hable palabras de explicación. Es el mismo tipo de pregunta *porqué* que nuestro Señor preguntó cuando sufría en la cruz: "Dios mío, Dios mío, ¿por qué me has desamparado?" (Mateo 27:46).

Un segundo *por qué*, el intelectual y reflexivo, se pregunta por aquellos que están a una distancia emocional del sufrimiento. Puede ser preguntada por aquellos que están más reflexivos después de la conmoción de su propia experiencia que ha sido tratada hasta cierto punto, o puede ser preguntada por aquellos quienes aunque no están involucrados existencialmente en los traumas de la vida en el presente, no obstante están interesados en el predicamento humano. Ellos preguntan: ¿Qué clase de Dios es quien permite que tenga lugar el sufrimiento? Este *por qué* exige algo más que una presencia reconfortante. Es una solicitud de una explicación que tenga lógica con la experiencia de maldad pero que no descuente las afirmaciones de la Escritura acerca de Dios. Este es el segundo *por qué* que es el enfoque de este capítulo.

El propósito aquí es desarrollar un marco teológico basado bíblicamente acerca de Dios y la maldad, dentro del cual podemos funcionar mientras tratamos con el por qué emocional y también el intelectual. Mientras intentamos identificarnos con aquellos que están en angustia, necesitamos tener una estructura conceptual que informe lo que decimos y hacemos incluso cuando no estamos en un modo instructivo sino en un modo de apoyo emocional. ¿Cuáles son nuestras suposiciones básicas acerca de Dios, el mundo y la maldad mientras "lloramos con los que lloran"? ¿Qué diremos cuando las preguntas intelectuales surjan?[2]

Comenzando la Discusión en el Lugar Correcto: el Dios Santo

Un asunto que frecuentemente nos estorba cuando abordamos este asunto es que en vez de comenzar con el Dios bíblico, comenzamos con conceptos abstractos de omnipotencia objetiva y bondad objetiva que vemos como estando fuera de Dios, y por los cuales incluso Dios es medido. Invitamos a problemas innecesarios cuando comenzamos con presuposiciones acerca del poder abstracto y de la bondad abstracta en vez de comenzar con el Dios bíblico quien *es* la definición de poder y bondad. El Dios bíblico no es medido por conceptos externos y abstractos. En vez de medir a Dios por nuestras concepciones de cánones externos de poder y bondad, es crucial que comencemos sin ninguna otra concepción que no sea la de Dios, quien es la vara de medición para entender el poder y la bondad.

El Dios de la Biblia dice "YO SOY EL QUE SOY" (Éxodo 3:14),[3] recordándonos también como a Moisés que el Dios viviente no es nuestra creación, sino que en vez de eso, Él nos ha creado y nos vigila comparándonos con la santidad, distanciado de todos los dioses inventados humanamente. Se habla de la santidad en Levítico 11:44–45 en conexión con el llamado al pueblo de Dios a estar separado de lo que los contamina:

---

2 Ejemplos de teologías del sufrimiento son: D. A. Carson, *How Long, O Lord? Reflections on Suffering and Evil* (Grand Rapids: Baker, 1990); Daniel Liderbach, *Why Do We Suffer? New Ways of Understanding* (New York: Paulist, 1992).

3 Ó "YO SOY EL QUE SOY" ó "SERÉ EL QUE SERÉ".

> Porque yo soy Jehová vuestro Dios; vosotros por tanto os santificaréis, y seréis santos, porque yo soy santo; así que no contaminéis vuestras personas con ningún animal que se arrastre sobre la tierra. Porque yo soy Jehová, que os hago subir de la tierra de Egipto para ser vuestro Dios: seréis, pues, santos, porque yo soy santo.

De acuerdo a este pasaje, el pueblo de Dios es diferente a cualquier otro pueblo, y por esa razón no deben contaminarse a sí mismos con lo que es desagradable a Dios. Jehová, el eterno YO SOY,[4] es quien establece el estándar de qué es limpio y qué es impuro, qué es aceptable y qué es inaceptable. De la misma forma que era basado en la propia misteriosa voluntad de YO SOY—y no de acuerdo con alguna influencia externa—es que Dios decidió crear al mundo, incluso así, es de acuerdo con la propia misteriosa voluntad de YO SOY que algunas cosas son puras y otras impuras. Así también, de la misma forma que fue en base a la propia voluntad inescrutable de YO SOY que los descendientes de Abraham fueron escogidos para ser el pueblo de Dios, aún así, es de acuerdo a la misma inescrutable voluntad que algunas cosas se declaran aceptables y otras inaceptables. Por lo tanto, no es nuestra prerrogativa decidir qué es aceptable a los ojos de Dios y qué no lo es; YO SOY decide eso. Es nuestra responsabilidad aceptar por fe los caminos del Dios santo, de igual forma que Abraham lo hizo cuando respondió su llamado de hacer un pacto por el cual él y su pueblo serían misteriosamente escogidos.

La santidad de Dios es retratada dramáticamente en la experiencia de adoración de Isaías en el templo: "En el año que murió el rey Uzías vi yo al Señor sentado sobre un trono alto y sublime, y sus faldas llenaban el templo." (6:1). Y los serafines daban voces de adoración, diciendo "Santo, santo, santo, Jehová de los ejércitos; toda la tierra está llena de su gloria." (v. 3). La respuesta de Isaías en la presencia del Dios santo fue, "!!Ay de mí! que soy muerto; porque siendo hombre inmundo de labios,... , han visto mis ojos al Rey, Jehová de los ejércitos." (v. 5). Después de que el profeta fue limpiado de su pecado, escuchó la divina invitación a ser el emisario del Señor, a lo que él contestó, "Heme aquí, envíame a mí." (v. 8).

No fue Isaías quien estableció los estándares, sino el Dios santo. Este mismo énfasis en Dios como el que establece los estándares es visto en Oseas cuando se esperaba que Dios pudiera abandonar al pueblo de Dios debido a su infidelidad. Sin embargo, lo que el pueblo esperaba no era lo que Dios quería hacer. El camino de Dios no estaba determinado por estándares de aceptabilidad establecidos por un criterio diseñado humanamente. En Oseas 11:9 Dios dice "No ejecutaré el ardor de mi ira, ni volveré para destruir a Efraín; porque Dios soy, y no hombre, el Santo en medio de ti; y no entraré en la ciudad. [como era lo que esperaba el pueblo]". En otras palabras, Dios hará lo que Dios determine que es bueno.

Primera de Pedro 1:14–16 toma este tema del Antiguo Testamento del Dios santo que establece sus propios estándares de Dios para llamar a un pueblo santo que será fiel a esos estándares:

---

[4] Consulte Éx. 3:14 donde Dios dice a Moisés "Así dirás a los hijos de Israel: YO SOY me envió a vosotros."

Como hijos obedientes, no os conforméis a los deseos que antes teníais estando en vuestra ignorancia; sino, como aquel que os llamó es santo, sed también vosotros santos en toda vuestra manera de vivir; porque escrito está: Sed santos, porque yo soy santo.

El punto inicial para que llegáramos al asunto de la teodicea es darnos cuenta que estamos en la presencia del Dios santo cuyos caminos no son necesariamente nuestros caminos. Es el Dios santo que es el eterno, y quien determina con toda sabiduría el bien y el mal. Vemos esto de manera gráfica en la primera historia de la creación en Génesis 1–2:4ª donde después de cada una de las etapas de la creación, Dios declara lo bueno que son (1:4, 10, 12, 18, 21, 25), y luego de acuerdo con el versículo 31, "Y vio Dios todo lo que había hecho, y he aquí que era bueno en gran manera." La creación es buena porque el Dios santo lo dijo, no porque estuviera en comparación con algún estándar neutral de qué es bueno, y se encontró que era aceptable. Como dice Claus Westermann, "A los ojos de Dios toda la creación es buena, sin importar todo lo que parece incomprensible, cruel y terrible a los seres humanos. Lo bueno de la creación está basado sólo en la autoridad de Dios; para qué es bueno todo lo que hay en la creación tal como es, sólo Dios lo sabe".[5]

Nuevamente, en el segundo relato de la creación encontrado en 2:4–25, es el Dios santo quien es el que determina la distinción entre bueno y malo. Uno de los árboles mencionados en el versículo 9 "el árbol de la ciencia del bien y del mal". Este árbol, junto con el "árbol de la vida", representa la voluntad de Dios para nosotros.

El árbol de la vida representa el regalo de Dios de la vida eterna, como lo pone en claro 3:22: "Y dijo Jehová Dios: He aquí el hombre es como uno de nosotros, sabiendo el bien y el mal; ahora, pues, que no alargue su mano, y tome también del árbol de la vida, y coma, y *viva para siempre*." (énfasis añadido).

El árbol del conocimiento del bien y del mal representa el conocimiento prerogativo de Dios, como el mismo versículo lo deja en claro igualmente: "el hombre es como uno de nosotros, sabiendo el bien y el mal". (Consulte Para Consideración Adicional, para material catedrático bíblico contemporáneo acerca de este árbol.)

El punto es que es sólo el omnisciente Dios quien determina lo que es bueno y lo que es malo; nosotros no determinamos qué es bueno y malo—y como lo dijimos antes—algún estándar por el cual incluso Dios es medido no es el criterio para determinar el bien y el mal. Sólo Dios tiene la prerrogativa de crear un mundo y declararlo bueno; sólo Dios tiene la prerrogativa de declarar algo impuro y por lo tanto no aceptable. Este conocimiento del bien y el mal es un misterio que por derecho le pertenece sólo a Dios; no es la voluntad divina que nosotros conozcamos este misterio. Toda la realidad como sólo Dios la conoce es la realidad del bien y el mal; No hay realidad neutral.

---

5 Claus Westermann, *Genesis: A Practical Commentary,* trans. David E. Green (Grand Rapids: Eerdmans, 1987), p. 11f.

De acuerdo con los versículos 16 y 17, Dios ordena

> De todo árbol del huerto podrás comer; mas del árbol de la ciencia del bien y del mal no comerás; porque el día que de él comieres, ciertamente morirás.

Sin embargo, en contra de este mandamiento, Adán y Eva tomaron parte (3:6); La consecuencia fue que Dios les impidió comer del árbol de la vida. Su invasión al divino misterio trajo como resultado la prohibición de Dios de que participaran de la vida eterna. Como Gerhard Von Rad lo puntualiza, la referencia al conocimiento del bien y el mal

> significa al mismo tiempo conocimiento de todas las cosas y el logro de la autoridad sobre todas las cosas y secretos, ya que aquí el bien y el mal no deben ser entendidos desde un sólo lado en sentido moral, sino significando "todas las cosas"... Al esforzarse para alargar su existencia en el lado hacia Dios, y buscar una intensificación hacia Dios de su vida más allá de sus limitaciones como criatura, esto es, al querer ser como Dios, el hombre salió afuera de la simplicidad de la obediencia a Dios. Por esta razón, él perdió su derecho a la vida en el placentero jardín y cerca de Dios. Lo que le quedó fue una vida de arduo trabajo en medio de miserias afanosas, involucrado en una lucha con el poder del mal, y al final, ser sin indulto, víctima de la muerte.[6]

La idea establecida en Génesis es que Dios ofreció vida eterna pero no el conocimiento prerrogativo de Dios. Mientras que de acuerdo con 3:8, Dios entró en comunión con el orden creado, la intrusión al misterioso conocimiento de Dios estaba estrictamente fuera de toda posibilidad. Al tomar parte del árbol prohibido, Adán y Eva transgredieron no sólo un mandamiento, sino a la misma persona de Dios. Esta trasgresión primordial puede ser entendida analógicamente desde nuestra propia experiencia. Cada uno de nosotros tiene una profundidad de misterio personal que no queremos que nadie más invada, ni siquiera aquellos con los que tenemos mayor intimidad, hacerlo violaría nuestra individualidad.

La condición humana es que hemos invadido el misterio de la individualidad de Dios, y como resultado tenemos algunos entendimientos invasivos—aunque parciales, rotos o distorsionados—del conocimiento integral de Dios del bien y el mal. Aunque, con este conocimiento parcial, podemos decir al menos algo acerca de asuntos del bien y el mal: Sobre la base de que Dios llamó bueno a todo lo que había creado, podemos asumir que bueno es todo lo que Dios creo, y que malo es todo lo que se trae a existencia por alguien distinto a Dios, en oposición a Dios y como un mal uso de la creación. El mal es la oposición a Dios a través del uso distorsionado de la creación; es la invención de las criaturas lo que es discordante con el Creador y la creación.

---

6 Gerhard Von Rad, *Old Testament Theology,* Vol. I, trans. D. M. G. Stalker (New York: Harper and Row, 1962), p. 155.

Las Raíces de la Maldad

En el mandamiento de no comer del árbol de la ciencia del bien y del mal (2:16–17), se supone que la criatura humana tiene la capacidad de escoger ser obediente a Dios. Si ese no es el caso, entonces el mandamiento es la farsa de una ficción, pero esto no está de acuerdo con el tipo de Dios que se encuentra en la Biblia. Cuando Dios manda algo, se asume que tenemos la capacidad de obedecer por elección.

El relato de Génesis, sin embargo con frecuencia es mal interpretado en este punto como si Dios hubiera colocado ante los humanos dos opciones, una mala y otra buena. El cuadro es que los humanos que se mantienen en una posición neutral considerando la primera opción y luego la otra, ambas de las cuales fueron creadas por Dios, y luego trágicamente escogiendo la opción del mal.

Esta noción es malinterpretar el relato, ya que no hay evidencia de que el mal sea una opción creada por Dios junto con otra opción llamada el bien. La criatura humana no tiene dos opciones; en vez de eso Dios ha dado sólo una, la de escoger libremente adorar a Dios a través de obediencia con amor. Dios no dice, "Aquí hay dos opciones, toma la que desees"; en vez de eso, Dios dice "Aquí está la única opción que tienes, escoge esta y vive."

Es parecido a ser un padre quien le da las llaves del automóvil al nuevo conductor de la familia. Un padre sabio no dirá al nuevo conductor, "Tienes dos opciones: ser un buen conductor, ser cortés, y obedecer todas las reglas del camino, y si quieres se un conductor deficiente, se descortés y desobedece las reglas." No, el padre le da al joven sólo una opción, la de escoger ser un buen conductor. El padre, por supuesto, sabe que el joven puede fabricar otra opción contraria a la que se dio. El hecho de que el joven no es un robot, sino un agente con voluntad propia, impulsa al padre a dar la opción en primer lugar. Si el nuevo conductor fuera un robot, no serían necesarias las instrucciones; pero ya que no lo es, el padre depende de él para elegir buenas prácticas de manejo. El joven es capaz de escoger una opción contraria que el mismo ideó porque es por diseño divino una criatura con albedrío. Escoger una opción opuesta es posible inherentemente pero no es dada por sus padres.

Así que escoger lo que es contrario a la voluntad expresada de Dios es una posibilidad estructuralmente inherente pero no un objetivo intencionalmente. La diferencia entre los dos puede ser vista, por ejemplo, en asuntos tales como meditar si se asesina o no a otra persona. Es obvio que incluso considerar la posibilidad es algo malo. En Mateo 5:27–28, Jesús hace este tipo de suposición en referencia a la lujuria:

> Oísteis que fue dicho: No cometerás adulterio. Pero yo os digo que cualquiera que mira a una mujer para codiciarla, ya adulteró con ella en su corazón.

Que asesinatos y adulterio pueden ser cometidos es obviamente el caso ya que realmente ocurren en nuestro mundo. La mayoría de los seres humanos tienen la capacidad estructuralmente inherente de jalar el gatillo de una pistola, por ejemplo. Estamos creados de tal modo que eso puede hacerse. Pero eso es muy diferente la opción intencional que nosotros ponderamos: "¿Lo mataré?" Hay muchas cosas que estructuralmente podemos hacer pero las cuales nunca son opciones que consideremos incluso por el más leve instante. Muchos de nosotros amamos a los miembros de nuestra familia, por ejemplo, sin considerar jamás la posibilidad de no amarlos. Amar es una relación voluntaria, pero eso no necesariamente significa que consideremos alguna vez la posibilidad estructural contraria de hacerles daño.

La elección voluntaria no necesita dos o más opciones objetivas. Dios nos ha creado como criaturas con voluntad propia con la capacidad inherente estructural de tomar decisiones contrarias, pero Dios no ha puesto ante nosotros opciones objetivas para tomar esas decisiones a propia voluntad. Nosotros ideamos esa opciones. El origen de la maldad es la invención humana, está fundamentado en la decisión humana de transgredir el conocimiento prerrogativo y la individualidad misteriosa de Dios.

Pero ¿Y qué hay de la serpiente? El relato de Génesis nos lleva a las siguientes observaciones acerca de ella:

1. De acuerdo con 3:1 "Pero la serpiente era astuta, más que todos los animales del campo que Jehová Dios había hecho;"Se entiende dentro del contexto de este pasaje, que la serpiente era uno de los animales salvajes hechos por Dios y que era la más "astuta"[7] de todos los animales. La serpiente, entonces, no era un invasor de otra esfera de la realidad, sino que era del mismo orden creado. (Consulte Para Consideración Adicional, Parte III).

2. De acuerdo con 3:1–5 la serpiente tenía la capacidad de comunicarse con la criatura humana. En nuestra propia asociación con el reino animal, sabemos que hay niveles de comunicación entre humanos y el reino animal. Experimentamos, por ejemplo, más comunicación entre la mirada de un perro y un ser humano, que entre una hormiga y un humano. Justo como vemos la vasta diferencia en los niveles de comunicación entre hormigas y perros, aún así, de acuerdo a este relato, existía una vasta diferencia entre esa serpiente de la que se habla aquí y otros animales salvajes. En la historia de Génesis, esta criatura tenía habilidades de comunicación peculiares a sí misma en el reino animal.

3. En 2:18–20, se considera la soledad del hombre. Todos los animales fueron traídos al hombre para que les pusiera un nombre, pero como dice el verso 20: "mas para Adán no se halló ayuda idónea para él" De acuerdo a Westermann: "Aquí, 'ayuda' quiere decir su sentido más amplio—no sólo para trabajar o para procrear, sino para ayuda mutua en

---

7 Consulte Victor P. Hamilton, *The Book of Genesis Chapters 1–17* (Grand Rapids: Eerdmans, 1990), p. 187. Esto en su traducción de la palabra *'ãr^um*, la cual aparece sólo aquí en Génesis. Él argumenta que es frecuentemente usada en proverbios como admirable rasgo de prudencia, sagacidad, ingeniosidad y es contrastada con ser necio (12:16, 23; 13:16; 14:8) ó con el simple (14:15, 18; 22:3; 27:12). Sin embargo en Job, la palabra es usada peyorativamente (5:12;15:5). La conclusión de Hamilton, entonces, es que es un "término ambivalente que puede ser descrito como una característica deseable o no desable". "Parece mejor tomar 'astuto, listo' como una descripción apropiada de la serpiente, una que describe aptamente su uso de una estrategia de prudencia cuando se involucra en el diálogo con la mujer", p. 188.

todas las esferas de la existencia humana."[8] Debido a que la serpiente era uno de los animales también fue rechazada como compañero del hombre—una ayuda para "mutuo entendimiento en conversación, en silencio, y en apertura el uno al otro".[9]

4. En el texto canónico como ahora se encuentra (en una tradición anterior, 2:18–24 era una continuación de 2:8 y el capítulo 3 era una continuación de 2:9, 15–17)[10] inmediatamente después de que la mujer fue creada como la ayuda idónea del hombre—todos los animales fueron rechazados para este papel—la serpiente inició una conversación con la mujer y asumió el papel del antagonista contra Dios.

5. En 3:14–15, Dios pronuncia una maldición a la serpiente, poniendo enemistad entre ella y la mujer y degradando a la serpiente exclusiva a arrastrarse, es decir, "sobre tu pecho andarás" (v.14). Una maldición es un pronunciamiento de algo que ya no se acomoda a su propósito original y por lo tanto está permanentemente prohibido de su condición original.[11] "El hecho de que la serpiente fuera maldecida de los animales... significa que fue puesta fuera de su comunidad".[12]

Esto, entonces, es un resumen de lo que el texto en sí mismo dice de la serpiente. El asunto que nos confronta, sin embargo, es el significado teológico de la serpiente. Emergen cuatro puntos: primero, la serpiente es una creación que no es humana, que se amargó; segundo, la serpiente es una creación que no es humana presentándose a sí misma como una opción para adorar por encima y en contra de Dios, Dios por lo tanto está siendo aminorado a los ojos humanos a la posición de ser meramente una de dos posibles opciones. (Piense de lo inaceptable de tratar a nuestro cónyuge como meramente una de dos opciones para la devoción del matrimonio. Incluso considere otra opción al lado de su cónyuge, sería elevar la otra opción a un nivel inmerecido y aminora al cónyuge a un nivel inapropiado.) Tercero, la serpiente es una creación no humana en una coalición infame con el orden humano en oposición común hacia Dios; Y cuarto, la serpiente es una creación no humana a la que se le prohíbe cumplir con el propósito original de Dios.

¿Qué Debe Hacer el Dios Santo?

¿Qué, pues, iba a hacer el Dios santo, dado el hecho de que el orden humano y el orden no humano, representado por aquella serpiente, originaron una opción distinta a la dada por Dios—la opción de enemistad hacia Dios?

1. Dios pudo haber aniquilado toda la creación. Si Dios hubiera hecho eso, Dios hubiera destruido lo que por su propia declaración era bueno. No es la creación en sí misma lo que es malo, sino las opciones inventadas por los miembros del orden creado.

---

8 Westermann, op. cit., p. 21.

9 Ibid.

10 Consulte Claus Westermann, *Genesis 1–11: A Commentary,* trans. John J. Scullion (Minneapolis: Augsburg, 1984), pp. 225ff., 236ff.

11 See Ibid., p. 258f.

12 Johs Pedersen, *Israel, Its Life and Culture, I-11* (London: Geoffrey Cumberlege, Oxford University Press, 1964), p. 452.

Si Dios hubiera aniquilado la creación hubiera significado que Dios había destruido lo que era bueno.

2. Dios pudo no haber hecho nada acerca del antagonismo conjunto del orden creado humano y no humano. Si Dios hubiera tomado tal enfoque, hubiera marginalizado tal antagonismo y hubiera minimizado la seriedad del pecado.

3. Dios pudo haber traído juicio, y falta de salvación, por encima de la creación antagónica. Si Dios hubiese tomado tal curso, todo lo que pudiera haber sido hecho no habría sido hecho.

4. Dios pudo haber ofrecido la farsa de la salvación carente de juicio. Y digo farsa porque ninguna salvación real es posible separada del juicio en la que la obra misma de la salvación implica la conclusión de que algo está mal y necesita ser rectificado; la salvación es implícitamente un juicio (a menos, por supuesto, que una persona salve a otra incidentalmente sin ningún conocimiento del aprieto de la otra, pero esto no aplica a un Dios omnisciente). Una farsa, entonces, sería un asunto de que Dios actuara de una manera salvífica por placer personal pero sin que en realidad afectara al orden creado; en este caso, Dios actuaría privadamente sin que el orden creado conociera nada acerca de ello. Sería algo como cuando una persona transgredida que nunca confronta al trasgresor a acerca del asunto por miedo a hacerle sentir incómodo. La persona, por lo tanto, actúa como si todo estuviera bien cuando en realidad no lo está. Trata con la transgresión dentro de sí mismo sin jamás siquiera darle a conocer al trasgresor que algo estuvo alguna vez mal. Si Dios hubiera tomado tal enfoque, el orden creado pudo haber seguido alegre sin darse cuenta de que existía algún problema.

5. El enfoque que en realidad fue tomado por Dios fue el de un juicio ligado a la oferta de salvación. El juicio establecido en Génesis 3 tiene tres facetas: Primero, la presencia de Dios en el jardín fue en sí misma un juicio hacia el pecado de la pareja humana. De acuerdo con el versículo 8 "se escondieron de la presencia de Jehová Dios entre los árboles del huerto." Segundo, como ya lo hemos dicho, la serpiente fue maldecida; y tercero, Dios estableció una separación (una desarticulación, disonancia) entre el orden humano y el orden no humano de la creación.

Esta separación fue establecida en varias dimensiones de la vida:

a. fue establecida entre el orden humano y la serpiente maldecida, es decir, la enemistad puesta entre la serpiente y la mujer (v. 15). En vez de la relación de seguridad entre las dos, ahora es una relación de miedo entre el ser humano y el descendiente físico de la serpiente.

b. Fue establecido entre el proceso natural de reproducción biológica y el deseo humano de no experimentar dolor, es decir, el dolor de dar a luz fue incrementado (16^a).

c. fue establecido entre personas en lo que había sido la asociación natural de las relaciones humanas; la relación marital fue frustrada de modo que lo que evidentemente había sido creado como una relación de amor igualitaria se convirtió en una jerárquica (v. 16b).[13]

d. fue establecido entre la responsabilidad dada por Dios que los humanos tienen que cuidar del orden creado (1:26–30) y el deseo humano del placer (3:6, "agradable a los ojos"). En 3:17–19 la relación armoniosa entre cuidar de la creación y el placer fue interrumpida, como lo dice el versículo 17 "con dolor comerás de ella [de la tierra] todos los días de tu vida."

e. Fue establecido en la desarticulación entre la desnudez del orden creado como tal y la desnudez de la pareja humana. Mientras que la pareja humana había estado desnuda junto con el resto del orden natural, fue establecida una separación entre el orden creado no humano y el orden humano. Como un resultado, el orden humano ahora se experimentaba a sí mismo como estando desnudo, y se hicieron delantales (3:7). El vestirse da indicios de la separación existente ahora entre los dos órdenes.

f. La separación definitiva es vista en 3:22–24 cuando el orden humano es echado fuera del Edén para que no comieran del árbol de la vida y el orden humano viviera por siempre en oposición a Dios. Fue establecida una separación entre el ambiente creado por Dios (es decir, el Edén) por un lado, y decisiones por voluntad propia hechas por la pareja humana por otro lado. Dado que el ambiente había sido creado como un contexto sincronizado para las decisiones voluntarias de la pareja humana, que el contexto sincronizado ya no estaba disponible para ellos. Por consecuencia, todos nosotros ¡ahora vivimos fuera del jardín! El orden humano y orden creado ya no están sincronizados. De acuerdo al verso 24, Dios "Echó, pues, fuera al hombre, y puso al oriente del huerto de Edén querubines, y una espada encendida que se revolvía por todos lados, para guardar el camino del árbol de la vida."

¿Porqué la Desarticulación?

El establecimiento de la separación en el capítulo 3 implica que antes del juicio y la sentencia de Dios, el diseño divino era (y aún lo es) el de un todo armonioso. Vemos esta misma solidaridad creada entre las diferentes dimensiones de la creación en otras partes

---

13 Westermann no ve este pasaje como simplemente punitivo (y tampoco yo, pero lo veo como un enunciado con gracia por aras de la salvación); No obstante, él hace notar la importancia teológica de la diferencia entre la relación igalitaria establecida entre el hombre y la mujer en Gén,. 2:21-24 (viniendo como lo hace de una tradición utilizada en el texto canónico) y el que es jerárquico del que se habla en 3:16b (que viene de otra tradición): "En contraste a subordinación temporal de la mujer [3:16] se mantiene la relación permanente entre el hombre y la mujer [2:21-24]: la diferencia entre ellos es parte de la existencia humana que siempre permanecerá" (Eerdmans), p. 26. Yo mantengo que en el texto canónico como lo tenemos ahora, mientras que la relación jerárquica es parte del enunciado con gracia, no es reflectiva del orden de la creación como tal. En Cristo, sin embargo, el buen orden de la relación humana es restablecida (ver Gál 3:28).

de las Escrituras también, como por ejemplo, en los Salmos, cuyo punto de interrelación del orden humano con el orden creado más amplio (ej. Sal. 96 y 98) y en los pasajes del Nuevo Testamento tales como Romanos 8:18–23 (v. 19 que habla de la creación esperando "Porque el anhelo ardiente de la creación es el aguardar la manifestación de los hijos de Dios.") y Colosenses 1:15–20 con su énfasis en "todas las cosas" siendo reconciliadas a través de Cristo. Vemos, entonces, que de acuerdo con el plan divino, tanto el orden humano como el orden creado no humano son todos de una pieza. Tanto el orden humano como el orden creado no humano fueron creados para ser un todo sincronizado con todas las dimensiones interrelacionadas en soporte recíproco. ¿Por qué entonces el enunciado de desarticulación?

De acuerdo a Génesis, es debido al hecho de que los dos órdenes—el orden prototípico no humano (representado por aquella serpiente) y el orden humano prototípico (Adán y Eva)—estaban unidos en oposición a Dios. Dios, sin embargo, con su gracia rompió la unión de antagonismo estableciendo separación entre los dos órdenes con el propósito de la salvación. El resto del libro de Génesis es la historia de la salvación del pacto de Dios teniendo lugar dentro del contexto de dicho mundo.

La separación entre los dos órdenes es la manera que experimentamos al mundo. La historia bíblica completa asume que es en medio de esta separación, que Dios obra al final en el que conoceremos que Dios por sí solo es el Señor—aquel al que debemos amar incondicionalmente. Deuteronomio 6:4–5:

> Oye, Israel: Jehová nuestro Dios, Jehová uno es. Y amarás a Jehová tu Dios de todo tu corazón, y de toda tu alma, y con todas tus fuerzas. [Compárese con, Mateo 22:34–40; Marcos 12:28–34; Lucas 10:25–28].

Reflección Teológica de la Desarticulación

Pablo en Romanos 8:20 habla de esta desarticulación cuando se refiere a que la creación está sujeta a vanidad. La palabra griega es *mataiotēs* que significa futilidad, locura, vacío, fragilidad, inutilidad. La Nueva Versión Internacional lo traduce con la palabra "frustración". Este pasaje, 8:18–25 es crucial para nuestro entendimiento:

> De hecho, considero que en nada se comparan los sufrimientos actuales con la gloria que habrá de revelarse en nosotros. La creación aguarda con ansiedad la revelación de los hijos de Dios, porque fue sometida a la frustración. Esto no sucedió por su propia voluntad, sino por la del que así lo dispuso. Pero queda la firme esperanza de que la creación misma ha de ser liberada de la corrupción que la esclaviza, para así alcanzar la gloriosa libertad de los hijos de Dios. Sabemos que toda la creación todavía gime a una, como si tuviera dolores de parto. Y no sólo ella, sino también nosotros mismos, que tenemos las *primicias del Espíritu, gemimos interiormente, mientras aguardamos nuestra adopción como hijos, es decir, la redención de nuestro cuerpo. Porque en esa esperanza fuimos salvados. Pero la esperanza que se ve, ya no es esperanza. ¿Quién espera lo que ya

tiene? Pero si esperamos lo que todavía no tenemos, en la espera mostramos nuestra constancia.

Dios frustró la relación entre el orden humano y el orden creado no humano no con el propósito de causarnos problemas, sino con el propósito de romper la unión de antagonismo contra el Creador. En este espacio de descoyuntamiento entre el orden humano que desea totalidad, armonía y el orden idílico y no humano que brinda el medio ambiente para tal totalidad y armonía—en este espacio los seres humanos pueden descubrir la tragedia de su pecaminosidad y la desventura de su coalición antagónica con el orden creado. Este espacio permite a los humanos alejarse de la adoración de las criaturas hacia la adoración al Creador. El espacio nos da la oportunidad de participar en la obra de gracia de el Dios que está haciendo todas las cosas nuevas (consulte Ap. 21:5).

Sin esta separación entre el deseo humano y el ambiente natural, podríamos ser insufriblemente ignorantes de nuestra unidad degenerativa de antagonismo hacia Dios. Estaríamos horriblemente satisfechos con nuestra adoración a las criaturas. Estaríamos tristemente inconcientes de la gracia de la salvación.

La sujeción de Dios de la creación a vanidad no es primordialmente punitiva sino salvadora, no es esencialmente iracunda sino amante, no es básicamente vengativa sino redentora. Es en este espacio de gracia de la desarticulación entre el orden humano y el orden creado que nos ponemos en contacto con nosotros mismos y que Dios obtiene nuestra atención. Es aquí que experimentamos la gracia a través de la encarnación de Dios en Cristo Jesús. Es en medio de esta circunstancia de gracia que tiene lugar el propósito divino de desarrollar personas que amen a Dios por voluntad propia. Es en esta clase de mundo que Jesucristo viene a buscar y a salvar a los perdidos.

Cristo Jesús

El Cristo encarnado fue la única persona del santo amor voluntario en el orden creado. Él fue la persona para lo que la primer pareja humana fue creada. Él fue la eterna garantía de que el propósito de Dios para la creación sería llevada a cabo sin importar la dirección que tomara la pareja humana. Hechos 2:23 se refiere a Él como parte de "el determinado propósito y el previo conocimiento de Dios;" Primera de Pedro 1:20 dice "ya destinado desde antes de la fundación del mundo, pero manifestado en los postreros tiempos por amor de vosotros,"

Esta garantía eterna se convierte en la garantía encarnada. Él entró en el orden creado donde participó en la desarmonía divinamente diseñada, incluso en las profundidades de la desesperación y la muerte. Él se convirtió en el varón de dolores en el abismo de la desesperanza clamó desde la cruz: "Dios mío, Dios mío, ¿por qué me has desamparado?" (Mark 15:34). Pero como dice Hebreos 2:18: "Por haber sufrido él mismo la tentación, puede socorrer a los que son tentados." Hebreos 4:15 continua, "Porque no tenemos un sumo sacerdote que no pueda compadecerse de nuestras debilidades, sino uno que fue tentado en todo según nuestra semejanza, pero sin pecado."

Cristo Jesús, la eterna y encarnada garantía del santo amor voluntario en el orden creado, también será, de acuerdo a las Escrituras, la garantía consumada al final de los tiempos. Tenemos la seguridad por 1ª Corintios 15:21–22: "Porque por cuanto la muerte entró por un hombre, también por un hombre la resurrección de los muertos. Porque así como en Adán todos mueren, también en Cristo todos serán vivificados." Cuando haya puesto todas las cosas sujetándolas Él, "entonces también el Hijo mismo se sujetará al que le sujetó a él todas las cosas, para que Dios sea todo en todos." De acuerdo a esto, el orden humano y el orden creado no humano serán redimidos al final de los tiempos debido a la obra de Cristo. Apocalipsis 7:9–17 dice que al final de los tiempos de la historia los cuatro seres vivientes (v.11)—refiriéndose a todo el orden creado—se unirá a los redimidos del Señor en la adoración a Dios en la gloria de la consumación eterna en el centro del cual está Cristo el Cordero (v. 17).

Algunas Ramificaciones Teológicas

Varias ramificaciones teológicas de esta perspectiva son las siguientes:

1. El objetivo de la creación no es simplemente que seremos personas felices, libres de dolor, sino que seamos el pueblo santo de Dios. La divina meta es que nos convirtamos en personas que conocen que nuestro origen procede del Dios santo, que adoran al Dios santo, y que están viviendo como el pueblo santo de Dios. Como 1ª Pedro 1:14–16 lo expone:

> Como hijos obedientes, no os conforméis a los deseos que antes teníais estando en vuestra ignorancia; sino, como aquel que os llamó es santo, sed también vosotros santos en toda vuestra manera de vivir; porque escrito está: Sed santos, porque yo soy santo.

2. La capacidad de sufrir es inherente en nuestro ser creado a la imagen de Dios quien tiene la capacidad de sufrir. De acuerdo con Génesis 6:6, "Y se arrepintió Jehová de haber hecho hombre en la tierra, y le dolió en su corazón." El Dios del Antiguo y del Nuevo Testamento es el Dios que sufre.[14] La capacidad de sufrir, por lo tanto, es por definición buena en el sentido de que es parte de la naturaleza de Dios.

3. Nuestra relación con Dios determina si la experiencia de sufrir es buena o mala.[15] Sobre la base de nuestras definiciones de bueno y malo que declaramos arriba, concluimos que sufrir es bueno cuando es experimentado en una relación de amor hacia Dios (el amor, siendo de Dios, es bueno dado que por definición cualquier cosa que sea

---

[14] Ver Paul S. Fiddes, *The Creative Suffering of God* (Oxford: Clarendon, 1988). Para una valoración que pone en duda su punto de vista, vea Frances Young, *Face to Face: A Narrative Essay in the Theology of Suffering* (Edinburgh: T and T Clark, 1990), pp. 237–239. Young dice que necesitamos reclamar la comprensión "de que Dios está 'más allá del sufrimiento' en el sentido de que él no está involucrado emocionalmente en una forma egoísta—en vez de esto, él es ese océano de amor que puede absorber todo el sufrimiento del mundo y purgarlo sin ser contamindao o cambiado por él" p. 239.

También, Joseph M. Hallman, *The Descent of God: Divine Suffering in History and Theology* (*El Descenso de Dios: Sufrimiento Divino en la Historia y la Teología*) (Minneapolis: Fortress, 1991).

[15] Consulte Young, op. cit.

de Dios es buena). es malo cuando es experimentado en una relación de antagonismo a Dios (ya que el mal es cualquier cosa que tenga otro origen distinto a Dios).

    4. Nuestro sufrimiento, ya sea bueno o malo, es causado por

        a. el azar de sucesos naturales que todas las personas, sin importar su relación con Dios, experimentan por virtud de vivir en la separación entre los dos órdenes (consulte Mat. 5:45),

        b. la obra ostensible de Satanás, quien busca destruirnos (ej. 2ª Cor. 12:7),

        c. la obra malvada de otras personas que intentan hacernos daño (ej. Hechos 12:1–5), y

        d. por nuestra falta de auto-control (consulte Marcos 9:42–48).

    5. Para los discípulos de Cristo, sufrir también es el resultado de nuestra decisión de llevar la cruz por aras de Cristo (ej. Mat. 16:24–26). Pablo habla del sufrimiento voluntario del cristiano en Filipenses 3:10 donde dice "a fin de conocerle, y el poder de su resurrección, y la participación de sus padecimientos, llegando a ser semejante a él en su muerte," En Colosenses 1:24, él escribe, "Ahora me gozo en lo que padezco por vosotros, y cumplo en mi carne lo que falta de las aflicciones de Cristo por su cuerpo, que es la iglesia;" (Consulte también 1 Cor. 11:16–33.)

    6. Como discípulos, debemos ser maestros de la fe que declaren a los demás el mensaje de seguridad de que Dios ha tratado redentivamente con el pecado y la maldad, en la persona de Jesucristo. (Consulte el capítulo 5, página 73 sobre "Cristo Jesús, el Reino, y Escatología" y el capítulo 6, Página 103, sobre "La Persona y la Obra de Cristo Jesús"). Tenemos una función de enseñanza para informar a los demás acerca de la nueva perspectiva revelada en Cristo, sobre los asuntos del pecado y la maldad.[16]

    7. También debemos ser agentes del amor quienes, como participantes del proceso histórico luchan y sufren junto con todos los demás. Estamos llamados a ser el pueblo de Cristo quien no sólo ayuda a los compañeros de sufrimiento sino también busca remedios para las trágicas ocurrencias de la vida. Trabajamos en el espíritu del buen samaritano (Lucas 10:25–37) acerca de quien Jesús dijo que debemos "Ve, y haz tu lo mismo".[17]

    8. Además de esto, debemos ser compartidores de esperanza que influencien a otros por la confianza que tenemos en la consumación divinamente gloriosa de toda la empresa

---

16 Consulte Richard F. Vieth, *God, Where Are You? Suffering and Faith* (Cleveland: United, 1989).

17 Para una provocativa discusión de la parábola del buen samaritano en relación al tema bajo consideración, consulte Arthur C. McGill, *Suffering: A Test of Theological Method* (Philadelphia: Westminster, 1982), cáp. 6. Tambien consulte Stanley Hauerwas, *Naming the Silences: God, Medicine and the Problem of Suffering* (Grand Rapids, Eerdmans, 1990).

creativa.[18] Lo que Dios comenzó a hacer será completado, a saber, establecer una hermandad de santos que le amen voluntariamente que saben que su origen es del Dios santo, quienes adoren al Dios santo y que estén entregados a ser el pueblo santo de Dios.

9. Por diseño divino este es un mundo transitorio. Es un mundo que tiene un principio y un final. No es el mundo definitivo; el definitivo cae fuera del mundo como lo conocemos. Apocalipsis 21:1 dice, "Vi un cielo nuevo y una tierra nueva; porque el primer cielo y la primera tierra pasaron, y el mar ya no existía más." Versículo 5: "Y el que estaba sentado en el trono dijo: He aquí, yo hago nuevas todas las cosas. Y me dijo: Escribe; porque estas palabras son fieles y verdaderas." Las decepciones que experimentamos en relación a las dificultades de este mundo frecuentemente son el resultado de no estar en contacto con la naturaleza transitoria de donde ahora existimos. Nuestra experiencia de "aún no" es parte de ser criaturas en un mundo transitorio.

Este punto de vista de transitoriedad, por supuesto, lleva a la devaluación de la importancia de este mundo y la elusión de responsabilidad de hacerlo un mundo mejor. Es probable que esto suceda, si no son tomadas con seriedad las perspectivas bíblicas de lo bueno de la creación (Gen. 1), la responsabilidad humana de cuidar de ella (Gén. 1:26 en adelante), y la naturaleza cristológica de ello (Col. 1:15–20). Tales pasajes no permiten indiferencia hacia hacer de este un mejor lugar transitorio en el que vivamos hasta que el tiempo venga para morar en los cielos nuevos y la tierra nueva. De alguna forma misteriosa, el bien que hayamos hecho en, hacia y para este mundo transitorio será incluido en el nuevo mundo, y aquello que sea vil será excluido (Consulte Ap. 21:26; cf., vv. 24, 27; 22:3, 15).

Resumen

Entonces, en resumen, por diseño divino este es un buen mundo transitorio. Sin embargo, por elección de criaturas, es afligido con maldad, sin embargo, por el juicio con gracia de Dios, está sujeto a frustración entre el orden humano y el orden creado no humano. Como tal, es la arena para la salvación de Dios igualmente por gracia, y está siendo redimida a sí misma por el sufriente Dios en pacto con el pueblo sufriente de Dios.

Algunas consecuencias prácticas de este punto de vista son:

   a. una sensible solidaridad con la humanidad como un todo,

   b. compromiso con el sufrimiento redentor,

   c. gozo humilde en la esperanza que ya ha sido revelada en Jesucristo, y

   d. la disposición de ser símbolos del reino de Dios, cuyo reino será consumado al final de este mundo transitorio. El fin de este mundo transitorio vendrá cuando, de acuerdo con Mateo 24:14, "Y será predicado este evangelio del

---

18 Ver: M. Scott Peck, *People of the Lie: The Hope for Healing Human Evil* (New York: Simon and Schuster, 1983).

reino en todo el mundo, para testimonio a todas las naciones; y entonces vendrá el fin."

Para Consideración Adicional

Parte I. Lecturas Selectas sobre Teodicea

Norman L. Geisler, *The Roots of Evil (Las Raíces del Mal)* (Grand Rapids: Zondervan, 1978).

John Hick, *Evil and the God of Love (El Mal y el Dios de Amor)* (San Francisco: Harper and Row, 1978).

C. S. Lewis, *The Problem of Pain (El Problema del Dolor)* (New York: Macmillan, 1948). Lucien Richard (ed.), *What Are They Saying About the Theology of Suffering? (¿Qué Están Diciendo Acerca de la Teología del Sufrimiento?)* (Mahwah: Paulist, 1992).

Alvin Plantinga, *God, Freedom, and Evil (Dios, Libertad y Maldad)* (Grand Rapids: Eerdmans, 1982).

Marguerite Shuster, *Power, Pathology, Paradox: The Dynamics of Evil and Good (Poder, Patología, Paradoja: La Dinámica del Mal y el Bien)* (Grand Rapids: Zondervan, 1987).

Parte II. El Árbol de la Ciencia del Bien y el Mal

Consulte Claus Westermann, *Genesis 1–11: A Commentary (Génisis 1–11: Un Comentario)*, trad. John J. Scullion (Minneapolis: Augsburg, 1984), p. 234. "La función del objeto de 'conocer' no está separada, sino que trae juntos: un todo es descrito por los dos extremos [del bien y del mal]. Esta explicación de [J.] Wellhausen también ha sido tomada por una variedad de eruditos y ha sido clarificada adicionalmente, especialmente por P. Pidoux, 'un medio de expresar la totalidad'.". "Estas explicaciones de Wellhausen de que el 'bien y el mal' tienen (a) una función y (b) puede presumirse un sentido que engloba todo. Concuerdan con el significado del texto".

Para otra revisión de interpretaciones clásicas y una crítica de cada uno, consulte: Victor P. Hamilton, *The Book of Genesis Chapters 1–17 (El Libro de Génesis, Capítulos 1–17)* (Grand Rapids: Eerdmans, 1990), pp. 162–166. Mientras que Hamilton rechaza la teoría de que el árbol de la ciencia del bien y del mal es un símbolo de omnisciencia, él entiende que es un símbolo de prerrogativa divina: "Lo que está prohibido al hombre es el poder de decidir por sí mismo qué es para su bien y qué no. Esta es una decisión que Dios no ha delegado a lo terrenal.... El hombre ciertamente se ha convertido en un dios siempre que hace a sí mismo el centro, el trampolín, y el único marco de referencia para directrices morales. Cuando el hombre intenta actuar autónomamente ciertamente está intentando ser como Dios" p. 166.

También consulte: Hugh C. White, *Narration and Discourse in the Book of Genesis (Narración y Discurso en el Libro de Génesis)* (Cambridge: Cambridge University Press, 1991), pp. 117–119. El Sr. White entiende que el árbol de la ciencia del bien y del mal es un símbolo de "conocimiento, sabiduría ó discernimiento intelectual" (p. 118). Los dos árboles "*ofrecen* a los seres humanos las cualidades de jefatura de la divinidad: vida eterna e identidad autónoma" (p. 119; énfasis añadido). Mientras que el concepto de identidad autónoma es reflexivo del texto, la idea de que el árbol de la ciencia del bien y del mal es un símbolo de una *oferta* divina no lo es, ya que comer de él está explícitamente en 2:17.

Parte III. Satanás

Consulte Victor P. Hamilton, *The Book of Genesis Chapters 1–17 (El Libro de Génesis, Capítulos 1–17)* (Grand Rapids: Eerdmans, 1990), p. 188. "Acerca del origen de la serpiente, se nos dice claramente que era un animal creado por Dios. Esta información retira inmediatamente cualquier posibilidad de que la serpiente deba ser vista como un tipo de fuerza sobrenatural o divina. No hay lugar aquí para cualquier idea dualística acerca de los orígenes del bien y del mal."

Para posiciones opuestas, consulte Harold G. Stigers, *A Commentary on Genesis (Un Comentario de Génesis)* (Grand Rapids: Zondervan, 1976), p. 73, es decir, la serpiente no es un animal sino otra clase de ser caido; Gerhard von Rad, *Genesis (Génesis)* (Philadelphia: Westminster, 1973), p. 87, es decir, la serpiente es una técnica literaria para hablar acerca del "impulso de tentación".

Mi punto de vista es que la serpiente debe ser entendida dentro del contexto del texto mismo y no a la luz de entendimientos bíblicos posteriores. La afirmación de que la serpiente está conectada con Satanás en Apocalipsis 20:2 no debe ser permitida para interferir en este texto como tal; de otra forma, no permitimos que cada parte de la Biblia hable con claridad su propio mensaje en la sinfonía canónica. Yo por lo tanto, desacuerdo con Stigers, quien en mi punto de vista, imposibilita que Génesis tenga su propio sonido claro en la sinfonía canónica, pero también estoy en desacuerdo con von Rad, quien me parece que distorsiona—quizá como una reacción exagerada a la visión representada por Stigers—la forma obvia del texto en el cual la serpiente es parte del orden creado que es externo a la pareja humana, en vez de un símbolo de un impulso interno.

Es mi punto de vista teológico (para ser distinguido de un punto de vista exegético del pasaje de Génesis por sí mismo) que Satanás es el espíritu en curso de esa serpiente en particular. Ya que esa serpiente fue maldecida, sus descendientes físicos son la familia de reptiles que no tienen el espíritu original de esa serpiente en particular. El espíritu original de esa serpiente en particular está aún con nosotros pero sin cuerpo. A lo que Apocalipsis 20:2 se refiere como "Y prendió al dragón, la serpiente antigua, que es el diablo y Satanás" es el espíritu sin cuerpo del antagonismo militante contra Dios.

Otras Referencias Útiles:

Rivkah Schärf Kluger, *Satan in the Old Testament (Satanás en el Antiguo Testamento)* (Evanston: Northwestern University Press, 1967).

James Kallas, *Jesus and the Power of Satan (Jesús y el Poder de Satanás)* (Philadelphia: Westminster, 1968).

William Robinson, *The Devil and God (El Diablo y Dios)* (New York: Abingdon-Cokesbury, 1945).

16. El Pecado

El pecado es la causa raíz del mal y la expresión moral del mal. Mientras que el mal es personal e impersonal, el pecado es estrictamente personal. El mal tiene que ver con la estructura de todo el orden creado, sino el pecado tiene que ver estrictamente con la vida volitiva. El pecado es el predicamento básico del ser humano, el único compromiso del diablo y la razón central de Dios para la encarnación y la expiación.

Obtenemos un entendimiento adecuado de la naturaleza del pecado sólo cuando nos vemos a nosotros mismos a la luz de Cristo quien vino a "Y sabéis que él apareció para quitar nuestros pecados, y no hay pecado en él." (1ª Juan 3:5). Él es el gran sumo sacerdote "que fue tentado en todo según nuestra semejanza, pero sin pecado." (Heb. 4:15).

El Jesús de Nazaret sin pecado estuvo totalmente comprometido con la voluntad de Dios para el mundo y la misión de Dios en él. Nuestro predicamento es que mientras que fuimos creados para el mismo compromiso, nacemos sin saber cuál es la voluntad y la misión de Dios.

En el Nuevo Testamento, hay tres palabras diferentes que expresan este predicamento humano: *hamartia*, es decir, la marca faltante, traducido como pecado (ej., Lucas 11:4ª; Rom. 5:12–13; 14:23; Santiago 4:17; 1 Juan 3:4; 5:17); *paraptoma*, es decir, un paso en falso, usualmente traducido como trasgresión u ofensa (ej., Mat. 6:14–15; Mar. 11:25–26; Rom. 4:25; 5:15ff; 11:11–12; 2 Cor. 5:19; Gál. 6:1; Ef. 1:7; 2:5; Col. 2:13)[1]; y *anomia*, es decir, contra la ley, usualmente traducido como maldad, injusticia, ó iniquidad (ej., Mat. 7:23; Rom. 6:19; 2 Cor. 6:14; 2 Tes. 2:3 y 7; Tito 2:14; Heb. 1:9; 1 Jn. 3:4).

La vida teológica y doctrinal de la iglesia ha sido grandemente influenciada por sus diferentes puntos de vista del pecado. Por lo tanto, para encontrar nuestra ubicación en el paisaje teológico puede ser útil revisar los desarrollos históricos más importantes del tema.

Puntos de Vista Fundamentales en las Iglesias Orientales y Occidentales

Aunque en los primeros siglos de la era cristiana, la iglesia oriental estaba entregada principalmente a discutir acerca de la naturaleza de Cristo y de la Trinidad, dos teólogos que dieron significativa atención a la doctrina del pecado fueron Origenes (aprox. 185–254) y Gregorio de Nisa (aprox. 330–394).

---

[1] En Romanos 5:20, ambas palabras: *hamartōma* y *paraptōma* son usadas: "Pero la ley se introdujo para que el pecado [*paraptōma*] abundase; mas cuando el pecado [*hamartia*] abundó, sobreabundó la gracia". También Efesios 2:1: "Y él os dio vida a vosotros, cuando estabais muertos en vuestros delitos [*paraptōmasin*] y pecados [*hamartiais*]".

En la obra más importante de Orígenes, *En Los Primeros Principios* (II, 9, 1–6), el argumenta que el pecado y la maldad vinieron a existir como el resultado de la existencia de la libre voluntad de las almas creadas antes de la creación del mundo material.[2] Esto es un argumento puramente especulativo que nunca fue relevante a la iglesia en general.

Gregorio escribió acerca de nuestra corrupción, la cual es resultado de que le damos la espalda a Dios. Dios está obrando a través de toda nuestra vida y en la muerte para retirar esta corrupción de nosotros. La muerte es la manera por la que somos "como una vasija de barro ... disueltos en la tierra otra vez—de modo que la inmundicia que se ha convertido en parte de él pueda ser separada y pueda ser remodelado a su forma original a través de la resurrección" (*Catechetical Oration*, 8).[3] Orígenes ve el pecado como una aberración cósmica, y Gregorio lo ve como una contaminación de la creación.

La discusión más técnica acerca de la naturaleza del pecado tuvo lugar en la iglesia Occidental. Mientras que el Oriente lo había visto más como una influencia externa en el ser humano, el Occidente lo vino a ver más como una depravación radical del ser humano. Vemos esto, por ejemplo, en Tertuliano de Cartago (aprox. 160–220) quien propuso una así llamada vista truduciana (de la frase Latina *tradux animae, tradux peccati*. Es decir, tranmisión del alma, transmisión del pecado) por el cual daba a entender que el alma, junto con el pecado es transferida de padre a hijo en el acto de la concepción. En Adán todos somos afligidos con el pecado por virtud de inclusión de origen.[4]

La explicación más completa de este énfasis Occidental estaba a la espera de Agustino (354–430). Su conversión en el año 387 no fue en pequeña parte debido a la influencia de Ambrosio de Milán, quien, como Tertuliano, había dado mayor atención al tema del pecado.

Para el año 395, Agustín se había convertido en obispo de Hippo en el Norte de África donde su propio punto de vista del pecado fue resuelto en oposición al adoptado por un monje Británico, Pelagius (aprox. 360–420)[5] quien sostenía que cada ser humano, cuando nacía, tenía la misma condición delante de Dios que la que tuvo Adán originalmente, y por lo tanto, concebiblemente no podía pecar. Sin embargo, él admitió que en el curso de la historia del mundo esto se ha convertido en algo poco probable dada la influencia acumulada del pecado. Pelagius vio al pecado primariamente como un problema de influencia social, en vez de un dilema residente en el ser humano como tal; En consecuencia, tenemos la capacidad en nosotros mismos como buenas criaturas de Dios a ser obedientes a los mandamientos de Dios.

---

2 Maurice Wiles y Mark Santer (eds.), *Documents in Early Christian Thought* (Cambridge: Cambridge University Press, 1975), pp. 96–101.

3 Ibid. p. 108f.

4 Para una guía del enunciado Tertuliano del pecado, consulte Reinhold Seeberg, *Textbook of the History of Doctrines*, trad. Charles E. Hay (Grand Rapids, Baker, 1966), Vol. I, p. 122f.

5 Ver: John Ferguson, *Pelagius* (Cambridge: W. Heffer and Sons, 1956).

Pelagius propagó su enseñanza en Roma desde el año 409 hasta el año 411; desde ahí, se esparció a la iglesia del Norte de África principalmente a través de su discípulo, Caelestius, y a la iglesia palestina a través del mismo Pelagius.

Agustín, preocupado acerca de la diseminación de este punto de vista, argumentó que ya que nacemos con pecado, es estructuralmente imposible para nosotros amar a Dios como debiéramos. Su esquema de la historia humana desde la creación hasta la consumación es que el ser humano fue creado con la habilidad de no pecar (*posse non peccare*). Sin embargo, debido al pecado de Adán, ahora estamos en un estado atrozmente diferente caracterizado por la incapacidad de no pecar (*non posse non peccare*[6]). Aunque, debido a la obra expiatoria de Cristo, tenemos la promesa de que en la vida futura tendremos la incapacidad de pecar (*non posse peccare*). Él escribe:

> Por lo tanto la primera libertad de la voluntad fue ser capaces de no pecar, la última será mucho más grande, no ser capaces de pecar; La primera inmortalidad fue ser capaces de no morir, la última será mucho más grande, no ser capaces de morir; el primero fue el poder de la perseverancia, ser capaces de no renunciar a lo bueno—el último será la felicidad de la perseverancia, no poder ser capaz de abandonar lo bueno. (*Un tratado en los Méritos y Perdón de los Pecados, y en el Bautismo de los Infantes* Libro I, cáp. 11 [x].)[7]

Agustín tomó un punto de vista grupal de la familia humana. Eso significa que cuando Adán pecó, todos los miembros individuales de la familia humana participaron—"todos éramos aquel sólo hombre" (*Tratado sobre Amonestación y Gracia*, cáp. 33).[8] Todos nosotros, entonces, por virtud de ser miembros de la raza humana somos culpables del pecado de Adán. Más aún, todo nuestro ser calló en degradación, dejándonos sin recursos naturales para venir a Dios. Vemos el estado horrendo del cual Agustín habla, por ejemplo, en su *Tratado sobre los Méritos y Perdón de los Pecados* donde él describe nuestro estado caído continúa diciendo:

> Cuando... Adán pecó al no obedecer a Dios, entonces su cuerpo ... perdió la gracia por medio de la cual cada parte de él solía ser obediente al alma. Luego surgieron en el hombre las afecciones comunes a las bestias que producen vergüenza... . Luego, también por una cierta enfermedad que fue concebida en los hombres de una repentina corrupción inyectada y

---

[6] Ver: Richard A. Muller, *Dictionary of Latin and Greek Theological Terms* (Grand Rapids: Baker, 1985), p. 203: "También descrito como la *impotentia ben agendi*, la incapacidad de hacer bien. Esta condición no implica la ausencia de responsabilidad moral...La naturaleza, como tal, permanece libre para actuar de acuerdo al límite de sus habilidades, aparte de cualquier coacción externa, y ha sido perdida sólo la habilidad de hacer una elección... la del bien. Además, ya que la pérdida de capacidad es el resultado del pecado original de Adán y no de cualquier acto del divino proveedor de la ley, la responsabilidad del hombre ante la ley moral y la promesa divina de congregación en remuneración de una obediencia perfecta que permanece sin mancha a pesar de la incapacidad humana".

[7] Philip Schaff (ed.), *A Select Library of the Nicene and Post-Nicene Fathers of the Christian Church, Vol. V: Saint Augustin: Anti-Pelagian Writings* (Grand Rapids: Eerdmans, 1956), p. 19.

[8] Ibid., p. 485.

pestilente, ocasionó que perdieran la estabilidad de la vida en la que fueron creados, y, a causa de las mutaciones que experimentaron en la etapa de la vida, emitidas al final en la muerte (cáp. 21 [xvi]) .[9]

En consecuencia, somos totalmente incapaces de hacer ninguna cosa en absoluto que sea de cualquier valor para la salvación; Somos salvados de nuestro estado de esclavitud sin esperanza por nada menos que la gracia de Dios. Esta gracia trabaja así en nuestras voluntades que, de hecho amamos a Dios voluntariamente, siendo esto posible no porque la voluntad pecaminosa es capaz de amar a Dios, sino porque Dios ha elegido a algunos a ser salvos de la humanidad universalmente caída, la así llamada *massa perditionis*, la masa de la perdición. Como Agustín lo explica en *Un Tratado sobre Naturaleza y Gracia, En contra de Pelagius* (capítulo 5 [v.]).

Toda la masa de gente, por lo tanto, incurre en penalidad; y si el castigo merecido de condenación fuera suministrado a todos, sería sin duda suministrado con justicia. Ellos, por tanto, quienes son entregados de ahí por gracia son llamados, no vasos en sus propios méritos sino "vasos de misericordia". Pero ¿de la misericordia de quién, sino la de Él quien envió a Cristo Jesús al mundo a salvar a los pecadores, a quien él conoció de antemano y ordenó de antemano, y llamó, y justificó y glorificó? Ahora, quién podría estar tan locamente perturbado para no dar inefables gracias a la misericordia que libera a quien lo hace? El hombre que apreció correctamente todo el tema no podría de ninguna forma culpar a la justicia de Dios por condenar a todos los hombres en absoluto.[10]

Debido a que algunos han sido elegidos para salvación, ellos son, por virtud de esa elección, por tanto capaces de amar a Dios voluntariamente. Es importante hacer notar, sin embargo que esta capacidad de voluntad propia no es una capacidad que esté intacta a pesar de la caída—pues fue totalmente perdida en la caída—sino que es restaurada como un beneficio de elección para salvación. El pecado nos ha depravado tan a fondo que ya no queda nada que sea capaz de responder a la gracia de Dios. No experimentamos la gracia de Dios porque tengamos fe; tenemos fe debido a la gracia de Dios. Ya que no hay nada en nosotros a lo que la gracia de Dios responda, nuestra elección a la salvación es de acuerdo a la elección soberana de Dios. Fuera de la *massa perditionis,* Dios elije a algunos para ser salvos, dejando a otros en el estado de perdición donde, de hecho todos nosotros merecemos estar.

En el curso de la batalla intelectual entre el Agustinianismo y el Pelagianismo, el primero ganó predominio. En el Norte de África, donde Agustino había sido obispo por doce años, Caelestius, en el año 412 en Cartago, fue declarado hereje. Aunque Pelagius fue sometido a juicio por herejía en dos sínodos (Jerusalén y Diospolis) en Palestina (414–416), él no fue en realidad condenado hasta que sus puntos de vista fueron considerados por otros dos sínodos en el año 416, uno de los cuales estaba en Cartago y

---

9 Ibid., p. 23.
10 Ibid., p. 123.

el otro en Milevum, donde Agustín estaba presente.[11] Luego, en el año 431 en el Concilio de Éfeso, sus puntos de vista fueron nuevamente condenados. John Ferguson en su estudio de Pelagius escribe:

> Agustín coloca su énfasis en la iniciativa divina, Pelagius sobre la respuesta humana. En cualquier reunión real de Dios y el hombre debe haber ambas. Agustín ganó en parte porque la iglesia, viendo cómo Dios es mayor que el hombre, y la iniciativa divina mayor que aquella de la respuesta humana, sintió que su énfasis era correcto. Pero ya que Agustín formuló toda su teoría de predestinación él no dejó espacio para la libertad humana. El énfasis de Pelagius no era objetivo; no surgió de ninguna negación de la iniciativa o el poder de Dios. Ciertamente Pelagius en algunas formas hizo más del poder de Dios que Agustín, pues vio en la negación de Agustín de la posibilidad de la no existencia de pecado una derogación del poder de Dios. Pelagius estaba aceptando como punto de coincidencia con Agustín la iniciativa de Dios. Pero por encima de ese punto en común él deseaba también sostener la respuesta libre del hombre... . Es difícil ver que él estaba equivocado.[12]

Una posición de meditación eventualmente emergió, conocida en la historia de la vida intelectual de la iglesia, como Semi-Pelagianismo, un nombre que desmiente la actitud de aquellos que lo llaman por el nombre de un hombre cuyos puntos de vista han sido oficialmente condenados. Sin importar la etiqueta peyorativa, su preocupación era mantener, por un lado, el énfasis de Agustín en la universalidad y la generalidad del pecado en la raza humana, y por otro lado, el énfasis de Pelagius en la responsabilidad humana. Su punto de vista de la condición humana no era tan severo como el Agustiniano: el ser humano fue severa y adversamente afectado por el pecado pero no al grado de que la respuesta humana hacia Dios sea imposible. La gracia divina ligada con la fe humana fue vista como la base para la salvación.[13]

El concilio de Orange en el año 529 condenó también este punto de vista, y fue propuesta una forma algo modificada del Agustinanismo. Fue dado un mayor énfasis a la gracia sacramental que permite que la gente se sobreponga a su pecaminosidad innata. Mientras que la salvación es por gracia, es canalizada a través de la vida sacramental de la iglesia y no es, por tanto, estrictamente un asunto de predestinación de Dios. En vez de enfatizar la gracia sin intermediarios de la predestinación, puso el énfasis en la gracia mediada de la vida sacramental de la iglesia. En este punto de vista, entonces, alguna agencia humana—la iglesia—es necesaria para la salvación.

---

11 Ferguson, op. cit., p. 93.
12 Ibid. p. 175.
13 Los componentes principales del Semi-Pelagianismo fueron John Cassianus de Marseilles (aprox. Año 435 d.C.). Para un resumen de la literatura, consulte Seeberg, op. cit., Vol. I, pp. 368–382.

Puntos de Vista Medievales

Anselmo de Canterbury (1033–1109) revivió los temas Agustinianos en su *Cur deus homo? (¿Por qué el Dios-Hombre?)*. Como Agustín, él argumentaba que el pecado original no está confinado al pecado de Adán, sino que es la condición en la cual todas las personas nacen, y de la cual ellos son culpables:

> Inexcusable es el hombre, quien voluntariamente trajo sobre sí mismo una deuda la cual no puede pagar, y por su propia culpa se imposibilitó a si mismo, así que no puede escapar a su obligación previa de no pecar, ni pagar la deuda en la que ha incurrido por el pecado. Pues su misma inhabilidad es culpable, porque no debe tenerla ... . Puesto que es un crimen no tener lo que debe, también es un crimen tener lo que no debe... pues es por su propia acción libre que pierde ese poder [de evitar el pecado], y cae en su incapacidad [de hacer el bien, evitar el pecado, y restaurar la deuda que debe por el pecado]... . La incapacidad del hombre de restablecer lo que debe a Dios ... no excusa al hombre de pagar; pues los resultados del pecado no pueden excusar al pecado en sí mismo. (Libro I, capítulo 24)[14]

Nacemos en un dilema espiritual del cual no hay absolutamente ningún escape excepto por la virtud del sacrificio de gracia, en nuestro lugar, del Dios-hombre, Jesucristo. Nadie sino un ser humano necesita hacer el sacrificio, pero nadie sino Dios puede ser lo suficientemente satisfactorio a través del sacrificio. La única solución al dilema es el Dios-hombre. (Consultar Libro II, capítulos 6–7.)[15]

Antes de la reforma, sin embargo, los teólogos académicos desarrollaron el punto de vista de que la situación humana no es tan deprimente. El pecado era visto como un ejercicio equivocado de nuestra habilidad innata de escoger lo bueno, una habilidad que, en su punto de vista, no fue destruida por el pecado de Adán y Eva. Aquello que fue cambiado como resultado de su pecado fue su pérdida del regalo divino de la gracia que hace que sea más fácil obedecer.

Los académicos acentuaban la idea de que Dios ha creado al ser humano con una naturaleza baja y con otra más alta. Debido a que las dos están en tensión, surge un conflicto entre ellas. Por lo tanto, Dios, al momento de la creación, agregó un don que no fue parte de la naturaleza del ser humano como tal.[16]

---

14 St. Anselm, *Basic Writings*, trans, S. N. Deane (La Salle, Illinois: Open Court, 1962), p. 248.
15 Ibid., pp. 258–260.
16 El así llamado regalo super-agregado, *donum superadditum*, tratado por teólogos medievales, fue dado a la naturaleza humana después de la caida. De acuerdo a Muller "[Tomás] de Aquino sostuvo que el *donum superadditum* era parte de la consitución original del hombre [eso es, fue el don original Dios a nosotros y no es innato a nuestra naturaleza como humanos] y que nuestras pérdidas fue la pérdida de la capacidad original para la rectitud. Debido a la gracia super-añadida no ameritaba en el principio, no puede ser vuelta a ganar por mérito después de su caída.La teología franciscana, particularmente como se meditó a finales de la Edad Media por [Duns] Scouts [aprox. 1266-1308], argumentaba que el *donum*

El propósito de este don era mantener la carne en preparación para obedecer al espíritu y mantener a toda la persona en obediencia a Dios. Tomás de Aquino, por ejemplo, habla de "la razón es someterse a Dios, los poderes bajos de la razón, el cuerpo y el alma."[17]

Él continúa argumentando que

> está claro que la sumisión del cuerpo al alma y a los poderes bajos a la razón, no era por naturaleza; de otro modo, habría persistido después del pecado, debido a que incluso las dotaciones naturales de los demonios han permanecido sin pecado... . Partiendo de esto, está claro que la sumisión primaria en la que la razón se pone a sí misma debajo de Dios no fue algo meramente natural tampoco, pero fue un don de gracia supernatural.[18]

Mientras que es el caso, entonces, que con el pecado de Adán, esta gracia supernatural estaría perdida, también es verdad que nada que tenga que ver con nuestros dones naturales fue perdido. En su consideración de la imagen de Dios, Tomás mantiene que la "aptitud natural del hombre [no se confunda con la actualidad] para entender y amar a Dios, una actitud que consiste en la misma naturaleza de la mente" se encuentra en todas las personas como tales.[19] Esta imagen que es principalmente "una naturaleza inteligente", *intellectualem naturam*,[20] no es destruida por el pecado de Adán. Después de la caída, los seres humanos fuimos dejados en el estado natural que perteneció a Adán antes de recibir la gracia sobrenatural. La trascendencia de esto para el pensamiento medieval era que el pecado no provoca la total depravación del ser humano como originalmente se creía. Dado que aún tenemos la habilidad innata de volver a Dios, nuestra salvación es el resultado del trabajo conjunto de Dios y los humanos, es decir, es sinérgico, y confrontando el punto de vista monergístico Agustiniano de que la salvación es estrictamente obra de Dios y en ningún sentido en absoluto nuestro.

Puntos de Vista de la Reforma

Este punto de vista medieval de Dios y los humanos trabajando juntos (en lo que podía llamarse sinergia) estaba en ascendencia teológica en la época de la reforma del siglo dieciséis. Sin embargo, los reformadores rechazaron el punto de vista y revivieron la tradición Agustiniana (o monoergística) que coloca todo el énfasis en Dios.

---

superadditum no [énfasis añadido] era parte de la constitución original o de la rectitud original del hombre, sino que era considerada como un verdadero regalo con *méritos* [énfasis añadido], por un primer acto de obediencia de parte de Adán realizado por adán de acuerdo a sus *puras capacidades naturales* [énfasis añadido]...Ya que Adán pudo, al hacer un acto mínimo o acto finito, merecer el don de Dios inicial de la gracia, el hombre caído puede, por realizar un acto mínimo cambio en el acto, sólo amerita el regalo de la primer gracia". Consulte: Muller, *op.cit.,* p. 96f.

17 Thomas Aquinas, *Summa Theologia, Vol. XIII: Man Made to God's Image* (Question 95, Point 1, 6), (London: Eyre and Spottiswoode, 1963), p. 109.

18 Ibid.

19 Ibid. (Question 93, Point 4, 3), p. 61.

20 Ibid., p. 60.

John Calvin (1509–1564) tomó la manera de pensar Agustiniana antigua a la más radical conclusión de que los seres humanos que cayeron tan depravadamente, que el total de su ser, incluyendo sus poderes de voluntad, procesos de pensamiento, y acciones son totalmente malos en relación a Dios. "Aquel que pervirtió todo el orden de la naturaleza en el cielo y en la tierra" escribe Calvino "deterioró su raza por su revuelta."[21] Expandiéndose en la degradación en la cual la familia humana ha caído, él dice:

> Después de que la imagen celestial en el hombre fuera afectada, él no sólo fue castigado por quitarle los ornamentos en los cuales él había vestido— es decir, sabiduría, virtud, justicia verdad y santidad, y por la sustitución en su lugar de aquellas horrendas pestes, ceguera, impotencia, vanidad, impureza e iniquidad, pero involucró su posteridad también y las sumergió en la misma miseria. Esta es la corrupción hereditaria a la cual los primeros escritores cristianos dieron el nombre de Pecado Original, que significa el término de la depravación de una naturaleza originalmente buena y pura.[22]

Todos nosotros, entonces, somos descendientes de la simiente impura de Adán de modo que "antes de que contemplemos la luz del sol, somos ante los ojos de Dios impuros y contaminados."[23] Cada parte del ser humano está afectada por el pecado original "desde el intelecto hasta la voluntad, desde el alma hasta la carne."[24] El título del Libro II, capítulo 3 de *Institutes (Institutos)* declara atrevidamente "Todo lo que procede de la naturaleza corrompida del hombre es condenable."[25]

Todos los tres reformadores más importantes—Calvino, Martin Luther (1483–1546), y Ulrich Zwingli (1484–1531)—enfatizaron el monoergismo Augustiniano. Como sucede con frecuencia, un extremo hace proliferar a otro extremo. Los extremos del Calvinismo evocaron los puntos de vista extremos de los Socinianos—así llamados por sus líderes Lelio Sozzini (1525–1562) y su sobrino Fausto (1539–1604)—en su reavivamiento del Pelagianismo. El pecado, para ellos, es el resultado de la debilidad, el cual para el que es fuerte moralmente no debería ocurrir.

Una respuesta muy diferente al reavivamiento de la reforma del monergismo Agustiniano fue dada por Philipp Melanchthon (1497–1560), quien sistematizó la teología Luterana y un ecumenista quien intentó provocar un grado de reconciliación entre la iglesia Católica y la reforma. Molesto por el pensamiento monergístico, él argumentó que la salvación se experimenta cuando el ser humano, al escuchar el evangelio, no se rehúsa a la gracia de Dios. Como un erudito de Melanchthon a puntualizado, "el Espíritu Santo y la palabra están activos primero en la conversión, pero

---

21 John Calvin, *Institutes of the Christian Religion (Book II, chap. 1, 5), Vol. I,* trad. Henry Beveridge (London: James Clarke and Company, 1957), p. 214.
22 Ibid.
23 Ibid.
24 Ibid. (II, 1, 9), p. 218.
25 Ibid., p. 248.

la voluntad del hombre no es absolutamente inactiva; Dios atrae, pero atrae a aquel que está dispuesto, el hombre no es una estatua."[26]

Esto no significa, sin embargo, que él minimice de ninguna forma las consecuencias devastadoras del pecado de Adán en toda la raza humana. En su obra sistemática, *Loci Communes*, él mantiene una visión claramente Agustiniana y reformada. Por ejemplo: "Estar en pecado original es estar en la desgracia y la ira de Dios, estar bajo maldición a causa de la caída de Adán y Eva." En el mismo pasaje habla de "nuestras tendencias pervertidas y malignas" (capítulo VI).[27]

Habiendo establecido la horrible necesidad del alma humana de obtener la gracia de Dios, él entonces habla de la importancia de la fe personal cuando se refiere a nuestro "temor como de un niño hacia Dios [el cual] está en *el corazón*". La fe, dice él, es un sostenerse reposando en la promesa de la gracia; pero no sólo es sostenerse reposando en la *promesa*, sino también "en medio del terror [la fe] toma posesión de la gracia [por sí misma]" (XXV).[28] En su capítulo sobre la fe, Melanchthon la describe como "los medios por los cuales contemplamos al Señor Cristo y por los cuales *nosotros* aplicamos y nos apropiamos de su mérito a nosotros mismos" (XI), (énfasis añadido).[29] Aún en otro lugar, habla acerca de la fe, que dice es la "sincera confianza en el Hijo de Dios" (XIII).[30] Otro pasaje importante es el capítulo VII "De Divina Ley" en el cual dice que "debe haber un inicio [del amor de Dios], incluso cuando, desafortunadamente, en todos los hombres es muy débil".[31] Luego él continúa diciendo:

> Este inicio ocurre cuando el corazón, verdaderamente aterrorizado ante la ira de Dios contra nuestro pecado, escucha el evangelio a través del cual Dios, por el Señor Cristo y a través de él, da perdón de pecados y también da el Espíritu Santo. Luego, a través de la fe en el Hijo de Dios, el corazón es arrebatado quitándole la ansiedad y el infierno. Por tanto, el corazón conoce la ira de Dios y también su misericordia.[32]

Melanchthon propuso la oferta universal de perdón y fe para todos. Mientras que su punto de vista de la necesidad de salvación fue reformada totalmente, su punto de vista de la oferta universal anticipó el reavivamiento del movimiento de Wesley, por ej.,

> *Todos* los hombres en su naturaleza corrompida tienen pecado, y Dios realmente odia al pecado en *todos los hombres*... Por otro lado, la predicación de la gracia en el evangelio también es *universalis*, y promete perdón, misericordia, justificación, el Espíritu Santo, y una bendición

---

26 Clyde L. Manschreck, *Melanchthon on Christian Doctrine: Loci Communes 1555* (New York: Oxford University Press, 1965), p. xiii. Las referencias que soportan para la conclusión de Manschreck están en *Corpus Reformatorum*, 21:271–274, 330; 1:637.
27 Ibid., p. 75.
28 Ibid., p. 240.
29 Ibid., p. 159.
30 Ibid., p. 165.
31 Ibid., p.87.
32 Ibid.

eterna para todos aquellos que aceptan su gracia *con fe* y confianza en el Señor, *Cristo*. [El énfasis es suyo]

Continuando esta línea de pensamiento, en referencia a Mateo 11:28 donde Jesús dice "Venid a mí todos los que estáis trabajados y cargados, y yo os haré descansar." Él comenta que "En la palabra 'todos' deberían incluirse todas las personas a sí mismas, y con fe en el Señor Cristo debemos pedir ayuda" (IX).[33]

Mientras que Melanchthon fue cuidadoso al argumentar que la voluntad no es el agente de la salvación, él enfatizó la importancia de una respuesta con fe genuina. Nosotros genuinamente cooperamos con la gracia, de Dios aunque incluso nuestra cooperación en si misma es hecha posible por la gracia obrando en nosotros. En Melanchthon, entonces el monergismo radical fue puesto en duda.

Otra influencia que mediaba a fines del siglo XVI y principios del XVII fue la del Calvinista holandés Jacobus Arminius (aprox. 1559–1609), quien, al pasar el tiempo, se ofendió por los puntos de vista extremos de su mentor Theodore Beza (1519–1605), el sucesor de Calvino en Génova. Él suscitó preguntas acerca del punto de vista de que la gracia está limitada a aquellos que están predestinados a la salvación y el punto de vista de que el pecado ha dañado tan adversamente al ser humano que ya no le queda poder para aceptar la gracia.

Luego de su muerte en 1609, aquellos que desarrollaron aún más los puntos de vista que su influencia había desatado—especialmente Simón Episcopios, líder de los Remonstrantos, como se les conocía—fueron llamados a comparecer en 1618 por el General de Estados de Holanda, el Sínodo de Dort.[34] Dort declaró en contra de los cinco puntos de la Remonstranza Arminiana, a saber, la elección que es condicional en la respuesta humana, la oferta universal de redención, la capacidad de aceptar o rechazar voluntariamente la oferta de Dios de la salvación, la resistibilidad de la gracia, y la posibilidad de la apostasía. Al hacer esto, Dort reafirmó sus puntos de vista acerca de la depravación total (es decir, la incapacidad del ser humano de hacer cualquier movimiento de fe en relación a Dios), la gracia incondicional (es decir, la predestinación a la salvación que de ningún modo es el resultado de las decisiones humanas voluntarias), expiación limitada (es decir, que Cristo murió solo por aquellos predestinados a la salvación), la gracia irresistible (es decir, aquellos que son predestinados a la salvación no pueden resistir la gracia) y la perseverancia de los santos (es decir, los salvos nunca caerán perdiendo la salvación).

Respecto a la doctrina del pecado, los Arminianistas sostenían que el pecado de Adán tuvo una influencia maligna en todos sus descendientes, no como una imputación de culpabilidad, sino como una contaminación espiritual que afectó a toda la raza humana. Esta enfermedad espiritual hace imposible para nosotros, y por nosotros mismos, venir a Dios; lo que Dios hace, por tanto, es permitirnos con su gracia, responder al Espíritu y a la Palabra. Mientras que nosotros podemos ciertamente rechazar el evangelio, podemos,

---

[33] Ibid., p. 145.
[34] Consulte Carl Bangs, *Arminius: A Study in the Dutch Reformation* (Nashville: Abingdon, 1971).

por otro lado, por la gracia de Dios, responder en fe. El rechazo, sin embargo, es debido al ejercicio de nuestra propia voluntad humana, no a la elección predeterminada de Dios hacia la maldición. Por otro lado, la respuesta de fe es el resultado de la gracia de Dios. Al ponerlo de este modo, los Arminianos intentaron colocar la prioridad en la gracia sin marginalizar lo genuino de la respuesta humana; también querían valorar el papel de la respuesta humana sin tratarnos como si fuéramos los iniciadores de la salvación.

El Wesleyanismo del siglo XVIII promulgó puntos de vista Arminianos, aunque con un compromiso renovado para preservar el énfasis Agustiniano en la prioridad divina.[35] En la cuestión de culpabilidad, sostienen, como los reformadores del siglo XVI, que la culpabilidad de Adán fue ciertamente imputada a toda la raza humana, pero partiendo de ellos, mantuvieron que en la obra expiatoria de Cristo, esta fue cancelada. Más aún, en la cuestión de la voluntad, mantuvieron con los reformadores, que la consecuencia de la caída deja incapaces de tomar alguna iniciativa en absoluto en relación a la salvación, pero a diferencia de los reformadores, sostenía que Dios, a través de permitir la gracia, fue hecho posible para cualquiera que esté dispuesto a responder al evangelio. (Consulte el Ensayo de John Wesley'sobre "Justificación por fe")[36]

El día 25 de Junio de 1744, en la Primer Conferencia Anual de sociedades, John Wesley (1703–1791), en respuesta a preguntas acerca de que el pecado de Adán fue imputado a todos, estableció su punto de vista acerca de los resultados de la caida: "En Adán todos murieron—es decir, (1) nuestros cuerpos entonces se hicieron mortales; (2) nuestras almas murieron—es decir, fueron separadas de Dios; (3) y por consiguiente todos nacimos con una naturaleza pecaminosa y malvada, por razón de lo cual (4) todos somos hijos de ira, sujetos a muerte eterna." Luego afirma, sin embargo, que "por los méritos de Cristo, todos los hombres son limpiados de la culpa del pecado real de adán" y que es recuperada "una semilla real o chispa" de "una capacidad de vida espiritual".[37]

Conclusión

Por lo tanto, en la historia de la iglesia, pueden ser identificadas tres líneas principales de pensamiento acerca del pecado. Una es la línea Oriental, Semi-Pelagiana, Católica, Melanchthoniana, Arminiana, Wesleyana, la cual ve el pecado como la plaga universal de la humanidad. La segunda es la línea Agustiniana, Anselmania, Reformadora, Dort, la cual ve al pecado como la caída ontológica de la humanidad. La tercera es la línea Pelagiana, Sociniana, la cual ve al pecado como la falla innecesaria de seres humanos individuales.

El Pelagianismo toma el tema bíblico de la responsabilidad humana pero no hace justicia a la naturaleza grupal de la humanidad y a la profundidad de la gracia de Dios. El Agustinianismo toma el tema bíblico de la naturaleza grupal de la humanidad y la profundidad de la gracia, pero marginaliza el énfasis igualmente bíblico en la

---

35 Para un estudio de la influencia del Arminianismo en la iglesia Inglesa, veremos Nicholas Tyacke, *Anti-Calvinists: The Rise of English Arminianism*, c. 1590–1640 (Oxford: Clarendon, 1990).
36 Albert C. Outler (ed.), *John Wesley* (New York: Oxford University Press, 1964), pp. 198–209.
37 Ibid. p. 139.

responsabilidad humana. Sólo la línea Wesleyana de pensamiento toma en cuenta todos los énfasis en el material bíblico y da a todos los temas el peso completo sin marginalizar ninguno de ellos. Tal enfoque puede no dar como resultado el sistema lógico más hermético (como en el caso de los otros dos), pero refleja el dinamismo realista de la Biblia.

Y así, es dentro de esta tradición que propongo el siguiente esquema acerca del pecado primordial, el pecado sistémico, el pecado individualizado y el pecado diabólico.

Pecado Primordial

El pecado primordial u original es el pecado de Adán y Eva en el jardín del Edén (consulte mi disertación en el capítulo 15). En ambos relatos de la creación de Génesis, a los seres humanos les fueron dadas instrucciones específicas para cumplir su papel en el jardín. En 1:26, Dios dice:

> Entonces dijo Dios: Hagamos al hombre a nuestra imagen, conforme a nuestra semejanza; y señoree en los peces del mar, en las aves de los cielos, en las bestias, en toda la tierra, y en todo animal que se arrastra sobre la tierra.

Nuevamente en el versículo 28, después de recibir la bendición de Dios, se les dice, "Y los bendijo Dios, y les dijo: Fructificad y multiplicaos; llenad la tierra, y sojuzgadla, y señoread..." En el segundo relato de la creación, 2:15 también habla de una comisión divina: Adán debía labrar y guardar el jardín.

Sin embargo, en vez de cumplir su misión de tener dominio sobre el orden creado, Adán y Eva permitieron que el orden creado—en la forma de la serpiente—tuviera dominio sobre ellos. Ellos, en consecuencia, con libre albedrío rechazaron la voluntad de Dios para la vida en el Edén, abandonando la divina misión. Haciéndose a sí mismos no aptos para la vida en el ambiente del Edén, fueron por tanto, privados de él mediante la sentencia de expulsión por la gracia de Dios (vv. 23–24).

El pecado primordial fue el rechazo voluntario de Dios y del propósito de Dios en el orden creado y la misión de Dios. El pecado primordial preparó el terreno para toda la historia humana.

Pecado Sistémico

Esto nos lleva a considerar el pecado de toda la familia humana, que llamaremos el pecado sistémico. Romanos 5:18–19 dice que "como por la transgresión de uno vino la condenación a todos" y que "por la desobediencia de un hombre los muchos fueron constituidos pecadores". Nuevamente en 3:23 "Por cuanto todos pecaron, y están destituidos de la gloria de Dios".

Habiendo dejado en claro que el pecado es un dilema humano universal, Pablo, sin embargo no nos dice en qué sentido somos pecadores; por consecuencia, la puerta se deja abierta para mucho desacuerdo, como lo hemos visto en nuestra revisión histórica de este asunto. Dado que la pregunta "cómo" no es contestada en el texto de la Biblia, las exploraciones estrictamente exegéticas no nos ayudarán. Por lo tanto podemos ignorar la cuestión, o podemos pensar acerca de ella teológicamente dentro de un marco de pensamiento más amplio que el contexto de Romanos.

El peligro en este enfoque es que podemos convertirnos en meramente especulativos. La línea guía que ayuda a guardarse en contra de especulación desenfrenada es considerar el asunto desde la perspectiva de otros pasajes relevantes de la Escritura. Este método es se recomienda así mismo a nosotros, especialmente debido a que en la carta a los Romanos, Pablo mismo se refiere a la historia del pecado en Génesis 3; por lo tanto, nosotros también haremos bien en considerar la cuestión de cómo es que el pecado primordial afectó a toda la familia humana considerando la cuestión desde la perspectiva de la misma historia.

Como lo hemos visto, el pecado de la primera pareja dio como resultado su expulsión del jardín. La vida humana, desde ese momento ha existido fuera del jardín del Edén. El libro de William Willimon's titulado, *Sighing for Eden (Suspirando por el Edén)*, expresa la naturaleza de la condición humana de la cual se habla aquí.[38] Vivir fuera del Edén es existir separado de un ambiente perfecto. Es vivir donde la voluntad, el propósito y la misión de Dios para la familia humana no se conocen inmediatamente; es vivir donde el cumplir con la divina voluntad, propósito y misión no es intensificado por un orden creado que está en perfecta armonía con tal obra. Todos nosotros somos descendientes de aquellos que vivieron fuera del Edén. (Consulte la disertación en el capítulo 15)

Adán y Eva perdieron el derecho a las bendiciones de estar en el jardín, el cual fue el ambiente sincronizado creado por Dios para el cumplimiento de la voluntad de Dios para la familia humana. El hecho de que nuestros antepasados desperdiciaron las bendiciones del Edén es el fundamento de nuestra historia como seres humanos.

Mientras que el pecado primordial fue el rechazo abierto y voluntario de Dios y de la voluntad, el propósito y la misión de Dios, el pecado sistémico es la existencia grupal de la humanidad fuera del ambiente sincronizado del Edén y separada del conocimiento inmediato de la voluntad, el propósito y la misión de Dios. El pecado primordial fue una acción obstinada; el pecado sistémico es una condición negativa. El pecado primordial fue activo; el pecado sistémico es pasivo. El pecado primordial fue como ser un renegado abierto en una familia ideal; el pecado sistémico es como ser un miembro pasivo de una familia disfuncional—aquel haciendo lo que está mal bajo circunstancias ideales, este, participando involuntariamente en un sistema enfermo.

Una parábola que puede ayudar tiene que ver con la expulsión de la familia del Planeta *A* al Planeta *B*. Debido a que ellos transgredieron tan radicalmente la forma de

---

38 William H. Willimon, *Sighing for Eden: Sin, Evil, and the Christian Faith* (Nashville: Abingdon, 1985).

vida en el Planeta *A*, fueron llevados al Planeta *B* sin medios para regresar al Planeta *A*. Los descendientes nacidos en este ambiente extranjero aún son criaturas del Planeta *A*, y en ese sentido tienen una relación indeleble con él. Siendo la descendencia de aquellos que rechazaron las leyes del Planeta *A*, ellos inevitablemente trasgreden las leyes del Planeta *A*, no porque tengan una falla genética, sino porque son la descendencia de aquellos que viven aparte del Planeta *A*. Ellos no conocen las leyes del Planeta *A* excepto a través de una visión distorsionada dada a ellos por sus antepasados exiliados. Medidos por las leyes del Planeta *A*, entonces, ellos no alcanzan a vivir debidamente; el no alcanzar es el resultado de ser los descendientes de aquellos en el exilio. El pecado sistémico, entonces como en esta parábola, realmente es nuestro pecado, en el sentido de que funcionamos como criaturas con voluntad que somos la descendencia de aquellos que fueron expulsados del Edén.

El pecado sistémico es un pecado grupal; es el resultado del hecho de que la familia humana es un todo interdependiente. Nada de lo que una persona hace es estrictamente privado. Cada acto "privado" es social en el sentido de que cada persona forma parte de toda la humanidad. Por lo tanto, cuando la pareja original rechazó la misión y los beneficios del Edén, toda su descendencia desde ese punto sufrió las consecuencias.

Cada uno de nosotros nació fuera del Edén, y por lo tanto no tenemos conocimiento inmediato de la misión de Dios para la familia humana; es sólo por virtud de la gracia mediada a través del nuevo nacimiento en Cristo que venimos a conocer el propósito y la misión de Dios.

Pecado Individualizado

Esto nos trae a una consideración del pecado individualizado. Como lo vimos en el capítulo 7 en "La Obra Universal del Espíritu Santo", Dios, en la persona del Espíritu tiene acceso inmediato a todas las personas (ej. Sal. 139:7–12; Ap. 5:6).

Además de esto, tenemos una comprensión inherente de Dios a través de la creación. Romanos 1:19:20:

> Porque lo que de Dios se conoce les es manifiesto, pues Dios se lo manifestó. Porque las cosas invisibles de él, su eterno poder y deidad, se hacen claramente visibles desde la creación del mundo, siendo entendidas por medio de las cosas hechas, de modo que no tienen excusa.

Más aún, escrito en la consciencia de cada persona está la apreciación de la ley de Dios, "mostrando la obra de la ley escrita en sus corazones" (Rom. 2:15). Entonces, hay incluso en el estado grupal de la expulsión del Edén, suficiente conciencia de Dios, suficiente conocimiento de la ley de Dios, y suficiente ministerio del Espíritu Santo para hacer que toda persona, sin importar su nivel de inteligencia o proximidad a la proclamación del evangelio, sea responsable hacia Dios. Si bien, en un estado de expulsión, toda persona es provista con suficiente conciencia para que sea su propia elección el voltear hacia o voltear en contra de Dios. Cuando nosotros personalmente rechazamos al Dios que se dio a conocer a nosotros en el orden creado, rechazamos la ley escrita en nuestros corazones y rechazamos al Espíritu que trabaja en nosotros, entonces la condición sistémica de alienación implícita asume el carácter de rebelión individualizada.

El Nuevo Testamento define su espíritu de antagonismo personal hacia Dios en *cuatro diferentes formas:*

1. Es *anomia*, (sin ley, iniquidad, maldad) — 1 Juan 3:4; hace lo que quiere hacer, sin ponerse a pensar en Dios o en otras personas.

2. Es *adikia*, (injusticia, trasgresión) — 1 Juan 5:17; Sigue sus propios caminos sin importar lo que conoce acerca de Dios.

3. Es saber lo que es correcto hacer pero no hacerlo—Santiago 4:17.[39]

4. Es "todo lo que no proviene de fe"—Romanos 14:23; es vivir aparte de la fe en Dios.

En todos los cuatro, entonces, el pecado es perseguir nuestros propios caminos en vez de los de Dios.[40]

Para todas las personas—sin importar si han sido confrontadas con el evangelio—el pecado sistémico es la vida fuera del Edén, y el pecado individualizado es la rebelión contra la revelación que Dios da fuera del Edén. En relación con el evangelio, el pecado sistémico es la falta de entendimiento acerca del llamado de Dios a la misión humana en el mundo, y el pecado individualizado es el rechazo al llamado de Dios en Cristo a la misión del evangelio.

Pecado Diabólico

La consideración final es el pecado diabólico (o satánico).[41] La Primera carta de Juan 3:8 dice que "porque el diablo peca desde el principio". La esencia de la existencia del diablo es el compromiso total a la antítesis de la voluntad, el propósito y la misión de Dios.

El pecado primordial es el rechazo activo de Dios y de la voluntad, el propósito y la misión de Dios. El pecado sistémico es la alienación pasiva de esto mismo. El pecado individualizado es antagonismo activo hacia esto mismo; pero el pecado diabólico es un

---

39 Para una discusión más completa del punto de vista del pecado de Santiago, consulte mi libro "Salvation in the General Epistles," *An Inquiry into Soteriology from a Biblical Theological Perspective,* ed. John E. Hartley y R. Larry Shelton (Anderson, Ind: Warner Press, 1981), p. 200f.

40 Vea mi discusión de *hamartia mē pros thanaton* (pecado no dentro de la muerte) y *hamartia pros* (pecado dentro de la muerte), en Hartley y Shelton, pp. 216–218.

41 Utilizado como sinónimo en Apocalipsis 20:2:"Y prendió al dragón, la serpiente antigua, que es el diablo [*diabolos*] y Satanás [*satanas*], y lo ató por mil años;"

compromiso total con lo que es antitético a Dios y a la voluntad, el propósito y la misión de Dios. El pecado humano dice *no* a Dios; el pecado diabólico es un compromiso total con aquello que no es Dios. El pecado humano es el alma dividida entre Dios y algo o alguien más; el pecado diabólico es el alma unida en antipatía hacia Dios. El pecado humano es el pecado de alienación; el pecado diabólico es el pecado de la antitesis. El pecado humano es el acto de huir de Dios; el pecado diabólico es el acto de atacar a Dios.

Los humanos pueden andar tras su propio camino en contra de Dios a tal grado que su pecado se convierte en diabólico, como en el caso de Judas. En Lucas 22:3 dice que Satanás entró en él.

El pecado diabólico es pecar contra el Espíritu Santo. Jesús dice que

> Por tanto os digo: Todo pecado y blasfemia será perdonado a los hombres; mas la blasfemia contra el Espíritu no les será perdonada. A cualquiera que dijere alguna palabra contra el Hijo del Hombre, le será perdonado; pero al que hable contra el Espíritu Santo, no le será perdonado, ni en este siglo ni en el venidero. [Mat. 12:31–32].

El pecado contra el Espíritu Santo es la condición de estar tan completamente comprometido con el diablo que uno está en total confusión moral, llamando a lo bueno "malo" y a lo malo "bueno". La Escritura usualmente habla del pecado diabólico en términos de ser poseído de demonios (*daimōn*), (ej., Mr. 5:1–20). Este tipo de pecado es la mezcla de la voluntad de uno con la del diablo al punto que incondicionalmente uno le entrega a él todas sus capacidades de decidir voluntariamente. Ser poseído por un demonio es venderle su alma al diablo.

Cristo vino a humillar, echar fuera y destruir al pecado diabólico (ej., Mat. 12:28; Mr. 1:39; Lucas 10:18; Ap. 20:7–10). Vino a perdonarnos del pecado individualizado y a redimirnos de él (ej., Ef. 1:7; 1 Juan 1:9). Vino a quitar el pecado sistémico (ej., Juan 1:29). Vino a revertir el pecado primordial (ej., Rom. 5:12–21; Ap. 21:1–22:5).

17. Fe del Discipulado

Cuatro Maneras de Ver la Fe

Lo opuesto al pecado es la fe. Dios, a través de Cristo nos ha redimido de la vida de pecado y nos ha introducido a la vida de fe. En el Nuevo Testamento, el sustantivo *pistis* se traduce ya sea como fe o creencia, y el verbo *pisteuō* se traduce ya sea como tener fe o creer.

Estas palabras se usan en al menos cuatro formas diferentes:

1. Como confiar en una persona, es decir, fe en;

2. Como aceptación de lo que es enseñado, es decir, fe acerca de;

3. Como confianza de que algo sucederá, es decir, fe de que; y

4. Como la sagrada tradición, es decir, la fe.

La primera tiene que ver primordialmente con una relación personal, la segunda con una convicción de que lo que está siendo enseñado es cierto. La tercera tiene que ver con la seguridad de que algo tendrá lugar, y la cuarta con una forma establecida de pensar y vivir. (Consulte Para Consideración Adicional, para una bibliografía acerca de "fe").

1. Fe En

En el corazón del mensaje del Nuevo Testamento acerca de la salvación está el entendimiento de que la salvación es un asunto de confianza personal en Cristo. Un ejemplo es Juan 3:16, que dice "para todo aquel que en Él cree no perezca, mas tenga vida eterna." Juan 4:39 dice que "Y muchos de los samaritanos de aquella ciudad creyeron en él..." Creer en el nombre de Jesús (ej. 2:23) es otra forma de expresar confianza en la persona de Jesús, puesto que en el pensamiento bíblico el nombre representa la esencia de una persona. Este énfasis en la fe como confianza en la persona de Jesús se encuentra también en Romanos 4, el cual enfatiza que no es por ser religioso que somos salvos, sino confiando en Cristo. (Consulte también pasajes como Hechos 10:43 y 14:23.)

2. Fe acerca de

Además, la fe como una relación de confianza en Cristo presupone la creencia en sus enseñanzas, y luego en las confesiones de la iglesia acerca de él. No existe separación en el Nuevo Testamento entre una relación de confianza con Jesús y una aceptación de estas enseñanzas como si una fuera posible sin la otra. Confiar en Jesús fue ser un aprendiz a sus pies, siendo sus enseñanzas integrales a su individualidad. Christopher Marshall, en su estudio acerca de la fe en Marcos, concluye que:

> Marcos los ve [fe como una convicción mental y confianza como un compromiso existencial] como inseparablemente unidos bajo la concepción general de fe Para Marcos, la fe está fundamentada en la creencia (o mejor aún, en comprensión en la presencia de Dios en Jesús) y fructifica [produce fruto] en una dependencia de confianza hacia él. Una actitud demanda a la otra. La creencia que no lleva a la confianza es estéril y no experimenta el poder transportado por Jesús (compare 8:27–30 y 9:18 en adelante). La confianza, que requiere al menos una creencia mínima para que exista, debe ser acompañada por un crecimiento en el entendimiento (4:13) o fallará en circunstancias en calamidad (4:35–41).[1]

Ser un discípulo no fue un asunto de tener un sentimiento borroso y positivo acerca de Él. Significa confiar en Él no sólo simplemente como un predicador y un maestro, sino como predicador y maestro del evangelio, como el que establece el reino, como cumplidor de las promesas divinas, y como fundador de una nueva comunidad de fe.

Fueron precisamente sus enseñanzas las que lo llevaron a la crucifixión. Juan 18 y 19 habla sobre la lucha de Pilato con qué hacer con Jesús; su lucha se centró en si Jesús era un revolucionario político, conforme los cargos que se le habían hecho. Jesús respondió: "Mi reino no es de este mundo; si mi reino fuera de este mundo, mis servidores pelearían para que yo no fuera entregado a los judíos; pero mi reino no es de aquí." (18:36). Incluso cuando Pilato no pudo encontrar suficiente acusación contra Jesús como una persona (18:38,19:4,6), él se sometió a la voluntad de la cultura religiosa la cual encontró inaceptables las enseñanzas de Jesús. Él lo condenó a morir, no porque fuera una mala persona, sino por las consideraciones políticas respecto a aquellos quienes se oponían a sus enseñanzas. Más aún la confesión de que Jesús es el Cristo lo llevó al establecimiento de la iglesia (consulte Mat. 16:15–18). De hecho, los evangelios vinieron a existir como el testimonio de la iglesia en sus inicios de que Jesús en quien ellos confiaban era un hombre cuyas enseñanzas debían ser creídas. En ellos, Jesús y sus enseñanzas están presentes como inseparables;Él no es una figura oscura difícil de describir, carente de contenido conceptual.[2] Como Alister McGrath lo escribe:

---

[1] Christopher D. Marshall, *Faith as a Theme in Mark's Narrative* (Cambridge: University Press, 1989), p. 56.

[2] Consulte Gerhard Ebeling, *The Nature of Faith*, trad. Ronald Gregor Smith (London: Collins, 1961), pp. 49–57 para una discusión de los evangelios como los vehículos donde las enseñanzas de Jesús son comunicadas a la comunidad de la fe en Jesús. En sta conexión él escribe:

> Estos elementos en el mensaje de Jesús: la cercanía de la regla de Dios, la claridad de su voluntad, y la simplicidad del discipulado, con gozo, libertad y falta de ansiedad—son la interpretación de una cosa, el llamado a la fe. Pero todo es visto en el contexto de la admirable autoridad de la Persona de Jesús. Si el discipulado significa compartir el camino de Jesús, entonces entender su predicación de la voluntad de Dios significa compartir su libertad y entender su mensaje de la regla de Dios significa compartir su

Es imposible hablar acerca de los cristianos copiando la relación privada de Jesús con su Padre (una creencia clásica de la escuela de "cristianismo sin doctrina") sin notar que Jesús expresa en sermón y parábola, lo que esa relación presupone, expresa y demanda.[3]

Los evangelios sirven como un factor de control para el quién, cuándo, qué y dónde, de Jesús de Nazaret. Asumen que uno no puede tener fe en el Jesús histórico aparte de quien fue y de lo que enseñó. Vemos esto, por ejemplo, en Juan 12:48 donde Jesús dice: "El que me rechaza, *y no recibe mis palabras*, tiene quien le juzgue; *la palabra que he hablado*, ella le juzgará en el día postrero."

En Pablo, el contenido en el cual los creyentes tienen fe son las confesiones acerca de Jesús. Encontramos no sólo la confesión simple "llamar a Jesús Señor" (1 Cor. 12:3), sino también más expansivas que dan explicaciones sobre la persona y la obra de Cristo (vea Fil. 2:6–11, Col. 1:15–20, y Tim. 3:16).[4]

La fe cristiana es la confianza personal en Jesús y creer en sus enseñanzas y en las confesiones de la iglesia acerca de Él. Su "qué" (es decir, la figura histórica que gana un seguimiento) siempre está relacionado a su "quién" (es decir, su identidad), y su "quién" determina el significado de su "qué" (es decir, sus enseñanzas). Otros han vivido la vida de sacrificio incluso al punto de morir, han realizado milagros, y han dicho parábolas tan buenas como la del hijo pródigo (Lucas 15), por ejemplo, pero es quién Jesús es lo que eleva su vida, su ministerio, sus enseñanzas y su muerte en particular, al nivel de ser definitivos y finales. Helmut Thielicke, en su disertación de este asunto, escribe:

> Debido a que la existencia de su persona (como el Señor quien tiene autoridad y el Hermano quien está en solidaridad) siempre es el elemento que da significado a sus palabras y obras, estas palabras y obras serán malentendidas severamente si alguna vez fueran desprendidas de su persona.[5]

3. Fe en Que

En el Nuevo Testamento también se habló de la fe como la total seguridad de que es la voluntad de Dios para que algo en particular suceda. Hebreos 11:1 dice: "Es, pues, la fe la certeza de lo que se espera, la convicción de lo que no se ve."

---

gozo, su obediencia, y su valentía en vista de la cercanía de Dios.... Lo que Jesús dice no puede ser separado de su Persona y su Persona es una con sus caminos [p. 56].

3 Alister McGrath, *Understanding Doctrine: Its Relevance and Purpose for Today* (Grand Rapids: Zondervan, 1990), p. 100.

4 Para un tratamiento conciso de las confesiones en el Nuevo Testamento, consulte Ralph Martin, *Worship in the Early Church* (Grand Rapids: Eerdmans, 1974), cáps. 4 y 5.

5 Helmut Thielicke, *The Evangelical Faith*, Vol. II: *The Doctrine of God and of Christ*, trans. y ed. Geoffrey W. Bromiley (Grand Rapids: Eerdmans, 1977), p. 300. Para una discusión más completa de este asunto véase capítulo 20.

Los evangelios incluyen muchas referencias a la fe como el ejercicio espiritual de confianza intensa de que Jesús hará alguna obra poderosa, como se ve por ejemplo en el relato de Mateo 9:28–29 donde él sana a dos hombres ciegos:

> Jesús les dijo "¿Creéis [*pisteuete*] que puedo hacer esto?" Ellos le dijeron "Sí, Señor." Luego Él tocó sus ojos y les dijo "Conforme a vuestra fe [*pistin*] os sea hecho."

El pasaje que enfatiza quizá más gráficamente este punto de vista en particular de la fe es Mat. 17:20. A la pregunta de los discípulos de porqué no habían sido capaces de sanar al niño epiléptico, Jesús responde "Por vuestra poca fe; porque de cierto os digo, que si tuviereis fe como un grano de mostaza, diréis a este monte: Pásate de aquí allá, y se pasará; y nada os será imposible." (compare con Marcos 9:28.29 y Lucas 17:6).

Vemos este mismo concepto de la fe en la respuesta de Jesús a la pregunta de los discípulos acerca de su maldición a la higera. En Mateo 21:21–22, Él dice,

> si tuviereis fe, y no dudareis, no sólo haréis esto de la higuera, sino que si a este monte dijereis: Quítate y échate en el mar, será hecho. Y todo lo que pidiereis en oración, creyendo, lo recibiréis. [compárese con Santiago 1:6].

4. La Fe

El Nuevo Testamento también habla de la fe como la tradición de creer y practicar siendo pasada de una generación a otra. 1ª Timoteo 4:6 dice: "Si esto enseñas a los hermanos, serás buen ministro de Jesucristo, nutrido con las palabras de la fe [*tēs pisteōs*] y de la buena doctrina que has seguido." De hecho, todo el capítulo 4 es una exhortación a enseñar la tradición recibida en vez de, como el versículo 7 dice, "...las fábulas profanas y de viejas." (consulte también 6:20–21).

Judas 3 apela a la iglesia para que "contendáis ardientemente por la fe que ha sido una vez dada a los santos." Y en el verso 29, les manda a edificarse a sí mismos sobre su "vuestra santísima fe".

El Llamado de Jesús a la Fe del Discipulado

El punto de vista de la fe exhibida por el llamado de Jesús al discipulado incluye todos los cuatro componentes identificados arriba: la invitación a confiar en él, la instrucción para aprender de él, los llamados para ejercitar confidencia en su poder, y la directiva de ser entregados a su voluntad y caminos. Ser su discípulo significaba que el corazón de una persona estaba "extrañamente ardiente" en su presencia, pero también significada que nuestra mente estaba comprometida con sus enseñanzas, que nuestra vida entera estaba orientada alrededor de su poder, y que uno aceptaba su manera de vivir y estaba dispuesto a estar comprometido en su misión. El Nuevo Testamento retrata la fe en Jesús como relacional, conceptual, confidente y consagrada.

Estos cuatro componentes son identificables en Marcos 3:13–15, el cual dice que Jesús

> Después subió al monte, y llamó a sí a los que él quiso; y vinieron a él. Y estableció a doce, para que estuviesen con él, y para enviarlos a predicar, y que tuviesen autoridad para sanar enfermedades y para echar fuera demonios:

Los discípulos estuvieron en una relación personal de confianza en Jesús al grado de que estaban dispuestos a seguirlo hasta el monte; sabían el mensaje del Reino lo suficientemente bien para predicarlo; fueron llamados, como apóstoles a ser sus emisarios devotos; fueron facultados por el mismo poder que vieron que obraba en Él. Para los Doce, estar en fe era conocer a Dios en Cristo, aprender de Jesús, hacer su voluntad, y permanecer consagrados en sus caminos y en su misión.

Antídotos y Desarrollo en el Mismo Nuevo Testamento

Desde el primer siglo de la era cristiana al presente, la iglesia ha sido confrontada con el problema de que uno o más de estos componentes han sido enfatizados a expensas de los otros, necesitando, por tanto, un trabajo correctivo. Vemos esto incluso tan temprano como en Marco, el cual exhibe precaución acerca del énfasis exagerado en la fe expresada como poder milagroso. Su enfoque es contrastar a Jesús el obrador de milagros que nos asombra, con Jesús el salvador sufriente que nos llama a tomar la cruz y seguirlo. Por ejemplo, en el relato acerca de la mujer sanada de hemorragia prolongada (5:24–34), Jesús le dice, "Hija, tu fe te ha hecho salva" (v. 34). Esto fue en respuesta a su intensa confianza de que "Si tocare tan solamente su manto, seré salva." (v. 28), y a decir verdad, Él honró la fe de ella. Sin embargo, Marcos deja en claro que la fe es más que intensidad de confianza. Los creyentes deben confiar en Jesús sin importar las circunstancias de la vida—incluso hasta el punto de la muerte. Es significativo que en el relato de la confesión de Pedro acerca de Jesús como el Cristo, 8:31 dice que Jesús comenzó a enseñarles que el Hijo del hombre debe sufrir muchas cosas, ser rechazado, ser muerto, y resucitar. Versículo 32: "Esto [Jesús] les decía claramente. Entonces Pedro le tomó aparte y comenzó a reconvenirle." Luego en el versículo 34, Jesús le dice a sus discípulos, "Si alguno quiere venir en pos de mí, niéguese a sí mismo, y tome su cruz, y sígame."

George Montague argumenta que

> Por un largo tiempo la iglesia Markana ha conocido la presencia del espíritu en alabanza, liberación, sanidades y milagros. Pero ahora algo más que estas "historias de éxito" ha comenzado a preguntarse acerca de ellos. ¿Podrán probar con su muerte lo que ellos experimentaron en su vida?[6]

Incluso si la fe como intensidad de confianza en el poder de Dios para hacer milagros, es parte ciertamente de los evangelios, el mensaje de Marcos es que la fe es

---

6 George Montague, *The Holy Spirit: Growth of a Biblical Tradition* (New York: Paulist, 1976), p. 252.

primordialmente una relación de confianza en Jesús sin importar si la liberación del dolor y el sufrimiento tiene lugar. La fe del discipulado incluye la voluntad de asumir dolor y sufrimiento en aras de la causa por la que Cristo vino. Es el tipo de fe que gana al mundo para Cristo. Montague escribe:

> Lo que gana al centurión Romano la confesión "Verdaderamente este hombre era Hijo de Dios." Es *la manera en que Jesús murió* (15:39) … . Así, para Marcos, el hombre—incluso los discípulos de Jesús—no entienden el lenguaje de los milagros (compárese con Marcos 8:17–21). Los Judíos vituperantes están incluso más "desanimados" por la ausencia de señales en la cruz (15:29–32). Pero el centurión que hace la confesión cristiana completa, ha entendido el lenguaje de la muerte de Jesús. [7]

Santiago y Pablo brindan evidencia adicional que estaban obrando fuerzas en la iglesia del primer siglo que llevaban a una contracción de la orbe completa de la fe. Santiago trata lo que ve como una grave reducción cuando él habla en contra de la idea de que uno puede tener fe como una confianza relacional y como la aceptación de ciertas enseñanzas sin encontrar expresión en nuestra vida diaria. Él escribe "Muéstrame tu fe sin tus obras, y yo te mostraré mi fe por mis obras." (2:18), y en el versículo 26 "Porque como el cuerpo sin espíritu está muerto, así también la fe sin obras está muerta."[8]

De forma similar, Pablo, quien habla tanto acerca de que la fe es un don de Dios, sin embargo, lleva a casa el argumento que la nueva relación del creyente con Dios a través de Cristo, llama a una orientación de vida radicalmente nueva. Él llama al pueblo de Dios a vivir fuera de las implicaciones de la gracia que han experimentado a través de la fe. Ya no van a vivir más de acuerdo con las "obras de la carne", sino de acuerdo al "fruto del Espíritu" (Gál. 5:16–25). Su mensaje es este: "Si vivimos por el Espíritu, andemos también por el Espíritu." (v. 25).[9] A lo largo de las epístolas Paulinas, el indicativo del don del evangelio requiere los imperativos de la vida en el evangelio. Como Herman Ridderbos lo dice, "cada imperativo [en Pablo] es una actualización del indicativo." [10]

El Nuevo Testamento es evidencia no sólo de que la fe cristiana fue vista en una variedad de formas por la iglesia del primer siglo, sino que también que fue una expansión, un refinamiento, una maduración, y un pulido, que surge del entendimiento de lo que significa vivir en fe.

---

7 Ibid., p. 251f.

8 Consulte mi *Living as Redeemed People: Studies in James and Jude* (Anderson, Ind: Warner Press, 1976), cáp. 5. "En este pasaje [2:14-26], Santiago está corrigiendo a aquellos que tienen las ideas correctas acerca de Dios, pero quién no va más allá de esto. Sus ideas no son traducidas a acción" p. 29. También mi "Salvation in the General Epistles," *An Inquiry into Soteriology*, ed. John E. Hartley y R. Larry Shelton (Anderson, Ind: Warner Press 1981), pp. 195–224. "El feto de la fe es traido a nacer en el vientre de la obediencia" p. 197.

9 Versión Reina-Valera 1960, que es más cercana al texto griego.

10 Herman Ridderbos, *Paul: An Outline of His Theology*, trans. John Richard De Witt (Grand Rapids: Eerdmans, 1975), p. 257. Vea su discusión completa, pp. 253–258.

La sagrada tradición se hizo cada vez más importante en la vida de la iglesia mientras la comunidad original de fe perecía. Durante los primeros años, la fe fue primordialmente relacional, conceptual y confiada en el poder de Jesús. Sin embargo, con el correr del tiempo, como la encarnación era más una historia contada que una experiencia vivida, las tradiciones sagradas se hicieron esenciales. Cuando la iglesia se sintió en peligro de intrusión de ideas que fueran incompatibles con el mensaje original, la experiencia, y la expresión de la fe, se incrementó la importancia de transmitir la herencia apostólica intacta. Por consecuencia, incluso en la iglesia del Nuevo Testamento, emergió la idea de la fe como una tradición sagrada.

Conforme la iglesia se expandía numéricamente y continua en el tiempo, hubo una mayor necesidad de estandarizar la herencia sagrada. El desarrollo de los cuatro evangelios representa el proceso dinámico por el cual tuvo lugar un cierto grado de regularización. Mateo explícitamente declara que su intención es aclarar bien las cosas: "El nacimiento de Jesucristo fue así:" (1:18). Marcos está comprometido en contar la historia del ministerio público de Jesús en una manera sincera. Lucas comienza su obra de dos volúmenes (Lucas-Hechos) para Teófilo con el propósito explícito "para que conozcas bien la verdad de las cosas en las cuales has sido instruido." (1:4), Y Juan 21:24 llama por aceptación de la sagrada tradición como ha sido establecida en ese evangelio: "Este es el discípulo que da testimonio de estas cosas, y escribió estas cosas; y sabemos que su testimonio es verdadero."

Pablo tiene la misma preocupación para la sagrada tradición. Lo vemos expresado en tales pasajes como 1 Cor 15:3, "Porque primeramente os he enseñado lo que asimismo recibí," y 2ª Tesalonicenses 2:15, "Así que, hermanos, estad firmes, y retened la doctrina que habéis aprendido, sea por palabra, o por carta nuestra." (Consulte también Gál. 1:6–9.)

La fe como la sagrada tradición es declarada más explícitamente, sin embargo en las Epístolas Pastorales. En 1ª Timoteo 1:10-11 se hace referencia a lo que "se oponga a la sana doctrina, según el glorioso evangelio del Dios bendito, que a mí me ha sido encomendado." Se ha hecho ya referencia a 4:6 que habla acerca de la tradición recibida como "la fe", y a 6:3, que habla acerca de "las sanas palabras de nuestro Señor Jesucristo" (consulte también 1 Tim. 1:3 y 15, 3:16, 5:8, y 6:20.)

Las otras dos cartas pastorales tienen el mismo énfasis: 2 Timoteo 1:13–14 dice:

> Retén la forma de las sanas palabras que de mí oíste, en la fe y amor que es en Cristo Jesús. Guarda el buen depósito por el Espíritu Santo que mora en nosotros. [consulte también 2 Tim. 2:17–18, 23–25; 3:14–17; 4:3–4.]

Tito 1:4 se refiere a Tito como "verdadero hijo en la común fe" y el versículo 13 enfatiza la necesidad de reprender a aquellos que enseñan falsedad "que sean sanos en la fe [*en tē pistei*]" En 1:9, Tito es instruido a designar ancianos quienes "retenedor de la palabra fiel tal como ha sido enseñada" de modo que el anciano "también pueda exhortar con sana enseñanza y convencer a los que contradicen." (Consulte también Tito 2:2.)

La forma por la cual la sagrada tradición fue preservada por la iglesia de posteriores generaciones fue a través de la colección, preservación, transmisión y uso de los materiales que finalmente vinieron a ser conocidos como el Nuevo Testamento. Con el pasar del tiempo, este cuerpo emergente de literatura fue aceptado como el vehículo por el cual la fe de la comunidad original de fe fue transmitida a generaciones posteriores. Fue el canon escrito por el cual la sagrada tradición fue preservada y transmitida; sirvió como la vara de medir para probar afirmaciones, enseñanzas y desarrollos posteriores en la vida de la iglesia.

George Lindbeck en *The Nature of Doctrine (La Naturaleza de la Doctrina)* argumenta que hay la necesidad de tener una tradición escrita si se desea que sobreviva una religión. Él escribe:

> En las culturas orales no hay autoridad traspersonal por la cual los expertos sobre tradición puedan referir sus disputas. Esto ayuda a explicar porqué las religiones y culturas puramente rutinarias fácilmente se disuelven bajo la presión de cambios históricos, sociales y lingüísticos, pero también sugiere que los textos canónicos sean una condición, no sólo para la supervivencia de una religión sino para la misma posibilidad de una descripción teológica normativa.[11]

Si la fe—originalmente relacional, conceptual, confidente y entregada—debe ser transmitida a futuras generaciones, en continuidad fiel con el pasado, el desarrollo de una tradición sagrada es inevitable. La tradición sagrada brinda la línea de continuidad entre la comunidad originadora de la fe y la comunidad en progreso. El peligro, por supuesto, siempre existe de que la tradición reemplace la fe como una confianza personal y relacional, pero que esto suceda es malentender el génesis de la tradición. La fuerza impulsora no es que se convierta en un sustituto para el Dios viviente, sino que eso servirá como un punto de referencia segura para generaciones posteriores y como los medios por los cuales también ellos puedan experimentar una fe personal con la misma frescura y pureza que tuvo la comunidad original de fe.

La Necesidad de una Orbe Completa de Fe

A través de la historia de la iglesia, el mismo reto que enfrentó la iglesia del Nuevo Testamento ha persistido, a saber, la ascendencia primero, de un énfasis acerca de la naturaleza de la fe, y luego otra (consulte Para Consideración Adicional, Parte II). Debemos estar alerta a las siguientes tendencias:

- La fe primordialmente como confianza personal, sólo con atención secundaria dada a otros énfasis, frecuentemente llevan a un experimentalismo subjetivo. El pietismo y revivalismo tienen que evitar este punto de vista truncado.

---

11 George Lindbeck, *The Nature of Doctrine: Religion and Theology in a Postliberal Age* (Philadelphia: Westminster, 1984), p. 116.

- La fe primordialmente como hacer las confesiones correctas, sólo con atención secundaria dada otros énfasis, frecuentemente lleva a intelectualismo argumentativo. La ortodoxia Luterana y el fundamentalismo tienen que guardarse de permitir que esto suceda.

- La fe primordialmente como la intensidad de confianza de que el Señor va a hacer algo milagroso, con tan sólo atención secundaria dada a otros énfasis, frecuentemente lleva a un espiritualismo orgulloso. El Pentecostalismo y el movimiento carismático tienen que cuidarse de esto.

- La fe primordialmente como la tradición sagrada, sólo con atención secundaria dada otros énfasis, frecuentemente lleva al institutocionalismo estrangulador. La Ortodoxia oriental y el Catolicismo Romano tienen que cuidarse de esto.

Aún cuando han sido dados anteriormente ejemplos históricos de tendencias hacia el truncamiento, tales tendencias no son por medios tan estrictamente limitados. Pueden emerger puntos de vista incompletos de la fe cristiana pueden en cualquier tradición de la iglesia. Debe aclararse que sólo porque una tradición tiene una posibilidad para un truncamiento en particular no significa que pueda en realidad dar paso a tal propensión. Cualquier tradición cristiana, sin importar sus propensiones históricas, puede levantarse al reto del Nuevo Testamento de vivir en el orbe completo de la fe.

Basados en lo anterior, concluyo que desde este punto en la historia, la fe cristiana es básicamente una relación de confianza en Jesucristo como Salvador y Señor, como se proclama por la tradición bíblica. Es el sincero deseo de sentarse a los pies del Cristo revelado en las escrituras, y hacerlo en compañía con la comunidad histórica de la fe. Más aún, es la voluntad de los testigos de Cristo por el camino que pensamos, vivimos, sufrimos y morimos y para abrirnos nosotros mismos a su poder para el cumplimiento de los propósitos divinos.[12] Puesto de otra manera, estar en la fe es confiar en Jesucristo como Salvador y Señor, pensar en armonía con la revelación de Dios registrada en las escrituras cristianas (Antiguo y Nuevo Testamento), para vivir en pacto con todo pueblo de Dios, y orar en la confianza de que él es capaz de "hacer todas las cosas mucho más abundantemente de lo que pedimos o entendemos" (Ef. 3:20).

O bien, nuevamente, estar en la fe es estar relacionado con Cristo Jesús en la salvación, estar informado por las Escrituras cristianas en entendimiento, estar comprometido con el servicio cristiano en vida y obra, y ser facultado por el Espíritu en adoración y testimonio.

Estar en la fe es conocer a Jesús, pensar cristianamente, vivir en esperanza con confianza en el poder de Dios, y aceptar la tradición bíblica como autoritativa para la fe y la práctica.

---

12 Para otro enfoque de relevancia completa, vea Donald G. Bloesch, *Essentials of Evangelical Theology, Volume One: God, Authority, and Salvation* (San Francisco: Harper and Row, 1978), pp. 223–252.

Para Consideración Adicional

Parte I. Lectura de Introducción Acerca de la Fe

Para estudios bíblicos sobre la fe, consulte: Gerd Theissen, *Biblical Faith: An Evolutionary Approach (Fe Bíblica: Un Enfoque Evolucionario)* (Philadelphia: Fortress, 1985); Frank R. VanDevelder, *The Biblical Journey of Faith (El Peregrinaje de la Fe)* (Philadelphia: Fortress, 1988).

Para tratamientos históricos post-bíblicos, consulte: Paul Giurlanda, *Faith and Knowledge: A Critical Inquiry (Fe y Conocimiento: Una Consulta Crítica)* (Lanham: University Press of America, 1987).

Para una teología de la fe Judía, consulte: Louis Jacobs, *Faith (Fe)* (New York: Basic, 1968).

Para una teología cristiana de la fe, consulte: Gerhard Ebeling, *The Nature of Faith (La Naturaleza de la Fe)*, trad. Ronald Gregor Smith (London: Collins, 1961).

Para tratamientos filosóficos, consulte: John Hick, *Faith and Knowledge (Fe y Conocimiento)* (2ª ed.; Ithaca: Cornell University Press, 1966); Richard Swinburne, *Faith and Reason (Fe y Razón)* (Oxford: Clarendon, 1981). También consulte: H. Richard Niebuhr, *Faith on Earth: An Inquiry into the Structure of Human Faith (Fé en la Tierra: Una Investigación hacia la Estructura de la Fe Humana)*, ed. Richard R. Niebuhr (New Haven: Yale University Press, 1989).

Para estudios pastorales, consulte: Jeff Astley and Leslie Francis (eds.), *Christian Perspectives on Faith Development (Perspectivas Cristianas sobre el Desarrollo de la Fe)* (Grand Rapids: Eerdmans, 1992).

Parte II. Puntos de Vista Históricos de la Fe

Paul Giurlanda, *Faith and Knowledge: A Critical Inquiry (Fe y Conocimiento, una Investigación Crítica)* (Lanham: University Press of America, 1987), pp. 180–255. Giurlanda discute los puntos de vista de lo siguiente: *Agustín*, quien sostuvo que la fe es una decisión racional y un don de Dios; él "se encontró a si mismo justificando la racionalidad de la fe al mundo pagano y aún más importante, argumentando con Pelagius acerca de su gratificación" (p. 180); *Anselmo* para quien, como lo dice Giurlanda, "la fe por su naturaleza, nos mueve hacia la delicia del conocimiento" (p. 192); *Tomás de Aquino* acerca de quien él concluye que "*la fe es una acción del intelecto y de la voluntad que no es explicable por ninguna de las facultades trabajando sola ni por ambas trabajando juntas, sino por la gracia de Dios,* ese regalo gratuito inexplicable" (p. 203, énfasis del autor); *Martín Lutero* acerca de quien él dice que "la conversación de la voluntad parece [a Lutero] negar... el hecho gozoso de que no llevamos a cuestas la carga de salvarnos a nosotros mismos. El acto de fe es precisamente dejar esa carga de voluntad y ni siquiera por el hecho de voluntad permisiva, la cual permitimos que Dios tome el mando, pues la voluntad es voluntad, y tan pronto como haya voluntad hay auto-justificación" (p.220); *Immanuel Kant* y su punto de vista de la fe utilitaria la cual no depende de la revelación. Giurlanda, refiriéndose al "abismo de un misterio" de Kant dice que "a tal misterio incomprensible, una actitud de reverencia es apropiada, y la palabra fe es también apropiada, como expresando la realidad que 'bien puede ser provechoso que nosotros conozcamos meramente y entendamos que *existe* tal misterio, [pero] no comprenderlo' " (p. 226; énfasis añadido); *Friedrich Schleiermacher* para quien la fe es la experiencia de dependencia total en Dios.. Giurlanda escribe:

> Lo que es nuevo acerca del entendimiento de Schleiermacher es que él prescindió de lenguaje objetivo acerca de Dios como la esencia de la fe. La fe no es la creencia de que ciertas promesas de Dios serán mantenidas en el futuro, ni es la fe la creencia en la fiabilidad de Dios cimentando tales promesas. La fe no se trata de promesas en absoluto, ni en proposiciones, y no es por lo tanto un acto del intelecto entendido apropiadamente. Es el inicio de la nueva vida, el momento cuando la nueva vida de Cristo—el Dios—conciencia que es suya y que sólo su iglesia puede comunicar—comienza a apropiarse.

Continuando, dice que "aunque la fe no es intelectual, sin embargo es certera, ya que no hay nada más seguro que nuestra propia experiencia" (p. 232f.).

Hablando acerca de la "línea de equivocación más importante" que divide a los Protestantes y a los Católicos Romanos, Giurlanda dice que "si la fe es un acto con un componente intelectual y comunal y uno voluntario e individual, entonces la tradición Católica ha tendido a enfatizar al primer aspecto de la fé, y la tradición Protestante el segundo aspecto" (p. 245).

Él concluye que aunque la tradición cristiana no habla con una voz acerca de la fe "una cosa que es muy comun a todos los usos de la palabra es que la *fe es un regalo de Dios*. Parece que no hay nadie que quiera negar que esto es el flujo principal de la tradición, ya sea Protestante o Católica. Todos estamos de acuerdo también que la fe tiene algo que ver con la voluntad, por la cual se apropia del regalo de Dios" (p. 243).

18. El Regalo de una Nueva Identidad
La Salvación: Una Perspectiva Bíblica

La palabra griega *sōtēria* significa liberación, preservación, salvación, seguridad. Es la palabra utilizada en la Septuaginta, la traducción griega de la Biblia Hebrea, para *yashá*, cuyo significado básico es amplitud. De acuerdo con John Hartley en su estudio de la salvación en el Antiguo Testamento, *yashá* "también se correlaciona con palabras que significan 'de gran extensión' ó 'expansivo'. " Él se refiere al Salmo 18:19 como un ejemplo, "Me sacó a lugar espacioso; Me libró, porque se agradó de mí." y luego continua diciendo:

> Un soporte adicional para la identificación de amplitud con la salvación viene del uso de la imagen de un lugar abierto y amplio donde se puede llevar a cabo la expansión, para describir una era de salvación. Por ejemplo, Isaías retrata a la gran prosperidad de Israel después del confinamiento de la nación en cautividad en términos de amplitud: 'Ensancha el sitio de tu tienda, y las cortinas de tus habitaciones sean extendidas; no seas escasa; alarga tus cuerdas, y refuerza tus estacas. Porque te extenderás a la mano derecha y a la mano izquierda; y tu descendencia heredará naciones, y habitará las ciudades asoladas.' (Isa. 54:2–3). Esta raíz significa que es evidente, y en que contrasta con las palabras para 'estrechez y confinamiento' como *sārar* 'estar estrecho, constreñido' (Jueces 2:15–16).[1]

La salvación en el Antiguo Testamento es la acción decisiva (ej. el Éxodo) y el trabajo en progreso de traer al pueblo de Dios a un lugar espacioso de paz, libertad, servicio y plenitud. Es la obra de Dios de libertarlos de la esclavitud, protegerlos de sus enemigos y establecerlos en paz, prosperidad, abundancia y rectitud.

En los evangelios sinópticos, la salvación tiene que ver con la apariencia, crecimiento y consumación del reino de Dios. En Juan, tiene que ver con la dádiva de la vida eterna. Aunque en los evangelios sinópticos y Juan se habla de salvación de diferentes formas, en ambos uno encuentra el mismo tema básico, a saber, que en Cristo, la rectitud perfecta se revela y establece en la tierra (ej. Mat. 3:15; Juan 16:8–11).

De ese tema básico fluyen otros mensajes paralelos de los evangelios sinópticos y Juan:

---

[1] John E. Hartley, "The Message of Salvation in the Old Testament," *An Inquiry into Soteriology from a Biblical Theological Perspective*, eds. Hartley y R. Larry Shelton, Vol. I: *Wesleyan Theological Perspectives* (Anderson, Ind: Warner Press, 1981), p. 3.

Mensajes Paralelos

Temas	Evangelios Sinópticos	Juan
• Dios nos libera de la esclavitud	Marcos 1:21–28	Juan 2:13–17
• Dios nos protege del que tiene el poder para destruir	Marcos 4:35–41	Juan 10:11–15
• Dios nos establece en Cristo quien nos da paz divina	Lucas 2:14	Juan 14:27
• Dios nos da prosperidad espiritual	Mateo 5:1–11	Juan 4:13–14
• Dios provee para nuestro cuerpo	Marcos 6:30–44	Juan 2:1–11

En las epístolas paulinas, la salvación se entiende como la justificación, santificación y glorificación de la vida del ser humano por la gracia de Dios trabajando a través de la fe. La justificación es un término legal que se refiere a nuestra absolución ante Dios; la santificación es un término religioso que se refiere a que nosotros hemos sido hechos santos para que Dios nos use; y la glorificación es un término devocional que se refiere al proceso de hacernos como Dios.

A través de la Biblia, la salvación tiene un carácter grupal o comunal muy fuerte. En el Antiguo Testamento, es un pueblo nacional, el énfasis era en la salvación de todos los que son físicamente descendientes de Abraham. En los evangelios sinópticos, es un pueblo del Reino, el énfasis está en todos los que se rinden al reino de Cristo. En Juan, es un pueblo nacido de nuevo, el énfasis es en todos los que creen en Jesús. En Pablo, es un pueblo incorporado en Cristo, el énfasis es en la gracia obrando mediante la fe. Está igualmente claro que nada de esto tiene lugar aparte de la fe personal. Cuando hablamos de grupal, como lo hicimos arriba, obviamente consiste de personas que responden a Dios. En el Antiguo Testamento, está en términos de confianza obediente en el Dios de Israel. En los evangelios sinópticos es un asunto de ser un discípulo de Jesús. En Juan, es creer en Jesús. En Pablo, es la fe que es posibilitada por Dios.[2]

---

2 Para otros tratamientos de salvación en el Nuevo Testamento, consulte en *Inquiry into Soteriology*, Wayne McCown, "Such a Great Salvation," pp. 169–194, e.g., "La más profunda y única contribución de Hebreos a la soteriología cristiana es la declaración de Jesús como nuestro gran sumo sacerdote" p. 173; mi "Salvation in the General Epistles," pp. 195–224, e.g., "no hay fe de salvación que no sea fe obediente", p. 222; and Fred D. Layman, "Salvation in the Book of Revelation," pp. 225–263, e.g., "La salvación escatológica se experimenta por los Cristianos en el presente como una forma de liberación del pecado y de

El énfasis de Pablo en la rectitud y la justificación es entendido correctamente en conexión con la voluntad divina expresada como ley. La rectitud tiene que ver con la obediencia a los estándares divinos mientras que la justificación tiene que ver con la exculpación en relación a ello.

El dilema humano es que somos culpables de desobediencia. Romanos 3:23 dice que "Por cuanto todos pecaron, y están destituidos de la gloria de Dios". Como lo puntualizamos en el capítulo 16 sobre el "Pecado" todos nosotros hemos nacido en la familia espiritualmente disfuncional de Adán y Eva. Parte de esta disfuncionalidad es que no hay posibilidad de que ninguno de nosotros pueda rectificar su situación. El pecado ha traído tan vasta confusión en la vida espiritual de la familia humana que esta confusión sangra hacia todas las otras dimensiones de la vida también. Somos ignorantes y estamos confundidos acerca de la voluntad de Dios y la misión en el mundo. Estamos en una maraña acerca de nuestro papel en la economía divina. Pablo habla de la naturaleza radical de esta confusión cuando en Romanos 7:14–15 dice: "Porque sabemos que la ley es espiritual; mas yo soy carnal, vendido al pecado. Porque lo que hago, no lo entiendo; pues no hago lo que quiero, sino lo que aborrezco, eso hago." El versículo 24 es el clamor que resulta de la angustia: "¡Miserable de mí! ¿quién me librará de este cuerpo de muerte?"

Mientras que Romanos 7 establece el aprieto humano, Romanos 8 declara las buenas nuevas de que lo que no podemos hacer por nosotros mismos ha sido hecho por nosotros por Jesucristo. Por consecuencia "Ahora, pues, ninguna condenación hay para los que están en Cristo Jesús, los que no andan conforme a la carne, sino conforme al Espíritu." (8:1). La esencia de la salvación es que nosotros, aunque miembros de una raza humana pecaminosa y disfuncional, hemos sido exculpados por la gracia de Dios.

No hemos sido exculpados porque Dios cerró los ojos a nuestra deuda, ni porque fuéramos juzgados y encontrados inocentes. Hemos sido exculpados porque, sobre la base de la gracia obrando a través de la fe, somos identificados con Jesucristo, el único perfectamente recto. En medio de la disfuncional raza humana, el nuevo hombre—el Dios-hombre—Jesucristo vino una vez y para siempre para vivir como un ser humano en una forma que satisfizo perfectamente a Dios, para asumir las consecuencias de nuestro pecado sobre él, y romper su ciclo destructivo. Todos los que están en Cristo por fe son justificados por virtud de ser identificados espiritualmente con el único perfectamente recto. En él somos justificados porque nuestra identidad ya no es una identidad en Adán sino una identidad en Cristo. Por la fe pertenecemos a Cristo, el elegido eterno, quien es enteramente recto. Por virtud de ser de Él, somos pueblo elegido divinamente quienes somos justificados ante Dios. En los versículos 33–34, Pablo escribe,

---

poderes espirituales externos y como la conquista del conflicto espiritual". Los creyentes, por lo tanto, "se han convertido en participantes de la salvación escatológica" p. 233.

También, consulte Ronald A. Ward, *The Pattern of Our Salvation* (*El Patrón de Nuestra Salvación*) (Waco: Word, 1978) en el cual Ward usa una matriz para su discusión de la salvación en todos los libros del Nuevo Testamento que no son los evangelios. La matriz consiste en lo siguiente: la naturaleza de Dios; nosotros en contra de Dios, esto es, el pecado; Dios en contra de nosotros, es decir, el juicio; el otro lado, es decir, la salvación de Dios; Dios obrando por nosotros, es decir salvación objetiva; y Dios obrando en nosotros, es decir, salvación subjetiva.

¿Quién acusará a los escogidos de Dios? Dios es el que justifica. ¿Quién es el que condenará? Cristo es el que murió; más aun, el que también resucitó, el que además está a la diestra de Dios, el que también intercede por nosotros.

En Cristo, tenemos una nueva identidad. Ya no somos miembros de la raza condenada de Adán, sino la raza de rectitud de Cristo. En Romanos 5, donde son contrastados Adán y Cristo, Pablo dice en el verso 19, "Porque así como por la desobediencia de un hombre los muchos fueron constituidos pecadores, así también por la obediencia de uno, los muchos serán constituidos justos."

El carácter fundamental de nuestra salvación en Cristo es que se nos ha dado la nueva identidad de ser pueblo de Cristo. Ya no tenemos que pensar en nosotros mismos primordialmente como miembros de la raza caída de Adán, sino miembros del cuerpo de Cristo.

La gracia es la fuente de nuestra nueva identidad; la fe es el medio de recibirla; el arrepentimiento es la actitud para experimentarla; el bautismo en agua es la forma diseñada por el Señor para que sea declarada.[3] Ahora nos dirigimos a estas consideraciones.

La Gracia: La Fuente de Nuestra Nueva Identidad

Nuestra nueva identidad es un regalo de Dios, y en ningún sentido la ganamos. Está fundamentada en el conocimiento previo de Dios de que algunos responderán en fe a Cristo (ej. "a los que antes conoció", Rom. 8:29). Está basado en la decisión de Dios previa a la creación de que como seres humanos nuestro destino verdadero es vivir en conformidad con Cristo (es decir, "también los predestinó para que fuesen hechos conformes a la imagen de su Hijo, para que él sea el primogénito entre muchos hermanos.", V.29 Es ofrecido por el llamado de Dios, el corolario implícito de cuál es nuestra respuesta de fe. (i.e., "Y a los que predestinó, a éstos también llamó", v. 30); nos da una nueva posición ante Dios cuando ciertamente respondemos en fe al llamado de Dios (es decir, "y a los que llamó, a éstos también justificó", v. 30). Alcanza su culminación al final de los tiempos cuando seremos como Él es. (es decir, "y a los que justificó, a éstos también glorificó.", v. 30)

Acerca de la gracia que otorga esta nueva identidad, Efesios 2:4–10 dice:

> Pero Dios, que es rico en misericordia, por su gran amor con que nos amó, aun estando nosotros muertos en pecados, nos dio vida juntamente con

---

3 Para un tratado histórico y teológico de las diferentes dimensiones de la conversión, consulte Bernhard Citron, *New Birth: A Study of the Evangelical Doctrine of Conversion in the Protestant Fathers* (Edinburgh: University Press, 1951). En el capítulo VI en "Los Elementos de la Conversión" trata con la fe, el arrepentimiento, y la nueva voluntad. En el siguiente capítulo, él considera el bautismo como una la promesa y un compromiso. También, Walter E. Conn (ed.), *Conversion: Perspectives on Personal and Social Transformation* (New York: Alba, 1978).

Cristo (por gracia sois salvos), y juntamente con él nos resucitó, y asimismo nos hizo sentar en los lugares celestiales con Cristo Jesús, para mostrar en los siglos venideros las abundantes riquezas de su gracia en su bondad para con nosotros en Cristo Jesús. Porque por gracia sois salvos por medio de la fe; y esto no de vosotros, pues es don de Dios; no por obras, para que nadie se gloríe. Porque somos hechura suya, creados en Cristo Jesús para buenas obras, las cuales Dios preparó de antemano para que anduviésemos en ellas.

La Fe: El Medio para Recibir la Nueva Identidad

Es por fe que recibimos este regalo de una nueva identidad (consulte el capítulo 17, página 317, sobre "Fe del discipulado"). Más aún, la fe por sí misma es de gracia en el sentido que depende totalmente de la obra de Dios: es posible sólo porque la capacidad de tener fe fue creada por Dios y la respuesta de la fe es inspirada por Dios. La forma aceptable de vivir nuestra fe es supervisada por Dios, y la historia bíblica y el contenido de fe son preservados por Dios. Mientras que la fe es genuinamente nuestra propia respuesta voluntaria, sin embargo es de Dios de principio a fin. Es Dios quien nos creó en cierta forma que podamos hacer decisiones voluntarias, Dios quien nos llama a la fe, y Dios el Espíritu Santo quien nos convence de pecado, nos apunta a Jesucristo y nos inspira en la fe (consulte el capítulo 7 en "La Obra Universal del Espíritu Santo"). La fe, dice Pablo "y esto no de vosotros, pues es don de Dios; no por obras, para que nadie se gloríe." Todo lo que podemos afirmar como originándose con nosotros es el No de la incredulidad; el Sí de la fe se origina con Dios.

El Arrepentimiento: La Actitud para Experimentar la Nueva Identidad

De acuerdo con 2ª Pedro 3:9 Dios es paciente "no queriendo que ninguno perezca, sino que todos procedan al arrepentimiento." (compárese, Ap. 9:20–21; 16:9, 11). Para experimentar el regalo de Dios de una nueva identidad, debemos arrepentirnos de nuestros pecados. La palabra griega es *metanoia*, que significa un cambio de mentalidad o propósito. En el Nuevo Testamento, ser refiere a un cambio de mentalidad y corazón acerca de Dios; damos vuelta de nuestra manera pasada de vivir que deshonraba a Dios y adoptar la nueva que honra a Dios. [4]

La parte fundamental de la proclamación de Jesús fue: "Arrepentíos, porque el reino de los cielos se ha acercado." (Mat. 4:17; compárese con Mr. 1:15)[5], y sus discípulos, de manera similar "predicaban que los hombres se arrepintiesen." (Mr. 6:12). Jesús enseñó que hay "Os digo que así habrá más gozo en el cielo por un pecador que se arrepiente, que por noventa y nueve justos que no necesitan de arrepentimiento." (Lucas 15:7; compárese con v. 10). Más aún, en Lucas 17:3–4, Él enseña la necesidad de arrepentimiento y perdón de pecados como el estándar de vida en progreso entre los

---

[4] Citron argumenta que en la Escritura el arrepentimiento aparece entres distintas formas: regreso a Dios, rechazando los hechos malvados, y la mortificación. Op. cit., pp. 94–98.

[5] También, consulte Mat. 4:17; 11:20–21; 12:41; Lucas 5:32; 10:13: 11:32; 13:3–5. (Cf. el ministerio de Juan el Bautista, 3:2–11; Marcos 1:4; Lucas 3:3, 8; Hechos 13:24; 19:4.)

discípulos (compárese con 2 Tim. 2:5; Ap. 2:5, 16, 21–22; 3:3, 19). Y antes de su ascensión, comisionó a los discípulos "y que se predicase en su nombre el arrepentimiento y el perdón de pecados en todas las naciones" (Lucas 24:47).

Después de Pentecostés, Pedro instruyó a aquellos que deseaban ser salvos, diciendo, "Arrepentíos, y baúticese cada uno de vosotros en el nombre de Jesucristo para perdón de los pecados" (Hechos 2:38) Hechos registra varias referencias a Pedro y Pablo predicación que el arrepentimiento es necesario para la salvación (consulte Hechos 3:19; 5:31; 8:22; 11:18; 17:30; 20:21; 26:20. compárese con Heb. 6:1, 4).

Tanto en Romanos como en 2ª Corintios, Pablo escribe acerca de la importancia del arrepentimiento. En Romanos 2:4 él habla de la bondad de Dios, la cual "te guía al arrepentimiento..." y en 2ª Corintios 7:9–10 de una tristeza que lleva al arrepentimiento: "Porque la tristeza que es según Dios produce arrepentimiento para salvación" (12:21 habla de la urgencia de arrepentimiento dentro de la iglesia).

El Bautismo en Agua: La Declaración de la Nueva Identidad

El bautismo en agua es la manera designada por el Señor para que la nueva identidad sea declarada (consulte Para Consideración Adicional, Parte II, sobre la inmersión como el modo del Nuevo Testamento). La comisión de nuestro Señor a los discípulos fue: "Por tanto, id, y haced discípulos a todas las naciones, bautizándolos en el nombre del Padre, y del Hijo, y del Espíritu Santo; enseñándoles que guarden todas las cosas que os he mandado" (Mateo 28:19–20). Como lo hemos ya notado anteriormente, Pedro instruye a los oyentes del evangelio a arrepentirse y ser bautizados (Hechos 2:38). A todo lo largo de Hechos, los creyentes son bautizados: en 8:12, los samaritanos son bautizados; en 8:38, el etíope eunuco es bautizado; en 9:18, Pablo es bautizado por Ananías; en 10:47, Pedro instruye a los nuevos creyentes a ser bautizados; en 16:15, Lidia es bautizada; en 16:33, el carcelero de Filipos es bautizado junto con toda su familia, y en 18:8 dice que "y muchos de los corintios, oyendo, creían y eran bautizados."

Las referencias en Hechos al bautismo en el nombre de Jesucristo (2:38; 10:48), o en el nombre del Señor Jesús (8:16; 19:5), llaman la atención al hecho de que estas personas se habían convertido en pueblo de Jesús a diferencia de aquellos que aún no habían venido a la fe en él. En Hechos, no se encuentra una fórmula siendo Cristo el Señor (que tenga que ver con instrucciones de nuestro Señor) para realizar el bautismo tal como en Mat. 28:19. En vez de eso, Hechos simplemente contiene una descripción de la *marca de identificación* del bautismo cristiano, a saber, creer en Jesús como el Mesías, mientras que en Mat. 28:19 se da la *fórmula siendo Cristo el Señor* para el bautismo.[6]

---

6 Para un estudio exegético de referencias en Hechos al bautismo en el nombre de Jesús y del pasaje trinitario en Mat. 28:19, consulte G. R. Beasley-Murray, *Baptism in the New Testament* (Grand Rapids: Eerdmans, 1973), pp. 77–92, 100–104.

Para una discusión de este asunto desde el punto de vista de la adoración cristiana, consulte: Keith Watkins, (ed.), *Baptism and Belonging* (*Bautismo y Pertenencia*) (St. Louis: Chalice, 1991), pp. 140–142. "En el periodo más remoto, los convertidos venían del judaismo. Ellos ya creían en Dios Lo que era distintivo acerca de su nueva condición religiosa era su fe en Jesús como el Mesías. Así pues, fueron

El pasaje teológico más importante de Pablo acerca del bautismo está en Romanos 6:3–4. Incluso cuando él no habla aquí explícitamente del bautismo en agua, tal simbolismo está en el primer plano de su pensamiento:

> ¿O no sabéis que todos los que hemos sido bautizados en Cristo Jesús, hemos sido bautizados en su muerte? Porque somos sepultados juntamente con él para muerte por el bautismo, a fin de que como Cristo resucitó de los muertos por la gloria del Padre, así también nosotros andemos en vida nueva.

En este pasaje Pablo habla de nuestra identificación espiritual con la muerte y resurrección de Jesucristo. Es esa identificación la que sirve como la base de su atractivo en los versículos 5–23 para que vivan en una forma cualitativamente diferente de modo que se de testimonio a su relación con Cristo. En el versículo 11 él dice, "Así también vosotros consideraos muertos al pecado, pero vivos para Dios en Cristo Jesús, Señor nuestro."

Sabemos por Hechos y las cartas de Pablo que el bautismo en agua fue parte de su propia experiencia personal (Hechos 9:18) y ministerio. (Hechos 16:15, 33; 18:8; 19:5; 22:16). Incluso en dos pasajes problemáticos en Pablo, tenemos sin embargo, evidencia adicional de la trascendencia del bautismo en agua en la vida de la iglesia. El primero, en 1ª Corintios 1:10–17, trata con el orgullo de lealtad a diferentes bancadas bautismales. Pablo parece estar demasiado celoso acerca de distanciarse a sí mismo de tales bancadas, tanto es así que incluso se muestra renuente a permitirse a sí mismo recordar a aquellos que ha bautizado en Corintio. En esta fuerte reacción al partidismo bautismal, él acentúa la prioridad muy importante de la proclamación del evangelio. Es el evangelio lo que está al centro de la misión cristiana, y no la lealtad a bancadas baptismales. Acerca de este pasaje, G. R. Beasley-Murray en su estudio del bautismo concluye que la subordinación de Pablo la administración del bautismo a la proclamación del evangelio es consistente con el bautismo en sí mismo. "Pues este último sigue la proclamación de Cristo y extrae su significado del evangelio". Luego dice que "La insistencia de Pablo de que él había sido enviado a predicar, en vez de bautizar reflejado en su conciencia de la prioridad esencial de su trabajo si deberían haber bautismos en absoluto!" [7]

Y el segundo pasaje problemático, 1ª Corintios 15:29 que es parte de su discusión acerca de la resurrección de los muertos, hace referencia a personas que se "bautizan por los muertos"—cuyo significado, aunque oscuro para nosotros, al menos apunta a la importancia del bautismo. Cinco interpretaciones incluyen lo siguiente: (a) que fue la manera para referirse a un bautismo regular con su énfasis en la esperanza cristiana que pudieran ser resucitados de los muertos; (b) que era un bautismo espiritual de sufrimiento o muerte como en Lucas 12:50; (c) que tenía que ver con una práctica en Corintio de que

---

instruidos a ser bautizados 'en el nombre de Jesucristo para perdón de los pecados' (Hechos 2:38). Pronto los convertidos de las fuentes no-Judías vinieron a ser bautizados y se amplió el uso del nombre bautismo. El nombre bautismal enunciado en Mat. 28:19 está basado en este desarrollo posterior: "en el nombre del Padre, y del Hijo, y del Espíritu Santo" P 140.

7 Beasley-Murray, op. cit., p. 180.

el bautismo tuviera lugar sobre las tumbas de los creyentes muertos por medio de los cuales daban testimonio a su congregación espiritual con los muertos en Cristo; (d) que se refería a ser bautizado a nombre de nosotros mismos como estando muertos en pecado; y (e) que algún nuevo convertido había muerto antes del bautismo en agua, y por lo tanto, otros hermanos en la comunidad cristiana se sometían a un bautismo apoderado en su nombre, para dar testimonio a la fe que algunos habían muerto antes de bautizarse.

Basados en lo que Pablo dice en 1ª Corintios 1:13–17 para distanciarse a sí mismo de los bautismos en agua, y sobre a base de pasajes tales como Romanos 10:9 ("que si confesares con tu boca que Jesús es el Señor, y creyeres en tu corazón que Dios le levantó de los muertos, serás salvo."), está claro que su prioridad es en la fe personal en Jesucristo y no en el acto litúrgico del bautismo. Sin embargo esto no debe llevar a la denigración teológica de las tradiciones dominicales del bautismo en agua (es decir, las palabras de nuestro Señor en Mateo 28:19), y las tradiciones eclesiásticas (es decir, prácticas que la iglesia en sus inicios registró en Hechos). En vez de eso, lo que dice Pablo debe ser entendido como una precaución pastoral en contra de permitir que el acto litúrgico en y por sí mismo reemplacen la sustancia espiritual de la relación de la cual habla el bautismo en agua.

El bautismo en agua es la forma aprobada por la Biblia de anunciar nuestra lealtad al Señor. Declara quiénes somos a ojos de Dios (Somos pueblo de Cristo), que confesamos al mundo (creemos que Jesús fue crucificado por nuestros pecados y resucitado de los muertos para darnos vida), y cómo entendemos nuestra vocación diaria (Debemos estar muertos al pecado y vivos para con Dios; pues los bautizados, debemos "caminar en novedad de vida").

El bautismo en agua es parte del plan de salvación de Dios. Rechazarlo es rechazar el plan de Dios. El asentamiento de creyentes para este modo ordenado por Dios brinda evidencia de confianza en Jesucristo. Es en ese sentido que 1ª Pedro 3:21 habla de que el bautismo nos salva "no quitando las inmundicias de la carne, sino como la aspiración de una buena conciencia hacia Dios". El bautismo en agua es el testimonio externo básico del testimonio interno del Espíritu (Rom. 8:16) de que somos hijos de Dios. El que nos rehusemos seguir al Señor en el bautismo debe ser visto como una crisis espiritual de proporciones mayores.

La pregunta que inevitablemente surge es la condición de los creyentes que murieron antes del bautismo en agua. ¿Están perdidos? Es importante tener en mente la diferencia entre el plan regular de Dios para la salvación al cual estamos obligados a enseñar y practicar, por un lado, y la prerrogativa de gracia de Dios, por otro lado.

Es crítico que resistamos la tentación de escribir teología sobre la base de casos excepcionales. Es nuestra responsabilidad teologizar en base a la voluntad revelada de Dios, dejando todos los casos especiales en manos de Dios, dándonos cuenta que Dios no está confinado a nuestra teología ni lo está a un plan regular de salvación como lo conocemos.[8]

Tomamos nota del hecho de que en Hechos 10:44, el Espíritu Santo cayó sobre aquellos que escucharon el evangelio mientras que Pedro aún estaba predicando. La señal de bendición divina fue otorgada antes del bautismo en agua. Sin embargo, subsecuentemente, ellos fueron bautizados (vv. 47–48). No fue el bautismo lo que trajo la bendición del Espíritu Santo, sino escuchar y creer en el evangelio. ¿Pudieran haberse perdido si hubieran muerto entre el momento de creer y su bautismo? Si tomamos con seriedad, como lo hacemos, el hecho de que es el papel del Espíritu confirmar que somos hijos de Dios, la respuesta sería "No". Concluimos, entonces que el Espíritu que calló sobre ellos era la manera de Dios de confirmar que ellos eran hijos de Dios incluso antes del bautismo.

El hecho es que ellos no murieron antes del bautismo. Por tanto, ellos estaban bajo la obligación divina como hijos de Dios de seguir al Señor en el bautismo en agua. Los versículos 47–48 dicen:

> Entonces respondió Pedro: ¿Puede acaso alguno impedir el agua, para que no sean bautizados estos que han recibido el Espíritu Santo también como nosotros? Y mandó bautizarles en el nombre del Señor Jesús.

¿Qué hubiera pasado si se hubieran rehusado al bautismo en agua? Eso hubiera sido una crisis mayor en sus vidas espirituales. En este pasaje, el bautismo es tratado no como opcional, sino como el curso normal de acción para aquellos que vienen a la fe de Jesucristo. El bautismo en agua es el anuncio de la nueva identidad que tenemos por virtud de la gracia de Dios.[9]

Santificación Fundamental

La salvación, antes que nada, es la experiencia de tener una nueva identidad dada a nosotros por Dios. Ya no seremos conocidos como pueblo de Adán (es decir, pecadores, extraños a Dios), sino como pueblo de Cristo (creyentes, hijos de Dios).

---

8 Robert O. Fife en un artículo no publicado titulado "¿Por qué Debo Ser Bautizado?" entregado en la Convención Cristiana Norte Americana, el 11 de Julio de 1984, en Atlanta, Georgia, lo explica así: "Dios no está atado a los sacramentos, aunque el hombre si lo está", y concluye que "nosotros debemos tener cuidado de no presumir por la gracia de Dios el pensar de que porque Dios no está atado nosotros tampoco lo estamos. De igual forma una congregación no debe atreverse a ser negligente con sus responsabilidades de enseñar y observar los términos de el patrón, dados en Pentecostés, simplemente porque Dios en su liertad puede extender su gracia como Él lo desee" p. 3.

9 Para un estudio balanceado histórico y teológico de los patrones Oriental, Occidental y Bautista acerca del bautismo, consulte Geoffrey Wainwright, *Christian Initiation* (Richmond: John Knox, 1969). Para el asunto de los niños y el bautismo, conslute Marlin Jeschke, *Believers Baptism for Children of the Church* (Scottdale: Herald, 1983).

Romanos 9:25–26:

> Como también en Oseas [Dios] dice: Llamaré pueblo mío al que no era mi pueblo, Y a la no amada, amada. Y en el lugar donde se les dijo: Vosotros no sois pueblo mío, Allí serán llamados hijos del Dios viviente.[10]

Esta nueva identidad es el resultado de la santificación de Dios inicial y fundamental. La palabra santificación, *hagiasmos*, significa el proceso de ser hecho santo.[11] En el Nuevo Testamento, hay varias dimensiones de la santificación, la primera que tiene que ver con el tema de este capítulo—el regalo de Dios de una nueva identidad que brinda una nueva base sobre la cual Dios apela a nosotros.

Esta es la dimensión de santificación encontrada en 1ª Corintios 1:2 donde Pablo se dirige a los cristianos como "a los santificados en Cristo Jesús, llamados a ser santos [*hagioi*]". La santificación de la cual habla tiene que ver con el hecho de que los Corintios han sido escogidos en Cristo para ser el pueblo especial de Dios en el mundo. No se refiere a una clase especial de espiritualidad dentro de la iglesia, puesto que toda la iglesia—incluyendo aquellos con problemas graves relacionales, morales y éticos—es a quien se está dirigiendo este pasaje. A todos, sin importar su grado de madurez o inmadurez, se les llama los "santificados en Cristo Jesús". Es entonces en base a esta nueva condición, que Pablo trata sus anomalías. Incluso cuando sus problemas son muy similares a los de la población en general, él habla no a los Corintios en general sino a la comunidad de la fe cristiana en Corinto. ¿Por qué a ellos en particular? Porque ellos han sido "santificados en Cristo Jesús" Sobre la base de la indicativa de quién son por la gracia de Dios, él procede a dirigirse a ellos con las imperativas del evangelio.

Vemos esta misma dimensión básica de la santificación en 6:11 "mas ya habéis sido lavados, ya habéis sido santificados, ya habéis sido justificados en el nombre del Señor Jesús, y por el Espíritu de nuestro Dios." Aquí Pablo usa tres maneras de referirse a la misma realidad de la salvación—lavados (del dominio natural), santificación (del dominio religioso), y justificación (del dominio legal). Él se dirige a ellos como personas que han tomado un baño, como personas apartadas para el servicio divino, como personas de buena reputación. Estos nos son tres diferentes pasos de la salvación, sino tres maneras diferentes de ver su nueva identidad. En la conversión, no sólo fueron lavados en la rectitud de Cristo y justificados ante Dios, sino también fueron santificados para la divina misión en el mundo. Se convirtieron en miembros de la Iglesia de Dios. Ellos fueron los *hagioi*, es decir, los apartados o los santos. De hecho, Pablo entiende su misión a los

---

10 También Juan 11:52; Rom. 8:16–17, 21; Gal. 3:26–29; Ef. 1:5; 5:1, 8; 1 Tes. 5:5; Heb. 12:5–6.

11 *Hagiasmos* es un sustantivo verbal activo (e.g., Rom. 6:19, 1 Cor. 1:30, 1 Tes. 4:3 and 7, 2 Thess. 2:13, Heb. 12:14, 1ª Pe. 1:2). Otras palabras relaciondas *hagiadsō*, hacerse santo, consagrarse, santificarse. (e.g., Mat. 6:9, Jn 10:36, 17:17 y 19, Hech. 20:32, 26:18; 1ª Cor. 6:11, 2ª Tim. 2:21, Heb. 2:11, 9:13, 10:10, 13:12); *hagios*, dedicado a la deidad, sagrado, santo (ej., Mat. 24:15, Marcos 6:20, Lucas 1:49 y 70, Hech. 4:30, 9:13—traducidos como santos, Rom. 1:7, 1 Cor. 7:14, Ef. 1:4, 3:5, Heb. 6:10—traducidos como santos o pueblo de Dios, 9:1 —traducido como santuario); *hagiotēs*, la calidad del santurario y mesa da de honor (i.e., 2 Cor. 1:12 and Heb. 12:10); *hagiōsunē*, el estado resultado de santidad (e.g., 2 Cor. 7:1; 1 Thess. 3:13).

gentiles "para que abras sus ojos, para que se conviertan de las tinieblas a la luz, y de la potestad de Satanás a Dios; para que reciban, por la fe que es en mí [en Cristo], perdón de pecados y herencia entre los santificados."

Los cristianos ya no son extraños para Dios, sino amigos; Ya no son pecadores que necesitan salvación, sino creyentes que necesitan perfección; ya no son forasteros a la divina misión en el mundo, sino participantes en ella; ya no son extranjeros y enemigos a la familia de la fe, sino miembros de ella. Su condición exclusiva en la economía divina es que ellos son los "santificados en Cristo Jesús" (consulte también Hechos 20:32 y Heb. 10:10,14)

Para Consideración Adicional

Parte I. Justificación, Santificación y Glorificación en Pablo

R. Larry Shelton, "Justificación por Fe en los Textos Paulinos,", *An Inquiry into Soteriology from a Biblical Theological Perspective, (Una Investigación a la Soteriología desde una Perspectiva Teológica Bíblica)* eds. John E. Hartley y Shelton, Vol. I: *Wesleyan Theological Perspectives (Perspectivas Teológicas Wesleyanas)* (Anderson, Ind: Warner Press, 1981), pp. 97–132. "La justificación y la unión con los conceptos de Cristo son paralelas en vez de sucesivas. Son diferentes metáforas, 'justificación' tratando con la exculpación de la sentencia de condenación y 'unión con Cristo' tratando con la liberación de la esclavitud y el poder del pecado" p. 99. "Pablo relaciona estrechamente la justificación y la santificación y enfatiza la totalidad de la salvación en vez de fraccionar en dos etapas. Ningún aspecto de la novedad de vida es opcional ni a ningún elemento de la salvación se le permite ser insignificante en esta vida" p. 125.

Bert H. Hall, "La Doctrina Paulina de Santificación," Ibídem, pp. 133–154. "Parece estar claro que Pablo utiliza el término *hagiasmos* para indicar un proceso, una mudanza de los pecados del pasado de modo que el cristiano pueda caminar, no en 'impureza sino en santificación' Este proceso comienza en el momento en que somos nacidos de nuevo. Como John Wesley lo declara, 'Concedemos que el término santificado es continuamente aplicado por Se. Pablo a todos los que fueron justificados' [John Wesley, *The Works of John Wesley (Las Obras de John Wesley)* (Kansas City, Mo: Nazarene Publishing House, Lith. de la ed. de 1872), VIII, p. 294. Utilizado con permiso.]". p. 138f.

Robert W. Wall, "Glorificación en las Cartas Paulinas" Ibídem., pp. 155–167. "Para Pablo, la salvación de Dios y por tanto su gloria fue revelada 'en Cristo'... . Esto es, la antigua fórmula 'gloria de Dios' fue re-moldeada en una fórmula nueva 'en Cristo' que proclamó el advenimiento de la presencia de Dios nuevamente en la tierra en la encarnación de Jesús y en su muerte y resurrección. La elección de Dios de un pueblo fue contada nuevamente como algo que sucedió 'en Cristo' (Ef. 1:3–14); La nueva comunidad del 'verdadero' Israel fue entendida como un pueblo cuya existencia estaba 'en Cristo'; ciertamente, el futuro prometido de este nuevo pueblo escatológico fue sellado por el Espíritu de Cristo 'en Él'. La gloria de Dios, entonces, se ubica en el Hijo;

y el pueblo del Hijo, la iglesia, que ha asumido la presencia de Cristo en la tierra, también se revela en la gloria exaltada de su Señor (Ef. 1:19–23)," p. 158f.

Parte II. Inmersión

Es generalmente aceptado entre los eruditos bíblicos, sin importar sus lealtades eclesiásticas, que el bautismo del Nuevo Testamento siempre significa inmersión. La palabra griega, *baptidzō* significa sumergir, inmersión o hundir.

La sección Bautismo del Ministerio de Bautismo, Eucaristía y Ministerio, en el Artículo de la Fe y el Orden Núm. 111 (Geneva: Concilio Mundial de Iglesias, 1982), reconoce el énfasis en la inmersión en el Nuevo Testamento: "Por bautismo, los cristianos somos sumergidos en la muerte liberadora de Cristo donde sus pecados son sepultados, donde el 'viejo Adán' es crucificado con Cristo, y donde el poder del pecado es roto... . Totalmente identificados con la muerte de Cristo, son sepultados con él y son resucitados aquí y ahora a una nueva vida en el poder de la resurrección de Jesucristo, confiados de que también serán al final uno con él en una resurreción como la suya" p. 2.Respecto al bautismo de los creyentes, el documento declara que "el bautismo una vez que se hace la profesión de fe personal es el patrón más claramente atestiguado en los documentos del Nuevo Testamento" p. 4.

También, consulte un artículo por George E. Rice, "Bautismo en los Inicios de la Iglesia" *Biblical Archeology (Arqueología Bíblica)*, reimpreso en *Ministry* (Marzo de 1981), p. 22, en el cual él muestra que "la evidencia arqueológica testifica abrumadoramente hacia la inmersión como el modo usual de bautismo durante los primeros diez a catorce siglos."

19. La Experiencia de un Nuevo Espíritu

En el Nuevo Testamento, la salvación no es tan solo un regalo de Dios sino también la experiencia del Espíritu Santo. Romanos 7:6 habla de "el régimen nuevo del Espíritu" y 8:2 dice que "la ley del Espíritu de vida en Cristo Jesús me ha librado de la ley del pecado y de la muerte."

La Salvación como la Obra del Espíritu Santo (Santificación Fundacional)

La salvación es la obra del Espíritu de principio a fin. Respecto a su inicio, Jesús dice a Nicodemo que "el que no naciere de nuevo, no puede ver el reino de Dios." (Juan 3:3) con el cual—como se indica en los versículos subsecuentes—se refiere al Espíritu; ser nacido de lo alto es ser nacido del Espíritu. Aparte de la obra del Espíritu es imposible obtener la salvación, referida aquí como el reino de Dios.

En 2ª Tesalonicenses 2:13, Pablo dice a la iglesia: "...de que Dios os haya escogido desde el principio para salvación, *mediante la santificación por el Espíritu* y la fe en la verdad," y 1ª Pedro 1:2 se refiere a los cristianos como aquellos que han gozado de la *"santificación del Espíritu, para obedecer y ser rociados con la sangre de Jesucristo"* (énfasis mío en ambos casos; consulte también Rom. 15:16), Esto es lo que en el último capítulo llamamos santificación fundacional. Antes de seguir en otras consideraciones, simplemente llamamos la atención aquí al hecho de que esta santificación fundamental es la obra del Espíritu.

La Habitación de una Nueva Presencia (Santificación Edificante)

El mismo Espíritu que lleva a cabo la santificación fundamental continúa morando en los creyentes para edificar tanto a los creyentes en lo individual como a toda la iglesia. Podemos llamar a esto una "santificación edificante". Respecto a esta santificación en progreso de los creyentes, un artículo del siglo XIX dice: "La santificación es el mantenimiento y la progresión de una nueva vida, impartida por el alma, por una agencia directa del Espíritu de Dios, en regeneración o el nuevo nacimiento".[1] Y sigue diciendo: "Esta presencia antecedente, fundamental, y causativa del Espíritu Santo, es, de acuerdo a la Escritura, el secreto del inicio, progreso y final de la obra de santificación".[2]

De acuerdo a las cartas de Pablo, el Espíritu mora en los creyentes desde la conversión en adelante. No es como si el Espíritu nos trajera a la experiencia de un nuevo

---

[1] *The Princeton Review* Vol. XXXIX, No. IV (October 1867), p. 537. Aunque este artículo flaquea al no decir nada acerca de bautismo del Espíritu subsecuente a la conversión, esto es, sin embargo, útil en su tratamiento de la obra del Espíritu Santo en la vda contínua de los creyentes.

[2] Ibid., p. 543.

nacimiento y luego se fuera hasta que en algún momento futuro invitáramos al Espíritu a regresar. En el tratado de Pablo en Romanos 8 la obra del Espíritu trabaja en los creyentes, la vida de salvación es entendida como el sinónimo de la experiencia del Espíritu. Para recibir la salvación como el regalo de una nueva identidad está de sí misma para comenzar a experimentar la obra en progreso del Espíritu Santo dentro de nosotros. Pablo dice a los cristianos en general: "Mas vosotros no vivís según la carne, sino según el Espíritu, si es que el Espíritu de Dios mora en vosotros. Y si alguno no tiene el Espíritu de Cristo, no es de él." (v. 9). No experimentar el Espíritu que mora en nosotros es lo mismo que no ser cristiano. En el versículo 14, Él dice que "Porque todos los que son guiados por el Espíritu de Dios, éstos son hijos de Dios".

Consideremos los beneficios de que el Espíritu more en nosotros:

1. De acuerdo a Pablo, nosotros ni siquiera conocemos que somos hijos de Dios con excepción del testimonio interno del Espíritu Santo (ver v. 16). El Espíritu nos da la seguridad de ser hijos de Dios, "Y si hijos, también herederos; herederos de Dios y coherederos con Cristo" (v. 17). El mismo énfasis en la confirmación de Espíritu de los creyentes en su nueva identidad se encuentra en Efesios 1:13 que se refiere a que son "sellados con el Espíritu Santo de la promesa" cuando creyeron. El versículo 14 dice que "que es las arras de nuestra herencia hasta la redención de la posesión adquirida." En 1 Juan 4:13 se encuentra el mismo tema: "En esto conocemos que permanecemos en él [Cristo], y él en nosotros, en que nos ha dado de su Espíritu." El Espíritu que mora en nosotros confirma quienes somos.

2. En 1ª Corintios 12:3 Pablo dice que "nadie puede llamar a Jesús Señor, sino por el Espíritu Santo", y en Gálatas 4:6 "Y por cuanto sois hijos, Dios envió a vuestros corazones el Espíritu de su Hijo, el cual clama: !!Abba, Padre! " Por lo tanto, el Espíritu que mora en el creyente, también inspira una adoración centrada en Cristo y en la comunión con Dios. (consulte el capítulo 21, página 387, acerca del "Pueblo que Adora" para una disertación sobre la adoración centrada en Cristo).

3. Además, el Espíritu en nosotros produce el fruto del Espíritu (consulte Gál. 5:22–23), y

4. es manifestado en el *charismata* obrando en y a través de nosotros para la edificación de la iglesia; estas son las manifestaciones del Espíritu para el bien común (consulte 1 Cor. 12:4–11).

5. Otra obra del Espíritu que mora en nosotros es darnos un anticipo de la gloria futura cuando nuestros cuerpos serán redimidos. Romanos 8:23 dice que es porque los cristianos tenemos "las primicias del Espíritu" que nosotros "gemimos dentro de nosotros" mientras esperamos "la adopción, la redención de nuestro cuerpo".

El Espíritu, entonces, está obrando trayendo a los pecadores a la salvación y a los creyentes a la madurez. Después de introducirnos a Cristo, el Espíritu mora en nosotros, dándonos la confianza acerca de quienes somos, inspirando una adoración Cristo-céntrica, produciendo el fruto del Espíritu, ministrando a través de nosotros para la edificación de la iglesia, y dándonos un adelanto de la consumación del final de las edades.

Provisión para un Nuevo Pueblo (Santificación Efusiva)

Hechos 2 habla de una obra del Espíritu que no está implícita en el don de la salvación. Es una obra efusiva (derramándose en adelante sin reservas). Este derramamiento en el día de Pentecostés catapultó a la iglesia a la misión mundial de Cristo:

> Y de repente vino del cielo un estruendo como de un viento recio que soplaba, el cual llenó toda la casa donde estaban sentados; y se les aparecieron lenguas repartidas, como de fuego, asentándose sobre cada uno de ellos. Y fueron todos llenos del Espíritu Santo, y comenzaron a hablar en otras lenguas, según el Espíritu les daba que hablasen. (vv 2–4).

Pentecostés fue la llenura del tiempo para dar poder divino (es decir, viento) y la purificación (es decir, fuego) de la iglesia para testificar al mundo. Debido al derramamiento y la obra de llenura del Espíritu Santo, los discípulos en Jerusalén el día de Pentecostés experimentaron la explosión de su potencial para la misión en todo el mundo y el servicio. Pentecostés reveló que el Espíritu demostrativo externamente también fue el Espíritu que llenó internamente; que el Espíritu como un viento fue también como lenguas de fuego; que el Espíritu para toda la reunión también fue el Espíritu para cada individuo.

El resultado del derramamiento en Pentecostés fue el testimonio en progreso de la iglesia "en Jerusalén, en toda Judea, en Samaria, y hasta lo último de la tierra" (1.8). Pentecostés transformó una mera compañía de aprendices a los pies de Jesús (es decir una iglesia de discipulado) en también ser una compañía de emisarios de pié para Él (es decir, una iglesia apostólica).

La iglesia fue facultada para incrementarse numéricamente y para vivir una nueva calidad de vida. El libro de los Hechos incluye no sólo dimensiones cuantitativas de la historia de la iglesia en sus inicios (ej., 1:15; 2:41; 4:4; 6:1, 7; 11:26; 13:44; 14:1; 17:12), sino también dimensiones cualitativas, como lo vemos, por ejemplo en el enunciado acerca de los convertidos en el día de Pentecostés que se comprometieron a sí mismos a "la doctrina de los apóstoles, en la comunión unos con otros, en el partimiento del pan y en las oraciones" (2:42). Los versículos 44–47 dan una descripción adicional de la calidad de su vida en la iglesia:

> Todos los que habían creído estaban juntos, y tenían en común todas las cosas; y vendían sus propiedades y sus bienes, y lo repartían a todos según

la necesidad de cada uno. Y perseverando unánimes cada día en el templo, y partiendo el pan en las casas, comían juntos con alegría y sencillez de corazón, alabando a Dios, y teniendo favor con todo el pueblo. Y el Señor añadía cada día a la iglesia los que habían de ser salvos.

Cuando fue descubierto el pecado en la congregación, fue tratado como una grave amenaza a su integridad como el nuevo pueblo de Dios. Ananías y Safira fueron un ejemplo que lo ilustra. Ellos habían mentido a la iglesia y al Espíritu Santo acerca del origen de la venta de su propiedad y fueron confrontados por la iglesia y por Dios. El resultado del juicio divino fue que al final de cuentas su muerte (consulte 5:1–11). Se asumía que la iglesia de "gracia de Pentecostés"[3] sería una iglesia de santidad y rectitud personal.

Otra tradición acerca de la venida del Espíritu, Juan 14:15–16:15, contiene la promesa de Jesús acerca de la venida del Espíritu para la edificación espiritual de sus discípulos. En 14:16, él dice "Y yo rogaré al Padre, y os dará otro Consolador, para que esté con vosotros para siempre". El Señor les dice que el Espíritu "estará en vosotros" (14:17), testificando acerca de Jesús (15:26) y guiando a los creyentes "a toda verdad" (16:13) tomando lo que es suyo y declarándolo a ellos (v. 15). El Espíritu Santo fue prometido con el propósito de alimentar a los discípulos en la verdad revelada en Cristo.

La obra efusiva del Espíritu subsiguiente a la encarnación fue con el propósito de facultar, limpiar e instruir a la iglesia para una vida y misión centradas en Cristo.

Realineación para un Nuevo Propósito (Santificación de Desarrollo)

A través del Nuevo Testamento, se pone un gran énfasis en la reordenación de las vidas con el propósito de traer gloria al nombre de Cristo. La iglesia es una compañía en misión al mundo y una congregación que está siendo desarrollada a la imagen de Cristo. Los creyentes deben experimentar ambas: un impulso hacia afuera y un crecimiento hacia adentro.

No sólo se hace posible este re-alineamiento por la gracia de Dios y el poder del Espíritu, sino la responsabilidad de ello también reside en los creyentes mismos, como lo vemos en pasajes tales como 1 Tesalonicenses 4:3–8, donde Pablo, hablando de la importancia de vivir una vida placentera al Señor, dice "pues la voluntad de Dios es vuestra santificación; que os apartéis de fornicación" (v. 3). También, en 2ª Timoteo 2:14–26 donde se dan instrucciones para ser obreros aprobados por Dios, el versículo 21 dice: "si alguno se limpia de estas cosas, será instrumento para honra, santificado, útil al Señor, y dispuesto para toda buena obra." Nuevamente, en Hebreos 12:1 a los creyentes se les ordena "despojémonos de todo peso y del pecado que nos asedia". Cuando en 1ª Corintios 6 Pablo trata el asunto de las relaciones sexuales con prostitutas, él pide en los versículos 19–20

---

3 Frase tomada de: Laurence W. Wood, *Pentecostal Grace* (Wilmore: Francis Asbury, 1980).

> ¿O ignoráis que vuestro cuerpo es templo del Espíritu Santo, el cual está en vosotros, el cual tenéis de Dios, y que no sois vuestros? Porque habéis sido comprados por precio; glorificad, pues, a Dios en vuestro cuerpo y en vuestro espíritu, los cuales son de Dios.

La carga de responsabilidad está en los creyentes para abstenerse de ciertas prácticas, para limpiarse de ciertas formas de vivir, para dejar a un lado lo que les impide servir a Dios bien, con el objetivo de glorificar a Dios más apropiadamente.

Romanos 6:19 recuerda a los creyentes que así como en tiempos anteriores se han presentado a sí mismos "para servir a la inmundicia y a la iniquidad" así ahora como cristianos "para santificación [*hagiasmon*, es decir, el proceso de ser hechos santos] presentad vuestros miembros para servir a la justicia."

La segunda carta a los Corintios 7:11 llama a los creyentes a limpiarse a sí mismos "de toda contaminación de carne y de espíritu, perfeccionando [*epitelountes*, trayéndolo a su objetivo final] la santidad [*hagiōsunēn*, el estado de santidad ya dado] en el temor de Dios." Y Hebreos 12:14 dice "Seguid la paz con todos, y la santidad [*hagiasmon*, es decir, el proceso de ser santificado], sin la cual nadie verá al Señor." El imperativo del Nuevo Testamento para vivir rectamente implica que tal es nuestra responsabilidad, y Pentecostés brinda el poder del Espíritu Santo y la limpieza para ello. Vivir una vida piadosa comienza como resultado de la obra del Espíritu desde el momento de la conversión, y es intensificada por la experiencia de la efusión Pentecostés.

Ahora nos dirigimos a asuntos que seguido surgen acerca del bautismo del Espíritu Santo.

Asunto 1: El Bautismo del Espíritu Santo y la Habitación del Espíritu.

La obra del Espíritu que mora en nosotros de la que habla Pablo es una consecuencia de nuestra respuesta de fe al evangelio. La obra del Espíritu que nos llena de la cual se habla en Hechos es una consecuencia de nuestra respuesta de fe a la promesa del Señor, quien, antes de su ascensión dijo "pero recibiréis poder, cuando haya venido sobre vosotros el Espíritu Santo, y me seréis testigos..." (Hechos 1:8). En primer lugar, el Espíritu obrando en nosotros es el beneficio implícito de rendirnos a Cristo; en segundo lugar, la dotación de poder y purificación del Espíritu depende de que nosotros nos rindamos a la obra del Espíritu para dicho propósito. El Espíritu no dota de poder ni purifica a los creyentes para testificar y servir excepto por su respuesta voluntaria a la divina oferta de hacerlo. La obra del Espíritu como una presencia que mora tiene que ver con nuestra vida constitutiva en Cristo; la obra del Espíritu como un poder que nos llena tiene que ver con nuestra vida misionera para Cristo. El Espíritu que mora en nosotros nos lleva a la propia obra sin restricciones del Espíritu de "gracia de Pentecostés" El Espíritu derramado y que llena no es otro que el que ya mora en nosotros esperando nuestro "sí" a la promesa de Cristo acerca del bautismo del Espíritu.

En Hechos, este énfasis sobre nuestro deseo voluntario para el bautismo del Espíritu es visto en 1:14 donde los 120 se comprometieron a orar en preparación para el histórico derramamiento en el día de Pentecostés, en 8:15 que dice que los nuevos creyentes en Samaria recibieron el Espíritu Santo, y en 19:1–7 donde los no tan nuevos creyentes en Éfeso tuvieron que ser instruidos antes de tomar ventaja para sí mismos de los beneficios del Espíritu.

El relato en Hechos 10 acerca de la casa de Cornelio es otro caso, aunque no está claro. Cornelio envió por Pedro para explicar a mayor detalle el evangelio, al cual, aunque entendido levemente, él y su familia evidentemente ya habían respondido (es decir, el centurión conocía lo suficiente del evangelio para mandar llamar a un predicador). Que ellos lo habían aceptado, está implícito en el sermón que les dio Pedro, ya que él dice "sino que en toda nación se agrada del que le teme [a Dios] y hace justicia." (v. 35), y afirma que ellos conocen el mensaje que "Dios envió... a los hijos de Israel, anunciando el evangelio de la paz por medio de Jesucristo" (v. 36).Evidentemente la función de Pedro era aclarar lo que ellos habían escuchado y creído desde antes. En su mensaje, él resumió las buenas nuevas acerca de Jesús, narrándoles acerca de que Jesús fue dotado con el Espíritu, y acerca de su ministerio, crucifixión, resurrección, comisión a la iglesia, y su perdón del pecado.

Conforme Pedro predicaba, lo que la casa de Cornelio había escuchado previamente en tonos silenciosos, fue amplificado. Parece que ellos poseían ya una forma embrionaria de la fe en la cual Pedro era un predicador con autoridad. El versículo 44 dice que "Mientras aún hablaba Pedro estas palabras, el Espíritu Santo cayó sobre todos los que oían el discurso."

Aparentemente la casa de Cornelio quería todo lo que Dios tenía para ellos. Por consecuencia, Dios hizo la misma poderosa obra en ellos que la que hizo antes por los discípulos en Pentecostés. Cuando estaba en el concilio de Jerusalén (consulte Hechos 15), Pedro defendió su ministerio con la casa de Cornelio, diciendo:

> Y Dios, que conoce los corazones, les dio testimonio, dándoles el Espíritu Santo lo mismo que a nosotros; y ninguna diferencia hizo entre nosotros y ellos, purificando por la fe sus corazones (8–9).

En todo los textos mencionados arriba, se asume que una obra divina adicional, predicada en la respuesta voluntaria de los creyentes, es necesaria para una fe subsiguiente en Jesucristo.

Asunto 2: Es o No Opcional el Bautismo del Espíritu

La conclusión teológica exigida por el hecho de que el énfasis de Pablo en el Espíritu que mora en nosotros y el énfasis de Lucas en el Espíritu derramado existen en las mismas escrituras, es que la experiencia cristiana debe ser informada por ambos. Por lo tanto, los cristianos no deben estar satisfechos con los beneficios del Espíritu que mora en nosotros sin abrirse también a los beneficios del espíritu derramado y que da llenura, pues estos son uno y el mismo Espíritu. Cuando los creyentes se resisten a la llenura del Espíritu derramado, están entristeciendo a nada menos que el Espíritu que mora en ellos. Pablo dice: "Y no contristéis al Espíritu Santo de Dios, con el cual fuisteis sellados para el día de la redención." (Ef. 4:30). Su instrucción es que los Cristianos deben ser "llenos del Espíritu" (5:18b). En 1 Tesalonisensses 5:19, su palabra es, "No apaguéis al Espíritu.". Si toda la enseñanza de la Biblia acerca del Espíritu Santo es aceptada, entonces la resistencia a la efusión de Pentecostés es resistir a nada menos que el Espíritu que mora en nosotros. Tal resistencia es una forma de entristecer y apagar al Espíritu.

Asunto 3: La Ubicación del Espíritu

Frecuentemente surge el asunto de cómo el Espíritu que ya mora en nosotros puede venir desde el cielo y llenarnos; eso suena como una contradicción. Haremos bien, sin embargo, en recordar que el no debe pensarse del Espíritu Santo como que está en un sólo lugar y no en otro, pues por naturaleza el Espíritu está en todo lugar. Por lo tanto, las palabras en la Escritura que implican movimiento de un lugar a otro deben ser entendidas no como teniendo que ver con el espacio sino con relaciones, funciones, actividades y obras. El ser lleno del Espíritu no debe entenderse como que el Espíritu viene a donde antes no ha estado el Espíritu, sino como la obra especial del Espíritu en un lugar donde el Espíritu ha estado todo el tiempo.

Mark Rutland, un evangelista de la Iglesia Metodista Unida comenta:

> Sólo aquellos que le conocen [a Cristo] y reconocen su presencia con ellos son candidatos a recibir el Espíritu Santo en ellos.... . [los creyentes] deben recibir una nueva obra realizada por el Espíritu que ya conocen.
>
> Encuentro la terminología clásica Wesleyana especialmente útil en este punto. Los Wesleyanos hablan de una segunda obra de la gracia. John Wesley utilizó la gracia intercambiablemente con el Espíritu Santo. Por lo tanto, Wesley habla de dos obras del Espíritu Santo. Muchos que dudan de recibir al Espíritu Santo es para aquellos que ya han sido salvos, puede ayudarles el darse cuenta que no es un asunto de recibir un Espíritu que ellos sienten que ya tienen. Es recibir una obra que no se ha realizado.[4]

Asunto 4: El Uso de Diferentes Palabras Acerca de la Venida del Espíritu

La llenura del Espíritu es referida en el Nuevo Testamento en una variedad de formas, un hecho que apunta a perspectivas mutuamente enriquecedoras en la misma realidad. Vemos esto más claramente en Hechos 11:15–16 donde Pedro le dice a la iglesia de Jerusalén acerca del derramamiento del Espíritu en los gentiles.

> "Y cuando comencé a hablar, cayó el Espíritu Santo sobre ellos también, como sobre nosotros al principio [el cual se refiere en 2:4 como *fueron*

---

4 Mark Rutland, *The Finger of God* (Wilmore: Bristol, 1988), p. 103.

llenos]. Entonces me acordé de lo dicho por el Señor, cuando dijo: Juan ciertamente bautizó en agua, mas vosotros seréis *bautizados* con el Espíritu Santo." (el énfasis en la cita misma también es mío).

Vemos este uso intercambiable de términos también en Hechos 8:15–16 donde Pedro y Juan oran que los nuevos cristianos samaritanos puedan recibir el Espíritu Santo, ya que como dice el versículo 16, "porque aún no había *descendido*[5] sobre ninguno de ellos, sino que solamente habían sido *bautizados* en el nombre de Jesús [Implicando que ellos necesitaban]." (énfasis añadido).

Podemos concluir, que los diversos términos apuntan al mismo evento definitivo, a saber, la efusión del Espíritu en el día de Pentecostés. Esta efusión fue el cumplimiento de la promesa del Señor que ellos serían bautizados con el Espíritu, y fue experimentado por aquellos en el día de Pentecostés y en otros momentos como una llenura, después lo experimentaron también como gran poder que calló sobre ellos, pero no obstante, una experiencia a ser recibida.

En Hechos, la efusión del Espíritu es entendida como una realidad continua, y no como una experiencia de una sola vez la cual, con el paso del tiempo es dejada en el pasado. Era una experiencia continua para la iglesia (ver 4:31; 13:52) y para las personas (consulte 4:8; 13:9).

Asunto 5: El Momento en que se da la Obra del Espíritu

Otro asunto que surge frecuentemente en disertaciones acerca de este tema es sin uno debe esperar un poco el bautismo del Espíritu, en obediencia al Señor quien antes de su ascensión dijo a sus discípulos "que esperasen [en Jerusalén] la promesa del Padre."

Que debemos esperar, sin embargo, pasa por alto el contexto de la instrucción del Señor. La instrucción de esperar fue dada a los discípulos originales de modo que no procedieran con su propio plan antes de el cumplimiento de la promesa de enviar al Espíritu. Ellos no deberían adelantarse al calendario divino, sino esperar al tiempo de llenura cuando la promesa divina debería ser cumplida histórica y públicamente de acuerdo al plan divino.

Sin embargo, puesto que para nosotros la agenda divina ya se ha completado (es decir, en el día de Pentecostés), no hay, por tanto, necesidad de que los creyentes esperen. En esta conexión, es instructivo notar que después de Pentecostés, Hechos no dice nada acerca de esperar por la llenura del Espíritu Santo; El énfasis siempre es en la urgencia de recibir lo que ya había sido derramado.

Pentecostés fue el momento histórico cuando el Espíritu fue derramado para otorgar poder y purificación de la iglesia, y a la luz de la tradición del apóstol Juan, también para instruir a la iglesia acerca de Cristo. Este derramamiento es aún parte de la economía

---

[5] La versión NRSV traduce *epipeptōkos* como "come" ("ven") pero luego indica en una nota al margen que el nombre griego significa "fallen" ("caído").

divina para la iglesia del mismo modo que la encarnación lo es. Por lo tanto, los cristianos, deben apropiarse ellos mismos de estos beneficios justo como se apropiaron de los beneficios de la encarnación. Incluso como pecadores son llamados a adoptar por fe la obra expiatoria del Señor encarnado, de la misma forma los creyentes son llamados a adoptar por fe la obra que imparte poder, purificación e instrucción, del Espíritu de Pentecostés.

Mientras que la llenura del Espíritu Santo es subsiguiente a la fe en Jesucristo como Salvador y Señor no sigue lo que necesitamos respecto al asunto del periodo de espera. Su naturaleza subsiguiente es principalmente aquella de relaciones en lugar de tiempo. Subsiguiente a creer en Cristo como Salvador y Señor, los creyentes deben ser introducidos a la obra efusiva del Espíritu Santo el cual les dotará de poder para testificar, purificarse para el servicio e instruirles en Cristo. El mensaje para los creyentes en este punto en la historia nunca "Espera" sino "Sé lleno".

Asunto 6: Evidencia de la Obra del Espíritu

Otra consideración que emerge en tales discusiones tiene que ver con el momento identificable cuando el bautismo del Espíritu Santo tiene lugar. ¿Cómo sabe uno cuando ha sucedido? El incremento del pentecostalismo moderno fue en gran parte en respuesta a esta pregunta; su respuesta es que hablar en lenguas es la evidencia inicial del bautismo del Espíritu Santo.[6]

Aquellos que rechazan hablar en lenguas como la evidencia básica, como lo hacen muchas denominaciones de santidad, tienden a girar en otra dirección y colocan un peso indebido a ser capaz de identificar el momento y el lugar cuando experimentan el bautismo del Espíritu; en este caso la fecha y ubicación de una experiencia sirve como la evidencia básica en forma muy similar que el hablar en lenguas lo hace para los pentecostales. Sin embargo, cada uno de estos enfoques, soslaya el asunto muy importante de la realidad de hoy en día de vivir en el poder del Espíritu que limpia, envía a la misión e instruye. La pregunta fundamental no es primordialmente *qué* sucedió (un peligro pentecostal) o *cuándo* sucedió (un peligro de las denominaciones de santidad), sino qué *sí está* sucediendo.

La lección de Hechos es que la efusión pentecostal es una realidad en progreso. El asunto crucial es el asunto de la realidad. ¿Sabemos nosotros, aquí y ahora, que estamos viviendo en el poder del Espíritu para el propósito del testimonio y servicio cristianos? ¿Sabemos nosotros, aquí y ahora, si somos receptores de los fuegos purificadores del

---

6 Consulte, por ejemplo, Stanley Horton, "The Pentecostal Perspective," *Five Views on Sanctification* (Grand Rapids: Zondervan, Academie Books, 1986): "Nosotros [los pentecostales] reconocemos... que hablar en lenguas es sólo la evidencia inicial del bautismo del Espíritu Santo. Marcó la llenura del Espíritu el Día de Pentecostés. Fue la evidencia convincente en la casa de Cornelio ('pues los escucharon hablandoles en lenguas') Hechos 10:46)," p. 130.

Debe ser notado que los teólogos pentecostales no enseñan que el don de lenguas es la evidencia inicial. Se hace una distinción entre la evidencia inicial en Hechos 2:4 y el don de lenguas en 1ª Cor. 12:28-30. Las personas pueden tener una evidencia inicial pero nunca volver a hablar en lenguas porque no tienen el don.

Espíritu? ¿Sabemos nosotros, aquí y ahora, si somos discípulos que también son apóstoles, aprendices que también son maestros, receptores del evangelio que también son compartidores del evangelio, beneficiarios de la gracia que también están creciendo en la gracia? Si las respuestas son afirmativas, podemos estar seguros de que hemos de hecho experimentado el bautismo del Espíritu Santo. Podemos conocer la respuesta en términos de la realidad en el aquí y ahora en vez de en términos de qué y cuándo en el entonces y allá. Si la realidad presente es correcta, uno puede estar cierto de que el bautismo ha tenido lugar, pero si la realidad presente no es correcta, uno puede estar igualmente cierto que el bautismo, que pudo ciertamente haber tenido lugar en algún momento previo, sin importar qué tan definitivo y memorable haya sido, sin embargo, ya no es válido.

Enunciado Resumido

El Espíritu como habitante nos establece en Cristo. El Espíritu como otorgador de poder, purificador e instructor, nos prepara para la misión de Cristo en el mundo.

El Espíritu Santo está obrando en nuestra salvación de principio a fin; el viejo espíritu (Rom. 8:2 lo llama "la ley del pecado y de la muerte") es reemplazado por el nuevo Espíritu, quien aunque no es nuevo en el sentido de haber sido creado recientemente, sí es nuevo para nosotros los que creemos. Este es el Espíritu del nuevo nacimiento, el Espíritu continuamente renovándonos, el Espíritu brindándonos un adelanto de la eterna novedad que nos espera en la consumación. La obra de salvación del Espíritu es una obra fundamental, de edificación, efusiva, que desarrolla la santificación, y como lo veremos en el siguiente capítulo, también de santificación anticipatoria y completa.

Para Consideración Adicional

Introducción Acerca de el Espíritu y la Santificación

El Espíritu y la Salvación

Thomas C. Oden, *Life in the Spirit; Systematic Theology (La vida en el Espíritu; Teología Sistemática)*: Volumen Tres (San Francisco: Harper, 1992).

H. Wheeler Robinson, *The Christian Experience of the Holy Spirit (La Experiencia Cristiana del Espíritu Santo)* (London: Nisbet, 1952).

Leonard I. Sweet, *New Life in the Spirit (Nueva Vida en el Espíritu)* (Philadelphia: Westminster, 1982).

El Espíritu que Mora en Nosotros

G. C. Berkouwer, *Faith and Sanctification (Fe y Santificación)* (Grand Rapids: Eerdmans, 1952).

Walter Marshall, *The Gospel-Mystery of Sanctification (El Evangelio – Misterio de Santificación)* (London: Oliphants, 1956).

Stephen Neill, *Christian Holiness (Santidad Cristiana)* (New York: Harper, 1960).

Kenneth Prior, *The Way of Holiness (El Camino de Santidad)* (Downers Grove: InterVarsity, 1967).

Thomas A. Smail, *Reflected Glory: The Spirit in Christ and Christians (Gloria Reflejada: El Espíritu en Cristo y los Cristianos)* (Grand Rapids: Eerdmans, 1975).

Santificación y el Bautismo en el Espíritu

Russell R. Byrum, *Holy Spirit Baptism and the Second Cleansing (Bautismo en el Espíritu Santo y la Segunda Limpieza)* (Anderson, Ind: Gospel Trumpet, 1923).

F. G. Smith, *Sanctification and the Baptism of the Holy Spirit (Santificación y el Bautismo en el Espíritu Santo)* (Anderson, Ind: Gospel Trumpet, n.d.).

Daniel Steele, *The Gospel of the Comforter (El Evangelio del Consolador)* (Kansas City: Beacon Hill, 1960).

D. S. Warner, *Bible Proofs of the Second Work of Grace (Pruebas Bíblicas de la Segunda Obra de la Gracia)* (Goshen: E. U. Mennonite Publishing Society, 1880).

Laurence W. Wood, *Pentecostal Grace (Gracia Pentecostal)* (Wilmore: Francis Asbury, 1980).

El Espíritu y la Re-Ordenación de la Vida

James C. Fenhagen, *Invitation to Holiness (Invitación a la Santidad)* (San Francisco: Harper and Row, 1985).

Holiness Alive and Well: The Meaning of Holy Living in Twentieth Century Life (La Santidad Sana y Salva: El Significado de una Vida Santa en la Vida del Siglo Veinte) (en la Serie de Diálogos Aldersgate; Kansas City: Beacon Hill, n.d.).

Earnest Larsen, *Holiness (Santidad)* (New York: Paulist, 1975).

W. T. Purkiser, *Interpreting Christian Holiness (Interpretando la Santidad Cristiana)* (Kansas City: Beacon Hill, 1971).

Hannah Whitall Smith, *The Christian's Secret of a Happy Life (El Secreto Cristiano de una Vida Feliz)* (New York: Revell, 1916), and *Living in the Sunshine (Vivendo en la Luz del Sol)* (New York: Revell, 1906).

George Allen Turner, *Christian Holiness in Scripture, in History, and in Life (La Santidad Cristiana en la Escritura, en la Historia, y en la Vida)* (Kansas City: Beacon Hill, 1977).

20. La Culminación de una Nueva Realidad

La salvación cristiana es un traslado desde el predicamento de no tener nuestra vida integrada alrededor de Dios hacia la bendición de tenerla totalmente integrada alrededor de Dios. Por un lado, esta total integración tiene que ver con la glorificación, y por otro lado con la santificación completa. Hablamos aquí no de dos diferentes experiencias de salvación, sino de dos dinámicas teniendo lugar en la vida salvífica, trayendo a la culminación la nueva realidad que es nuestra por gracia a través de la fe.

Glorificación de una Nueva Criatura (Santificación Anticipatoria)

La glorificación tiene que ver con nuestro ser cambiado para convertirse como Jesucristo.[1] El *locus classicus* para la idea de glorificación es 2ª Corintios 3:18:

> Por tanto, nosotros todos, mirando a cara descubierta como en un espejo la gloria del Señor, somos transformados de gloria en gloria en la misma imagen, como por el Espíritu del Señor.

En los versículos que llevan al 18, Pablo se refiere a la historia de Éxodo 34:29–35 de Moisés quien ha contemplado la gloria de Dios en la cima del monte Sinaí. De acuerdo con la interpretación de Pablo en 2ª Corintios 3:13, Moisés, una vez que descendió del monte, puso un velo sobre su rostro para evitar que el pueblo de Israel contemplara su gloria que se desvanecía. Jesús es diferente: en vez de ser un santo hombre que va arriba donde está la gloria de Dios y luego descendiendo de la gloria, Él en cambio es la gloria eterna de Dios, quien habiendo descendido a nosotros, revela la gloria divina que nunca se desvanece (consulte también 1ª Cor. 11:7 y 2ª Cor. 4:6). Aún así como Señor resucitado, ha ascendido a la diestra del Padre, el Espíritu continúa revelando su gloria tan brillantemente como lo fue durante los días de la encarnación. A través del Espíritu, entonces, continuamos contemplando la gloria de Dios en el rostro de Jesucristo. La gloria anterior continuó disminuyendo para el pueblo de Dios mientras más avanzara en la historia desde el momento en que Moisés se encontró con Dios en la montaña. La presente gloria continúa incrementándose en aquellos que viven en el Espíritu. Aquellos que por el poder del Espíritu Santo están en una relación personal continua con Dios a través de Cristo, son por lo tanto "somos transformados de gloria en gloria en la misma imagen, como por el Espíritu del Señor."

Este proceso de glorificación continúa hasta el fin de las edades cuando de acuerdo con 1ª Corintios 15:43, incluso nuestros cuerpos serán "resucitará en gloria" pues "así

---

1 Para una teología de la glorificación, consulte Bernard Ramm, *Them He Glorified: A Systematic Study of the Doctrine of Glorification* (Grand Rapids: Eerdmans, 1963).

como hemos traído la imagen del terrenal [Adán], traeremos también la imagen del celestial [Cristo]." (v. 49).

La glorificación tiene que ver con nuestra completa restauración a la imagen de Jesucristo. En nuestro estado glorificado de existencia celestial, deberemos finalmente llevar al objetivo eterno para la vida humana, a saber, la perfecta comunión con nuestro Señor, sin nada en absoluto que lo impida. La glorificación tiene lugar ahora conforme mantenemos nuestros ojos espirituales en Jesús, y es un proceso el cual nunca termina antes del regreso del Señor.

Las provisiones divinas para que este proceso tenga lugar son los evangelios, la Cena del Señor, los saludos en el nombre de Jesús y el lavamiento de los pies de los santos:

1. Los evangelios son el registro definitivo de la vida de nuestro Señor, su enseñanza y su ministerio. Solo cuando los leemos y meditamos en ellos y los escuchamos, leemos y enseñamos que seremos capaces de mantener nuestros ojos espirituales en Jesús.

2. La comunión regular en la mesa del Señor es la manera aprobada divinamente para que recordemos una y otra vez el precio de nuestra salvación, para ser reavivados una y otra vez en nuestra anticipación del banquete eterno con él, y de ser bendecidos una y otra vez por su presencia viviente aquí y ahora (ver capítulo 21, página 387 "Pueblo que Adora"). De acuerdo a Lucas 24:30–31, fue en el partimiento del pan que los discípulos en Emaús contemplaron a su Señor resucitado.

3. Lo vemos en la comunión de la iglesia, pues Jesús dijo que "Porque donde están dos o tres congregados en mi nombre, allí estoy yo en medio de ellos." (Mateo 18:20).

4. En servir a los demás contemplamos a Jesús. En Juan 13, después de que Jesús lavó los pies de sus discípulos, les instruyó a hacer lo mismo (vv. 14–17). Lavar los pies es la forma litúrgica por la cual continuamos viendo a Jesús como Dios siervo trayéndonos a la salvación (consulte Fil. 2:1–11). De acuerdo con la escena del juicio de Mateo 25, es en este servicio a otros que vemos a Jesús; En el versículo 40, Él dice: "en cuanto lo hicisteis a uno de estos mis hermanos más pequeños, a mí lo hicisteis." (Consulte el capítulo 23, página 430 "Pueblo que Lava los Pies")

Este proceso de glorificación será completado sólo con la resurrección al final de las edades (consulte 1 Cor. 15:35–57). Daniel Steele (1824–1914), profesor por algún tiempo de teología en la Universidad de Boston, y un intelectual influyente en el movimiento de santidad, escribió:

> Usted puede remendar un jarrón con la aplicación de cemento, de modo que retenga el agua; pero cuando lo golpea no hay ningún sonido de

campana. Para volver a ganar ese sonido de campana de una vasija perfecta, usted debe llevarlo al alfarero para que sea molido y hecho polvo para que sea reconstruido. Así es con nosotros en la vida presente. Si nosotros someteremos nuestros vasos hechos pedazos a Jesús, él puede enmendarnos de modo que podamos ser llenos del Espíritu, pero no volveremos a ganar por ningún motivo el sonido de campana que tuvo Adán de absoluta perfección. Debemos ser entregados a muerte para se reducidos a polvo y ser construidos otra vez por el Divino Alfarero, cuando seremos presentados sin culpa, no en la penumbra oscura de una región distante, sino sin falta en los esplendores meridianos de "la presencia de su gloria" [2].

Hasta ese tiempo, experimentamos la gloria futura sólo en el Espíritu a quien Pablo refiere como el *arrabōn*, las arras o la prenda de lo que está por venir. 2ª Corintios 5:1–5 dice:

Porque sabemos que si nuestra morada terrestre, este tabernáculo, se deshiciere, tenemos de Dios un edificio, una casa no hecha de manos, eterna, en los cielos. Y por esto también gemimos, deseando ser revestidos de aquella nuestra habitación celestial; pues así seremos hallados vestidos, y no desnudos. Porque asimismo los que estamos en este tabernáculo gemimos con angustia; porque no quisiéramos ser desnudados, sino revestidos, para que lo mortal sea absorbido por la vida. Mas el que nos hizo para esto mismo es Dios, quien nos ha dado las arras del Espíritu. [*arrabōn*; consulte también 2 Cor. 1:22 y Ef. 1:14].

Unificación con una Nueva Causa (Santificación Completa)

El *locus classicus* para la culminación de la santificación es la bendición de Pablo en 1ª Tesalonicenses 5:23–24:

Y el mismo Dios de paz os santifique por completo [*holotelēs*]; y todo vuestro ser, espíritu, alma y cuerpo, sea guardado irreprensible [*holoklēros*] para la venida de nuestro Señor Jesucristo. Fiel es el que os llama, el cual también lo hará.

La palabra *holotelēs*, traducida aquí como "por completo" es utilizada sólo una vez en el Nuevo Testamento. Está derivada de dos palabras: *holos*, que significa todo, totalidad o completo y *telos*, que significa el final o la meta de un acto o estado de una situación, la aspiración o propósito de un proceso (ej. 1 Tim. 1:5: "Pues el propósito [*telos*] de este mandamiento es el amor nacido de corazón limpio, y de buena conciencia, y de fe no fingida").

---

2 Daniel Steele, *Love Enthroned* (Reprinted Salem: Schmul, 1961), p. 58.

La combinación de estas palabras, entonces indica una condición en la cual todas las partes de un todo están trabajando juntas para completar su propósito definitivo; todas las partes se centran en una meta y esa meta ha permeado a todas las partes. En comparación a *holoklēros*, que significa "complete," utilizado en el mismo versículo, *holotelēs* "atrae más atención especial a las distintas partes de las cuales se extiende la totalidad de la que se habla, y ninguna parte quiere plenitud o tiene falta de plenitud"[267]

Esta bendición a los Tesalonicenses es lo que los cristianos serán santificados enteramente en algún punto del futuro.[4] La santificación de la que se habla aquí es aquella en la cual todas las dimensiones de la vida—"espíritu, alma y cuerpo"—son llevados a la plenitud definitiva y lleno de significado de modo que la meta divina sea alcanzada y seremos guardados "irreprensible[s] para la venida de nuestro Señor Jesucristo."

Santificación Completa para Existencia Histórica

El asunto acerca de lo que el pueblo de la iglesia está en desacuerdo tiene que ver con cuándo va a tener lugar esta santificación completa en el futuro. ¿Va a tener lugar antes de la muerte? o ¿al momento de la muerte del creyente? ó ¿al momento que regrese cristo?[5]

Dado que el texto en si mismo no da una respuesta concluyente a la pregunta, es útil tomar en cuenta otra importante consideración, a saber, la función de lo santo a través de las Escrituras. Es informativo hacer notar que en el Antiguo Testamento, los: lugares, utensilios, ofrendas, pueblo y días "santos" eran siempre con el propósito de cumplir la misión de Dios en la historia. Lo mismo es verdad en el Nuevo Testamento el cual se refiere a lugares que son santos (consulte Mat. 24:15 y también Heb. 9:1 donde la palabra es traducida como santuario) y también los profetas (consulte Lucas 1:70), los apóstoles (consulte Ef. 3:5), y cristianos en general (consulte Hechos 9:13; Rom. 1:7; Heb. 6:10; Ap. 5:8). En todo caso estos lugares y gente fueron hechos santos con el propósito de la obra de Dios en la historia. Por ejemplo, 1ª Pedro 1:15 dice: "sino, como aquel que os llamó es santo, sed también vosotros santos en toda vuestra manera de vivir" y luego en 2:9 el propósito histórico para este mandato es dado: "Mas vosotros sois linaje escogido, real sacerdocio, nación santa, pueblo adquirido por Dios, *para que anunciéis las virtudes de aquel que os llamó* de las tinieblas a su luz admirable" (énfasis añadido). Ser hecho santo es con el propósito de cumplir con la divina misión en la historia.

No hay razón convincente para sostener, por tanto, que Pablo en 1ª Tesalonicenses 5:23 piense de otra forma que la santificación es para el propósito de completar la misión

---

4 El verbo, *hagiasai*, siendo 1er indefinido activo optativo, se refiere a una acción que debe ser completada en el futuro.

5 Para una presentación de las respuestas más importantes a esta pregunta, consulte *Five Views on Sanctification* (Grand Rapids: Zondervan, 1986): La respuesta Wesleyana dada por Melvin E. Dieter, la Reformada por Anthony A. Hoekema, la Pentecostal por M. Horton, la Keswickiana por J. Robertson McQuilkin y la perspectiva Agustiniana-Dispensacional por John F. Walvoord. Una de las fortalezas de esta obra es que después de cada una hace su propia presentación, uno de los otros responde.

divina durante la vida histórica del pueblo de Dios. La bendición de la santificación completa es para esta vida de modo que la misión de Dios puede proceder con vigor. El hecho de que esta experiencia es para los cristianos "en este mundo", es central para el entendimiento teológico de John Wesley quien escribió en *Un Relato Sencillo de la Perfección Cristiana:* "Si, creemos que Él en este mundo purificará los pensamientos de nuestros corazones por la inspiración de su Espíritu Santo". (énfasis añadido).[6]

Mientras que la santificación completa está inseparablemente unida con la glorificación, estos dos conceptos no son idénticos. La santificación completa tiene que ver con la plena unidad de todo nuestro ser con Cristo con el propósito de cumplir su misión en la tierra mientras que la glorificación tiene que ver con la unidad plena de todo nuestro ser con Cristo con el propósito de una comunión intacta y eterna (consulte Ap. 4 y 5). La culminación de la glorificación tiene lugar sólo al final del momento histórico cuando el Señor regresa; la culminación de la santificación, por otro lado, tiene lugar antes del final de los tiempos mientras los creyentes se rinden de todo su corazón a su Señor. Cada uno es una dimensión distintiva del plan de salvación de Dios.

Esteban como un Ejemplo

Esteban, el primer mártir cristiano, sirve como un ejemplo del tipo de santificación completa por la cual Pablo ora en 1ª Tesalonicenses 5:23. Luego del mensaje de Esteban ante el Sanedrín (consulte Hechos 7:2–53), "Oyendo estas cosas, se enfurecían en sus corazones, y crujían los dientes contra él. Pero Esteban, lleno del Espíritu Santo, puestos los ojos en el cielo, vio la gloria de Dios, y a Jesús que estaba a la diestra de Dios" Y tomándole de prisa, "echándole fuera de la ciudad, le apedrearon" (v. 57), durante esta lapidación él oraba "Señor Jesús, recibe mi espíritu" (v. 59). Y puesto de rodillas, "clamó a gran voz: Señor, no les tomes en cuenta este pecado. Y habiendo dicho esto, durmió." (v. 60).

"El mismo Dios de paz" Ha santificado la *holotelēs* de Esteban. La totalidad de su ser fue completamente integrado alrededor de la persona y la misión de Cristo, cuya integración tuvo lugar obviamente antes de su propia muerte y el regreso de Cristo, de modo que cuando la muerte vino, él estaba listo.

No fue la muerte lo que lo santificó enteramente; en vez de eso, fue la santificación completa la que lo preparó para una muerte como mártir. Todo su ser estaba completo y sin culpa, de modo que en medio de la lapidación él no tuvo miedo en la presencia de su Señor, sólo tuvo gozo. El estaba listo para estar en la presencia divina en el otro lado de la muerte. (consulte también Ef. 5:25–27; 2ª Pe. 3:10–14, y 1ª Jn. 4:17–18 cada uno de los cuales habla de una culminación de preparación para el regreso del Señor.)

Esteban es testimonio a la obra santificadora de Dios que fue tan completa que nada en absoluto tenía el poder de persuadirlo a darle la espalda a Cristo. Ningún conjunto de circunstancias pudo distraerlo de esta devoción de todo corazón y con una sola meta con

---

6 John Wesley, *A Plain Account of Christian Perfection* (London: Epworth, 1952), p. 111.

la misión cristiana. En 1ª Tesalonicenses 3:13 Pablo dice: "para que sean afirmados vuestros corazones [por el Señor], irreprensibles en santidad delante de Dios nuestro Padre, en la venida de nuestro Señor Jesucristo con todos sus santos" Esteban fue uno de los que había sido afirmado en santidad de modo que fue irreprensible ante Dios. Él vio a Cristo sentado a la diestra de Dios—quizá una indicación de aprobación divina.

Presentándonos a Nosotros Mismos como Sacrificio Vivo

Debido a que de acuerdo a 1ª Tesalonicenses 5:13–24, la santificación completa es obra de Dios, surge la pregunta de si tenemos algún papel que jugar en ella. En Romanos 12:1–2, Pablo habla acerca de nuestra responsabilidad:

> Así que, hermanos, os ruego por las misericordias de Dios, que presentéis vuestros cuerpos en sacrificio vivo, santo, agradable a Dios, que es vuestro culto racional. No os conforméis a este siglo, sino transformaos por medio de la renovación de vuestro entendimiento, para que comprobéis cuál sea la buena voluntad de Dios, agradable y perfecta [*teleion*].

Mientras que de acuerdo con 1ª Tesalonicenses 5:23–24, es Dios quien nos trae al punto de santificación completa, de acuerdo a Romanos 12:1–2, somos nosotros los responsables de (a) presentar nuestros cuerpos como sacrificio vivo a Dios, (b) no conformarnos a este siglo (al mundo), y (c) rendirnos al poder transformador de Dios, todo con el fin de que "comprobéis cuál sea la buena voluntad de Dios, agradable y perfecta [teleion]" En otras palabras, Dios quiere que conozcamos y hagamos lo que es conforme a la meta final de Dios, i.e., el *telos*. Tenemos que ofrecernos a nosotros mismos de tal forma que vengamos al punto de discernir el *telos*, pero finalmente sólo es Dios quien puede traer todas las dimensiones de nuestras vidas uniéndolas con el propósito de servir a ese *telos*. Sólo nosotros podemos darnos a nosotros mismos como un sacrificio vivo al *telos* de Dios; sólo Dios puede santificarnos *holotelēs* para ello.

¿Por Todos o por Unos Cuantos?

Las órdenes religiosas monásticas fueron desarrolladas con el propósito de tomar seriamente la santificación completa a la cual los cristianos somos llamados. Robin Maas llama al monasticismo la forma en que aquellos que buscan el amor de Dios de todo su corazón hacen de esta búsqueda "una ocupación de tiempo completo".[7] Toda la vida monástica está integrada alrededor del servicio y la adoración a Dios; el tiempo y las actividades en su totalidad son reguladas de acuerdo a lo que se percibe como siendo el propósito definitivo de Dios.[8]

---

[7] Robin Maas, *Crucified Love: The Practice of Christian Perfection* (Nashville: Abingdon, 1989), p. 32.

[8] Consulte: R. Newton Flew, *The Idea of Perfection in Christian Theology* (London: Oxford University Press, 1934) ya que su tratamiento del monasticismo fue así como el de otros movimientos cristianos el cual enfatizaba la santificación completa de la vida.

A la luz de la historia de la iglesia de ignorar muy frecuentemente el llamado de Dios para una santificación personal para todos los creyentes, el movimiento monástico debe ser alabado por su compromiso con este énfasis perdido. Sin embargo, dos serios defectos de este enfoque son el retiro obligatorio de una asociación natural tal como el matrimonio y la familia y a suposición de que la vida de santificación completa es sólo para una clase especial de cristianos.

El enfoque monástico es tomado incluso en el Protestantismo por aquellos que asumen que la vida totalmente consagrada es sólo para unos pocos, pero ciertamente no para todos los cristianos. El Nuevo Testamento, sin embargo, lo enseña de forma diferente: ambos pasajes bajo consideración fueron dirigidos a cristianos en general quienes estaba aún involucrados en relaciones naturales y en las responsabilidades normales de la vida. Todos los creyentes fueron llamados a consagrarse a sí mismos a Dios, y el resultado final fue la obra divina de santificación completa. Es dentro del contexto de tal consagración que Dios lleva a cabo la total integración de uno mismo alrededor de los propósitos de Dios.

Como un escritor ha dicho:

> Una persona madura ya sea en el sentido psicológico o bíblico está integrada, tiene una calidad con propósito y dirigida por una meta, acerca de su vida, está abierta a sí misma y a otros, mientras que la persona inmadura es desorganizada, tiene metas conflictivas o no tiene metas, y no está conciente ni acepta varios aspectos de sí mismo y de los demás.[9]

Una vida completamente santificada es una vida centrada en su propia vocación divina. es una vida con todas sus partes integradas alrededor de la persona de Cristo y su misión en el mundo. Steele a un a Dr. Payson que habla de tres clases de cristianos, que están acomodados en círculos concéntricos alrededor de Cristo:

> Algunos valoran la presencia de su Salvador tan grandemente que no pueden soportar estar alejados de él. Incluso su obra que traerán, y lo harán a la luz de su rostro, y mientras de que están involucrados con ello será visto que constantemente levantan sus ojos a él, como si tuvieran miedo de perder un rayo de su luz. Otros, quienes, sin lugar a dudas, no están contentos con la vida fuera de su presencia, son aún menos absorbidos totalmente por ello que esto, y pueden ser vistos un poco remotos, involucrados aquí y allá en sus varios llamamientos, sus ojos generalmente en su trabajo, pero a menudo mirando hacia arriba a la luz que ellos aman. Una tercera clase, más allá de esas, pero con los rayos dadores de vida, incluye... una multitud, muchos de los cuales están tan comprometidos en sus esquemas mundanos que pueden ser vistos estando

---

9 John D. Carter, *Wholeness and Holiness,* ed. H. Newton Maloney (Grand Rapids: Baker, 1983), p. 192.

a un lado de Cristo, mirando principalmente al otro lado y sólo aquí y ahora volteando sus rostros hacia la luz.[10]

La santificación completa es, como lo explica Albert Outler, "no tener ningún otro dios fuera del nuestro, ya que ¡el primer mandamiento también es el último!"[11] Ó como Maas lo dice, "el amor perfecto es, en primer lugar, el amor sincero de Dios, nuestro Creador."[12]

Henry Ward Beecher tenía la idea correcta cuando hizo la siguiente observación:

> Esta, entonces, es mi estimación de la santificación. Es ese estado al cual el hombre viene cuando cada parte de su naturaleza ha sido desarrollada y cuando las facultades han sido subordinadas en sus gradaciones verdaderas. Cuando las facultades han llegado todas a tener afinidades con los elementos de control central del amor Divino y humano en el alma; cuando ese amor es el centro del cual el poder sale y estimula cada facultad,—entonces los hombres son perfectos.[13]

La fortaleza de esta definición es que resalta correctamente la integración de la persona total alrededor de Dios. Sin embargo, Beecher continua diciendo que él no puede encontrar tales personas. Él, por esta razón se tropieza con la misma piedra que a tantos aflije: él no hace distinción entre el *comportamiento* el cual es sin defecto y el *amor* el cual es perfecto. Esto es, el amor que, aunque puede tener un comportamiento con fallas, está sin embargo, enfocado en una devoción resuelta en el ser amado. La santificación completa no significa un comportamiento sin fallas; esto significa que la devoción resuelta al Dios de nuestra salvación—una devoción que sólo el "el mismo Dios de paz" es capaz de evocar de nosotros.

Ya que Dios hace la obra, el conocimiento de la magnitud de esa obra es conocida concluyentemente sólo por Dios. Haremos bien en dejar ahí el arreglo de cuentas. Nuestra responsabilidad es concentrarnos incondicionalmente en el Señor; el Señor se hará cargo de la obra de santificar por completo. Nuestro Dios es digno de confianza: "Fiel es el que os llama, el cual también lo hará."

Implicaciones para el Cuidado de las Almas

Los últimos tres capítulos hacen que surjan asuntos que tienen que ver con el cuidado de las almas en relación a la salvación. Sobre la base de lo que ha sido dicho, las siguientes diez marcas del camino pueden ser identificadas como indicadores del pueblo de Dios y de sus pastores en cuanto a dónde están las personas en su peregrinaje cristiano. Las enumero no como si fueran una hoja de verificación secuencial o como si cada una fuera una entidad autónoma sin relación a las otras. En vez de esto, las enumero

---

10 Steele, op. cit., p. 8.
11 Albert Outler, *Theology in the Wesleyan Spirit* (Nashville: Tidings, 1975), p. 85.
12 Maas, op. cit., p. 60.
13 Henry Ward Beecher, *Yale Lectures on Preaching,* (Boston: Pilgrim, 1874), p. 298.

para el cuidado pastoral de las almas. Tengo en mente no sólo aquellos quienes mantienen un cargo pastoral, sino a todos los discípulos que tienen cuidado de su propia vida espiritual y la de otros. Reconociendo que el Libro de la Vida del Cordero pertenece a Dios y que nosotros ni escribimos nombres ni los borramos, pero como creyentes, sin embargo, tenemos la responsabilidad del cuidado de las almas. ¿Cuáles, entonces, son los más importantes indicadores en los que uno se involucra y está madurando en la vida de fe revelada en "Jesús, el autor y consumador de la fe" (Heb, 12;2)? La evidencia puede ser establecida como sigue:

Evidencias del Nacimiento y Establecimiento de la Operación de Gracia

- Fe/arrepentimiento/bautismo en agua;

- Seguridad de ser un hijo de Dios;

- Perseverar en "doctrina de los apóstoles, en la comunión unos con otros, en el partimiento del pan y en las oraciones.";

- Fruto del Espíritu;

- Edificar del cuerpo de Cristo;

- Apertura a la obra de llenura del Espíritu Santo.

Evidencias de Facultar y Perfeccionar la Operación de la Gracia

- Consagración de uno mismo como "sacrificio vivo" a Dios;

- La experiencia de la repartición de poder, a la limpieza y la instrucción continuas por parte del Espíritu, para bien de la misión cristiana;

- Auto-limpieza de todo lo que entorpezca nuestra utilidad para la misión Cristo;

- Parecido con Cristo;

- El sentido de estar tan completamente integrados en la totalidad de nuestro ser alrededor de los propósitos de Dios que nada nos distraiga de la provisión y su misión;

- La oración de Maranatha, "El Señor viene" (1ª Cor. 16:22).

Para Consideración Adicional

"Santificación Completa"

Charles Ewing Brown, *The Meaning of Sanctification (El Significado de la Santificación)* (Anderson, Ind: Warner Press, 1945).

Brian W. Grant, *From Sin to Wholeness (Del Pecado a la Plenitud)* (Philadelphia: Westminster, 1982).

Harold Lindstrom, *Wesley and Sanctification (Wesley y la Santificación)* (London: Epworth, 1946).

Asa Mahan, *Christian Perfection (Perfección Cristiana)* (Salem: Schmul, 1962).

Robin Maas, *Crucified Love (Amor Crucificado)* (Nashville: Abingdon, 1989).

Theodore Runyon (ed.), *Sanctification and Liberation (Santificación y Liberación)* (Nashville: Abingdon, 1981).

John A. Sanford, *Healing and Wholeness (Sanidad y Plenitud)* (New York: Paulist, 1977).

H. E. Schmul (ed.), *Christian Perfection: A Compilation of Six Holiness Classics in One (Perfección Cristiana: Una Compilación de Seis Clásicos de Santidad en Uno)* (Salem: Schmul, 1974).

Daniel Steele, *Love Enthroned (El Amor Entronado)* (Salem: Schmul, 1961).

Laurence W. Wood, *Pentecostal Grace (Gracia Pentecostal)* (Wilmore: Francis Asbury, 1980).

Mildred Bangs Wynkoop, *A Theology of Love: The Dynamic of Wesleyanism (Una Teología de Amor: la Dinámica de la Teología de Wesley)* (Kansas City: Beacon Hill, 1972).

V

La Vida Humana para Propósitos Divinos

21. Pueblo que Adora[1]

La esencia del pecado es rehusarse a adorar a Dios. La salvación es la rectificación de Dios de esta negativa y la facultación para que nosotros nos convirtamos en esos seres adoradores para lo cual originalmente fuimos creados.

Adoración en el Antiguo Testamento

El pecado básico de Adán y Eva fue rehusarse a adorar a su Creador; en lugar de ello, adoraron al fruto de la creación del Señor (consulte Gén. 3). El resto del Antiguo Testamento refleja la lucha del pueblo de Dios para volverse de la adoración del orden creado a la adoración del Creador. Los momentos sobresalientes a lo largo de la historia fueron el llamado de Abraham (Gén. 12:1–9), Moisés y la zarza ardiendo (Éx. 3–4:17), las palabras triunfantes de Moisés y Miriam (15:1–21), los Israelitas en el Monte Sinaí (19–20), la adoración en el tabernáculo durante el peregrinaje en el desierto (consulte especialmente la referencia a la nube y la gloria en 40:34–38), y la canción de Moisés (Deut. 31:30–32:47). Otros momentos importantes adicionales incluyen la comisión de Josué (1:1–9), las oraciones de Ana en la casa de Dios (1° Sam. 1–2), la llamada de Samuel (1° Sam. 3), la celebración gozosa de David cuando el arca fue traída a Jerusalén (2 Sam. 6:6:1–19), y la dedicación de Salomón del templo (1° Reyes 8). Conforme continuamos revisando este peregrinaje, se nos recuerda de la renovación del pacto con Josías (2° Cr. 34:29–33), La lectura de la ley de Esdras después del exilio en Babilonia (Neh. 8:1–12), los Salmos, la visión de Isaías en el templo (capítulo 6), Las visiones de Ezequiel, y la oración de Jonás en el vientre del gran pez (capítulo 2). Estos y otros

---

1 El esquema general de este capítulo se encuentra también en mi libro"Biblical Foundations for Worship," *Worship the Lord Hymnal Companion* (Anderson, Ind: Warner Press, 1992), p. A37-49.

pasajes marcan la jornada del pueblo de Dios hacia el tiempo de la adoración perfecta de Dios.

Sin embargo, a un lado de estos momentos sobresalientes, también están los momentos oscuros de rebelión. De hecho, la calamidad nacional está ligada consistentemente en su rechazo a adorar a Dios con pureza de corazón (ej. Dan. 9:4–19). De acuerdo con Jeremías y Ezequiel, la única solución a este dilema es que Dios de nuevos corazones al pueblo. Ezequiel 36:26 dice: "Os daré corazón nuevo, y pondré espíritu nuevo dentro de vosotros; y quitaré de vuestra carne el corazón de piedra, y os daré un corazón de carne" (consulte también Jer. 31:33.).

El Adorador Perfecto y Nosotros

Entra Jesucristo.

Nuestro Señor viene con nuevo espíritu y nuevo corazón. Él no fue meramente a lugares particulares de vez en cuando a adorar a Dios; toda su vida terrenal fue de adoración a Dios. Amaba los caminos del Señor, aceptó totalmente su divina vocación, resistió todas las tentaciones del diablo, habitó en comunión inquebrantable con su Padre celestial, vivió de acuerdo a los estándares del Reino celestial, y fue obediente a la divina misión incluso hasta morir en la cruz.

Sin embargo, no solo vino a adorar como un ser humano completo, sino que hizo posible que nosotros también viviéramos en la presencia de Dios adorando. Jesús, quien nació físicamente por el poder del Espíritu Santo, vino para que pudiéramos nacer espiritualmente por el poder del mismo Espíritu. El que fue levantado de la muerte vino para que nosotros también pudiéramos experimentar el poder de la resurrección en nuestras vidas. Jesucristo, el perfecto adorador de Dios vino con el nuevo corazón del que se había hablado por parte de los profetas, de modo que nosotros, también pudiéramos tener corazones agradables a Dios.

Vino a transformarnos en adoradores que amen los caminos del Señor, acepten la vocación de Dios, resistan al diablo, habiten en comunión inquebrantable con Dios, vivan de acuerdo a los estándares del Reino de Dios, y sean obedientes a la divina misión hasta el punto de la muerte.

La adoración a la cual estamos llamados los cristianos no es simplemente realizar rituales en tiempos y lugares establecidos. En vez de eso, somos llamados a la re-orientación de toda la vida alrededor de Jesucristo, su Reino, y su misión en el mundo.[2] Vemos esto particularmente en Pablo quien "ve a toda la actividad de la vida cristiana en general y su apostolado en particular como una adoración que debe estar de acuerdo a Dios."[3]

---

2 Consulte Peter Brunner, *Worship in the Name of Jesus*, trans. M. H. Bertram (St. Louis: Concordia, 1968), Introduction.
3 Ibid. p. 12f. También, Theodore W. Jennings, *Life as Worship: Prayer and Praise in Jesus' Name* (Grand Rapids: Eerdmans, 1982).

Vidas de Adoración y Servicios de Adoración

Sin embargo tal perspectiva no debe ser construida para comunicar que los momentos y lugares para adoración son de poca trascendencia. Vemos su gran importancia en el hecho de que la vida de nuestro Señor incluía participación en la asambleas en el templo y las reuniones en la sinagoga. Más aún, él reunía frecuentemente a sus discípulos para enseñarles, y a asambleas de gente necesitada que era llevada a él para sanidad. Jesús no fue un reclusa espiritual; en vez de esto la forma en que él funcionó afirmó la parte crucial que las asambleas jugaron en el divino plan para el pueblo de Dios.

La evidencia de la importancia atribuida a los servicios de adoración es vista en lo siguiente: la noche anterior a la crucifixión, Jesús reunió a los Doce para una comida de adoración; Después de la resurrección "los once discípulos fueron a Galilea, al monte al cual Jesús les había mandado." (Mat. 28:16). Note también que fue una asamblea en el día de Pentecostés que el Espíritu Santo vino sobre la iglesia.

También es importante hacer notar que una parte no pequeña de la correspondencia de Pablo a los corintios tiene que ver con el tipo de reuniones que la iglesia debió tener (consulte 1ª Cor. 11–14), y que el escritor de Hebreos, en 10:24–25, explícitamente exhorta a los creyentes a no ser negligentes con los servicios de la iglesia cuando dice, "Y considerémonos unos a otros para estimularnos al amor y a las buenas obras; no dejando de congregarnos, como algunos tienen por costumbre, sino exhortándonos; y tanto más, cuanto veis que aquel día se acerca."

Como se declara arriba, los cristianos son llamados para vivir en la adoración de Dios todo el tiempo. Somos llamados a congregarnos juntos no como si la adoración comenzara y terminara con nuestra entrada y salida de lugares en particular, sino porque es en la congregación que podemos ser renovados en la vida de adoración a la cual hemos sido llamados en Cristo. Los servicios de adoración deben ser momentos de rejuvenecimiento para las vidas de adoración.

En el Nuevo Testamento, dos servicios que son cardinales para entender la naturaleza de las reuniones cristianas son la última cena en el aposento alto, y el bautismo del Espíritu en el día de Pentecostés. Nuestra identidad como la iglesia de Jesucristo será realzada al grado que la trascendencia de estas dos reuniones sea apreciada. La iglesia espiritualmente sana es la continuación de la comunión del aposento alto y del poder pentecostal. Se entiende dentro de este contexto, que todos y cada uno de los servicios de adoración deben ser momentos de comunión con el Señor crucificado, resucitado, reinante y por venir, así como momentos de recibir poder para la misión a la que Él nos llama.

Los Servicios de Adoración como Momentos de Comunión con Nuestro Señor

Los servicios de adoración cristiana son momentos de comunión con el Señor. La última cena de Jesús con los doce la noche anterior de su crucifixión se describe en Mat.

26:17–30, Marcos 14:12–26, Lucas 22:7–23, y 1ª Corintios 11:23–26; (compárese con Juan 13:1–20). Esta reunión cardinal lleva a las siguientes observaciones:

1. El Señor mismo fue el anfitrión de la reunión. Los Doce fueron allí a causa de su invitación. Él iba a ser escuchado por todos los presentes, incluyendo los aspirantes a líderes entre ellos. Aún cuando por indicación suya, los discípulos habían hecho preparaciones para la comida, una vez que comenzó la reunión, el fue quien estuvo en liderazgo; la suya era la presencia dominante.

2. Fue una reunión en la cual se honró al pasado. Lo que ellos eran como discípulos podía sólo ser entendido en relación a la historia del pueblo de Dios a través de los siglos. El hecho de que fue una cena de pascua fue por sí misma una conexión con la historia.

3. El enfoque central de la reunión fue la salvación forjada por Cristo. Él fue el cumplimiento de toda la historia de la salvación, la pascua eterna, el Cordero de Dios que quita el pecado del mundo. Él era la vida espiritual, la sanidad y el alimento. Él era el agente del nuevo pacto de la gracia.

4. El servicio fue diseñado con el propósito de renovar la relación de los discípulos con su Señor. De acuerdo al relato de Pablo, Jesús dijo "Haced esto en memoria de mi" (1ª Cor. 11:24–25). El significado de la palabra griega, *anamnēsis* traducido aquí como "memoria" tiene que ver con más que la simple memoria; Tiene que ver con la participación continua en la realidad salvadora establecida en el pasado. En una disertación de *anamnēsis*, Herman Ridderbos, el erudito Paulino, dice:

> La Cena del Señor es calificada aquí como una comida conmemorativa redentora-histórica. No es cuestión aquí solo de la conmemoración de lo que una vez tuvo lugar en el pasado, sino, no menos que su trascendencia redentora permanente y actual. La auto rendición de Cristo es ahora, como hasta ahora el éxodo de Israel fuera de Egipto, el hecho nuevo y definitivo de la redención el cual en comer el pan y beber del vino la iglesia puede aceptarlo como tal una y otra vez... de la mano de Dios.[4]

5. Fue un servicio anticipatorio. Siendo arruinado por la traición de Judas y posiblemente también por la disputa de quién de los discípulos era el más importante (consulte Lucas 22:24), el servicio ciertamente no estuvo libre de defectos. Sin embargo, el Señor apuntó más allá de la reunión con todo y sus defectos, hacia la consumación del Reino. De acuerdo con Mateo 26:29, Él dijo, "Y os digo que desde ahora no beberé más de este fruto de la vid, hasta aquel día en que lo beba nuevo con vosotros en el reino de mi Padre." (consulte también Mr. 14:25; Lc. 22:16; y la referencia de Pablo al retorno del Señor en 1ª Cor. 11:26.) El documento "El Bautismo, Eucaristía y Ministerio" dice:

---

4 Herman Ridderbos, *Paul: An Outline of His Theology*, trans. John Richard De Witt (Grand Rapids: Eerdmans, 1975), p. 421.

La anamnesia en la que Cristo actúa a través de la celebración gozosa de su Iglesia es por tanto una representación y una anticipación. No es solo traer a la memoria lo que es el pasado y su trascendencia. Es la proclamación efectiva de la Iglesia acerca de los poderosos hechos y promesas de Dios.[5]

6. Jesús lo condujo como un tiempo de acción de gracias. Todos los cuatro relatos de la Santa Cena se refieren al Señor dando gracias. La palabra griega para dar gracias, *eucharesteō* ha dado origen a la práctica de que en algunas tradiciones cristianas se le llame a la Santa Cena, la Eucaristía. Nuestro señor vio esta como una ocasión de dar gracias.

7. Fue un servicio de preparación para la obra divina de redención. La reunión en el aposento alto dirigida más allá del cuarto a la arena pública fue donde los eventos redentores decisivos de la crucifixión y la resurrección tendrían lugar, esto es, "Y cuando hubieron cantado el himno, salieron al monte de los Olivos." (Mat. 26:30).

Preguntas que Emergen del Servicio del Aposento Alto

La Santa Cena se presenta como el ápice de la vida de Jesús en la carne con sus discípulos, y en la base de su obra expiatoria. Resume su vida encarnacional e introduce su obra expiatoria. Es el puente entre el conocimiento de los discípulos acerca de Jesús como maestro terrenal y su experiencia de él como el Señor crucificado, resucitado y por venir. Por consecuencia, nos provee de las preguntas correctas a plantear acerca de nuestros servicios de adoración en el presente:

1. ¿Es Jesús la presencia dominante en nuestros servicios, o nos ponemos en el camino? ¿Somos nosotros—todos nosotros ya sea predicadores, cantantes, instrumentistas, o cualquier otro cargo—un papel secundario, o nos hemos movido al centro, dejando así la presencia del Señor a ser experimentada en una forma secundaria?

2. ¿Es honrado el pasado como la historia de la fe en la que nosotros, también nos hagamos participantes? ¿Son las escrituras leídas, enseñadas y es celebrada la larga historia de la fe? O por el contrario, ¿Es la conexión con la historia de la iglesia minimizada en un intento por ser contemporáneos?

3. ¿Está la salvación de Cristo en el centro de todas las reuniones? O, ¿Es la obra salvadora de Jesucristo tratada meramente como uno de varios temas posibles los cuales simplemente pueden estar al centro de los servicios de adoración? La razón de que algunas tradiciones cristianas practiquen la Santa Cena cada Día del Señor tiene que ver con la importancia que ellos atribuyen a mantener la obra salvadora de Cristo en el centro, en vez de tratarlo meramente como uno entre varios posibles énfasis de un servicio.

---

5 *Baptism, Eucharist and Ministry, Faith and Order Paper No. 111* (Geneva: World Council of Churches, 1982), p. 11.

4. Al participar en los servicios, ¿Son renovados los creyentes en su vida en Cristo? O, ¿Hace que su vida se agote ocasiona que ellos tropiecen en la fe?

5. ¿Es engendrada una anticipación del futuro del Señor, o es toda la atención en el pasado o en el presente? ¿La atención es traída a la esperanza que está en Cristo para la venida del Reino en nosotros, en el mundo, y en la consumación al final de la historia del mundo? O por otro lado ¿Es puesta toda la atención en los "Judas" y en la inmadurez de la iglesia?

6. ¿Son los servicios de adoración tiempos de alabanza, gratitud, acción de gracias por las bondades de Dios en la creación y en el amor sustentador de Dios y la gracia salvadora? O ¿Son momentos de lamentación acerca de qué tan malo es el mundo o la iglesia?

7. ¿Los servicios llevan a nuestra participación en la misión de Cristo en la arena pública? ¿Es la obra redentora de Cristo vista como la obra de Dios para el beneficio de todo el mundo, y es la función de la iglesia entendida como hacer discípulos en todas las naciones? O por el contrario ¿Son los servicios vistos como un asunto privado para cristianos, cumpliendo su propósito meramente haciendo que los asistentes se sientan bien y quieran volver nuevamente? ¿El servicio es visto simplemente como la satisfacción del alma, o es visto también como preparación para la misión?

Servicios de Adoración en Épocas en que el Espíritu Concede Poder

Los servicios de adoración cristiana no sólo son momentos de comunión con el Señor; son momentos para recibir poder para la misión, también. Pentecostés fue la ocasión cuando la iglesia posterior a la resurrección se reunió para la inauguración de su misión (vea específicamente Hechos 2:1–4)

Ese servicio de adoración inaugural, como la última cena en el aposento alto, fue un servicio transitorio cardinal en el sentido que fue el ápice de la gloria de la resurrección y en la base de la misión de la iglesia. La gloria de ese servicio es mantenida por el poder del Espíritu Santo para la iglesia en todas las edades y lugares. La misión para la cual la iglesia en Pentecostés recibió poder aún está vigente.

Podemos tomar el calor de la misma gloria que aquellos en Pentecostés disfrutaron en que la gloria de la resurrección no ha disminuido. El Señor desea que la iglesia continúe estando en el ápice de la gloria de la resurrección por el resto de los tiempos.

Además, la misión fundamental no ha cambiado, a saber, ser para el Señor sus "testigos en Jerusalén, en toda Judea, en Samaria, y hasta lo último de la tierra." Mientras que obviamente ya no estamos al inicio de esta misión, el hecho de que el Señor no ha regresado hace que sea igualmente obvio que la misión aún no está terminada, pues como Jesús dice en Mateo 24:14, "Y será predicado este evangelio del reino en todo el mundo, para testimonio a todas las naciones; y entonces vendrá el fin."

Este servicio inaugural de la gloria de la resurrección, entonces, no debe ser imitado como si no tuviera continuidad en el presente—¡no es una reliquia del pasado! Ya que el derramamiento del Espíritu Santo nunca ha sido revocado, aún es una realidad continua a la cual ya sea que entramos o nos rehusamos entrar. La pregunta para la iglesia en todo el tiempo subsiguiente es si adoptará la realidad del Espíritu derramado o si lo evitará. A decir verdad, uno encuentra ejemplos de grupos que dan poca o ninguna indicación de que ellos deseen ya sea el fuego purificador o la lengua de fuego santa o recibir el poder del viento recio santo. Por la razón que sea, no han entrado a la realidad del Espíritu derramado y consecuentemente no están en la misión a "Jerusalén, ...Judea, en Samaria, y hasta lo último de la tierra." Por otro lado, uno encuentra muchos otros ejemplos de iglesias las cuales han entrado a la realidad y consecuentemente están vivas en el Espíritu y vigorosas en la misión.

Existe una gran diferencia entre, por un lado, los servicios que están diseñados como reproducciones de Pentecostés, y por el otro, aquellas entendidas como continuaciones de Pentecostés. Los servicios de copia se enfocan en replicar los mismos fenómenos externos que leemos en Hechos 2, mientras que los servicios de continuación se enfocan en el fuego de purificación en las vidas de los creyentes individuales y en el viento que otorga poder que autoriza a toda la iglesia a proceder con la misión. Utilizo la palabra "autorizar" porque en Hechos 1:4 "Y estando juntos [los apóstoles], les mandó [el Señor resucitado] que no se fueran de Jerusalén, sino que esperasen la promesa del Padre." En otras palabras ellos no tenían autorización divina para proceder con la misión hasta que el Espíritu fuera derramado. El derramamiento pentecostal, por tanto, da poder y autorización a la iglesia en todas las edades y lugares para que proceda con esta misión histórica.

Preguntas que Emergen del Servicio del Espíritu Derramado

La iglesia en el día de Pentecostés consistió no sólo de los once originales, sino también del doceavo escogido recientemente y de la compañía extendida de aquellos que fueron fieles al Señor resucitado. Incluso como Lucas escribió su evangelio a Teófilo (un nombre griego que significa el que ama a Dios) de modo que él y presumiblemente todos los que aman a Dios "para que conozcas bien la verdad de las cosas en las cuales has sido instruido." (1:4), de forma similar, fue para este mismo propósito que en su segundo volumen, él dio el relato de Pentecostés y la historia temprana de la iglesia de Espíritu derramado. El hecho de que Hechos haya sido incluido en las Escrituras cristianas es evidencia de que la iglesia después del día de Pentecostés fue apremiada a entrar en la realidad del Espíritu derramado de la misma forma que habían entrado en la realidad de la encarnación de Cristo Jesús.

Los escritos del Nuevo Testamento no son documentos de hechos históricos irrelevantes; son invitaciones a la participación fiel en el drama de la gracia de Dios. La historia del Espíritu derramado, por lo tanto, no es un fragmento de información fría, sino una invitación a entrar en la realidad de la cual se habla. Ya que es parte de las escrituras de la iglesia, no es aceptable para nosotros ignorarlo. Ni es ya permisible tratar de reproducir o de reemplazar a Pentecostés ni tratar de reproducir o reemplazar el nacimiento de Cristo. La obligación de la iglesia de fe es entrar en la realidad espiritual ya establecida.

Nuestros servicios de adoración, entonces, deben ser continuaciones de Pentecostés. Si lo tomamos con seriedad, nos haremos preguntas que surgen de lo que sabemos al respecto. Tales preguntas son estas, por lo tanto, emergen:

1. ¿Estamos planeando y dirigiendo servicios suponiendo que el Espíritu de gracia de Dios ya ha sido derramado, o estamos planeándolos y dirigiéndolos en la suposición falsa de que hemos de conjurar al Espíritu? Aquella opción nos lleva a confiar calmadamente en la capacidad de Dios de obrar superabundantemente más allá de todo lo que le pedimos o pensamos. La última opción lleva a procedimientos manipuladores y planes orquestados para crear ciertos estados de ánimo deseados en los servicios. Que algunos líderes son lo suficientemente hábiles para provocar estados de ánimo particulares y respuestas obviamente es el caso; pero eso es control de multitudes y no sensibilidad al Espíritu. El Espíritu derramado el día de Pentecostés fue el Espíritu de sorpresa divina, y aún lo es.

2. ¿Está el fuego santo y el viento santo preparando al pueblo de Dios para la misión divina? O por el contrario, ¿Está el pueblo de Dios usando el fuego y el viento para su propio deleite? ¿Ellos han recibido el poder para la tarea misionera de la iglesia, o están siendo abrumados por el fenómeno asombroso del Espíritu?

El relato del derramamiento en el día de Pentecostés debería ser visto en el contexto de todo el libro de Hechos en el cual el derramamiento llevó a testificar más allá del espacio del servicio por sí mismo. Vemos esto antes que nada en el hecho de que la gran multitud de visitantes reunidos en Jerusalén para la celebración Judía de Pentecostés fueron atraídos a la escena del derramamiento mientras que escuchaban "las maravillas de Dios" (2:11). "y se añadieron aquel día como tres mil personas" a la iglesia a través del arrepentimiento y el bautismo en agua (consulte 2:37–41).

Pentecostés llevó también a la alimentación continua de los fieles. El versículo 42 dice, "Y perseveraban en la doctrina de los apóstoles, en la comunión unos con otros, en el partimiento del pan y en las oraciones."[6]

Llevó adicionalmente al testimonio siempre expandiéndose al cual su Señor los había comisionado. Hechos habla acerca de su testimonio en Jerusalén, Judea, Samaria y más allá.

En resumen, el servicio de adoración en el día de Pentecostés no hizo voltear a los participantes hacia dentro; les hizo voltear hacia afuera en evangelismo, alimentación y misión "ha los confines de la tierra".

---

6 Para un estudio de este pasaje vea: J. Robert Nelson, *Criterion for the Church* (New York: Abingdon, n.d.).

3. Esta son preguntas adicionales: ¿Nuestros servicios de adoración nos llevan más allá de las paredes con las buenas nuevas? ¿Tienen una consecuencia evangelística? ¿Sirve como el impulso para un compromiso de estudio, congregación, comunión y oración? ¿Nos catapultan a la misión divina en cada circulo de testimonio que se ensancha? O, por el contrario, ¿Nos mantienen aislados del mundo más amplio? ¿Son sus servicios privados para nuestro propio deleite personal? ¿Minimizan la importancia de tales asuntos como las disciplinas del Espíritu, crecimiento como una comunidad de fe con un pacto, y ser educados en la herencia de la fe? ¿Simplemente nos quieren hacer regresar por más del mismo tipo de experiencia en vez de enviarnos adelante a tipos de personas distintas?

Unas Palabras acerca de Cantar

Colosenses 3:16 dice, "con gracia en vuestros corazones al Señor con salmos e himnos y cánticos espirituales." Los salmos son relatos poéticos acerca de los caminos de Dios; los himnos son confesiones musicales acerca de la naturaleza de Dios; los cánticos espirituales son articulaciones melódicas acerca de la experiencia de Dios. Pablo no presenta a estas como opciones, sino como el rango completo de los cantos de la iglesia. Se asume que nuestro cantar debe incluir todos los tres: recitaciones poéticas acerca de los caminos de Dios, las más didácticas y presumiblemente más cuidadosamente confeccionadas confesiones de fe, y articulaciones expresivas devocionalmente, las cuales brotan del corazón, y como lo hacen, dan menos reflexión al estilo poético o al contenido didáctico y más a la experiencia personal. La iglesia robusta espiritualmente tendrá todos los tres: los cantos de poetas, los cantos de teólogos, y los cantos de los testificadores. Necesita los cantos de la Biblia, los cantos de las edades, y los cantos del momento. Necesita los cantos del peregrinaje, los cantos de revelación, y los cantos de experiencia. Necesita cantos que expresen el alma, cantos que expandan la mente, y cantos que regocijen al corazón. Necesita cantos de la Biblia, cantos del himnario, y cantos del coro. Necesita cantos de sus propia tradición, cantos de otras tradiciones, y cantos sin tradición.

Unas Palabras acerca de Leer la Escritura

Frecuentemente olvidamos que los libros de la Biblia fueron escritos para lectura pública al pueblo de Dios. En Colosenses 4:16, Pablo instruye: "Cuando esta carta haya sido leída entre vosotros, haced que también se lea en la iglesia de los laodicenses, y que la de Laodicea la leáis también vosotros." Se encuentran indicaciones de la importancia del papel del lector público en pasajes tales como Mateo 24:15, el cual a modo de aclaración dice, "(el que lee, entienda)", y en Apocalipsis 1:3 con esta bendición especial: "Bienaventurado el que lee, y los que oyen las palabras de esta profecía, y guardan las cosas en ella escritas; porque el tiempo está cerca."

La lectura privada de la Escritura es una bendición adicional la cual por gracia de Dios disfrutamos la gente moderna, pero haremos bien no dejarlo así. La Escritura es experimentada en diferente manera cuando es dirigida al pueblo de Dios, es decir, a Israel y a la iglesia, como originalmente fue el caso. Todos necesitamos tener el mensaje bíblico dirigido a nosotros dentro del contexto de reunirse con el pueblo de Dios, pues entonces que lo podremos comenzar a escuchar no como una palabra privada dirigida a nosotros individualmente, sino como la palabra pública al pueblo de Dios como un todo.

Aquellas iglesias que ponen alta prioridad a la lectura pública de las Escrituras en sus servicios de adoración deberían ser alabadas. Muchas iglesias leen a través de todos los segmentos de la Biblia en el curso de un periodo de tres años. Ellas siguen lo que se conoce como un leccionario, el cual es una lista de lecturas compatibles para cada semana del año. Muy frecuentemente la combinación es una lectura de los salmos, una lectura de otros libros en el Antiguo Testamento, una lectura de los evangelios y una lectura de uno de los otros libros en el Nuevo Testamento.[7]

Unas Palabras acerca de la Proclamación

Cuando hablamos de proclamación en conexión con los servicios de adoración, usualmente pensamos primero que nada en el sermón, y eso ciertamente es entendible. (Consulte el capítulo 10, pág. 170, sobre "La Predicación de la Iglesia de las Buenas Nuevas.") Sin embargo aquellos que estrictamente se limitan a la proclamación del sermón por sí solo deben recordar que el Nuevo Testamento habla también de la Cena del Señor como una proclamación. En 1ª Corintios 11:26, Pablo dice "Así, pues, todas las veces que comiereis este pan, y bebiereis esta copa, la muerte del Señor anunciáis hasta que él venga."

La Cena del Señor es una proclamación por parte de la iglesia como un todo. Esta no es un ejercicio devocional privado como se implica por la práctica recientemente desarrollada en algunas iglesias, de la así llamada "comunión venir e irse" la cual trata a la Cena del Señor como si fuera una experiencia devocional privada. En vez de eso, la Santa Cena es una proclamación grupal de la fe de la iglesia en la obra redentora de Cristo.

La Cena del Señor sirve para recordarnos del carácter esencial de toda la predicación verdaderamente cristiana, a saber, que independientemente del tema, texto, preocupación, u ocasión debe ser una proclamación de las buenas nuevas de la obra redentora de Cristo.

Unas Palabras acerca de las Oraciones

La oración grupal es la comunión con el Señor conversacional directa de la iglesia. Las instrucciones del Nuevo Testamento acerca de la oración (ej. Ef. 6:18–19; Fil. 4:6; Col. 4:2; 2ª Tim. 2:1–2), solicitudes de oración (ej., 2ª Tes. 3:1–2), compromisos de oración (ej. Ef. 3:14–21), ejemplos de oraciones (ej. Hech. 4:24–30; Ef. 3:16–21), y oraciones por bendición (ej. 1ª Tes. 5:23; Jd. 24–25) — todas nos recuerdan la importancia de la oración en la vida de la iglesia del Nuevo Testamento.

---

7 Uno de muchos lugares para encontrar un lecionario es en: Robert E. Webber, *Worship Old and New* (Grand Rapids: Zondervan, 1982), pp. 213–222. También, Reginald Fuller, *Preaching the Lectionary* (Collegeville: Liturgical, 1984).

La suposición bíblica es que incluso cuando una persona está orando en voz alta en un servicio público, es una expresión no simplemente de esa persona sino de toda la iglesia. La palabra hebrea "Amén" significa "firme" o "establecido", fue la forma de la congregación Judía de participar en la oración. Indicaba que ellos reclamaban como suya la oración, aunque fuera hablada solo por una persona. Por ejemplo, encontramos en Nehemías 8:6 que cuando Esdras bendijo al Señor, todo el pueblo respondió "Amén, Amén" significando así que no era meramente la oración privada de Esdras en un lugar público sino la de todos ellos.

En el Nuevo Testamento, vemos la continuación del uso congregacional del Amén. Pablo se dirigió a los Corintios acerca de lo inapropiado de las oraciones que son ininteligibles para otros en la congregación, pregunta en 1ª Corintios 14:16: "Porque si bendices sólo con el espíritu, el que ocupa lugar de simple oyente, ¿cómo dirá el Amén a tu acción de gracias? pues no sabe lo que has dicho."

Aquellas iglesias que usan el Amén participatorio en la oración, ya sea si es un Amén espontáneo pronunciado por personas durante la oración en sí misma, o el Amén congregacional unificado al cierre de la oración, o ambos, deben ser alabadas. Es desafortunado cuando las congregaciones ya no participan en oraciones públicas usando el Amén bíblico. A menudo el resultado de esta ausencia es que la congregación tiende a pensar que incluso la oración pastoral es un poco más que la oración de una persona ofrecida en un lugar público; Por consecuencia, la experiencia grupal de toda la iglesia estando en oración, se pierde casi siempre.

Unas Palabras acerca de Ofrendar

2ª Corintios 8 y 9 es un tratado en la mayordomía de los recursos en relación a la vida de la iglesia. Sin duda es un discurso acerca de la recolección de dinero para aquellos que estaban en necesidad, pero es mucho más que eso; es una declaración acerca de la prioridad de darse a uno mismo al Señor.

Muy seguido es el caso que ofrecer tiempo es simplemente tiempo de dinero; sin embargo, esto es pasar por alto la enseñanza del Nuevo Testamento acerca de darse uno mismo y todos nuestros recursos. En 8:5, Pablo, refiriéndose a los creyentes de Macedonia dice que "a sí mismos se dieron primeramente al Señor, y luego a nosotros por la voluntad de Dios;" Esto, por supuesto está alineado con la súplica de Pablo en Romanos 12:1 de que presentemos nuestros cuerpos como un sacrificio vivo, santo y aceptable a Dios, el cual, dice es nuestro culto racional. Algunas tradiciones cristianas enfatizan esto por tener un llamado al altar usualmente cerca del final del servicio. Siendo el resultado de la tradición de reuniones de campamento americanas, es una invitación tanto al discipulado cristiano y a la consagración de uno mismo al Señor. La fortaleza de esta tradición es que pone una alta prioridad en la ofrenda de sí mismo. La debilidad es que la ofrenda monetaria está desconectada de la ofrenda de sí mismo, de modo que el tiempo de oferta degenera en un poco más que un interludio durante la adoración para la colecta de dinero. Es posible—por supuesto—que ambos tiempos sean oportunidades para respuesta personal. En algunas instancias, las iglesias han colocado la ofrenda monetaria al final del servicio junto con la llamada al altar para mantener la conexión.

Entendido desde la perspectiva bíblica el tiempo para ofrendar es para la renovación del pacto del discipulado cristiano, el cual es, como lo enfatiza Marcos, para tomar uno su cruz y seguir al Señor.

Unas Palabras acerca de Saludarse Deseándose la Paz

En el Nuevo Testamento, la palabra de paz es un importante componente de las relaciones interpersonales entre cristianos. La Primera carta de Pedro 5:14 instruye a la iglesia, diciendo, "Saludaos unos a otros con ósculo de amor. Paz sea con todos vosotros los que estáis en Jesucristo." (Otros pasajes que indican la importancia de la religión bíblica, de la palabra de paz son especialmente Números 6:24–26, y en el Nuevo Testamento: Lucas 10:1–12; 24:36; Juan 14:27; 20:19, 21, 26; Rom. 1:7; 15:33; 1ª Cor. 1:3; 2ª Cor. 1:2; Gál. 1:3; Ef. 1:2; 6:23; Fil. 1:2; Col. 1:2; 1 Tes. 1:2; 2 Tes. 2:2; 3:16; 1ª Tim. 1:2; 2ª Tim. 1:2; Tito 1:4; File. 3; 1ª Pe. 1:2; 2ª Pe. 1:2; 2 Jn. 3; 3 Jn. 13; Jud. 2; Ap. 1:4.)

Aquellas iglesias que enseñan a su pueblo cómo darse el uno al otro el saludo de paz deben ser alabadas. En muchas iglesias, un elemento importante de cada servicio es "darse la paz" y durante ese tiempo el líder de adoración dice a la congregación algo como "La paz del Señor esté contigo" y la congregación responde "Y contigo" Luego el líder dice "Compartamos la paz de Cristo unos con los otros" después de lo cual toda la asamblea inmediatamente comienza a moverse acerca de decirse nos a los otros "La paz de Cristo esté contigo", y dando señales de paz tales como saludarse de mano, abrazarse y darse un beso santo. Este movimiento general de la congregación procede algunas veces por una duración de dos a tres minutos.

El saludo distintivo sirve como un recordatorio de que la iglesia es más que un grupo de personas que están apenas siendo amigables con los demás, mientras dicen un casual "Hola, ¿cómo estás?" El darse la paz en el nombre de Cristo es una marca de la reunión cristiana.

Unas Palabras acerca del Buen Orden

Mientras Pablo trata con el desorden de la iglesia en Corintio, él da un pronunciamiento que ha servido bien a la iglesia desde entonces: "Hágase todo decentemente y con orden" (1 Cor. 14:40). Del enfoque tomado en la sección que nos lleva a este versículo concluimos que él no pretende prohibir la espontaneidad; en vez de eso, su propósito es insistir que la espontaneidad siempre edifique a la iglesia y nunca sea simplemente con el propósito de satisfacción personal sin importar qué tan gratificante pueda ser para algunos en la iglesia. La pregunta nunca es: ¿Alguien quiere hacer esto o esto otro? Sino ¿Edificará esto a la iglesia como un todo?

El buen orden no debe prohibir la espontaneidad, ni debe jamás la espontaneidad ser poco edificante a la iglesia como un todo. Las palabras de Pablo acuñan un sabio balance:"Cuando os reunís, cada uno de vosotros tiene salmo, tiene doctrina, tiene lengua, tiene revelación, tiene interpretación. Hágase todo para edificación."(1ª Cor. 14:26).[8]

La iglesia en los servicios de adoración es llamada a ser una asamblea de discípulos en comunión con su Señor—el único cuya adoración no tiene defecto; Debe ser la congregación de aquellos quienes están abiertos a recibir el poder del Espíritu para convertirlos en seres adoradores, cual era el propósito original para ellos.

Para Consideración Adicional

A. Teología

Lo crucial que es la adoración en todas las dimensiones de la teología es subrayado por Geoffrey Wainwright quien ha escrito una teología sistemática a través del prisma de la adoración *Doxology: The Praise of God in Worship, Doctrine, and Life (Doxología: La Alabanza de Dios en la Adoración, la Doctrina y la Vida)* (New York: Oxford, 1980).

B. Antiguo Testamento

Para un excelente tratamiento de la adoración en el Antiguo Testamento, consulte: Walter Brueggemann, *Israel's Praise (La Adoración de Israel)* (Philadelphia: Fortress, 1989). Otra fuente excelente que incluye un capítulo sobre adoración en el Antiguo Testamento así como un tratamiento más extenso de la adoración en varias porciones del Nuevo Testamento (ej. Hechos, Pablo, Hebreos, Apocalipsis) es David Peterson, *Engaging With God: A Biblical Theology of Worship (Relacionándose con Dios: Una Teología Bíblica de la Adoración)* (Grand Rapids: Eerdmans, 1992).

C. Nuevo Testamento

La adoración en el Nuevo Testamento es tratada con utilidad en: Ralph P. Martin, *Worship in the Early Church (Adoración en Primitiva de la Iglesia)* (Grand Rapids: Eerdmans, 1976).

D. Obras Históricas

Dos obras históricas definitivas acerca de la vida litúrgica de la iglesia son Dom Gregory Dix, *The Shape of the Liturgy* (La Forma de la Liturgia) (Westminster: Dacre, 1954) y Bard Thompson, *Liturgies of the Western Church (Liturgias de la Iglesia Occidental)* (New York: New American Library, 1961); dos obras históricas más breves son: James F. White, *Introduction to Christian Worship (Introducción a la Adoración Cristiana)* (Nashville: Abingdon, 1990) y Robert Webber, *Worship: Old and New (Adoración: Antigua y Nueva)* (Grand Rapids: Zondervan, 1994). Recursos adicionales:

---

8 Consulte *Biblical Guidelines for the Local Church, The Report of the Study Committee on Glossolalia (Tongues),* Adoptado por la Asamblea General de la Iglesia de Dios, Junio 1986, Anderson, Indiana. Publicado por Warner Press. Incluye seis líneas directrices generales para mantener el buen orden cuando trate con asuntos de adoración grupal.

Webber (ed.), *The Renewal of Sunday Worship (La Renovación de la Adoración Dominical)* (Nashville: Star Song Group, 1993), Vol. 3 en su volumen séptimo *Complete Library of Christian Worship (Librería Completa de Adoración Cristiana)*, y White, *Documents of Christian Worship: Descriptive and Interpretive Sources (Documentos de Adoración Cristiana: Fuentes Descriptivas e Interpretativas)* (Louisville: Westminster/John Knox, 1992). También, para estudios étnicos consulte: Melva Wilson Costen y Darius Leander Swann (eds.), "The Black Christian Worship Experience: A Consultation," ("La Experiencia de Adoración Negra Cristiana: Una Consulta") *The Journal of the Interdenominational Theological Center (El Diario del Centro Teológico Interdenominacional)* Vol. XIV, Núms. 1 y 2 (Otoño 1986/Primavera 1987), y Costen, *African American Christian Worship (Adoración Cristiana Afro-Americana)* (Nashville: Abingdon, 1993).

E. Santa Cena

Para un estudio de dos tradiciones diferentes de la Santa Cena en el Nuevo Testamento, uno enfatizando el gozo de la presencia del Señor y el otro su obra salvadora, consulte "The Meaning of the Lord's Supper in Primitive Christianity" ("El Significado de la Cena del Señor en la Cristiandad Primitiva") por Oscar Cullmann, en *Essays on the Lord's Supper (Ensayos sobre la Cena del Señor)*, trad. J. G. Davies (Atlanta: John Knox, 1958). En el mismo volumen hay una monografía útil titulada "Este Es Mi Cuerpo", por F. J. Leenhardt. Él escribe:

> Jesucristo escoge este pan para que sirva como una expresión de Su voluntad de que continúe Su presencia con Sus discípulos más allá de la separación. Él ya no será visto más, pero Su presencia continuará, y continuará siendo como hasta ahora, corporal. Pero la elección que Él hace de ello y la voluntad que Él expresa en referencia a ello, este pan se convierte en el órgano de expresión de Su persona y de su comunicación con otros, Su cuerpo (p. 42).

Para otro enfoque con las diferentes tradiciones de la Santa Cena en el Nuevo Testamento, vea el capítulo 3, "El Banquete del Nuevo Testamento: Mejorando en un Tema Común" en: Dennis E. Smith y Hal E. Taussig, *Many Tables: The Eucharist in the New Testament and Liturgy Today (Muchas Mesas: La Eucaristía en el Nuevo Testamento y la Liturgia Hoy)* (Philadelphia: Trinity Press International, 1990). Mientras que su aplicación al presente estado de la iglesia tiene, en mi punto de vista, graves fallas, su discusión del material del Nuevo Testamento en sí mismo es reveladora.

También consulte la sección de Eucaristía de *Baptism, Eucharist and Ministry, Faith and Order Paper No. 111 (Bautismo, Eucaristía y Ministerio, Artículo de la Fe y el Orden Núm. 111)* (Geneva: World Council of Churches, 1982). Otros recursos útiles son: Horton Davies, *Bread of Life and Cup of Joy (Pan de Vida y Copa de Gozo)* (Grand Rapids: Eerdmans, 1993); Alasdair I. C. Heron, *Table and Tradition (Mesa y Tradición)* (Philadelphia: Westminster, 1983); Joachim Jeremias, *The Eucharistic Words of Jesus, (Las Palabras Eucarísticas de Jesús)* trad. Norman Perrin (Philadelphia: Fortress, 1966);

Gary Macy, *The Banquet's Wisdom: A Short History of the Theologies of the Lord's Supper (La Sabiduría del Banquete: Una Breve Historia de las Teologías de la Cena del Señor)* (New York: Paulist, 1992); I. Howard Marshall, *Last Supper and Lord's Supper (Última Cena y la Cena del Señor)* (Grand Rapids: Eerdmans, 1980); Max Thurian, *The Mystery of the Eucharist: An Ecumenical Approach*, *(El Misterio de la Eucaristía: Un Enfoque Ecuménico)* trad. Emily Chisholm (Grand Rapids: Eerdmans, 1983).

Un libro de referencia que contiene artículos representativos generados dentro del movimiento de restauración—asociados con los nombres de Tomas y Alexander Campbel y que enfatiza la importancia de venir a la mesa del Señor cada Día del Señor— es Charles R. Gresham y Tom Larson, (eds.), *The Lord's Supper: Historical Writings on Its Meaning to the Body of Christ (La Cena del Señor: Escritos Históricos sobre Su Significado al Cuerpo de Cristo)* (Joplin: College Press, 1993).

Para un análisis teológico de un grupo que no da alta prioridad a la participación semanal, vea mi libro "The Lord's Supper and the Church of God," *Centering on Ministry* ("La Cena del Señor y la Iglesia de Dios", *Centrándose en el Ministerio*) publicado por El Centro de Estudios Pastorales, Anderson University School of Theology. Vol. 12, No. 3 (Primavera 1987), 2–4. También publicado bajo el título "A Thankful Review of Communion," ("Una Revisión Agradecida de la Comunión") *Vital Christianity*, Vol. 106, No. 18 (Noviembre 23, 1986), 10–12.

Para la dimensión escatológica de la Cena del Señor, consulte: Geoffrey Wainwright, *Eucharist and Eschatology (Eucaristía y Escatología)* (New York: Oxford University Press, 1981).

F. La Naturaleza Pública de la Adoración Grupal

Patrick R. Keifert, *Welcoming the Stranger: A Public Theology of Worship and Evangelism (Dando la Bienvenida al Extraño: Una Teología Pública de Adoración y Evangelismo)* (Minneapolis: Fortress, 1992).

Frank C. Senn, *The Witness of the Worshiping Community: Liturgy and the Practice of Evangelism (Los Testigos de la Comunidad Adoradora: Liturgia y la Práctica del Evangelismo)* (New York: Paulist, 1993).

G. Componentes de la Adoración

Para una consideración de varios componentes de los servicios de adoración, consulte: C. Welton Gaddy, *The Gift of Worship (El Regalo de la Adoración)* (Nashville: Broadman, 1992). En la Parte III, Gaddy diserta lo siguiente: reunión, alabanza, escuchar, orar, confesar, proclamar, cantar, ofrendar y retirarse.

H. Música

Fred R. Anderson, *Singing Psalms of Joy and Praise (Cantando Salmos de Gozo y Alabanza)* (Philadelphia: Westminster, 1982).

Friedrich Blume, *Protestant Church Music: A History (Música de la Iglesia Protestante: Una Historia)* (London: Victor Gollancz, 1975).

Harry Eskew and Hugh T. McElrath, *Sing with Understanding: An Introduction to Christian Hymnology (Cantar con Entendimiento: Una Introducción a la Himnología Cristiana)* (Nashville: Broadman, 1980).

DeVon W. Helbling, *A Story of Christian Song (Una Historia del Canto Cristiano)* (Portland, OR: Bible Press, 1991).

Donald P. Hustad, *Jubilate! Church Music in the Evangelical Tradition (Jubileo! Música en la Iglesia en la Tradición Evangélica)* (Carol Stream: Hope, 1981).

Calvin M. Johansson, *Discipling Music Ministry: Twenty-first Century Directions (Ministerio de Música del Discípulo: Instrucciones del Siglo Veintiuno)* (Peabody: Hendrickson, 1992).

James Rawlings Snydor, *Hymns and Their Uses: A Guide to Improved Congregational Singing (Himnos y Sus Usos: Una Guía para un Canto Congregacional Mejorado)* (Carol Stream: Agape, 1982).

Jan Michael Spencer, *Protest and Praise: Sacred Music of Black Religion (Protesta y Alabanza: Música Sagrada de la Religión Negra)* (Minneapolis: Fortress, 1990).

I. Lectura de las Escrituras

Thomas Edward McComiskey, *Reading Scripture in Public (Leyendo la Escritura en Público)* (Grand Rapids, 1991).

E. H. Van Olst, *The Bible and Liturgy (La Biblia y la Liturgia)*, trad. John Vriend (Grand Rapids: Eerdmans, 1991).

William H. Willimon, *The Bible: A Sustaining Presence in Worship (La Biblia: Una Presencia Sustentadora en la Adoración)* (Valley Forge: Judson, 1981).

J. Oración

Una teología práctica clásica de oración grupal es: Andrew W. Blackwood, *Leading in Public Prayer (Dirigiendo en Oración Pública)* (New York: Abingdon, 1958). Ejemplos magníficos de oraciones pastorales son aquellas por: James A. Jones, *Prayers for the People (Oraciones para el Pueblo)* (Richmond: John Knox, 1967) y James G. Kirk, *When We Gather (Cuando nos Reunimos)* (Philadelphia: Geneva, 1983, 1984).

22. El Pueblo que Ora

La relación más profunda del cristiano con Dios, su vínculo más fuerte con los demás, y su contribución más grande a la edificación del cuerpo de Cristo es la oración. Es nuestra forma de estar conectados a Dios para el bienestar del mundo; es el diseño de Dios para la asociación divina-humana; es la forma divina para que nosotros participemos en los planes celestiales para los propósitos terrenales. La oración es aquella actividad por la que vivimos a nuestro potencial completo como criaturas a la imagen de Dios. Como Como Eugene Peterson lo expresa: "El uso principal de la oración no es para expresarnos nosotros mismos, sino para convertirnos en nosotros mismos".[1]

Ocho Definiciones de Oración

En este capítulo consideraremos ocho definiciones de oración cristiana.

1. La oración como una Fuente que se Desborda

La Oración es una fuente que se desborda de alabanza, adoración y gratitud a Dios. Este es el tipo de oración que encontramos ofreciendo a María la madre de Jesús durante su visita con Elizabet. María "se turbó por" las palabras del ángel (Luc 1:29) acerca de ser escogida para la vocación especial de servir como la madre de nuestro Señor. Habiéndose sometido al plan divino, ella visitó a Elizabet, quien estaba embarazada de Juan el Bautista.

Cuando ambas mujeres se saludaron, el niño en el vientre de Elizabet "saltó de alegría" (v. 44), después de lo cual María ofreció una oración de júbilo—el así llamado "Magníficat", la primera palabra en la traducción hímnica al Latín—acerca de las obras poderosas de Dios (consulte Lucas 1:46–55). Ella expresó asombro del cuidado providencial de Dios quien la había sorprendido por su gracia divina, la había bendecido más allá de toda medida, y había derramado su favor en ella con tal abundancia que su alma no podía contenerlo. En respuesta agradecida, ella irrumpe con un texto poético de gratitud y de regocijo. "Engrandece mi alma al Señor; Y mi espíritu se regocija en Dios mi Salvador".

Este tipo de oración brota sin vacilación desde el alma. Uno no tiene que obligarse a sí mismo a hacerlo, pues viene tan naturalmente como respirar. El regocijo de María en la presencia de Dios fue como respuesta de la obra del Espíritu (1:35) fue guiada por la palabra divina (vv. 30–33) y fue en continuidad con la historia de la fe (vv. 32–33).

---

[1] Eugene H. Peterson, *Answering God: The Psalms As Tools for Prayer* (San Francisco: Harper, 1991), p. 19.

Cuando en el día de Pentecostés, los discípulos fueron llenos con el Espíritu Santo, Hechos 2:11 dice que los visitantes en Jerusalén les escucharon hablar en todos los idiomas representados ahí "las maravillas de Dios" (v. 11). Basados en todas las indicaciones, no fue una liturgia formal de oración, sino una erupción del amor de Dios; fue el brote del regocijo de los corazones reavivados por el Espíritu divino (2:4) y de las mentes armonizantes con la palabra divina (1:3) y de las voluntades entregadas a vivir en continuidad con la historia divina de la fe (1:4–8, 14; 2:1).

Este tipo de oración se convierte en una parte regular y dinámica de nuestra vida sólo hasta el grado que estemos abiertos al Espíritu y a la Palabra y abiertos al reto de vivir en flujo del plan de Dios. Sólo el Espíritu Santo puede hacer estallar nuestro corazón con alabanza; es solo el escuchar la Palabra de Dios lo que puede estimular nuestra mente con adoración; es sólo la conciencia de que esto es un momento divino en la historia y la voluntad de ser parte de ello lo que puede traernos al regocijo verdaderamente humilde. "El aliento que Dios nos da diariamente en Pentecostés es exhalado en nuestras oraciones 'diciendo en nuestro propio idioma las maravillas de Dios' ".[2]

2. La Oración es una Comunión Disciplinada

La oración es una comunión disciplinada con Dios. Encontramos esto en el nuevo modelo de oración que Jesús dio a sus discípulos, al que se le refiere comúnmente como la Oración del Señor o el "Padre Nuestro" (Mat. 6:9–13 y Lucas 11:2–4; consulte Para Consideración Adicional, Sección C). En Lucas, la oración fue dada después de que uno de los discípulos hace la petición, "Señor, enséñanos a orar, como también Juan enseñó a sus discípulos." (v.1).

Era una práctica común en los días de Jesús que los rabinos y otros líderes religiosos enseñaran a sus seguidores cómo organizar sus oraciones y dar instrucciones acerca de su contenido. Estas así llamadas "Oraciones Índice"[3] servían como guías para lo que se consideraban oraciones equilibradas.

En esta oración modelo, Jesús les da a sus discípulos un "índice" para la comunión disciplinada con Dios. Es incluir:

- El reconocimiento de que Dios es nuestro Padre celestial,

- el culto y adoración de Dios

- disposición y voluntad para el Reino y señorío de Dios.

---

2 Ibid., p. 60.
3 Un término utilizado por F. J. Burgess y D. B. Proudlove, *Watching unto Prayer* citado en Herbert Lockyer, *All the Prayers of the Bible* (Grand Rapids: Zondervan, 1979), p. 192.

- sumisión a la voluntad y propósitos de Dios,

- reconocimiento de nuestra dependencia en Dios para el suministro de nuestras necesidades diarias,

- humilde aceptación del perdón de Dios vinculado con nuestro perdón hacia otros,

- la solemne súplica por el cuidado de Dios cuando encontremos las tentaciones del diablo.[4]

Esto, entonces es el índice de nuestro Señor para una oración disciplinada. La mera repetición de palabras, sin embargo, no es suficiente. En vez de esto debemos cumplir la oración relatando sinceramente a Dios como padre amoroso, alabando y adorando fielmente a Dios, abriéndonos con confianza al reino celestial, confiando en someter nuestras vidas a Dios, genuinamente confiando en la provisión de Dios para nuestras necesidades diarias, creyendo incondicionalmente en que Dios perdona y espera que nosotros perdonemos a la gente, y contando con seguridad en Dios para mantenernos alejados de los engaños del diablo. La Oración del Señor no es una fórmula mágica para buena suerte, sino una guía para el tipo de vida de oración disciplinada que sus seguidores deben tener.

3. *La oración como el Flujo de Energía Divina*

La oración es el flujo de energía divina a las necesidades de los demás. Vemos esto preeminentemente en la vida de nuestro Señor quien fue capaz de hablar palabras de sanidad al enfermo y al afligido, brindándoles así fuerza y plenitud. Marcos 7:31–35 dice:

> Volviendo a salir de la región de Tiro, vino por Sidón al mar de Galilea, pasando por la región de Decápolis. Y le trajeron un sordo y tartamudo, y le rogaron que le pusiera la mano encima. Y tomándole aparte de la gente, metió los dedos en las orejas de él, y escupiendo, tocó su lengua; y levantando los ojos al cielo, gimió, y le dijo: Efata, es decir: Sé abierto. Al momento fueron abiertos sus oídos, y se desató la ligadura de su lengua, y hablaba bien.

Nuestro Señor, estando en perfecta comunión con el Padre celestial, fue el canal por el cual la energía sanadora fluyó en el cuerpo del hombre sordo, haciéndole sanar.

---

4 Para este esquema general estoy en deuda con Herbert Lockyer quien identifica siete voces en la oración en Mateo: (1) la Voz del Hijo "padre Nuestro que estás en el cielo" (2) la voz del Santo "Santificado sea tu nombre" (3) la Voz del Sujeto—"venta gu reino", (4) La Voz del Siervo "Hágase tu voluntad," (5) La Voz del Suplicante—"El pan nuestro de cada día, dánoslo hoy." (6) La Voz del Pecador—"Y perdónanos nuestras deudas" y (7) la Voz del Residente Temporal "Y no nos metas en tentación" op. cit., p. 192.

El gemido de Jesús del que se habla en el verso 34, es interesante en relación al gemido de oración mencionado en Romanos 8:26 donde Pablo se refiere al Espíritu Santo en nosotros que intercede por nosotros "con gemidos indecibles". Nuestro Señor gimió en su obra intercesora de la misma forma que el Espíritu Santo gime en obra intercesora a través de nosotros. Marcos, en su descripción de la obra intercesora de Jesús, dice que "levantando los ojos al cielo, gimió…" Luego, cuando Jesús habló palabras de gracia, la sanidad divina fluyó en el cuerpo del hombre sordo de modo que "Al momento fueron abiertos sus oídos, y se desató la ligadura de su lengua, y hablaba bien."

¿Cuál puede ser nuestro papel en tal oración? Incluso cuando no somos hijos eternos de Dios, ¿podemos, sin embargo, ser canales de oración a través de los cuales la energía divina fluya a las necesidades de otros? Hechos indica que podemos serlo. El capítulo 9 nos relata la historia acerca de Pedro yendo al pueblo de Jope donde una discípula llamada Tabita—su nombre en Arameo, y en griego, Dorcas—había muerto. Cuando llegó a la escena, sacó a todos los dolientes fuera del cuarto con lo cual él "se puso de rodillas y oró. y volviéndose al cuerpo, dijo: Tabita, levántate. Y ella abrió los ojos, y al ver a Pedro, se incorporó. Y él, dándole la mano, la levantó; entonces, llamando a los santos y a las viudas, la presentó viva." Pedro en oración se convirtió en el canal a través del cual la vida divina fluyó en el cuerpo de Tabita, levantándole de la muerte.

En el capítulo 28 encontramos otro ejemplo de este tipo de ocurrencia. Cuando Pablo, habiendo naufragado, se encontró en la isla de Malta, visitó a Publio, el hombre principal de la isla, cuyo padre estaba enfermo con fiebre y disentería. El versículo 8 dice que "y entró Pablo a verle, y después de haber orado, le impuso las manos, y le sanó." El versículo 9 dice: "Hecho esto, también los otros que en la isla tenían enfermedades, venían, y eran sanados".

En ambas instancias la oración fue el flujo de energía divina para las necesidades de los demás. Qué tan fuerte es este flujo se indica en otros dos relatos notables. Hechos 5:15 cuenta acerca de que la gente traía a los enfermos y los ponían en camas y lechos "para que al pasar Pedro, a lo menos su sombra cayese sobre alguno de ellos." El mismo tipo de fenómeno tuvo lugar en relación a la vida de oración de Pablo. De acuerdo a Hechos 19:11–12 "Y hacía Dios milagros extraordinarios por mano de Pablo, de tal manera que aun se llevaban a los enfermos los paños o delantales de su cuerpo, y las enfermedades se iban de ellos, y los espíritus malos salían."

Por supuesto, este tipo de fenómenos puede ser falsificado. Jesús dice en Mateo 7:15–16ª, "Guardaos de los falsos profetas, que vienen a vosotros con vestidos de ovejas, pero por dentro son lobos rapaces. Por sus frutos los conoceréis." Algunos que dieron la apariencia de tener el mismo tipo de poder divino del que se habla en Hechos no llevaron el fruto de Cristo. Mientras que parecían realizar milagros, la forma en que vivían no se conformaba al patrón del discipulado humilde. En vez de estar bajo la disciplina de Cristo y su iglesia, ellos son independientes de toda autoridad bíblica y funcionan como manipuladores independientes de lo milagroso para ganancia personal, popularidad e interés personal. Son lobos tras pieles de ovejas.

Todos los cristianos, sin importar su popularidad o estátus, serán medidos por Gálatas 5 que enumera las obras de la carne como "adulterio, fornicación, inmundicia, lascivia, idolatría, hechicerías, enemistades, pleitos, celos, iras, contiendas, disensiones, herejías, envidias, homicidios, borracheras, orgías, y cosas semejantes a estas;" Tales personas, dice el apóstol, "no heredarán el reino de Dios". Las obras de la carne son la evidencia de que las personas no son de Dios.

En cambio, el fruto del Espíritu verifica si son de Dios: "amor, gozo, paz, paciencia, benignidad, bondad, fe, mansedumbre, templanza" Mientras que Pablo se refiere a las obras (plural) de la carne, él se refiere al fruto (singular) del Espíritu. Cualquiera de las obras lo identifica a uno como que no es de Dios, pero ser verdaderamente del Espíritu significa que todas las características del fruto están en evidencia, por lo que todas son una sola pieza.

Asumiendo lo precedente acerca del fruto del Espíritu, nos sentimos libres, por lo tanto, de sostener que los discípulos fieles verdaderos, caracterizados por el fruto del Espíritu, deben ser canales de poder milagroso divino de modo que otras personas experimenten un cambio positivo cuando estén en su presencia. ¿Alguien quiere que le toque aunque sea nuestra "sombra" como lo hicieron con Pedro? ¿Hacemos alguna diferencia positiva en los "oriundos de Malta" del modo que Pablo lo hizo? Todo depende de si nuestra vida de oración está inspirada por el Espíritu Santo, está fundamentada en la palabra bíblica, y está en continuidad con la obra de Dios a través del pueblo de Dios. Ese es el secreto de ser conductos del poder sanador y ayudador de Dios.[5]

4. La Oración como la Lucha del Alma

La Oración es la Lucha del alma en relación a Dios.[6] Génesis 32:22–32 nos cuenta acerca de que Jacob peleó con un divino emisario en Peniel. En el versículo 28, el emisario le dice "No se dirá más tu nombre Jacob, sino Israel; porque has luchado con Dios y con los hombres, y has vencido." De hecho, en la lucha entre Jacob y el emisario divino, el encaje de su muslo fue descoyuntado ocasionándole que saliera de Peniel cojeando.

La oración no siempre es un asunto agradable. A veces nos deja renqueando. En Job, encontramos otro hombre quien en una poderosa lucha del alma, desarrolló una "cojera"; en 42:6 él dice ""Por tanto me aborrezco, Y me arrepiento en polvo y ceniza."

Los Salmos contienen muchos ejemplos de este tipo de oración. Por ejemplo, el Salmo 88 es de principio a fin una expresión para oración de un alma en lucha. Los versículos 1–3 dicen: "Oh Jehová, Dios de mi salvación, Día y noche clamo delante de ti. Llegue mi oración a tu presencia; Inclina tu oído a mi clamor. Porque mi alma está hastiada de males, Y mi vida cercana al Seol." La oración termina con un "cojeo"

---

5 Para una crítica filosófica e histórica de la idea del milagro, vea Colin Brown, *Miracles and the Critical Mind* (Grand Rapids: Eerdmans, 1984).
6 Consulte Donald G. Bloesch, *The Struggle of Prayer* (San Francisco: Harper and Row, 1980).

espiritual en el versículo 18 cuando el salmista dice a Dios "Has alejado de mí al amigo y al compañero, Y a mis conocidos has puesto en tinieblas."

En el Nuevo Testamento, encontramos el mismo tipo de oración. Tanto María como José lucharon con Dios acerca de las circunstancias inusuales que rodearon su embarazo (consulte Mat. 1:18–25 y Lucas 1:26–38); después del nacimiento de Jesús, ellos continuaron luchando con Dios acerca qué hacer acerca del intento de Herodes de matar a su hijo (consultar Mat. 2:13–23).

Sin embargo, es preeminentemente nuestro Señor quien experimentó esta clase de oración. La noche antes de que fuera crucificado, él clamó mientras luchaba en Getsemaní, diciendo "Padre mío, si es posible, pase de mí esta copa; pero no sea como yo quiero, sino como tú." (Mat. 26:39). Le dijo a sus discípulos, "Mi alma está muy triste, hasta la muerte" (v. 38). El siguiente día, la lucha continúa en la cruz cuando en el momento más oscuro de la historia humana, Jesús clamó "Dios mío, Dios mío, ¿por qué me has desamparado?" (27:46).

Incluso cuando Jacob dejó Peniel cojeando con su cadera descoyuntada, aún así nuestro Señor fue herido en medio de la más trascendental lucha desde el inicio del tiempo, y él también tiene marcas para mostrarlo. Cuando Tomás dudó de que Cristo había en verdad resucitado de los muertos, Jesús extendió sus manos y le mostró las cicatrices de los clavos, con lo cual Tomás clamó "¡Señor mío y Dios mío!" (Juan 20:28). Fueron las heridas sufridas en la lucha lo que le llevó a Tomas a la fe.

Encontramos otro ejemplo de este tipo de oración en 2ª Corintios 12 donde Pablo habla de su aguijón en la carne. Los versículos 8 y 9 describen su lucha: "respecto a lo cual tres veces he rogado al Señor, que lo quite de mí. Y me ha dicho: Bástate mi gracia; porque mi poder se perfecciona en la debilidad." De esta forma, Pablo, como su Señor sabían que la oración era entre otras cosas, también la lucha del alma humana con Dios. En su vida de oración, él estuvo mucho en compañía con María y José y con el atribulado salmista y con el antepasado Jacob quien terminó cojeando.

Él estaba en comunión de oración con Job y todos los demás que luchan poderosamente en oración. Él se dio cuenta que de vez en cuando estas luchas nos dejan cojeando, gimiendo, y quizá incluso crucificados por aras del Reino. De hecho algunas veces la lucha es tan grande que no podemos clasificarla lo suficientemente bien incluso para describirla con palabras. La oración en esos tiempos es simplemente la angustia sin palabras del alma en la presencia de Dios, como en Romanos 8:26–27:

> Y de igual manera el Espíritu nos ayuda en nuestra debilidad; pues qué hemos de pedir como conviene, no lo sabemos, pero el Espíritu mismo intercede por nosotros con gemidos indecibles. Mas el que escudriña los corazones sabe cuál es la intención del Espíritu, porque conforme a la voluntad de Dios intercede por los santos.

5. La Oración como la Mente Buscando la Mente de Dios

La Oración: la mente humana buscando la mente de Dios. Santiago 1:5–8 dice:

> Y si alguno de vosotros tiene falta de sabiduría, pídala a Dios, el cual da a todos abundantemente y sin reproche, y le será dada. Pero pida con fe, no dudando nada; porque el que duda es semejante a la onda del mar, que es arrastrada por el viento y echada de una parte a otra. No piense, pues, quien tal haga, que recibirá cosa alguna del Señor.

Incluso cuando Dios nos dará sabiduría celestial "abundantemente y sin reproche", para tenerla, debemos "pedir con fé". En Santiago, lo opuesto a la fe es la duda. La duda es un asunto de venir a Dios con doble ánimo. Aquellos que se acercan a Dios y no están muy seguros de si Dios existe, e incluso si fuera el caso, no están seguros si Dios en verdad responde la oración, e incluso si por casualidad Dios contestara, no están convencidos de que ellos son lo suficientemente importantes para que la divina voluntad se de a conocer a ellos, e incluso si Dios hace que se conozca su voluntad divina, ellos se preguntan si serán buenas noticias o malas—aquellos que se acercan a Dios de esta forma no debe pensar que "recibirá cosa alguna del Señor".

En Mateo 7:7–8, Jesús dice:

> Pedid, y se os dará; buscad, y hallaréis; llamad, y se os abrirá. Porque todo aquel que pide, recibe; y el que busca, halla; y al que llama, se le abrirá.

Hay momentos cuando la oración es principalmente un asunto de sentimientos agotados, y otras veces que es un asunto de una mente inquisitiva. La primera es Dios orando a través de nosotros; la segunda es Dios hablando a través de nosotros La primera es el alma en un estupor; la segunda es el alma en perplejidad. La primera es la oración como último recurso; la segunda es la oración de opción inicial. La primera tiene que ver con el sentimiento de que no hay opciones; la segunda con el deseo de conocer qué opción. Cualquiera que sea el caso en cualquier momento en particular, podemos estar seguros de que Dios siempre está desando reunirse con nosotros cuando venimos con una intensión de espíritu sincera y serias. Jesús nos enseñó que tenemos la "necesidad de orar siempre, y no desmayar" (Lucas 18:1).

6. La Oración como una Intercesión[7]

La oración es intercesión a Dios a nombre de otros. En un sentido general, interceder es ponernos nosotros mismos en el lugar de otros y rogar por su caso ante aquel que

---

7 Para un tratamiento útil en este tema, vea el capítulo titulado "Represented by Counsel (Intercession)" en: Charles Ewing Brown, *The Way of Prayer* (Anderson, Ind: Warner Press, 1940), pp. Pág. 135.También, el clásico, Andrew Murray, *The Ministry of Intercession* (New York: Revell, 1898).

puede ayudarlos. En la oración de intercesión, por lo tanto, se hace una apelación a Dios que pueda hacer una diferencia para bien.

En Marcos 2 tenemos un ejemplo de intercesión promulgada. Jesús había regresado a Capernaúm. Al escuchar que había regresado, una gran multitud se reunión en la casa donde se estaba quedando. Los versículos 3–5 dicen:

> Entonces vinieron a él unos trayendo un paralítico, que era cargado por cuatro. Y como no podían acercarse a él a causa de la multitud, descubrieron el techo de donde estaba, y haciendo una abertura, bajaron el lecho en que yacía el paralítico. Al ver Jesús la fe de ellos, dijo al paralítico: Hijo, tus pecados te son perdonados.

Más tarde en el versículo 11, le dijo al mismo hombre "Levántate, toma tu lecho, y vete a tu casa." El versículo 12 dice que "Entonces él se levantó en seguida, y tomando su lecho, salió delante de Todos..."

Eso fue una oración de intercesión en acción. Aquellos que trajeron al paralítico estaban convencidos que Jesús lo podría sanar; Por lo tanto, hicieron para él lo que él no podía hacer por sí mismo. Fueron persistentes acerca de traerlo a la presencia de Jesús, tanto que cuando no pudieron obtener entrada a través de la puerta, hicieron una abertura en el techo. Ellos tenían fe, hicieron el trabajo, y fueron los intercesores; el paralítico fue el beneficiario de su fe y de la gracia del Señor.

Mateo 4:24 apunta a sus intercesores cuando dice, "Y se difundió su fama por toda Siria; y le trajeron todos los que tenían dolencias, los afligidos por diversas enfermedades y tormentos, los endemoniados, lunáticos y paralíticos; y los sanó." Mucha gente necesitada fue satisfecha debido a que una compañía de intercesores los trajo al Señor para su toque compasivo. La fe intercesora vinculada con la gracia sanadora de Cristo hicieron la diferencia.

Es básico para todo nuestro trabajo como discípulos venir al Señor para interceder a nombre de aquellos en necesidad de su poder de salvación, cuidado y sanidad. En Efesios 1:19, Pablo habla de la "y cuál la supereminente grandeza de su poder para con nosotros los que creemos" El versículo 20 dice que el poder de su fuerza [de Dios] "operó en Cristo, resucitándole de los muertos y sentándole a su diestra en los lugares celestiales," Su argumento es que el poder que levantó a Jesús de los muertos es nuestro a través de la fe en Él. Más aún, de acuerdo a 2:18 tenemos acceso a la fuente divina de su poder de resurrección, y 3:12 dice que podemos venir a Dios "en quien tenemos seguridad y acceso con confianza por medio de la fe en él [Jesucristo]".

Los cristianos tenemos el privilegio de participar en la divina comunión de la intercesión—una comunión que consiste de Jesucristo quien intercede a la diestra de Dios (consulte Rom. 8:34), y el Espíritu Santo que intercede desde aquellos que creen (consulte Rom. 8:26–27). Tenemos el privilegio de unir esta comunión intercesora para interceder por otros.

Santiago 5:13–16 refleja la importancia de esta obra intercesora en la vida de la iglesia del primer siglo. Los enfermos fueron instruidos a llamar a los enfermos en la iglesia para ungirlos con aceite en el nombre del Señor y hacer la oración de fe en su nombre.[8]

La oración intercesora cristiana tiene lugar de la mano con Jesucristo, y de la mano con el Espíritu Santo, y de la mano con la hermandad mundial de creyentes quienes están comprometidos con la misma obra intercesora del Reino. Mientras que Jesucristo está en el lugar de gran poder y el Espíritu Santo está en el lugar de gran necesidad, nosotros estamos en el lugar de gran fe. Esta comunión intercesora lleva a cabo una bendición celestial para beneficio terrenal. En este pacto divino, Cristo, el Espíritu, y los creyentes reúnen el poder definitivo, la necesidad más profunda, y la fe más sincera; este es el secreto de la oración contestada. Las oraciones son respondidas en virtud de la "y cuál la supereminente grandeza de su poder" (Ef. 1:19) ligado con el "intercede por nosotros con gemidos indecibles" (Rom. 8:26) en conjunto con nuestra "seguridad y acceso con confianza por medio de la fe en él;" (Ef. 3:12)

Probablemente la reunión de oración intercesora más grande de la historia comenzó el día 27 de Agosto de 1727, cuando 24 hombres y 24 mujeres de Moravia acordaron pasar una de cada 24 horas en oración intercesora. Dentro de un poco de tiempo, la membresía completa de la iglesia en Moravia se agregó a esta práctica, llamándola la "Intercesión de una Hora", la cual continuó por más de cien años. John Wesley fue influenciado grandemente por los intercesores de Moravia durante una tormenta en el mar en su ruta a Georgia para un servicio misionero. Y fue en la reunión de Moravia en la Calle Aldersgate en Londres el 24 de Mayo de 1738 que él sintió su corazón "extrañamente ardiente". Este periodo de oración intercesora concertada tuvo como acontecimientos paralelos un gran alcance misionero, reavivamiento espiritual y testimonio social.

7. La Oración como una Petición a Dios

La oración es petición a Dios de nuestras necesidades. La oración de petición que es realmente cristiana pide a Dios por lo que estamos convencidos que está de acuerdo con la voluntad divina. Es generosa en espíritu en el sentido que tales necesidades personales sean puestas en oración en conjunto con la preocupación por el bienestar de los demás.

El Nuevo testamento enseña lo siguiente acerca de la oración de petición: *Primero, que Dios conoce lo que necesitamos incluso antes de que lo pidamos.* En Mateo 6:7–8, nuestro Señor dice:

> Y orando, no uséis vanas repeticiones, como los gentiles, que piensan que
> por su palabrería serán oídos. No os hagáis, pues, semejantes a ellos;
> porque vuestro Padre sabe de qué cosas tenéis necesidad, antes que
> vosotros le pidáis.

---

8 Consulte: Morris Maddocks, *The Christian Healing Ministry* (London: SPCK, 1981), pp. 88ff., 116ff.

Nuestras oraciones no tiene que ser documentos detallados con todas las especificaciones expresadas de lo que necesitamos exactamente y porqué lo necesitamos. No tenemos que ser expertos en componer largos ensayos de solicitudes. En nuestras vidas diarias frecuentemente tenemos que gastar una gran cantidad de tiempo y energía exponiendo nuestro caso a otras personas con la esperanza de que nos darán lo que pensamos que necesitamos, pero no es así con Dios. Primero, que Dios conoce lo que necesitamos incluso antes de que lo pidamos.

En segundo lugar, Dios quiere que pidamos lo que es bueno. En Mateo 7:11, Jesús dice "Pues si vosotros, siendo malos, sabéis dar buenas dádivas a vuestros hijos, ¿cuánto más vuestro Padre que está en los cielos dará buenas cosas a los que le pidan?" Podemos tomar de esto que si preguntamos algo que no nos es otorgado, debe ser porque no es bueno para nosotros.

En tercer lugar, debemos pedir en el nombre de Jesús. Juan tiene mucho que decir acerca de esto. En 14:13–14 Jesús dice "Y todo lo que pidiereis al Padre en mi nombre, lo haré, para que el Padre sea glorificado en el Hijo." Si algo pidiereis en mi nombre, yo lo haré". Pedir en el nombre de Jesús no es un asunto de usar su nombre como un fetiche mágico. En vez de eso, debe ser armonizado a la vida de Cristo que nuestros corazones estén en uno con este corazón, nuestras mentes con su mente, nuestros propósitos con sus propósitos, y nuestros deseos con sus deseos. Pedir en el nombre de Cristo requiere que estemos en armonía espiritual con Él; Significa que pidamos por lo que Dios desea completar a través de nosotros como personas comprometidas con la continuación del ministerio encarnacional de Jesucristo.

Todo esto, por supuesto, supone que somos pámpanos vivos de la vid de Cristo de las cuales se habla en Juan15. El versículo 7 dice "Si permanecéis en mí, y mis palabras permanecen en vosotros, pedid todo lo que queréis, y os será hecho". Pedir en el nombre de Cristo es pedir como alguien que está permaneciendo en Cristo y a través de quien, por lo tanto, la vida de Cristo está fluyendo. Si no somos miembros de la vid de Cristo, el hecho de meramente añadir las palabras "en el nombre de Jesús" al final de la oración petitoria no tiene ningún poder en absoluto. Orar en el nombre de Jesús es orar bajo el peso de su cruz; es orar con el abandono en Getsemaní "no se haga mi voluntad sino la tuya"; y en ocasiones es orar inclusive como Él lo hizo en la cruz cuando clamó, "Dios mío, Dios mío, ¿por qué me has desamparado?"

Debemos recordar, empero, que la historia de Jesús continúa en la mañana del domingo de resurrección. Por lo tanto, orar en el nombre de Jesús también es orar en el poder de la resurrección—poder que pudo derrotar al mal, poder que da nacimiento a la novedad de vida, poder que trae sanidad y plenitud.

La cuarta lección acerca de la oración petitoria es que no tenemos porque no pedimos. Santiago trata con este asunto cuando en el capítulo él habla acerca de los deseos egoístas del pueblo cristiano. Ellos trabajan fervientemente para tener aquellos deseos gratificados y para propósitos malvados. Al condenarlos por tales avaricias, los llama "almas adúlteras" (v. 4). Él dice: "no tenéis lo que deseáis, porque no pedís. Pedís, y no recibís, porque pedís mal, para gastar en vuestros deleites." A menudo no tenemos lo que es bueno porque no lo pedimos; estamos demasiado ocupados pidiendo lo que es egoísta. La voluntad de Dios es que nosotros tengamos lo que es bueno, pero Dios quiere que *nosotros* lo deseemos.

8. La Oración como una Comunión Vigilante con el Señor

La oración es una comunión vigilante con el Señor, y dicha comunión evita que caigamos en tentación. La noche anterior a su crucifixión, nuestro Señor dijo a los discípulos: "Velad y orad, para que no entréis en tentación; el espíritu a la verdad está dispuesto, pero la carne es débil." (Marcos 14:38). Más tarde esa noche, los discípulos abandonaron a su Señor (v. 50), y Pedro abiertamente lo negó (vv. 66–72).

Velar y orar es un trabajo; necesitamos más que simplemente tener unas intenciones espirituales nobles acerca de no caer en la tentación. Sin duda, Pedro, en la noche del arresto de Jesús, expresó nobles intenciones acerca de no abandonarlo pero el problema fue que ni el ni los otros estuvieron velando y orando. Estaban demasiado rendidos para estar vigilantes espiritualmente.

Pablo dice que debemos orar sin cesar (1ª Tes. 5:17) y luego, unos versículos más tarde, nos exhorta a "Examinadlo todo; retened lo bueno. Absteneos de toda especie de mal." Vivir esa clase de vida es descubrir lo que significa que orar sea una comunión vigilante con el Señor; necesita orar sin cesar. Sólo de esta manera los discípulos no caerán en tentación.

Conclusión

La vida de oración es multidimensional. El problema es que algunos de nosotros queremos una o más dimensiones, pero no todas ellas. Por ejemplo quizá queramos experimentar la oración como el flujo de energía divina a otros pero no la oración como la batalla del alma. Esto es negar la plenitud de la vida de oración a la cual somos llamados. Tal negación inevitablemente lleva a una experiencia de oración por debajo del estándar cristiano. Todos los discípulos de nuestro Señor son llamados a una vida de oración completa tanto con la efervescencia de su poder y con la trepidación de sus luchas. En una vida oración completa experimentamos la tregua y el reto, el gozo y la angustia, confianza y preguntas, conocidos y desconocidos, luz y tinieblas. Jesús nos invita a la vida de oración en toda su plenitud.

Tener una vida de oración que sea agradable a Dios es tener nuestros ojos abiertos a la gloria de Dios; es preocuparse acerca de todo el mundo de Dios; es estar conectado con recursos más allá de nuestros recursos humanos; es estar unidos con Dios y con las personas más allá de nuestras ubicaciones inmediatas. Es estar en una posición para ser sorprendidos por Aquel a quien Pablo oraba en Efesios 3:20–21: "Y a Aquel que es poderoso para hacer todas las cosas mucho más abundantemente de lo que pedimos o entendemos, según el poder que actúa en nosotros, a él sea gloria en la iglesia en Cristo Jesús por todas las edades, por los siglos de los siglos. Amén."

Para Consideración Adicional

A. Histórica

Roberta C. Bondi, *To Pray and Love: Conversations on Prayer with the Early Church (Orar y Amar: Conversaciones sobre la Oración con la Iglesia en sus Inicios)* (Minneapolis: Fortress, 1991).

Joseph A. Jungmann, *Christian Prayer Through the Centuries (La Oración Cristiana a Través de los Siglos)*, trad. John Coyne (New York: Paulist, 1978).

Perry LeFevre, *Understandings of Prayer (Entendiendimientos de la Oración)* (Philadelphia: Westminster, 1981). Introducciones de varios puntos de vista de teólogos acerca de la oración, incluyendo: Karl Barth, Paul Tillich, Dietrich Bonhoeffer, Karl Rahner, y Abraham J. Heschel.

A. L. Lilley, *Prayer in Christian Theology: A Study of Some Moments and Masters of the Christian Life from Clement of Alexandria to Fénelon (Oración en la Teología Cristiana: Un Estudio de Algunos Momentos y Maestros de la Vida Cristiana desde Clemente hasta Alexandria, hasta Fenelon)* (London: Student Christian Movement, 1925).

William O. Paulsen, *Rules for Prayer (Reglas para Orar)* (New York: Paulist, 1993). Una introducción a las varias "reglas para orar" desarrolladas a través de la historia Cristiana.

Robert L. Simpson, *The Interpretation of Prayer in the Early Church (La Interpretación de la Oración en la Iglesia en sus Inicios)* (Philadelphia: Westminster, 1965).

B. Clásicos Teológicos del Siglo Veinte

E. M. Bounds, *Purpose in Prayer (Propósito en la Oración)* (New York: Revell, 1920).

George Arthur Buttrick, *Prayer (La Oración)* (New York: Abingdon-Cokesbury, 1942).

Albert Edward Day, *Existence Under God (Existencia Bajo Dios)* (New York: Abingdon, 1958).

P. T. Forsyth, *El Alma de la Oración* (London: Independent, 1954).

O. Hallesby, *Prayer (La Oración)*, trad. Clarence J. Carlsen (Minneapolis: Augsburg, 1939).

Georgia Harkness, *Prayer and the Common Life (La oración y la Vida Común)* (New York: Abingdon-Cokesbury, 1955).

James Hastings, *The Christian Doctrine of Prayer (La Doctrina Cristiana de la Oración)* (Edinburgh: T. y T. Clark, 1915).

C. La Oración del Señor

Karl Barth, *Prayer According to the Catechisms of the Reformation (La Oración de Acuerdo con los Catecismos de la Reforma)*, trad. Sara F. Terrien (Philadelphia: Westminster, 1952).

Joachim Jeremias, *The Prayers of Jesus (Las Oraciones de Jesús)*, varios traductores (Naperville: Allenson, 1967).

Daniel L. Migliore (ed.), *The Lord's Prayer: Perspectives for Reclaiming Christian Prayer (La Oración del Señor: Perspectivas para Reclamar la Oración Cristiana)* (Grand Rapids: Eerdmans, 1993).

23. El Pueblo que Lava los Pies

Juan 13:1–20 nos relata acerca de Jesús lavando los pies a sus discípulos—una condenación decretada a la forma de vida de Judas, una dramática lección para los discípulos de Jesús acerca de el enfoque divino a la vida, y el establecimiento de una observancia litúrgica para renovación espiritual.

Condenación Promulgada

El contexto histórico de lo que hizo Jesús en Juan 13 es el pecado de Judas Iscariote. Judas había permitido que sus propias ideas acerca de la salvación llevaran las de ganar. Convencido de que Jesús era un impostor en vez del verdadero portador de la salvación, tomó las cosas en sus propias manos, y así se colocó a sí mismo por encima de la autoridad de Jesús. Al hacer esto, él traicionó a su Señor. Judas se rehusó a someterse a Jesús así como Jesús se había sometido a sí mismo a su Padre celestial.

El plan de redención de Dios dependía de una subordinación con amor y confianza. Para el Verbo eterno (Juan 1:1,14) el insistir en su propia manera hubiera sido contrario a la naturaleza divina, y de manera similar, para un discípulo del Verbo encarnado el insistir en su propia manera era antiético al divino plan, también.

La condenación a la insubordinación de Judas que hizo Jesús, se difunde por todo el capítulo. Es su compromiso espiritual el que se introduce a la narrativa acerca de Jesús lavando los pies:

> Y cuando cenaban, como el diablo ya había puesto en el corazón de Judas Iscariote, hijo de Simón, que le entregase, sabiendo Jesús que el Padre le había dado todas las cosas en las manos, y que había salido de Dios, y a Dios iba, se levantó de la cena, y se quitó su manto, y tomando una toalla, se la ciñó. Luego puso agua en un lebrillo, y comenzó a lavar los pies de los discípulos, y a enjugarlos con la toalla con que estaba ceñido. [Juan 13:2–5].

El asunto del pecado de Judas figura también en los versículos 10–11. Cuando en respuesta a Pedro, Jesús dice que no todos ellos están limpios, Juan explica que Él se está refiriendo a Judas. El asunto de Judas figura también en los versículos 16–30 cuando, después del lavamiento de los pies de sus discípulos, Jesús en su comentario explicatorio dice:

> De cierto, de cierto os digo: El siervo no es mayor que su señor, ni el enviado es mayor que el que le envió. Si sabéis estas cosas, bienaventurados seréis si las hiciereis. No hablo de todos vosotros; yo sé a

quienes he elegido; mas para que se cumpla la Escritura: El que come pan conmigo, levantó contra mí su calcañar. Desde ahora os lo digo antes que suceda, para que cuando suceda, creáis que yo soy.

Los versículos 21–30 proceden a decirnos acerca de la participación de Judas en el pan ofrecido por Jesús, con lo cual Judas sale para llevar a cabo sus planes para la traición.

Judas actúa como si el servidor fuera mayor que el maestro, y el mensajero mayor que el que lo envió. Esta actitud es tan diametralmente opuesta a la propia relación de Jesús con su Padre celestial, de quien él es siervo hasta la salvación, qué el tiene que ser abierta y decisivamente condenado. Jesús promulga la verdad que Judas rechaza, a saber, que "El siervo no es mayor que su señor, ni el enviado es mayor que el que le envió.". Al hacer esto él también promulga su condenación de la manera de vivir de Judas. Tal y como Jesús estuvo en sumisión a su Padre celestial como siervo hasta la salvación, así también sus discípulos deben someterse a sí mismos a él en el papel de Siervo para el mismo propósito.

Lección Dramática

Entretejido con la condenación del modo de vivir de Judas está la dramática demostración de la forma en que su pueblo debe vivir. Ellos deben estar dispuestos a poner a un lado su disfraz de respetabilidad en aras de la obra redentora de Dios en el mundo. El mensaje en Juan 13 es que sus discípulos deben tener cuidado de que ellos no sigan el camino de Judas de no ser servidores, sino más bien seguir el camino de Jesús. Rudolf Schnackenburg escribe:

> Los discípulos tienen que entender la acción de Jesús como el acto
> deliberado de humillación de su Maestro, de manera que él pretende darles
> un ejemplo de servicio humilde... . La obligación de los discípulos de
> realizar un servicio similar entre ellos sigue de la acción del Señor y
> Mestro.[1]

Filipenses 2:1–11 es un paralelo Paulino a este tema de Juan acerca del servicio de Jesús hacia la salvación. De acuerdo con los versículos 6–8, él es el que

> el cual, siendo en forma de Dios, no estimó el ser igual a Dios como cosa a
> que aferrarse, sino que se despojó a sí mismo, tomando forma de siervo,
> hecho semejante a los hombres; y estando en la condición de hombre, se
> humilló a sí mismo, haciéndose obediente hasta la muerte, y muerte de
> cruz.

En la encarnación Jesús se desvistió a sí mismo de su gloria celestial para entrar en la vida humana terrenal; él "se despojó a sí mismo, tomando forma de siervo" En Juan 13

---

[1] Rudolf Schnackenburg, *The Gospel According to St. John:* Volume Three, Comentario en capítulos 13–21 (New York: Crossroad, 1982), p. 23f.

vemos la dramática demostración de Jesús de la encarnación en aras de la redención: Él "se levantó de la cena [lugar de dignidad], y se quitó su manto [señal de dignidad], y tomando una toalla, se la ciñó [señal de servidor]." (v.4) y "comenzó a lavar los pies de los discípulos, y a enjugarlos con la toalla con que estaba ceñido. [acto de servidor]" (v.5). Como lo explica George R. Beasley-Murray:

> El lavamiento de pies es visto correctamente como denotando el *katabasis,* el 'descenso' del Verbo... . [el cual] es un descenso hacia la muerte de cruz, que el mundo puede ser liberado del pecado—su profanación, culpabilidad y esclavitud, y ser liberado para la vida en el Reino, lo cual conlleva la adopción del patrón de servicio mostrado en el Redentor.[2]

La promulgación de Jesús también es una promulgación de resurrección y ascensión. Su confianza en el plan divino para un ascenso victorioso después del descenso encarnacional es indicado en el versículo 1: "sabiendo Jesús que su hora había llegado para que pasase de este mundo al Padre". La misma confianza es expresada en el versículo 3: "sabiendo Jesús que el Padre le había dado todas las cosas en las manos, y que había salido de Dios [en un descenso encarnacional], y a Dios iba [el ascenso victorioso]". Sabiendo esto, él actuó no sólo en el descenso encarnacional y la crucifixión, mediante el quitarse el manto y lavar los pies, sino también la resurrección y ascenso victoriosos al ponerse de nuevo el manto y regresar a la mesa, el lugar de respeto.

A. M. Hunter, así como otros, ve un paralelo entre la acción de aquí y el acto sacrificial del buen Pastor en el capítulo 10: "Considere ... los verbos que Juan utiliza para describir las acciones de Jesús. Jesús 'se quitó su manto' y después de lavar los pies 'tomó su manto, volvió a la mesa'. Estos son los verbos que el buen Pastor usó para su muerte y resurrección (10:11, 15, 17f)."[3] La dramática lección acerca del descenso, sin embargo, es lo que sobresaltó a Pedro. Encontró que le era difícil reconocer a su Señor en un papel de criado marcado por ceñirse con una toalla, la marca de un esclavo. Edwyn Hoskyns explica porqué la acción que Jesús tomó era tan sorpresiva, al menos para Pedro:

> Lavar los pies de sus amos era una tarea que pertenecía a los esclavos (1 Sam. 25:41). De acuerdo a la enseñanza rabínica, los esclavos de

---

2 George R. Beasley-Murray, John, Vol. 36 in *Word Biblical Commentary* (Waco: Word, 1987), p. 239.

3 A. M. Hunter, *The Gospel According to John* (Cambridge: University Press, 1965), p. 134.

Raymond E. Brown dice que "un deliberado paralelo no está descargado" entre el uso de *tithēmi*, para indicar que se quitó y el manto, en el v.4 y su uso en 10:11, 15, 17, 18, y el uso de *lambanō*, para indicar ponérselo de nuevo, en v. 12 y su uso en 10:17, 18. *The Gospel According to John* (*El Evangelio Según Juan*) (XIII-XXI) en *The Anchor Bible* (*La Biblia del Ancla*) (London: Geoffrey Chapman, 1971), p. 551. También, vea su extenso tratado de varias interpretaciones de este pasaje completo así como la suya propia, esp. pp. 558–572.

Edwyn Clement Hoskyns: "En el Griego, las palabras *dejó a un lado su manto* y las palabras correspondientes en v. 12 *se quitó el manto*, son sorprendentemente significativas, ya que los verbos *dejar a un lado* y *tomar* han sido utilizados previamente con referencia a la muerte y resurrección de Jesús … (10:17, 18, cf. 11, 15, 13:37, 38, 15:13; 1ª Juan 3:16)." *The Fourth Gospel* (*El Cuarto Evangelio*), Vol. II (London: Faber and Faber, 1950), p. 512.

nacimiento Judío no eran obligados a realizar este acto de servidumbre, puesto que se esperaba que las esposas lavaran los pies de sus maridos.[4]

Consecuentemente, Jesús conmocionó a los discípulos en dos puntos, primero, en que ni siquiera los esclavos Judíos tenían que realizar tal tarea—por lo tanto, ciertamente no se esperaba de Jesús, un hombre judío, que hiciera tal trabajo—y segundo, cuando era realizado, era el papel de una mujer.

Habiéndolos asombrado con la verdad de la naturaleza de su vida encarnada, él regresa a la mesa, no sólo para demostrar el ascenso victorioso, sino también para asumir su papel más reconocible como un maestro dando instrucciones verbales. Pero, habiendo lavado sus pies, ahora es un maestro con una diferencia; es un maestro que se ha rebajado como un esclavo ministrando la hospitalidad divina de salvación.

Henry Ward Beecher llamó al lavamiento de los pies de los discípulos de Jesús "una de las pruebas... de la divinidad de Cristo."[297] Por no decir algo peor, fue un cambio de paradigma con sobresalto para los doce (¡y para nosotros!). El descenso encarnacional a manera de esclavo era contrario a sus presuposiciones acerca de Dios.

No sólo fue un cambio de paradigma acerca de la naturaleza de Dios, sino también acerca de lo que significa ser el pueblo de Dios. Tanto en Juan 13 como en Filipenses 2 Jesús como el sirviente hacia la salvación es la base de apelación acerca de la manera que los discípulos deben vivir. En Juan 13:15 Jesús dice, "Porque ejemplo os he dado, para que como yo os he hecho, vosotros también hagáis.", y en Filipenses 2:5, Pablo dice, "Haya, pues, en vosotros este sentir que hubo también en Cristo Jesús". Estos dos pasajes son la base del canto "Él Lavó los Pies de sus Sirvientes", del cual, la primer estrofa refleja a Filipenses y las otras a Juan:

Despojado de toda Su vestidura celestial, El Salvador vino a la tierra; Vestido en un velo de carne mortal, E inclinó su cabeza en la muerte.

Aquella noche horrible en la que fue traicionado, Él introdujo el festejo, Los cuales nosotros, mis amigos, hemos visto mostrado, Donde cada uno ha sido un invitado.

La solemne escena próxima a cerrarse, Para hacer que todo sea completo, Él dócilmente se levantó de la comunión, Y lavó los pies de sus sirvientes.

"A cada uno," Les dijo, "hagan a otros como yo, su Señor lo he hecho: Sigan aún el patrón celestial, en la forma que les he mostrado".

Ya que Cristo ha puesto el ejemplo, Registrado en su Palabra; Humildemente lavaremos nuestros pies unos a otros, Obedientes a nuestro Señor.[6]

---

4 Hoskyns, op. cit., p. 513.

El modo de siervo de existencia para los seguidores de Jesús es un tema encontrado a través del Nuevo Testamento. En Mateo 23:11–12, Jesús dice: "El que es el mayor de vosotros, sea vuestro siervo [*diakonos*]. Porque el que se enaltece será humillado, y el que se humilla será enaltecido." Y otra vez, en Marcos 9:35, Jesús dice a los doce, "Si alguno quiere ser el primero, será el postrero de todos, y el servidor [*diakonos*] de todos".

En Mateo 20:25–28, en referencia a la manera de "los gobernantes de las naciones" quienes "ejercen sobre ellas potestad", Jesús dice que no debe ser así entre sus seguidores porque "el que quiera hacerse grande entre vosotros será vuestro servidor [*doulos*], como el Hijo del Hombre no vino para ser servido, sino para servir, y para dar su vida en rescate por muchos." (Paralelo, Marcos 10:42–45).

En las epístolas el uso de la palabra *doulos* en referencia a nuestra relación de con Cristo es bastante común: Romans 1:1, "Pablo, siervo[7] de Jesucristo"; Filipenses 1:1, "Pablo y Timoteo, siervos de Jesucristo,"; Colosenses 4:12, "Epafras..., siervo de Cristo" Tito 1:1, "siervo de Dios y apóstol de Jesucristo"; Santiago 1:1, "Santiago, siervo de Dios y del Señor Jesucristo,"; 1 Pedro 2:16, "como libres, ... como siervos de Dios."; 2 Pedro 1:1, "Simón Pedro, siervo y apóstol de Jesucristo"; Judas 1, "Judas, siervo de Jesucristo"; Apocalipsis 1:1, "La revelación de Jesucristo, que Dios le dio, para manifestar a sus siervos las cosas que deben suceder pronto"; y 19:5, "Y salió del trono una voz que decía: Alabad a nuestro Dios todos sus siervos".

El canto por S. B. McManus resume la lección que Jesús enseñó acerca del modo de vivir a ser perseguido por sus discípulos:

El amor sirve, pero la voluntad se rebaja para servir,
   Lo que Cristo en el amor es tan verdadero
   Lo hizo libremente por todos y cada uno,
   ¿No deberíamos hacerlo con agrado?[8]

Observancia Litúrgica

Para comenzar esta sección resumamos las diferentes facetas culturales y religiosas de la práctica del lavamiento de pies:

1. Fue una costumbre oriental mediterránea conectada con la higiene personal y algo refrescante (ej. Gén. 18:4; 19:2; 24:32; 43:24; Jue. 19:21; Cant. 5:3).

2. También fue utilizada de vez en cuanto como un acto de servicio de hospitalidad en el que uno lavaba los pies de otro (ej. 1 Sam. 25:41), o al menos brindaba agua para que

---

6 *Worship the Lord: Hymnal of the Church* of *God* (Anderson, Ind: Warner Press, 1989), No. 382.

7 En todas las referencias en este párrafo, yo traduzco *doulos* como esclavo, en vez de siervo ó sirviente como lo hacen otras traducciones. Otras referencias en la comunidad cristiana como una congregación de esclavos están en 1ª Cor. 7:22; 2ª Cor 4:5, Ef. 6:6. En todas estas instancias la versión NRSV traduce doulos como esclavo.

8 S. B. McManus, "Love Consecrates the Humblest Act," *Worship the Lord*, No. 383.

uno se lavara sus propios pies. Vemos evidencia de esto en Lucas 7 cuando la mujer en la casa de Simón el Fariseo lavó los pies de Jesús con sus lágrimas. En respuesta a la crítica de Simón que Jesús le permitiera a ella hacerlo, Jesús dijo "Entré en tu casa, y no me diste agua para mis pies; mas ésta ha regado mis pies con lágrimas, y los ha enjugado con sus cabellos." (v. 44) Evidentemente Simón no había realizado el acto de hospitalidad más básico de brindar agua de modo que Jesús pudiera lavar sus propios pies.

3. En el relato apenas mencionado así como en Juan 11:2 y 12:3 aparece otro factor; es una expresión de acción de gracias y devoción a Jesús. Aquellas que lavan los pies de Jesús usan el agua de sus lágrimas, la toalla de su cabello, y los líquidos de aceites y perfumes preciosos.

4. En el Antiguo Testamento era también parte de la preparación para el servicio en el templo. De acuerdo con Éxodo 30:17–21,

> Habló más Jehová a Moisés, diciendo: 18 "Harás también una fuente de bronce, con su base de bronce, para lavar; y la colocarás entre el tabernáculo de reunión y el altar, y pondrás en ella agua. Y de ella se lavarán Aarón y sus hijos las manos y los pies. Cuando entren en el tabernáculo de reunión, se lavarán con agua, para que no mueran; y cuando se acerquen al altar para ministrar, para quemar la ofrenda encendida para Jehová, se lavarán las manos y los pies, para que no mueran. Y lo tendrán por estatuto perpetuo él y su descendencia por sus generaciones. [consulte también 40:31].

Fue esta práctica cultural refrescante y de higiene personal, este acto de servicio de hospitalidad, esta preparación de culto para el servicio en el templo, a la que Jesús vuelve a dar forma para sus propios propósitos.

El hecho de que Jesús consideraba que lo que hizo fue más que un mero acto de servicio hospitalario se indica por sus instrucciones concernientes a ello. Cuando Pedro objeta que el Señor le lave sus pies, Jesús le responde "Si no te lavare, no tendrás parte conmigo" (Jn. 13:8) Estas palabras son la primer indicación de que el lavamiento es más que un acto de hospitalidad; tiene que ver con la relación continua de Pedro con Cristo. De acuerdo al verso 8, rehusarse a permitir que Jesús lavara sus pies hubiera llevado a agudas consecuencias espirituales para Pedro (consulte Para Consideración Adicional, Parte I para un comentario adicional).

Pedro, dándose cuenta que rechazar que Jesús le lavara los pies era perder el derecho a una comunión espiritual con él, le responde: "Señor, no sólo mis pies, sino también las manos y la cabeza." (v. 9). En su exhaustivo estudio de Juan 13, John Christopher Thomas argumenta que la mención de Pedro de las manos y la cabeza es más que una referencia incidental a todo su cuerpo en general. Es necesario siempre estar lavándose las manos, un asunto que era crucial en la religión de los fariseos (compárese con Mat. 15:1–21, Marcos 7:1–23, Lucas 11:37–44), el rígido cumplimiento de tal tradición produjo la condenación de la misma por parte de Jesús. "Cuando Pedro le pide que sus manos fueran lavadas, está sugiriendo que si alguna parte del cuerpo está en constante necesidad de lavarse, esas son las manos."[9] Sin embargo, Jesús no está tratando aquí con limpieza física o ritual, y por lo tanto no son las manos de Pedro las que necesitan ser lavadas.

Ni su cabeza necesitaba ser limpiada. Thomas argumenta que "en griego antiguo *kephalē* vino a representar la totalidad de la persona, la vida en sí misma... . La solicitud de Pedro que su cabeza fuera lavada expresa la visión de que la cabeza representa a la persona."[10] Pedro, por tanto, estaba solicitando que Jesús hiciera una obra todo-incluido en su vida completa.

Aunque el punto de la narrativa es que Pedro no necesitaba una limpieza de higiene o ritual en las manos ni una limpieza de sí mismo como tal; él ya había experimentado la limpieza de su ser como tal en virtud de su fe en Jesús. Como alguien lo explica:

> Pedro ya esta sentado en la Mesa del Señor. Su cambio de actitud impulsivo y emocional muestra que él ya está bañado en el amor demasiado pronto para morir, y ahora—lo que no podía aún entender por lo tanto lo rechaza—este amor está arrodillado a sus pies en servicio. Él se ha rendido a sí mismo en espíritu a Cristo; él debe más aún rendirse a sí mismo en acción. Este amor debe lavar sus pies, retirar las manchas del viaje de la vida, y manifestar sus resultados en los caminos comunes de la vida.[11]

A la luz del contexto espiritual indicado por el versículo 8 donde Jesús dice "Si no te lavare, no tendrás parte conmigo", y por el versículo 11 donde el apremio espiritual de Judas está claramente a la vista, es razonable entonces concluir que el versículo 10 debe ser entendido dentro del mismo contexto espiritual, en cuyo caso el significado sería: "El que está [espiritualmente] lavado[*louō*], no necesita [lavarse (*niptō*) espiritualmente] sino lavarse los pies[espirituales], pues está todo limpio [espiritualmente]".

Consecuentemente, el lavamiento de pies de Jesús a sus discípulos no es lo que en otros pasajes del Nuevo Testamento sería entendido como el baño inicial de regeneración. (Consulte Tito 3:5 el cual utiliza *loutron* en relación a la regeneración. La misma palabra es utilizada en 1 Cor. 6:11; Ef. 5:26; Heb. 10:22 donde en todos los casos la referencia es un baño espiritual). En vez de eso, el evento en el agua de Juan 13 es un lavado subsiguiente de renuevo espiritual, sin el cual, Jesús dice, Pedro puede "no tendrá

---

[9] John Christopher Thomas, *Footwashing in John 13 and the Johannine Community,* No. 61 in the *Journal for the Study of the New Testament Supplemental Series* (Sheffield, England: JSOT Press, 1991), p. 96.

[10] Ibid. soportando su argumento, Thomas cita K. Munzer en el tema de la "Cabeza" en *New International Dictionary of New Testament Theology*, Vol. II (Grand Rapids: Zondervan, 1978), p. 159: "Queriendo tener su cabeza lavada... Pedro quería que toda su vida fuera limpiada".

[11] R. H. Strachhan, *The Fourth Gospel: Its Significance and Environment* (London: Student Christian Movement Press, Third Edition 1941, Reprinted 1955), p. 267.

parte" con él (consulte para consideración adicional, Parte II, para una disertación adicional del v. 10).

Este énfasis en la necesidad espiritual de permanecer en una relación continua y vital con Jesús es consistente con otros pasajes en Juan, como por ejemplo, la promesa en 14:18 donde Jesús dice "No os dejaré huérfanos" y la advertencia en 15:6 de que "El que en mí no permanece, será echado fuera como pámpano, y se secará".

Es la conclusión de Thomas que el lavamiento de pies en aquellas iglesias especialmente influenciadas por Juan fue entendida como el rito litúrgico establecido por Jesús con el propósito de mantener su relación espiritual vital con sus discípulos. Fue entendido como una práctica litúrgica de la misma forma que lo fue el bautismo y la Cena del Señor.[12] Incluso cuando el bautismo significaba su entrada dentro del círculo de discípulos, aún así el lavamiento de pies significó su vida continua de discipulado. Thomas escribe:

> Los discípulos no están siendo iniciados en una creencia [como un bautismo] en este pasaje, sino que están continuando su creencia. Su bautismo realizado anteriormente, el cual la comunidad probablemente entendió como estar en las manos de Juan (1:19:39) o posiblemente de Jesús (3:22, sin embargo compare con 4:1–2) designaría la creencia inicial y la comunión con Jesús, mientras que el lavamiento de pies significaría la continuación de esa creencia y comunión. Como un signo de preparación para la partida de Jesús, el lavamiento de pies significa la limpieza espiritual de los discípulos en preparación a una relación continua con Jesús y tomar su misión en el mundo.[13]

No obstante, el lavamiento de pies de Jesús a sus discípulos no es fin del asunto. Él instruye a los discípulos a lavarse los pies los unos a los otros: "vosotros también debéis lavaros los pies los unos a los otros" (v. 14); "para que como yo os he hecho, vosotros también hagáis." (v. 15); "Si sabéis estas cosas, bienaventurados seréis si las hiciereis" (v. 17).

El hecho de que la práctica del lavamiento de pies ha sido establecida en la iglesia en sus inicios es indicada en 1ª Timoteo 5:10, que se refiere al lavamiento de los pies de los santos como una de las calificaciones para las mujeres que sean incluidas en la lista de viudas oficial de la iglesia. Que esto era distinto a una simple hospitalidad está implícito por el hecho de que la calificación que inmediatamente precede es mostrar hospitalidad, y la que inmediatamente sigue es la de ayudar a los afligidos. Por lo tanto, lavar los pies de los santos es identificado como una práctica distinguible a mostrar hospitalidad y ayudar a los afligidos.

---

12 Thomas, op. cit., pp. 174–177.
13 Ibid., p. 105. Thomas discute el lavamiento de pies como el evento inaugural del así llamado *Book of Glory* (cáps. 13–21), La primer parte de Juan comienza con el así llamado *Libro de lase Señas* (cáps. 1–12).

La evidencia de la liturgia del lavamiento de pues, el *pedilavium*, se encuentra a través de la historia de la iglesia.

Acerca de la cristiandad en sus inicios, Thomas escribe:

> La evidencia de la cristiandad en sus inicios demuestra que una cantidad de gente lee el texto [Juan 13] justamente de tal forma [un rito religioso a ser continuado]. No sólo es impresionante la distribución geográfica de la evidencia—en el sentido que viene desde África del Norte (Tertuliana), Egipto-Palestina (Origen), Asia Menor (1ª Timoteo, martirio de Policarpo, John Chrysostom), Italia (Ambrosía, Agustina), y Gaul (Cesárea)—sino que los diversos contextos en los que los mandamientos fueron obedecidos también son dignos de mención, en que ellos varían desde la iglesia, al monasterio, a la casa. [14]

Como vemos en los ejemplos de abajo el lavamiento de los pies en algunos casos una liturgia comunal, como por ejemplo entre los Anabautistas; en otros es una liturgia representativa como, por ejemplo, la práctica del pontífice romano de lavar los pies los Jueves de la Semana Santa. En algunos casos es una representación de lo que Jesús hizo, mientras que en otras se entiende como brindar algún medio de gracia a los participantes. En algunas instancias es una expresión de hospitalidad cristiana, mientras que en otras se entiende que tiene que ver con nuestra relación espiritual con Cristo.

Primer siglo

- Juan 13 y 1ª Timoteo 5:10

Tercer siglo

- c. 211, Tertuliano en *De Corona* 8 indica que fue parte de la adoración cristiana[15]

- "En España el rito debe haber existido en el tercer siglo, ya que fue abolido por el canon 48 del Concilio de Elvira, 305 d.C: 'ni deben ser lavados los pies de los bautizados por los sacerdotes o por ningún otro clérigo.' "[16]

Siglo Cuarto

---

14 Ibid., p. 147. Thomas presenta una historia integral de la práctica. Para un resumen corto, vea Hoskyns, op. cit., pp. 520–524, "Nota Desprendida 7: El Uso Litúrgico del Pedilavium o Lavado de los Pies."

15 Thomas, op. cit., p. 129.

16 Hoskyns, op. cit., p. 521.

- la segunda mitad del siglo, las *Constituciones Apostólicas* 3.19 establecen como el papel de los diáconos[17]

- c. 366–373, Atanasio en sus cánones, cap. 66 lo establece como la tarea de un obispo[18]

- c. 391, John Chrysostom en *Homilias sobre el Evangelio de Juan* 71 exhorta a los cristianos a hacerlo[19]

- Ambrosio (397 d.C.) en *Los Sacramentos* 3.5 expresa su compromiso personal al lavamiento como una importante práctica litúrgica con la cual su iglesia es fiel incluso cuando Roma no lo es[20]

Siglo quinto

- 404, Las Reglas monásticas 51–52 asociadas con Pachomias dicen que los clérigos y monjes que llegan de visita deben ser recibidos en el monasterio lavándoles los pies[21]

- Agustín (d. 430), en *Juan: Tractate* 58.4 alienta la práctica[22] y en *Homilías sobre Juan* 56.5; 58.5; 59.5 él conecta el lavamiento de pies con la limpieza espiritual para los cristianos[23]

- John Cassian (d. 435) en *Instituto de Monasterio* 4.19 se refiere al lavamiento como una práctica en su comunidad[24]

Siglo sexto

---

17 Thomas, op. cit., p. 131f.
18 Ibid., p. 130.
19 Ibid. p. 130f.
20 Ibid., p. 178 Donde a Ambrosio se le cita diciendo "No estamos desentendidos del hecho de que la iglesia de Roma no tiene esta costumbre... hay algunos que... intentan alegar en excusa de que no será hecha en el misterio, ni en el baptismo, ni en la regeneración, sino los pies siendo lavados por un anfritrión. Pero nosotros pertenecemos a la humildad, los otros a la santificación: 'Si no te lavare, no tendrás parte conmigo.' Así que digo esto no porque pueda reprender a otros, sino lo que yo puedo alabar mis propias ceremonias. En todas las cosas yo deseo seguir a la iglesia en Roma, aunque también tenemos sentimientos humanos; lo que es preservado más correctamente en otros lugares, nosotros también perseveramos más correctamente.
21 Ibid., p. 132.
22 Ibid., p. 131.
23 Ibid., p. 159f.
24 Ibid., p. 132.

- Caesarius de Arles (d. 542) en *Sermón* 202 defiende la práctica[25]

Siglo séptimo

- 694, El Séptimo sínodo de Toledo censuró el no observarlo el Jueves de semana santa[26]

Siglo trece

- El décimo *Ordo Romanus* de Mabillon indica que cuando la misa del jueves santo vino a ser celebrada en la mañana, el Pedilavium permaneció como un servicio separado confinado a la catedral y a las iglesias de abadía[27]

Siglo dieciséis

- Los Anabaptistas instituyen la práctica del lavamiento de pies en obediencia a Cristo[28]

Siglo diecisiete

- 1647, la publicación de la liturgia griega de la Divina y Sagrada Palangana, editada con una traducción en latín, la cual describe la práctica en la iglesia griega[29]

Siglo dieciocho

---

25 Ibid., p. 133f.

26 "en el tercer canon del Concilio diecisiete de Toledo (año 694), la no observancia de la práctica de lavarse los pies en el jueves santo fue censurada, y una realización estricta de la ceremonia era hecha cumplir como ejemplo de la humanidad y como un acto de preparación de la Cena del Señor, con la cual la ceremonia fue asociada cercanamente. Se ordenó que sacerdotes desobedientes excluidos de la comunión por dos meses. Luego, ya que los penitentes fueron reconciliados públicamente en la temporada de Paschal, la liturgia del Pedilavium tenía una especial referencia a la remisión de pecados después del bautismo. Hoskyns, op. cit., p. 524.

27 *The* Oxford *Dictionary of the Christian Church* (London: Oxford University Press, 1974), p. 1057.

28 "La iglesia Luterana en sus inicios rechazó el ritual como un intento Católico Romano de rectitud por obras ceremoniales. Fue elegida como una práctica preferida por los sectarios Protestantes después de la reforma, especialmente por los Anabaptistas y Menonitas, quienes vieron en él una señal de más hermandad y humildad" William H. Gentz, ed., *The Dictionary of Bible and Religion* (Nashville: Abingdon, 1986), p. 366.

29 Hoskyns, op. cit., p. 523.

- "En Inglaterra, el soberano, o en su lugar, el Lord High Almoner [un oficial en la casa real encargado de distribución de limosnas] solía hacer esta ceremonia hasta 1731."[30]

Siglo diecinueve

- Algunas iglesias de la santidad y pentecostales en los Estados Unidos revivieron la práctica de lavamiento de pies como una ordenanza, y en algunas instancias, desarrollaron tratados teológicos sobre el tema.[31]

Siglo veinte

- El Papa Pío XII (1939–1958) recomendó su cumplimiento en todas las iglesias[32]

- Introducción de las liturgias de lavado de pies en denominaciones Protestantes que hasta ahora no habían practicado el rito, como por ejemplo, en el libro de adoración de la Iglesia Unida de Cristo.[33]

Conclusión

Debido a que el lavamiento de pies en Juan 13 tuvo lugar en una reunión grupal, su continuación—si se piensa en ella como que debe estar en conformidad con la liturgia original—también debe ser una experiencia grupal para los discípulos. Es un rito comunal en la misma forma que lo son el bautismo en agua y la Cena del Señor. Es un lavamiento de pies litúrgico/espiritual junto con el baño litúrgico/espiritual y la comida litúrgica/espiritual.

De la misma manera que el bautismo no es un lavado físico de la suciedad del cuerpo[34], sino el acto físico de la obra de limpieza de Jesucristo, aún así el lavamiento de

---

30 J. H. Bernard, *St. John*, Vol. II in *The International Critical Commentary* (Edinburgh: T. and T. Clark, 1928), p. 465f.

31 Un ejemplo es la Iglesia de Dios (Anderson, Indiana) la cual emergió a principios de la década de 1880. Reflexiva en la posición tomada están Russell R. Byrum, *Christian Theology* (Anderson, Ind: Gospel Trumpet Company, 1925, Third Edition 1950), "Foot Washing," pp. 583–591; H. M. Riggle, *Christian Baptism, The Lord's Supper and Feet-Washing* "Foot Washing," (Anderson, Ind: Gospel Trumpet Company, 1909), cáp. 3; y F. G. Smith, *What the Bible Teaches* (Anderson, Ind: Gospel Trumpet Company, 1920), "Foot Washing," cáp. 15.

32 "La semana de ordenacion del Papa Pío XII, lo puso en la misa de la tarde restablecida inmediatamente despues del evangelio y recomendó su práctica en todas las iglesias, durante el canto de antifonos, doce hombre son llevados al santuario, donde los celebrantes solemnemente lavan y secan los pies de cada uno en su turno. Cuando la ceremonia fue observada aparte de la misa, comenzó con el recital de evangelio narrativ" (Juan 13) *Oxford Dictionary of the Christian Church*, p. 1057.

33 *The Book of Worship* (St. Louis: Church Leadership Resources, 1986), pp. 197–206.

los pies de Jesús es la promulgación física de una limpieza continua de todo lo que nos impide ser lo que Dios quiere que seamos. De la misma forma que la Cena del Señor no es para el propósito de llenar los estómagos, aún así el lavamiento de pies no es con el propósito de brindar una sensación refrescante físicamente, sino para dar renovación espiritual a los discípulos durante su peregrinaje de fe (consulte Para Consideración Adicional, Parte III, para un comentario adicional).

Sobre la base del carácter multidimensional de Juan 13, puede concluirse que esta limpieza continua que nos lleva a la renovación tiene tres facetas:

1. Somos renovados en la voluntad de vivir en sumisión a Cristo con un propósito redentor incluso cuando Cristo se sometió a su Padre celestial con el propósito de traer la salvación al mundo;

2. Somos renovados en la vida de servicio mutuo unos a otros, tanto por recibir el servicio sacerdotal de otros que extienden el ministerio de Cristo a nosotros, y por dar este servicio sacerdotal a otros; y

3. Somos renovados para la caminata de fe.

El lavamiento de pies tiene muchas bases para ser un acto litúrgico con una trascendencia espiritual para los discípulos así como lo es el bautismo y la Cena del Señor. También está plantado en el trabajo redentor de Jesús, fue instituido por Él, está conectado directamente con la vida de adoración grupal de la iglesia, y es entendido en la Escritura como un lugar continuo en la vida de la iglesia.[36]

Esta ofrenda de renovación espiritual es extendida a nosotros por Cristo a través de los miembros comunes de la iglesia. En el compañerismo del lavamiento de pies, somos tanto receptores de la gracia renovadora de Cristo trabajando a través de otros, como agentes de su gracia en nuestro servicio a otros. El lavamiento de pies tiene el potencial de ser un acto litúrgico importante en el sacerdocio de todos los creyentes. En este servicio los discípulos como discípulos sirven a nada menos que los agentes designados de Cristo para el beneficio espiritual de otros discípulos. P. T. Forsyth lo dijo correctamente: "Si usted lava los pies de sus discípulos no debe ser meramente como un pobre hermano (o hermana) servidor sino con el tiempo de dignidad del agente y apóstol de Cristo."[37] En el servicio de lavamiento de pies, cada discípulo—sin importar capacidades oficiales en la iglesia o el tiempo que tiene como discípulo—es un sacerdote interino.

Como con otros actos litúrgicos, cuando la realidad espiritual es separada de los actos mismos, estos degeneran en poco más que rituales religiosos vacíos. El caso de Judas nos

---

34 1 Peter 3:21, "El bautismo que corresponde a esto ahora nos salva (no quitando las inmundicias de la carne, sino como la aspiración de una buena conciencia hacia Dios) por la resurrección de Jesucristo,"

36 Para el argumento de Thomas acerca del caracter sacramental, consulte op. cit., p. 177.

37 P. T. Forsyth, *Positive Preaching and Modern Mind* (London: Hodder and Stoughton, 1907), p. 123.

recuerda que los actos litúrgicos en sí mismos no trabajan en una forma mecánica para provocar una renovación en la fe. Como lo observa Raymond Brown:

> El versículo 10b comparado con el 11 deja claro que Judas no había sido cambiado por el lavamiento de pies. Pedro había protestado a Jesús pero había aceptado rápidamente el lavamiento de pies cuando Jesús puntualizó su propósito redentor. Pero el corazón de Judas (v.2) ya había sido llenado con una intención malvada, y no se había abierto al amor que Jesús estaba extendiendo hacia él.[38]

Sin embargo, cuando el acto litúrgico expresa una relación espiritual vital a través de la fe en Jesucristo, se convierten en expresiones grupales de gracia. En otras palabras, son *ex opere operantis* ("del trabajo del trabajador"—esto es, sus efectos dependen de la fe y el amor de los participantes) y no *ex opere operato* ("del trabajo realizado"—esto es, sus efectos son garantizados por la acción litúrgica en sí misma).

Estos actos litúrgicos están diseñados por el Señor como formas por las cuales nosotros, si tenemos fe, experimentamos gracia en la vida grupal de la iglesia. En el bautismo experimentamos, en comunión con otros, la gracia de Dios que nos trae conversión. En la Cena del Señor experimentamos, en comunión con otros, la gracia de Dios la cual nos bendices con la presencia del Señor resucitado. En el lavamiento de pies podemos experimentar, en comunión con otros, la gracia de Dios que nos renueva como discípulos de Cristo.

El lavamiento de pies indica la forma de vida que el pueblo de Dios peregrino debe asumir. Somos sirvientes hacia la salvación; somos sacerdotes uno con el otro; somos beneficiarios de la gracia de Dios puesta a nuestra disposición a través de los ministerios de otros. Estamos en constante necesidad de ser renovados en fe, refrescados para el servicio, y reenfocados en la encarnación y la salvación que esto nos trajo.

Retomando este tema, un escritor de cantos nos exhorta: "ponte el delantal de humildad; sírvanse uno a otro, lavándose los pies, que puedas caminar en el camino del Señor, refrescado, refrescado".[39]

Para Consideración Adicional

Parte I. Más Que Un Ejemplo

A. M. Hunter: "¿Fue todo el episodio, como algunos sostienen, simplemente una parábola actuada cuyo tema era la gloria del servicio? Esto es parte de la verdad, pero lejos de la verdad completa—de otro modo en el misterioso diálogo con Pedro, Jesús está simplemente ensombreciendo la lección franca de la parábola." *The Gospel According to John (El Evangelio Según Juan)* (Cambridge: University Press, 1965), p. 134.

---

38 Brown, op. cit. p. 568.
39 Shirley Lewis Brown, "The Foot-Washing Song," *Sing and Rejoice!* (Scottdale: Herald), Núm. 110.

D. Guthrie: "El lavamiento de pies era más que un ejemplo. Era un medio por el cual los discípulos podrían participar en la humillación del Señor. Esto trae limpieza. Ninguna otra cosa se necesita." *The New Bible Commentary, Revised (El Nuevo Comentario de la Biblia, Revisado)* (London: InterVarsity, 1970), p. 957.

Edwyn Clement Hoskyns: "Como Orígen lo percibió correctamente, estas palabras ["Lo que yo hago, tú no lo comprendes ahora; mas lo entenderás después."] marca la naturaleza misteriosa del acto de Jesús. No es un mero acto de humildad, tal hubiera sido el caso si Jesús hubiera emprendido realizar un acto normal de lavamiento de pies antes de una comida... . La cena ya había comenzado, si no concluido, cuando Jesús se levantó para realizar un acto tan impresionante y simbólico del cual los discípulos entendieran su significado solo a la luz de eventos posteriores." *The Fourth Gospel (El Cuarto Evangelio),* Vol. II (London: Faber and Faber, 1950), p. 513.

Parte II. Juan 13:10

De acuerdo con Jean Owanga-Welo, *The Function and Meaning of the Footwashing in the Johannine Passion Narrative: A Structural Approach (La Función y Significado del Lavamiento de Pies en la Narrativa de Juan de la Pasión: Un Enfoque Estructural)* (Ann Arbor: University Microfilms International, 1980), Juan 13:10, "puntualiza a los discípulos la necesidad de tener nuestros pies lavados... . No siempre es el caso que un hombre que se haya bañado no necesite más lavado. Incluso en los lugares de baño tradicional, el baño regular era casi siempre seguido de unción... . Incluso se reporta que el baño (por inmersión) para estar completo, debe ser seguido de un camino o estancia en el sauna para transpiración, y por la aplicación de unguento en las piernas y brazos... . Estas son indicaciones del cuidado que se daba a los miembros del cuerpo después del baño" (p. 240f).

Un punto de desacuerdo entre los eruditos bíblicos es si el v. 10 debe seguir algunos textos antiguos que incluyen la frase "excepto los pies" u otros donde falta esta frase. John Christopher Thomas, por ejemplo, argumenta por el texto más largo [vea Lavamiento de Pies en Juan 13 y la Comunidad de Juan, No. 61 en *Journal for the Study of the New Testament Supplemental Series (Diario para el Estudio del Nuevo Testamento, Serie Suplemental)* (Sheffield, England: JSOT Press, 1991), cáp. 2], mientras que Raymond E. Brown argumenta por el más corto [consulte *The Gospel According to John (El Evangelio Según Juan)* (XIII–XXI) en *The Anchor Bible (La Biblia del Ancla)* (London: Geoffrey Chapman, 1971), p. 567f]. Owanga-Welo argumenta por el texto más largo y concluye que el trasfondo cultural mencionado anteriormente "da un soporte adicional a nuestro argumento en favor de la lectura más larga"(p. 241).

Parte III. La Trascendencia Teológica del Lavamiento de Pies

B. F. Westcott: "La limpieza limitada [del lavamiento de pies] ... es todo lo que se necesita [después del baño del bautismo]. Aquel que se ha bañado, por así decirlo, sólo para retirar las manchas contraídas en el caminar por la vida; de la misma manera que el huésped, después del baño, necesita sólo que le limpien el polvo de sus pies cuando llega la casa del anfitrión... Los impurezas parciales y superficiales, de las manos o la cabeza [pero vea lo que dice Thomas arriba] o los pies, no alteran el carácter general. El hombre, como un todo, el hombre como hombre, está limpio." *The Gospel According to St. John (El Evangelio Según Sn. Juan)* (Grand Rapids: Eerdmans, 1958), p. 191f.

Edwin Clement Hoskyns: "El Pedilavium era... originalmente un ejemplo de la humildad cristiana y un medio de santificación post-baptismal." *The Fourth Gospel (El Cuarto Evangelio),* Vol. II (London: Faber and Faber, 1950), p. 524.

John Christopher Thomas: "Al seguir la antigua práctica del banquete a su culminación, el significado más profundo del lavamiento de pies viene a la vista. Aquel que viaja cualquier distancia en los caminos polvorientos del oriente antiguo acumula polvo que debe ser retirado. Si, en la analogía que Jesús usa, *louō* representa al bautismo, entonces tiene una mejor lógica tomar la función de lavamiento de pies como un acto adicional de limpieza". *Footwashing in John 13 and the Johannine Community, (Lavamiento de Pies en Juan 13 y en la Comunidad de Juan)* No. 61 in *Journal for the Study of the New Testament Supplemental Series (Diario del Estudio del Nuevo Testamento, Serie Suplemental)* (Sheffield, England: JSOT Press, 1991), p. 104.

También, Thomas: "En un sentido, el lavamiento de pies es una extensión del bautismo, pues significa el lavamiento de los pecados post-bautismales en la vida de Pedro (del creyente)" (p. 106).

24. El Pueblo en Relevancia Total con su Entorno

Nosotros no tenemos relaciones; somos relaciones. La Biblia es la historia de Dios quien es la relación eterna, creando un mundo de relaciones, trabajando con aquellas relaciones para redimirlos de los poderes destructivos, y trayendo el mundo de relaciones a su consumación en un júbilo celestial. La vida cristiana es mejor caracterizada como una vida de relevancia total con su entorno incluyendo a Dios, nosotros mismos, nuestras familias, otras personas dentro y fuera de la iglesia, el orden creado total, nuestros recursos particulares, y los oprimidos. Ahora dirijámonos a una consideración de cada una de estas dimensiones de nuestra relevancia.

Nuestra Relación Salvadora con Dios

El pecado es la interrupción y distorsión de nuestra relación con Dios; la salvación es la sanidad de la relación. Aquellos que viven en su relación redentora lo hacen en adoración, oración, y servicio. La vida a la que hemos sido llamados es una vida de gozarnos en el amor de Dios revelado en Cristo, de oración intercesora en el nombre de Jesús, y de anhelar más y más de Dios. Es una vida de escuchar el llamado de Dios y responder en fe, respondiendo con un amor incondicional, y rindiéndonos con confianza gozosa. Es una vida en la cual estamos tan completamente enamorados de Dios que nada en absoluto tiene suficiente poder para causar que rechacemos a Dios. Es una vida de estar preparados para el regreso de Cristo, sabiendo que para aquellos que están completamente en unidad con Él no hay nada que temer cuando aparezca, porque en "el perfecto amor echa fuera el temor" (1ª Juan 4:18).

La vida cristiana debe tener lo que Adán y Eva perdieron derecho por su pecado, a saber, escuchar con gozo "la voz de Jehová Dios que se paseaba en el huerto, al aire del día" (Gén. 3:8). Debido a la obra redentora de Cristo Jesús no tenemos necesidad de escondernos de Dios, como lo hizo la pareja original. La relación salvadora que es nuestra por la fe obediente nos permite unirnos con Juan y todos los santos al decir—no sólo "al aire del día" sino también mientras anticipamos el final de las edades—"Amén; sí, ven Señor Jesús" (Ap. 22:20).

Las Relaciones Sanadoras con Nosotros Mismos

La salvación tiene que ver no sólo con una nueva relación con Dios, sino también con nosotros mismos. Sobre la base del entendimiento trinitario de Dios (consulte el capítulo 8, pág. 136, sobre "El Dios Trinitario") en cuya imagen fuimos creados, decimos que el ser humano consiste de tres personas: la misteriosa persona de profundidad privada, la persona reflejada de la percepción propia de uno mismo, y la persona interactiva en contacto con la realidad distinta a la auto-imagen de uno mismo.

La misteriosa persona de profundidad privada que somos en lo profundo de nosotros. Esta es la persona que nos lleva a hacer comentarios tales como: "No sé porqué dije eso"; "Me sorprendo de mí mismo"; "No puedo entender porqué hice eso." Esta es la persona que buscamos entender cuando acudimos a consejeros y terapeutas por ayuda. Es esta la persona que continuamente nos sorprende—una persona tan misteriosa que ni nosotros ni otro ser humano, ni un profesional analista, puede jamás comprender el misterio totalmente.

La persona de la cual hacemos una imagen con nuestra propia percepción es quien nosotros pensamos que somos; es nuestra auto-imagen la cual incluimos en las suposiciones que hacemos acerca de nuestras fortalezas y debilidades. Otros nos ven funcionando sobre la base de esta auto-imagen y se refieren quizás a nuestra baja auto-imagen o a nuestro ego inflado, como el caso pueda ser.

Este es nuestra persona que lleva a hacer algunas cosas locas y otras nobles. Es nuestra persona la que previene que algunos hagan lo que de otra manera serían capaces de hacer, mientras que para otros, los motiva a forzarse a los límites más lejanos de sus posibilidades. Es nuestra persona la que tiene el potencial de estimular a algunos a aspirar a las alturas, mientras que hunde a otros en la desesperación.

La persona interactiva en contacto con una realidad distinta a la de nuestra auto-imagen es a lo que se refiere como nosotros mismos corriendo a paredes de piedra—pensamos que podíamos hacer algo que una dura realidad determina que no podemos hacer. Un ejemplo de esto es que Branwell Brontë, hermano de las famosas escritoras Inglesas, Emily y Charlotte, quien se declinó debilitado a una edad temprana. Su biógrafo, quien hizo un extenso estudio de su trágica personalidad, describe la disonancia cerca del fin de su vida:

> El mundo de sueños, en cuya atmósfera él había vivido desde su niñez se disolvió alrededor de él, y la angustia de vivir en el mundo real con una pesar vivo fue más de lo que podía soportar. Él reconoció instintivamente su poder para matarlo... "Mi miseria", escribió ... en el día del despertar "no es acerca de castillos en el aire, sino de severas realidades"[1]

No sólo tal realidad sirve como un "No" que no está abierto a negociación a lo que habíamos pensado y quizá continuamos pensando que podíamos ser capaces de hacer; también sirve como un liberador "Sí" a aquello que habíamos pensado que no podíamos hacer. En este caso, la realidad distinta a nuestra auto-imagen nos lleva a que somos más que lo que vemos en nosotros mismos.

Somos, por lo tanto, la interrelación entre la persona misteriosa de profundidad privada, la persona de la que nos hicimos nuestra imagen a nuestra propia percepción, y la persona interactiva en contacto con la realidad distinta a la de nuestra auto-imagen. El pecado distorsiona la armoniosa relevancia entre las tres personas, de modo que la persona que percibimos que somos no está en armonía con lo misterioso de nuestro ser no

---

[1] Winifred Gérin, *Branwell Brontë: A Biography* (London: Hutchinson, 1972), p. 282.

con quien somos realmente en relación a otra realidad. Existe una disonancia dentro del ser humano entre las profundidades del alma, el auto-entendimiento y el alma interactuando con otra realidad.

Sin embargo, la salvación trae consigo la sanidad del alma en el sentido que recibimos el regalo de una nueva identidad, una nueva auto-imagen, un nuevo auto-entendimiento. Venimos a conocernos a nosotros mismos como amados hijos de Dios, creados a la imagen de Dios y miembros de un "linaje escogido, real sacerdocio, nación santa, pueblo adquirido por Dios" que somos desafiados con la divina responsabilidad de proclamar "las virtudes de aquel que os llamó de las tinieblas a su luz admirable;" (1 Pedro 2:9).

No solo recibimos una nueva percepción de nuestro ser; también recibimos perdón de lo que está dentro de nosotros que es mucho más complicado para nosotros entender. Pablo, hablando de la misteriosa confusión dentro de sí, dice "Porque lo que hago, no lo entiendo; pues no hago lo que quiero, sino lo que aborrezco, eso hago." (Rom. 7:15). Y nuevamente "pues no hago lo que quiero, sino lo que aborrezco, eso hago." (v. 19). Él termina clamando "¡Miserable de mí! ¿quién me librará de este cuerpo de muerte?" Gracias doy a Dios, por Jesucristo Señor nuestro." Seguido de lo cual, él proclama el evangelio: "Ahora, pues, ninguna condenación hay para los que están en Cristo Jesús" (8:1).

Primera de Juan, haciendo referencia a la continua naturaleza misteriosa de nuestro ser interno que continua confundiendo incluso a los cristianos, dice: "Hijitos míos, estas cosas os escribo para que no pequéis; y si alguno hubiere pecado, abogado tenemos para con el Padre, a Jesucristo el justo" (2:1).

Sin embargo, no sólo tenemos el beneficio de esta obra mediadora de Jesucristo por toda nuestra vida, sino que también el beneficio de la obra intercesora del Espíritu Santo quien "nos ayuda en nuestra debilidad; pues qué hemos de pedir como conviene, no lo sabemos, pero el Espíritu mismo intercede por nosotros con gemidos indecibles." (Rom. 8:26). Pablo explica en el versículo 27 que "Mas el que escudriña los corazones sabe cuál es la intención del Espíritu, porque conforme a la voluntad de Dios intercede por los santos."

Nosotros experimentamos relaciones bendecidas dentro de nosotros mismos cuando, sabiendo que estamos perdonados y que Dios nos entiende perfectamente, funcionamos en la base de ser los amados hijos de Dios, dotados y guiados por el Espíritu para ministrar a otros en el nombre de Cristo.

Relaciones Familiares

Jesús enseñó un nuevo concepto de familia cuando su madre y sus hermanos vinieron pidiendo verlo. Apuntando a sus discípulos, él dijo "He aquí mi madre y mis hermanos. Porque todo aquel que hace la voluntad de mi Padre que está en los cielos, ése es mi hermano, y hermana, y madre" (Mat. 12:49–50; paralelo: Marcos 3:34–35).

La Biblia supone que toda persona necesita relaciones de intimidad espiritual, y la enseñanza de Jesús es que el lugar para encontrar tal intimidad está entre aquellos cuyo deseo principal es vivir de acuerdo con la voluntad de Dios. Él redefine la escena de la familia como una unidad social de intimidad espiritual existente entre aquellos cuyo mayor deseo es hacer la voluntad de Dios.

Esta unidad social puede, por supuesto, ser una unidad física de matrimonio y relaciones naturales, pero tales relaciones naturales no son garantía de que aquellos en la unidad social vivirán en obediencia a la voluntad de Dios. Por otro lado, aquellos que están disasociados de la vida natural familiar puede, sin embargo, tener la bendición de la relación familiar de la que habló Jesús.

La unidad familiar ideal como la define Jesús es una unidad espiritual de aquellos en la misión para Dios. Esto, entonces, también aplica a la familia natural: la familia natural ideal es aquella en la cual cada quien ve a los otros no meramente como una mamá, hija, padre, hijo, hermano, hermana, esposo, esposa naturales, sino principalmente como siervos de Dios y luego secundariamente como un pariente natural. La familia natural ideal es aquella en la que cada uno de sus miembros es alentado a descubrir su vocación bajo Dios y ayudado a cumplirla; es una en la que la vocación de toda la unidad familiar es la de cumplir la voluntad de Dios. Por ejemplo, en el caso de Priscila y Aquila, quienes tomaron a Apolos a parte y "le expusieron más exactamente el camino de Dios." (Hechos 18:26), ellos estaban trabajando como una unidad para cumplir su vocación como matrimonio.[2]

La familia natural ideal es una *ecclesiola in ecclesia,* una pequeña iglesia dentro de la iglesia; uno piensa de la *ecclesiola in ecclesia* establecida en la casa de Lidia en Filipos (Hechos 16:14–15, 40), y la establecida a la media noche en la cárcel de Filipos (27–34).

En la visión cristiana, tanto el matrimonio como la soltería son dones de Dios (consulte 1ª Cor. 7:7). Nuestro Señor estaba comprometido a la vida de soltero, como lo fue Pablo, pero no hay indicación de que aquellos que no tienen el don de estar solteros sean por tanto ya sea espiritualmente superiores o inferiores.

En lo que respecta al matrimonio, el Nuevo Testamento enseña que es un pacto diseñado para permanecer en efecto hasta que el pacto es roto irreparablemente por infidelidad o hasta la separación que trae la muerte. Respecto a la infidelidad, la palabra

---

2 Para una discusión de la vocación marital, consulte William Johnson Everett, *Blessed Be the Bond* (Philadelphia: Fortress, 1985), pp. 111–127.

griega utilizada en Mat. 5:32 es *porneia,* la cual también puede ser traducida como fornicación o infidelidad matrimonial. Y dice:"Pero yo os digo que el que repudia a su mujer, a no ser por causa de fornicación, hace que ella adultere; y el que se casa con la repudiada, comete adulterio." (también en 19:9). El pasaje paralelo de Marcos 10:11 difiere en que 1) no se incluye la cláusula de excepción, y 2) trata el asunto de que la esposa se divorcie de su marido: "Cualquiera que repudia a su mujer y se casa con otra, comete adulterio contra ella; y si la mujer repudia a su marido y se casa con otro, comete adulterio". (Para las instrucciones de Pablo acerca de la abstinencia sexual dentro del matrimonio, segundas nupcias, divorcio y el asunto especial de la relación entre cónyuges creyentes y no creyentes, consulte 1ª Cor. 7:1–16, 25–40.) Acerca de la muerte, Pablo escribe en 1ª Corintios 7:39: "La mujer casada está ligada por la ley mientras su marido vive; pero si su marido muriere, libre es para casarse con quien quiera, con tal que sea en el Señor." (también, consulte sus referencias analógicas en Rom. 7:1–3)

El soltero cristiano que decide que el matrimonio es para él o ella su don, está bajo obligación de casarse con otro cristiano y no ser "en yugo desigual con los incrédulos" (2ª Cor. 6:14) en un arreglo que, por su misma naturaleza, no puede ser un pacto en Cristo (consulte 1ª Cor. 7:39). Sin embargo, si uno de los cónyuges se convierte en un cristiano después de casarse, él o ella no debe tomarlo como licencia para divorciarse del incrédulo, sino para verlo como una oportunidad para evangelismo (consulte 7:12–16; también 1ª Pedro 3:1–7).

La familia cristiana tiene una vocación especial, a saber, la de servir como un símbolo viviente del amor sacrificial de Dios revelado en Cristo (consulte Ef. 5:21–6:9; también Col. 3:18–4:1; Tito 2:1–15; 1ª Pedro 2:18–3:7). Cuando los pasajes tales como el inmediato anterior son usados legalistamente, sus significados se distorsionan. El propósito de estas instrucciones no es el de dificultar a las familias con reglas rígidas como si la mera obediencia en si misma satisficiera a Dios; en vez de esto, su propósito es el de alentar a toda la familia cristiana a vivir juntos en relaciones de amor de tal modo que den testimonio al mundo acerca de lo que Dios ha hecho en Cristo.[3] La familia cristiana está llamada a ser un círculo de la paz de Cristo, una hermandad de la reconciliación en Cristo, una hostería de divina hospitalidad, un paraíso de sanidad orientada al Reino, un santuario para recibir poder santo, un centro para aprender cómo las familias—como un conjunto y como miembros individuales—pueden cumplir mejor sus respectivas vocaciones sujetos a Dios.

Dirigiéndose a la iglesia, Pablo dice en 1ª Corintios 3:16–17 "¿No sabéis que sois templo de Dios, y que el Espíritu de Dios mora en vosotros? Si alguno destruyere el templo de Dios, Dios le destruirá a él; porque el templo de Dios, el cual sois vosotros, santo es." Nosotros asumimos que no solo es la congregación de creyentes el lugar de habitación del Espíritu Santo, sino también la familia cristiana como una *ecclesiola in ecclesia.*

---

3 Para un estudio de las reglas del matrimonio de Pablo, consulte O. Larry Yarbrough, *Not Like the Gentiles: Marriage Rules in the Letters of Paul* (Atlanta: Scholars, 1985).

La familia cristiana es una unidad sacrosanta dentro de la economía de Dios. Como una pequeña iglesia dentro de la iglesia, es el lugar donde la fe se vive, se prueba, se comprueba, se experimenta en la más íntima de las formas, aprendida y comunicada. Cuando no todos los miembros son creyentes, aún así es santificada por la presencia de incluso un creyente en la unidad familiar (consulte 1ª Cor. 7:14). Esta santificación significa que la unidad familiar es una arena especial de gracia. Es hecha santa por virtud del hecho de que al menos un creyente es un miembro de ella—alguien que ora por los demás dentro del círculo familiar y que vive como un ejemplo de la gracia de Dios, con el fin de que Dios traiga a toda la familia a la fe. La familia cristiana, ya sea una unidad espiritual sin los lazos de una familia natural o una unidad natural espiritualmente sensibilizada, es la unidad social más básica de la relevancia cristiana. Brinda la más crucial prueba de calidad que hay de las relaciones restauradas que tenemos en Cristo. (Consulte Para Consideración Adicional, para una bibliografía selecta.).

Relaciones con la Gente en General

Por la gracia de Dios somos dotados para el servicio en la iglesia y para la misión en el mundo (consulte 1ª Cor. 12). Nuestras relaciones, ya sea para servicio o para misión, son bendecidas por Dios hasta el grado en que sean en base al amor. Para aquellos dentro del círculo de la fe, es un amor edificante que hace todo lo que puede para edificarlos en Cristo (ej., Juan 13:34–35, 15:12, 17; Rom. 12:10; Ef. 4:15–16; Col. 1:4; 1 Tes. 3:12; Heb. 10:24; 1ª Pe. 1:22, 2:17; 1ª Juan 3:18, 4:7–21; 2ª Juan 5). Para aquellos fuera del círculo de la fe es un amor compasionado deseando su salvación (ej. Mat. 5:43–48, 28:19–20). Para toda la gente, sin importar si están dentro o fuera del círculo de la fe, es el amable amor que responde de manera similar a la de Cristo a la necesidad humana (consulte Mat. 19:19, 22:39; Lucas 10:30–37).

La iglesia, de hecho, debe ser conocida por su amor. Juan 13:35 dice, "En esto conocerán todos que sois mis discípulos, si tuviereis amor los unos con los otros." Y 1ª Juan 4:16b afirma que "Dios es amor; y el que permanece en amor, permanece en Dios, y Dios en él.".

La clase de amor de la que se habla a través del Nuevo Testamento es identificada por la vida y la muerte de Jesucristo. Como dice Pablo "Haya, pues, en vosotros este sentir que hubo también en Cristo Jesús," (Fil. 2:5).

Ya que la relación de amor que tenemos unos con otros no debe ser regulada legalistamente, requiere constante revisión y reajuste. Sin embargo, su meta nunca está en duda; es que nos relacionemos a otros como Dios en Cristo se relaciona con nosotros. Primera de Juan 4:19 dice que "Nosotros le amamos a él, porque él nos amó primero."

La Manera Cristiana de Relacionarse con Todo el Orden Creado

No solo tenemos los cristianos un llamado especial para relacionarnos a otras personas de conformidad con el amor de Cristo por nosotros, sino también somos llamados a desarrollar una forma centrada en Cristo de relacionarnos a todo el orden creado. Colosenses 1:16–20 enseña que en Cristo "Porque en él fueron creadas todas las cosas, las que hay en los cielos y las que hay en la tierra, visibles e invisibles; sean tronos, sean dominios, sean principados, sean potestades; todo fue creado por medio de él y para él." Más aún, Cristo es el sustentador de todo el orden creado: "todas las cosas en él subsisten" (v. 17). Además, Él es el reconciliador; como dice el versículo 20, "y por medio de él reconciliar consigo todas las cosas, así las que están en la tierra como las que están en los cielos, haciendo la paz mediante la sangre de su cruz." De acuerdo con Raymond Van Leeuwen:

> Este pasaje se sostiene contra todo intento pecaminoso cristiano de dividir la realidad en dominio secular y dominio sagrado. Toda la realidad es la buena creación Cristo, toda la realidad es redimida por Él; por lo tanto, toda la realidad es la responsabilidad del pueblo de Dios. Ya que la iglesia es ahora el cuerpo de Cristo, su presencia visible en este mundo, es el trabajo de la iglesia continuar la obra reconciliadora y cósmica de Cristo hasta que él venga de nuevo.[4]

Cristo está en el centro de la obra creativa de Dios. Él es la meta de toda la creación, y su sustrato cohesivo. Él es el agente de la reconciliación entre el orden creado y Dios. De acuerdo a Colosenses, el único que creó seres humanos, creó también todo lo demás. Aquel que adoran los cristianos es el mismo al que todo el orden creado da gloria y alabanza. El único que sostiene la vida de los seres humanos es el mismo que sostiene a toda la creación. Aquel que reconcilia lo hace para el beneficio no sólo de los seres humanos sino para el beneficio de todo el orden creado.

Siempre que damos mal uso al orden creado, pegamos contra el Cristo que nos salva, ya que él es el mismo Cristo que impregna toda la creación en una gracia sustentadora. La salvación tiene que ver no meramente con la familia humana; Tiene que ver con toda la creación. El Señor de los corazones humanos es el Señor de la historia y de la creación también.

Vemos esta interrelación íntima entre el orden humano y todo el orden de la creación tanto en Génesis 3 donde el pecado humano y la condenación divina afectaron ambos órdenes, como en Romanos 8:18–25 que asume que hay una interrelación entre la salvación de la familia humana y la salvación de la creación como un todo. El versículo 15 dice que "La creación aguarda con ansiedad la revelación de los hijos de Dios" y el versículo 21 que "la creación misma ha de ser liberada de la corrupción que la esclaviza, para así alcanzar la gloriosa libertad de los hijos de Dios." (Consulte una discusión más completa de esta interrelación en el capítulo 5 en " "Cristo Jesús, el Reino, y la Escatología" y en el capítulo 15 en "La Voluntad de Dios de Frente a la Maldad y el Sufrimiento").

---

4 Raymond C. Van Leeuwen, "Christ's Resurrection and the Creation's Vindication," *The Environment and the Christian*, ed. Calvin B. DeWitt (Grand Rapids: Baker, 1991), p. 62.

Los cristianos damos testimonio de Cristo viviendo en armonía con el orden creado, cuidándolo, disfrutando su perfección, y usándolo para propósitos de acuerdo a Cristo.[5] Como un teólogo evangélico contemporáneo, Millard Erickson, ha observado:"Ya que el mayor énfasis de la cristiandad evangélica es la transformación de personas, la gracia de regeneración y santificación se convierte en un recurso muy importante para nosotros, para lograr la ética de la ecología".[6]

La Relación de Mayordomía

Los discípulos de Cristo deben ser buenos mayordomos del mundo, pues como se puntualizó arriba es creado, sostenido y redimido por el mismo Cristo que nos creó, nos sostiene y nos redime. Debemos ser buenos mayordomos de nuestros recursos y posesiones, ya que todo lo que tenemos viene de la mano de Dios. Debemos ser buenos mayordomos de nuestros cuerpos, pues estos son los templos del Espíritu Santo.

La palabra griega que se traduce como mayordomía es *oikonomos*, el administrador de un hogar o inmueble. La palabra se usa en Lucas 12:42 donde Jesús enseña a sus discípulos que ellos tienen la responsabilidad de manejar bien lo que se les ha dado como sus seguidores. La lección a ser aprendida está establecida en el versículo 48: "a todo aquel a quien se haya dado mucho, mucho se le demandará; y al que mucho se le haya confiado, más se le pedirá." Los discípulos de Cristo, como mayordomos de la superabundante gracia de Dios revelada en Cristo, tienen una gran responsabilidad porque se les ha sido dado tanto de la mano de Dios.[7]

La palabra utilizada nuevamente en 16:1–13 en la parábola acerca de la mayordomía a quien se le dijo que iba a ser despedido porque había despilfarrado su propiedad, comprueba que él es un administrador astuto. Él llama a los deudores de su amo y les reduce su deuda—quizá el monto de intereses que le deben, un monto del administrador mismo pudo haber recibido.[8] Si esto es, de hecho lo que él hizo, por tanto habría mostrado obediencia a las escrituras del Antiguo Testamento en contra de cargar intereses a los préstamos. Puede ser que la razón por la cual a él se le menciona como mayordomo "disipador" quien sin embargo es elogiado, es porque indemnizó eliminando los intereses exorbitantes que le habían ganado la censura de ser deshonesto.

En lo que—se reconoce—es un pasaje difícil de interpretar, los puntos principales parecen lo suficientemente claros: los discípulos deben actuar responsablemente con las "verdaderas riquezas" que tienen en Cristo (vea v.11), y deben enfocarse en recursos espirituales que son dados a ellos por gracia divina con tanta creatividad como el

---

5 Para una teología de la creación, consulte Jürgen Moltmann, *God in Creation: A New Theology of Creation and the Spirit of God,* trad. Margaret Kohl (San Francisco: Harper and Row, 1985).

6 Millard J. Erickson, "Biblical Ethics of Ecology," *The Earth Is the Lord's: Christians and the Environment,* ed. Richard D. Land y Louis A. Moore (Nashville: Broadman, 1992), p. 89.

7 Para una colección de ensayos por parte de autores contemporáneos en este tema, consulte Mary Evelyn Jegen and Bruno Manno (eds.), *The Earth Is the Lord's: Essays on Stewardship* (New York: Paulist, 1978).

8 El argumento para esta interpretación está establecido por G. B. Caird, *St. Luke in the Pelican Gospel Commentaries* (Harmondsworth, 1963), pp. 186f.

mayordomo en la parábola solucionó los asuntos monetarios. Se les recuerda que las riquezas de Cristo, que vienen a nosotros como el regalo de Dios, son de una importancia definitiva por encima de cualquier recurso monetario que acumulemos nosotros mismos, es decir, "no podemos servir a Dios y a las riquezas".

La palabra se usa otra vez en 1ª Corintios 4:1–2 donde Pablo se refiere al ministerio de los apóstoles como los "administradores de los misterios de Dios" siguiendo lo cual dice que "se requiere de los administradores, que cada uno sea hallado fiel." También Tito 1:7 se refiere al obispo como un "administrador de Dios".

Primera de Pedro 4:1–11 es el pasaje más integral acerca de la mayordomía Cristiana. Habla de todos los cristianos como administradores de la gracia de Dios. El versículo 10 dice: "Cada uno según el don que ha recibido, minístrelo a los otros, como buenos administradores de la multiforme gracia de Dios".

La multiforme gracia de Dios incluye todas las formas en que Dios nos bendice ya sea en creación, sustentación o redención. Cualquier cosa que tengamos es colocada en nuestro cuidado con el propósito de extender bendiciones más allá de nosotros mismos. La gracia de Dios es para el beneficio de toda la creación (ej. Juan 3:17 y Rom. 8:19, 21–22). Por lo tanto, cualquier bendición que tengamos no es simplemente para nuestro propio deleite personal sino para el beneficio más amplio. El "propietario" de la bendición es Dios; nosotros debemos ser buenos administradores de lo que le pertenece a Dios. La manera en que funcionamos como buenos administradores es ministrando a los otros "según el don que ha recibido" Esto incluye nuestros dones naturales, que hemos heredado de otros, y los que tenemos como resultado de la inversión de nuestros recursos dados por Dios, como tiempo, energía, ingeniosidad, oportunidad, talentos y experiencia.

La pregunta cristiana siempre es esta: ¿Cómo podemos extender más allá de nosotros mismos y nuestro propio interés los beneficios de lo que tenemos de la mano de Dios? La mayordomía cristiana se define como "recibir y compartir los dones abundantes de Dios, administrándolos para la mejor promoción de los propósitos de Dios en el mundo" [9]

Segunda a los Corintios 8 y 9 son el *locus classicus* acerca de la mayordomía cristiana de recursos. Pablo llama la atención al camino de Cristo cuando en 8:9 él dijo: "Porque ya conocéis la gracia de nuestro Señor Jesucristo, que por amor a vosotros se hizo pobre, siendo rico, para que vosotros con su pobreza fueseis enriquecidos."[10] El principio derivado de que Cristo se dio a sí mismo es explicado en 9:8: "Y poderoso es Dios para hacer que abunde en vosotros toda gracia, a fin de que, teniendo siempre en todas las cosas todo lo suficiente, abundéis para toda buena obra".

La mayordomía cristiana tiene que ver no sólo con lo que tenemos, sino también con quién somos sujetos a Dios. Somos creados a la imagen de Dios (Gén. 1:27) con cuerpos a ser usados como templos de Espíritu Santo (1ª Cor. 6:15,19) Como tales no nos

---

9 Milo Kauffman, *Stewards of God* (Scottdale: Herald, 1975), p. 21.
10 La versión en inglés *New International Version* es preferible en el sentido que traduce *charis* como gracia y no meramente como un "acto generoso" como lo hace la versión *New Revised Standard Version*.

pertenecemos a nosotros mismos. Pablo dice "Porque habéis sido comprados por precio; glorificad, pues, a Dios en vuestro cuerpo" (v. 20).

La manera en que usamos nuestros cuerpos es básica para la mayordomía cristiana. Debemos usarlos con el propósito de vivir en santidad ante el Señor. La seriedad con la que la vida santa es enfatizada a través del Nuevo Testamento es evidente del hecho de que todo libro tiene algo que decir al respecto.[11] Romanos 12:1 resume bien el punto: "Así que, hermanos, os ruego por las misericordias de Dios, que presentéis vuestros cuerpos en sacrificio vivo, santo, agradable a Dios, que es vuestro culto racional".

Relaciones Liberadoras que Llevan al Júbilo Divino

Al comienzo del ministerio público de Jesús él dio un mensaje inaugural basado en Isaías, en la sinagoga en Nazaret. De acuerdo con Lucas 4:18–19, él leyó:

> El Espíritu del Señor está sobre mí, Por cuanto me ha ungido para dar buenas nuevas a los pobres; Me ha enviado a sanar a los quebrantados de corazón; A pregonar libertad a los cautivos, Y vista a los ciegos; A poner en libertad a los oprimidos; A predicar el año agradable del Señor.

Este pasaje es relativamente cercano a Isaías 61:1–2 y 58:6. En el capítulo posterior, el pueblo de Israel está siendo condenado por sus rigurosos ayunos de alimento que son un poco más que rituales religiosos desprovistos de implicaciones éticas. Versículo 3: "¿Por qué, dicen, ayunamos, y no hiciste caso; humillamos nuestras almas, y no te diste por entendido? [Y se les responde con las palabras] He aquí que en el día de vuestro ayuno buscáis vuestro propio gusto, y oprimís a todos vuestros trabajadores." En el versículo 6, el tipo de ayuno que agrada a Dios es descrito: "¿No es más bien el ayuno que yo escogí, desatar las ligaduras de impiedad, soltar las cargas de opresión, y dejar ir libres a los quebrantados, y que rompáis todo yugo?" Cuando ese tipo de responsabilidad social se obtiene, entonces, como dice el versículo 9, "Entonces invocarás, y te oirá Jehová; clamarás, y dirá él: Heme aquí."

Isaías 61 anuncia un júbilo futuro glorioso de liberación nacional de los gravámenes del pasado y la restauración a una vida de plenitud. De acuerdo con Levítico 25, cada cincuenta aniversario era el jubileo durante el cual la tierra descansaba, las posesiones eran regresadas a aquellos que habían sido forzados a venderlas por pobreza, y la libertad era proclamada a todos los Israelitas sostenidos en esclavitud por otros conciudadanos.

El propósito del mensaje de Jesús en Lucas 4 es declarar que él es el cumplimiento de la promesa de Isaías de un jubileo divino. Jesús es el portador de justicia. Él es la religión de ayudar y sanar. Él es el Espíritu y el poder de liberación de la esclavitud de Satanás,

---

[11] Consulte Mat. 15:19–20; Mr. 9:43–48; Lucas 1:31, 35, 38; 11:27–28; Jn. 15:1–2; Hechos 5:1–11; Rom. 6:12, 13, 15; 1 Cor. 5–8, 10:23–11:1; 2 Cor. 6:14–7:1; 13:5; Gál. 5:16–26; Ef. 4:17–5:20; Fili. 2:5; Col. 3:5–17; 1 Tes. 4:1–8; 2 Tes. 3:6–13; 1 Tim. 4:1–5; 2 Tim. 2:21; Tito 2:11–14; File. 18; Heb. 12:1; Stg. 1:19–27; 2:14–17; 3:1–12; 4:1–10; 1 Pe. 1:13–16; 2:1; 4:1–5; 2 Pe. 3:11, 14; 1 Jn. 3:4–10; 2 Jn. 6; 3 Jn. 11; Jud. 14–15; Ap. 21:27; 22:3, 11, 14–15.

miedo, enfermedad, pecado y egoísmo. Jesús entra con festividad en ese tiempo glorioso de jubileo cuando el pobre escucha buenas nuevas, quien tiene el corazón roto es sanado, los cautivos de la maldad escuchan el mensaje de libertad y los prisioneros de la destrucción escuchan el mensaje de liberación.

Cuando Jesús dejó Nazaret, procedió a poner en práctica lo que había declarado ahí. En la sinagoga en Capernaúm él liberó a un hombre de un demonio (4:31–36). Más tarde él liberó a otro en "la tierra de los gadarenos" (8:26–39), y luego aún, liberó a un niño (9:37–43).

En Capernaúm, también sanó al enfermo. Al dejar la sinagoga, fue a la casa de Simón Pedro donde encontró a la suegra de Simón sufriendo de mucha fiebre, a quien Jesús liberó (4:38–39) Algunas otras sanidades incluyen al leproso (5:12–16), a un paralítico (17–26), a un hombre con una mano seca (6:6–11), así como a otras personas de muchas partes del país (17–19).Sanó al siervo del Centurión (7:1–10), a la mujer que sufría de flujo de sangre (8:43–48), a una mujer encorvada (13:10–17), a un hombre hidrópico (14:1–6), a diez leprosos (17:11–19) y a un ciego mendigando cerca de Jericó (18:35–43). Ligado a las sanidades hubo obras compasivas de resurrecciones: el hijo de la viuda en Naín (7:11–17), y la única hija de Jairo (8:40–42, 49–56).

Lucas nos habla no sólo acerca de liberaciones de demonios, muerte, dolor, destitución, enfermedad y discapacidades pero también acerca de otra fuente de liberaciones—la liberación del pecado (7:36–50), del miedo, como cuando calmó el mar al reprender los vientos y el agua enfurecida (8:22–25), de hambre cuando milagrosamente alimentó cinco mil (9:10–17), de responsabilidades indebidas cuando ofreció a Marta la libertad de disfrutar su amistad (10:38–42), de opresión como cuando liberó a Zaqueo de tener su vida gobernada por su ánimo de lucro (19:1–10), y de injusticia como cuando limpió el templo para que los gentiles tuvieran un lugar para orar (19:45–46). En la visión cristiana, la liberación tiene que ver con la liberación de los poderes opresivos de modo que podamos cumplir la voluntad de Dios. El Señor no libera para que así podemos buscar la asertividad egoísta, de modo que podemos experimentar la plenitud divina y la expansión de la vida en el servicio a Dios. Earl Martin, mi primer maestro en teología, dijo correctamente:

> El camino cristiano es una ampliación de vida. No es supresión de vida, limitación de vida, restricción de vida, o represión de vida. Es expansión, liberación, libertad, alistamiento, desarrollo, consumación; habiendo sido redimidos todos los poderes de la vida, son liberados y energizados, luego comprometidos en vivir y servir.[12]

El ministerio liberador de Jesús fue pasado a sus discípulos quienes, como dice Lucas 9:6, "Y saliendo, pasaban por todas las aldeas, anunciando el evangelio y sanando por todas partes." Luego los setenta que fueron enviados en parejas a declarar el evangelio del Reino (10:1–12), "Volvieron los setenta con gozo, diciendo: Señor, aun los demonios

---

[12] Earl Martin, *This We Believe—This We Proclaim* (Anderson, Ind: Gospel Trumpet Company, 1952), Blessings, p. 74.

se nos sujetan en tu nombre." Él les dijo: Yo veía a Satanás caer del cielo como un rayo." El jubileo de Levítico había llegado; la liberación de la esclavitud de Satanás había sido asegurada. El pueblo de Dios podía ir ahora en ese poder libertador a ministrar a las naciones. Jesús prometió a sus discípulos después de la resurrección que recibirían poder "pero recibiréis poder, cuando haya venido sobre vosotros el Espíritu Santo, y me seréis testigos en Jerusalén, en toda Judea, en Samaria, y hasta lo último de la tierra." (Hechos 1:8) El Libro de Hechos habla acerca del ministerio continuo el cual tuvo la iglesia en ese poder de liberación.

La intención de Dios es que los cristianos tengan una relación de liberación para todos quienes estén sujetos a esclavitud a las fuerzas que les impiden ser todo lo que Dios quiere que sean. Somos enviados como emisarios del evangelio liberador de Cristo en "en Jerusalén, en toda Judea, en Samaria, y hasta lo último de la tierra."

Para Consideración Adicional

Lecturas de Introducción Acerca de "Matrimonio Cristiano"

Para un estudio contemporáneo del divorcio y segundas nupcias consulte: Kenneth Jones, *Divorce and Remarriage in the Bible (Divorcio y Segundas Nupcias en la Biblia)* (Anderson, Ind: Warner Press, 1972).

Sobre la historia del matrimonio cristiano, consulte: David Mace and Vera Mace, *The Sacred Fire: Christian Marriage through the Ages (El Fuego Sagrado: Matrimonio Cristiano a través de las Edades)* (Nashville: Abingdon, 1986).

Para teologías del matrimonio, consulte: Elizabeth Achtemeier, *The Committed Marriage (El Matrimonio Comprometido)* (Philadelphia: Westminster, 1976); James Tunstead Burtchaell, *For Better, For Worse: Sober Thoughts on Passionate Promises (En las Buenas y en las Malas: Reflexiones Sobrias sobre las Promesas Apasionadas)* (New York: Paulist, 1985); y Denise Lardner Carmody y John Tully Carmody, *Becoming One Flesh: Growth in Christian Marriage (Convieriéndose en Una Carne: Crecimiento en el Matrimonio Cristiano)* (Nashville: Upper Room, 1984).

www.ingramcontent.com/pod-product-compliance
Lightning Source LLC
Chambersburg PA
CBHW051400070526
44584CB00023B/3236